权威·前沿·原创

皮书系列为
"十二五"国家重点图书出版规划项目

非传统安全蓝皮书

BLUE BOOK OF
NON-TRADITIONAL SECURITY

中国非传统安全研究报告
（2015~2016）

REPORT ON CHINA'S NON-TRADITIONAL SECURITY STUDIES
(2015-2016)

主　编／余潇枫　魏志江
副主编／樊守政　王　蔚　谢贵平

社会科学文献出版社
SOCIAL SCIENCES ACADEMIC PRESS (CHINA)

图书在版编目(CIP)数据

中国非传统安全研究报告.2015~2016/余潇枫,魏志江主编.——北京：社会科学文献出版社,2016.6
（非传统安全蓝皮书）
ISBN 978-7-5097-9265-0

Ⅰ.①中… Ⅱ.①余…②魏… Ⅲ.①国家安全-研究报告-中国-2015-2016 Ⅳ.①D631

中国版本图书馆CIP数据核字（2016）第125118号

非传统安全蓝皮书
中国非传统安全研究报告（2015~2016）

主　　编／余潇枫　魏志江
副 主 编／樊守政　王　蔚　谢贵平

出 版 人／谢寿光
项目统筹／周　丽　王玉山
责任编辑／王玉山

出　　版／社会科学文献出版社·经济与管理出版分社（010）59367226
　　　　　地址：北京市北三环中路甲29号院华龙大厦　邮编：100029
　　　　　网址：www.ssap.com.cn
发　　行／市场营销中心（010）59367081　59367018
印　　装／北京季蜂印刷有限公司
规　　格／开　本：787mm×1092mm　1/16
　　　　　印　张：20.25　字　数：306千字
版　　次／2016年6月第1版　2016年6月第1次印刷
书　　号／ISBN 978-7-5097-9265-0
定　　价／89.00元

皮书序列号／B-2012-246

本书如有印装质量问题，请与读者服务中心（010-59367028）联系

▲▲ 版权所有 翻印必究

本报告由浙江大学非传统安全与和平发展研究中心、中国—上合组织国际司法交流合作培训基地、塔里木大学非传统安全与边疆民族发展研究院共同主持

本报告为国家社会科学基金重大项目"中国非传统安全威胁识别、评估与应对研究"（项目编号：12&ZD099）阶段性成果

《中国非传统安全研究报告（2015~2016）》编委会

顾　　　问	蒋正华　张　曦　张蕴岭　袁　明　王逸舟
	崔启明
主　　　编	余潇枫　魏志江
副 主 编	樊守政　王　蔚　谢贵平
编委会成员	（按姓氏笔画排序）

　　　　　　王逸舟　王　蔚　朱　锋　米　红　李健和
　　　　　　李金珊　杨　闯　时殷弘　余潇枫　沈丁立
　　　　　　安晓平　张　曦　张蕴岭　刘跃进　刘建飞
　　　　　　陈　坤　寿远景　倪世雄　袁　明　秦亚青
　　　　　　蒋正华　廖丹子　樊守政　魏志江

编撰者简介

王逸舟　中国国际关系学会副会长，中国人民外交学会理事，北京大学国际关系学院副院长，教授、博士生导师。

余潇枫　中国人民外交学会理事，浙江大学非传统安全与和平发展研究中心主任，教授、博士生导师，中国—上合组织司法交流合作培训基地特聘专家，塔里木大学昆仑学者。

魏志江　中山大学亚太研究院韩国研究所所长，教授、博士生导师。

王　蔚　上海政法学院教授，博士生导师，上海市国际战略学会和美国学会副会长。

刘建飞　中共中央党校国际战略研究所副所长，教授、博士生导师。

沈立荣　浙江大学生物系统工程与食品科学学院教授、博士生导师。

谢贵平　塔里木大学人文学院教授，塔里木大学非传统安全与边疆民族发展研究院常务副院长，教授、硕士生导师。

樊守政　中国人民公安大学警务战略战术教研室主任，副教授、硕士生导师。

张　杰　国际关系学博士，西安外国语大学国际关系学院副教授。

冯　雷　中山大学国际问题研究院研究员，中山大学国际关系学院博士研究生。

甘均先　浙江大学国际政治研究所副教授，哥本哈根大学政治学系访问学者。

廖丹子　浙江财经大学财政与公共管理学院副教授，浙江大学非传统安全与和平发展研究中心兼职研究员。

刘元玲　法学博士，中国社会科学院美国研究所助理研究员。

杨　震　国际关系学博士，上海外国语大学国际关系与公共事务学院特约研究员，浙江大学非传统安全与和平发展研究中心兼职研究员。

孙频捷　法学博士，上海政法学院国际事务与公共管理学院讲师。

钱显明　宁波出入境检验检疫局通关处处长。

叶东辉　宁波出入境检验检疫局调研员。

蒋小周　宁波出入境检验检疫局风险处科员。

章雅荻　浙江大学公共管理学院非传统安全管理专业博士研究生。

孟子然　浙江大学公共管理学院非传统安全管理专业硕士研究生。

摘 要

自2012年出版首部"非传统安全蓝皮书"至今已有六个年头了，呈现在读者面前的这部是第五部，即《中国非传统安全研究报告（2015~2016）》。中国安全治理的法治化正在为中国非传统安全维护开创全新的语境。2015年新《国家安全法》的出台首次以法律的形式确立了总体国家安全观的指导地位和国家安全的领导体制，是统领国家安全工作的基础性、系统性、综合性的基本法。同年，《大气污染防治法》及《食品安全法》的修订、《网络安全法（草案）》的审议等一系列的立法工作，均进一步推进了我国国家安全法律体系的完善；中共中央政治局会议审议并通过的我国第一个《国家安全战略纲要》同样意义重大。2016年1月1日起《中华人民共和国反恐怖主义法》正式施行，4月1日中国国家领导人参加第四届核安全峰会，阐明中国构建国际核安全体系与推进全球核安全治理的立场、原则与措施等等，为平安中国与和谐世界的建设树立了一个个新的里程碑。

本书共分四部分：总报告、综合报告、专题报告（包括：多源/元性非传统安全研究、外源性非传统安全研究、双源性非传统安全研究、内源性非传统安全研究）和附录。总报告依据非传统安全的场域类型，以及非传统安全威胁的危害性与紧迫性的排序勾画出了我国面临的非传统安全威胁"谱系"，引介了中国学者在国际关系与非传统安全研究中的理论拓展，阐述了与"类安全"相契合的指导非传统安全治理的"和合主义"价值范式。两篇综合报告对我国意识形态安全和海洋安全面临的挑战及其应对做了深入的分析探讨。九篇专题报告按照"多源/元性""外源性""双源性""内源性"非传统安全威胁类型的次序，着重阐述了全球恐怖主义、核安全威胁、海盗威胁、移民安全威胁、宗教极端主义、气候安全威胁、质量安全问题等

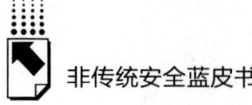

非传统安全威胁及其治理路径。附录的内容是浙江大学本科生非传统安全教学中的"跨学科辩论赛实录与评论"("转基因食品商业化：利大于弊，还是弊大于利？")。

随着全球化的推进，非传统安全的重要性正越来越被人们所认识，非传统安全威胁的应对也越来越被各国政府上升为国家战略。非传统安全把生存与安全、发展与安全、文明与安全统合了起来，多学科综合、多部门合作、多行为体联动式的非传统安全治理必将构成未来全球治理的新景象。

Abstract

It has been six years since the first publication of *The Report on China's Non-Traditional Security Studies* in 2012. Now, *The Report on China's Non-Traditional Security Studies (2015 – 2016)* is our fifth volume. China's security governance under the rule of law is creating a new context for the maintenance of non-traditional security in China. In 2015, the introduction of a new edition of the *National Security Law* established the guiding position of the overall national security concept and the leadership system of national security in legal form, which is a basic, systematic and comprehensive law for national security. In the same year, a series of legislative adjustments, such as a revised *Air Pollution Prevention and Control Law* and *Food Safety Law* and *Network Security Law* (Draft), all further promote the development of Chinese legal system for national security.

The first *Outline of National Security Strategy of China*, which was considered and adopted by the meeting of the Political Bureau of the CPC Central Committee, is also of great significance. In addition, *The People's Republic of China Anti-Terrorism Law* has been formally implemented since January 1, 2016. On April 1st, 2016, China's national leaders attended The Fourth Nuclear Security Summit, where they expounded on China's position on strengthening the international nuclear security system and promoting of the global nuclear security governance. All of these events are milestones in the construction of a peaceful China and harmonious world.

This study is composed of four parts, namely a general report, a comprehensive report, a selection of thematic reports and an appendix. The general report sketches out the "spectrum" of non-traditional security threats in China, which is based on the "field types" of non-traditional security and sorted by hazard level and threat urgency. Moreover, the report introduces theories created by Chinese scholars on the study of international relations and non-traditional

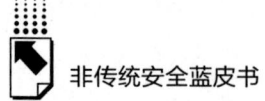

security. It elaborates on the "peace-cooperationism" paradigm, which is related to "species security" and guides non-traditional security governance. Two comprehensive reports make in-depth analyses of the challenges and solutions of ideological security and maritime security in China. Meanwhile, eleven thematic reports are classified into four types: "Heterogeneous Non-traditional Security Threats", "Exogenous Non-traditional Security Threats", "Dual-genic Non-traditional Security Threats", and "Endogenous Non-traditional Security Threats". Collectively, the subject-specific reports cover issues such as global terrorism, nuclear security threats, piracy threats, immigration security threats, religious extremism, climate security threats and quality security problems. The appendix includes a review of interdisciplinary debates that have occurred at Zhejiang University over the question of "is the commercialization of genetically modified foods helpful or harmful?"

As globalization continues, the importance of non-traditional security is increasingly being recognized. Responses to non-traditional security threats are increasingly valued as part of national strategies by state governments. On the whole, non-traditional security integrates the themes of survival, development, and civilization with the notion of security. As such, the new vision of global non-traditional security governance necessitates multi-disciplinary research, multi-sectoral collaboration and growing linkages between multiple actors.

序
安全观的建立及维护须有时代的方位

王逸舟*

有关"大安全观""总体安全""综合安全""场域安全"之类的说法，近年间逐渐多了起来。无论政治人物、智库或媒体，都在更多使用这类词。造成这一现象有很多原因，比如，中国有了更广泛的周边及全球利益，需要探寻维护这些新利益格局的战略、手段及思维；国内经济社会飞速发展的同时，各种差距在扩大、矛盾和不稳定因素也在增加，各级政府需要给"维稳"的任务找出更有概括性、指导性的说法。

然而，实际生活中在"维护安全"名义下实施的一些做法，却与时代进步的要求背道而驰，可能也对政治决策层的意愿起了相反的作用。比如，有些官方机构的主管恣意限制媒体报道的范围（乃至非法剥夺记者的人身权利），有些网络监督部门对网民"不顺眼"的帖子乱加删除，有的地方为了制造"和谐""安稳"的表象不惜造假作弊和损害民众权益，有的领导干部甚至违法动用掌握的警力压制民怨抗争；诸如此类，不一而足，其数量之多、程度之深，让人触目惊心。

理论研究和历史经验早就证明，安全观的建立与现实安全的维护，可以有大相径庭的不同方向：一种是无视时代潮流和进步趋势，简单粗暴地使用强力手段平息不同利益群体间的摩擦，这种封闭条件下的安全观及其手法，最终只会以失败告终；另一种是承认社会构造的复杂层次和利益诉求的多元差异，包括由此可能产生的分歧摩擦，须靠疏导促缓解、用发展求稳定，它

---

* 王逸舟，北京大学国际关系学院副院长，教授、博士生导师。

属于一种开放性、互鉴式的安全观,也有自身的套路及手法。在前一种场景,人治及强力总是其显著的特征,而在后一种场景,合乎正义法理的制度化路径多有显现。

在我看来,余潇枫团队的系列作品,包括最新的这本年度报告,始终坚持"优态共存""和合一体"的哲学世界观和现实安全方位,并从不同的具体领域和问题入手,做出严肃认真的分析及切中实弊的建言。这才算是符合时代进步要求的新安全观探索,值得读者尤其是负一定责任的干部学习参考。少一点野蛮粗鄙,多一分文明细腻——承诺"和平崛起"的中国人,需要这样的视野和追求。

2016 年 4 月 18 日 11 时记于南行的列车上

目　录

Ⅰ　总报告

B.1 "和合主义"与非传统安全治理 …………………… 余潇枫 / 001
　　一　非传统安全威胁的"谱系" ………………………… / 002
　　二　非传统安全理论新进展 ……………………………… / 031
　　三　"类安全"与"和合主义" ………………………… / 039

Ⅱ　综合报告

B.2 中国政治意识形态安全：挑战与应对 …………… 刘建飞 / 045
B.3 共享安全：冷战后中美海上非传统安全合作论析
　　　……………………………………… 冯　雷　魏志江 / 070

Ⅲ　专题报告

多源/元性非传统安全研究

B.4 2015~2016年全球恐怖威胁现状及应对策略分析报告
　　　………………………………………………… 樊守政 / 103

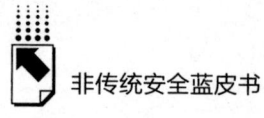

B.5 从中美"零核"概念看中美核安全战略差异与
　　 核安全关系走向 ……………………… 王　蔚　孙频捷 / 123
B.6 海上丝绸之路视阈下的海盗问题与海洋综合治理
　　 …………………………………………… 杨　震　张　杰 / 160

外源性非传统安全研究

B.7 中国与全球气候安全治理：新进展与新前景
　　（2013～2015）…………………………………… 甘均先 / 174
B.8 美国在气候问题上的地方应对及启示 …………… 刘元玲 / 189

双源性非传统安全研究

B.9 加强对极端宗教势力的"去极端化"治理 ……… 谢贵平 / 204
B.10 "人的安全"视角下移民安全综述 ……………… 章雅荻 / 221

内源性非传统安全研究

B.11 "质量时代"口岸进出口产品质量安全：挑战与规制
　　 ………………………… 廖丹子　叶东辉　钱显明 / 240
B.12 中国出口产品质量安全监管体系建构
　　　——基于"场域安全"的视角
　　 ………………………… 孟子然　叶东辉　蒋小周 / 258

Ⅳ 附　录

浙江大学"转基因食品商业化：利大于弊，还是弊
　大于利？"跨学科辩论赛实录与评论 …………… 沈立荣 / 287

皮书数据库阅读使用指南

CONTENTS

I General Report

B.1 "Peace-Cooperationism" and Non-traditional Security
Governance   *Yu Xiaofeng* / 001

  1. A "Genealogy" of Non-traditional Security Threats   / 002
  2. New Progress on Non-traditional Theory   / 031
  3. "Species Security" and "Peace-Cooperationism"   / 039

II Comprehensive Report

B.2 Chinese Political Ideology Security: Challenges and Responses
                                                Liu Jianfei / 045
B.3 Shared Security: An Analysis on Sino-US Maritime Non-traditional
Security Cooperation Since Cold War   *Feng Lei, Wei Zhijiang* / 070

III Special Report

Heterogeneous Non-traditional Security Studies
B.4 A Report on the Situation and Countermeasures of Global
Terrorist Threats in 2015-2016   *Fan Shouzheng* / 103

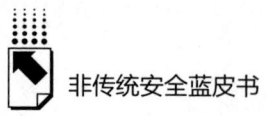

B.5　A Report of the Nuclear Strategic Gap and Trends in U.S.-China Nuclear Relations through Analysis of the "Zero Nuclear" Concept
Wang Wei, Sun Pinjie / 123

B.6　Piracy and Comprehensive Marine Governance from the Perspective of the Maritime Silk Road
Yang Zhen, Zhang Jie / 160

Exogenous Non-traditional Security Studies

B.7　China and Global Climate Security Governance: New Progress and Prospects (2013-2015)　　*Gan Junxian* / 174

B.8　Local Responses To Climate Issues In the United States and Its Implications　　*Liu Yuanling* / 189

Dual-genic Non-traditional Security Studies

B.9　"De-radicalization" Governance of Religious Extremist Forces in Xinjiang　　*Xie Guiping* / 204

B.10　A Review of Migration Security: From the Perspective of "Human Security"　　*Zhang Yadi* / 221

Endogenous Non-traditional Security Studies

B.11　Quality Security of Port Import and Export Products in "Quality Time": Challenges and Regulations
Liao Danzi, Ye Donghui and Qian Xianming / 240

B.12　On the Supervision of China's Export Product Quality Security
—Based On the Perspective of "Field Security"
Meng Ziran, Ye Donghui and Jiang Xiaozhou / 258

IV Appendix

An Interdisciplinary Debate Review of "the Commercialization of Genetically Modified Foods: More Advantages than Disadvantages, or Vice Versa?" in Zhejiang University *Shen Lirong* / 287

总 报 告
General Report

B.1 "和合主义"与非传统安全治理[*]

余潇枫[**]

摘　要： 非传统安全的研究已经有数十年，本文拟以非传统安全的"谱系"来厘清研究与应对的思路。中国学者为非传统安全研究的理论提升做出了持续的努力与重要贡献，随着非传统安全形势的发展，这些理论也在不断地拓展与完善。要打造人类命运共同体，需要以"类安全"的视角观照全球面临的非传统安全挑战，以整合与超越已有的理论范式，建构具有"天下主义"国际性转化和"全球主义"中国式创化意味的"和合主义"范式，探究和开创全球非传统安全危机的治理之道。

---

[*] 本文为国家社会科学基金重大项目"中国非传统安全威胁识别、评估与应对研究"（项目编号：12&ZD099）的阶段性成果。

[**] 余潇枫，浙江大学非传统安全与和平发展研究中心主任，教授、博士生导师。

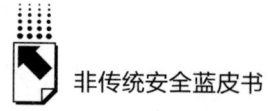
非传统安全蓝皮书

关键词： 非传统安全　类安全　和合主义

一　非传统安全威胁的"谱系"

进入21世纪后，人类对非传统安全威胁的认识已经超越了限于"非军事威胁"的简单认知，而是开始考虑全球层次的、多重安全时空的交叠与多元行为体的复合。与传统安全威胁相比，非传统安全威胁往往更具有威胁主体的模糊性、威胁成因的隐蔽性、威胁形成的过程性、威胁形态的复杂性和威胁场域的跨国性。分析非传统安全的大语境，必须考虑非传统安全威胁现象在质与量上的变化，即非传统安全威胁的质变与量变。非传统安全威胁的质变是指其转化或引发传统安全威胁，需要国家规模的军事力量介入，继而形成非传统安全威胁与传统安全威胁的相互交织。非传统安全威胁的量变是指其不断地扩散而形成的一种普遍性威胁，使得非传统安全问题不断地上升为威胁，继而引发危机乃至灾难，也就是说在程度上发生了从低度威胁向中度、高度甚至紧急威胁的升级。

非传统安全研究存在着这样一个反包容式的"怪圈"：国际安全研究是国际关系研究的一个次领域，传统安全研究与非传统安全研究又是国际安全研究不同的两个次领域，非传统安全相对于国际关系是"次次领域"，然而，非传统安全的内容之广不仅可以涵盖国际安全的所有领域，而且还可以涵盖甚至超越国际关系的所有领域。因为安全研究进入"低政治"领域，其内涵极为丰富，外延极为广泛，除了国家安全，社会安全、人的安全、全球安全均被纳入研究范围。这一反包容式的"怪圈"现象使得非传统安全研究出现了三大块内容：一是"高政治"领域的非传统安全问题；二是"高政治"与"低政治"相交织的非传统安全问题；三是可以让问题清单无限拉长的"低政治"领域的非传统安全问题，但该类非传统安全问题在特定条件下会向"高政治"领域升级。

鉴于分析研究的需要，如此广义的非传统安全研究，可以运用"场域安全"的理论进行统摄处理。从"场域安全"的时空与应对方式出发,即从非传统安全威胁发生的源起地、影响范围与应对方式入手进行分析,非传统安全的场域类型大致可分为四种:多源/元性非传统安全;外源性非传统安全;双源性非传统安全;内源性非传统安全。① 根据非传统安全现实语境,中国国家领导人对非传统安全威胁在不同场合表达过不同的排序,如与多源/元性非传统安全威胁、外源性非传统安全威胁相关联的当下排序是:"恐怖主义、网络安全、能源安全、粮食安全、气候变化、重大传染性疾病等非传统安全和全球性挑战不断增多,南北发展差距依然很大。"② 与双源性非传统安全威胁、外源性非传统安全威胁相关联的当下排序是:"受国际和地区形势动荡、'三股势力'沉渣合流、地区国家经济下行压力加大等内外因素影响,本地区安全稳定和经济发展都遇到相当多的困难和挑战。"③

非传统安全威胁的形成演化有一个从问题到威胁、危机、灾难乃至战争的过程,具体来说,从非传统安全问题升级到非传统安全威胁、危机、灾难,进而因应对失误转化为传统安全的"战争",是一个不断延伸与扩散的"序列",这其中安全行为体的"认知与觉醒",安全化"启动行为体"与"执行行为体"的"决策与贯彻",安全化"参与行为体"的"响应与监督",对非传统安全威胁的扩散与应对过程都起着不同的作用。在"多、外、双、内"非传统安全威胁"谱系"中,我们分别用"问题、威胁、危机"这三个程度词来表征,以揭示非传统安全挑战的历史过程性与未来可能性,如用"问题"来表征,是强调这些安全威胁的初始性与可治理性;用"威胁"来表征,是强调这些安全威胁的现实性与紧迫性;用"危机"来表征,是强调这些安全威胁的严重性与危害性。同时我们又根据威胁的危害性与治理的紧迫性,对不同场域类型的威胁进行从高到低的排序,分

---

① 余潇枫主编《非传统安全概论(第二版)》,北京大学出版社,2015,第74~89页。
② 《习近平:迈向命运共同体开创亚洲新未来》,新华网,2015年3月28日,http://news.xinhuanet.com/politics/2015-03/28/c_1114794507.htm。
③ 《习近平在上海合作组织成员国元首理事会第十五次会议上的讲话》,新华网,2015年7月10日,http://news.xinhuanet.com/politics/2015-07/10/c_1115889105.htm。

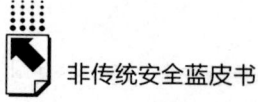

别为Ⅰ级、Ⅱ级和Ⅲ级。四种非传统安全场域类型对应的威胁"谱系"见表1。

鉴于非传统安全威胁的复合性与可转换性,不同非传统安全场域类型所内含的非传统安全威胁内容会有重复,但其性质或程度有所不同,如海盗威胁是一种"外源性非传统安全威胁",但当受害国或国际社会运用军事武力进行介入时,则转化成了"多源/元性非传统安全威胁";再如在生物安全领域,"生物战"或"生化战"是"多源/元性非传统安全威胁",但若是外来生物入侵,则为"外源性非传统安全威胁",等等。

表1 非传统安全威胁"谱系"

非传统安全场域类型	非传统安全威胁等级	非传统安全威胁内容
多源/元性非传统安全	Ⅰ级	核恐怖危机 国际恐怖主义危机
多源/元性非传统安全	Ⅱ级	网络空间安全威胁及网络恐怖主义威胁 生物恐怖威胁 海盗威胁
多源/元性非传统安全	Ⅲ级	极地安全问题 太空安全问题 由传统安全转化而来的非传统安全问题
外源性非传统安全	Ⅰ级	气候危机 金融危机
外源性非传统安全	Ⅱ级	生态安全威胁 能源安全威胁 公共卫生安全威胁 生物安全威胁
外源性非传统安全	Ⅲ级	粮食安全问题 人口安全问题
双源性非传统安全	Ⅰ级	跨国有组织犯罪威胁 民族分裂主义、宗教极端主义与暴力恐怖主义威胁
双源性非传统安全	Ⅱ级	跨国水资源安全威胁 海洋安全威胁
双源性非传统安全	Ⅲ级	移民难民问题 海外企业与公民安全问题

续表

非传统安全场域类型	非传统安全威胁等级	非传统安全威胁内容
内源性非传统安全	Ⅰ级	生态安全危机 经济（金融）安全危机 食品安全危机
	Ⅱ级	社会公共安全问题 能源安全（核安全）问题 公共卫生安全问题 网络安全和信息安全问题
	Ⅲ级	人口安全问题 粮食安全问题 资源安全问题 文化安全问题 科技安全问题

（一）多源/元性非传统安全威胁

从全球范围看，与军事武力介入相关的多源/元性非传统安全议题较多，包括核恐怖危机、国际恐怖主义危机、网络空间安全威胁及网络恐怖主义威胁、生物恐怖威胁、海盗威胁、极地安全问题、太空安全问题等。

1. 核恐怖危机

目前，国际的核安全局势十分紧张，越来越多的国家和组织试图开发或获取核武器、核技术、核材料、核装置等，核恐怖威胁与日俱增。2015年10月，中国军控与裁军协会和中国核科技信息与经济研究院发布的《日本核材料问题研究报告》显示，日本储存敏感核材料的数量之大与时间之长，已经远超过国内的实际需求，这将给周边国家、全世界包括日本自身带来核扩散等安全威胁。2016年1月6日，朝鲜不顾国际社会的反对，宣布其氢弹试爆成功，同样造成了另一种形式的"类恐怖"，为此2016年3月2日联合国安理会以少有的全票一致通过扩大对朝鲜制裁的第2270号决议。

核恐怖主义更是全球安全的重大威胁。恐怖组织既可能通过"国际核黑市"获得核技术、核材料或核弹头而制造核武器，也可能对核电站等核设施的袭击而制造核恐怖。但由于各国均对核武器或核设施安全保卫采取了严格的措施,所以恐怖分子最有可能成功的方式是获取工业或医学用低水平放射性物质,制作"脏弹"作为袭击武器,通过释放辐射危害来实施恐怖袭击。①

2015年,国际社会为维护核安全做出诸多努力:4月,《不扩散核武器条约》(NPT)第九次审议大会审议了条约近5年来的执行情况,与会代表就条约的三大支柱(核裁军、核不扩散以及和平利用核能)及其他问题进行了磋商,但大会最终没有形成达成一致性意见的有效文件。7月,伊朗核问题六国(美国、英国、法国、俄罗斯、中国和德国)在维也纳与伊朗签订了《共同全面行动计划》协议,为解决延续了12年的伊朗核问题达成了政治共识。10月,韩国外交部邀请中、日、韩、美、法、俄、加等国及国际组织的专家举办了第三届高官会专题研讨会,以"东北亚核安全合作"为主题,针对核安全研发、核反应堆安全运营、核安全全面监管、核危机应急响应等进行了深入讨论和技术交流。

中国同样也在世界核安全体系建设中彰显了负责任大国的担当,中国的立场是:构建公平、合作、共赢的国际核安全体系。2016年4月1日,习近平在第四届核安全峰会上强调:中国"已经将核安全纳入国家总体安全体系,写入国家安全法,明确了对核安全的战略定位……中国将继续加强本国核安全,积极推进国际合作,分享技术和经验,贡献资源和平台。中国将构建核安全能力建设网络,推广减少高浓缩铀合作模式,实施加强放射源安全行动计划,启动应对核恐怖危机技术支持倡议,推广国家核电安全监管体系。只要我们精诚合作,持续加强核安全,核能造福人类的前景必将更加光明"。②

2. 国际恐怖主义危机

恐怖主义是需要用军事武力手段参与应对的跨国性的多源/元性非传

---

① 梁亚滨:《核安全峰会为何与我们息息相关?几大核安全隐患须知》,2006年4月1日,http://www.thepaper.cn/newsDetail_forward_1451325。
② 《习近平在华盛顿核安全峰会上的讲话》,新华网,2016年4月2日,http://news.xinhuanet.com/world/2016-04/02/c_1118517898.htm。

统安全威胁。恐怖袭击的遍地出现，已经成为人类的一种"普遍性恐怖"。2015年11月9日，巴黎曝出了一个骇人听闻的"类恐怖"——分布式、连续性、大面积伤害无辜的恐怖袭击——5次枪击、5次爆炸，132人遇难，300多人受伤。过去的一年，恐怖袭击事件层出不穷，恐怖活动不断升级："1·7"法国沙尔利周刊总部袭击事件；"4·2"索马里加里萨市莫伊大学恐怖袭击事件；"8·17"泰国曼谷炸弹袭击事件；"10·10"土耳其安卡拉恐怖爆炸事件；等等。2016年，国际恐怖主义的暴力肆虐并未停止，3月22日布鲁塞尔的连环爆炸事件再次敲响了全球防恐反恐的警钟。

虽然恐怖主义在不同地区与国家的旗号、政治目标、活动区域、人员构成等情况各异，但都是以血腥暴力为最本质的特征。"伊斯兰国"（ISIS）组织依然是国际社会面临的主要恐怖威胁。而随着现代科学技术的发展，恐怖分子充分利用现代先进科学技术不断升级其活动方式，拓宽其活动范围，网络恐怖主义、生物恐怖主义、核恐怖主义等都具有典型的现代性特征。国际社会打击及根除恐怖主义的难度大大增加。

2016年正式实施的《中华人民共和国反恐怖主义法》以法律的形式做了我国在国际合作反恐方面的相关规定，其中包括"根据缔结或者参加的国际条约，或者按照平等互惠原则，与其他国家、地区、国际组织开展反恐怖主义合作"（第六十八条），"中国人民解放军、中国人民武装警察部队派员出境执行反恐怖主义任务，由中央军事委员会批准"（第七十一条），等等。①

3. 网络空间安全威胁及网络恐怖主义威胁

各类网络安全不仅关涉个人隐私、企业机密，更涉及国家间的"网络战争"。"一旦国家把网络纳入自己的军事与国防的战略内容，以特别的网络军事力量展开对抗性活动"②，网络安全威胁就凸显为网络空间安全威胁，

---

① 《中华人民共和国反恐怖主义法》，中国网，2015年12月28日，http://www.china.com.cn/legal/2015-12/28/content_37406693_4.htm。
② 余潇枫主编《非传统安全概论（第二版）》，北京大学出版社，2015，第87页。

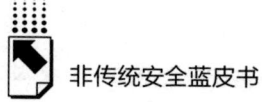

成为一种特殊类型的多源/元性非传统安全威胁。2011年7月，美国国防部发布了《网络空间行动战略》，2015年4月1日，奥巴马签署行政命令，授权美国军方可以在与敌人对抗中实施所谓的"网络战"，开启了美国对网络空间实践从"军民两分"转向"军方主导"的新国家战略。美国不仅将网络空间视为与陆、海、空、太空并列的第五空间，而且在网络空间军事化过程中将网络空间直接列为作战区域，试图提升其非对称作战能力。① 由此，网络空间备受各国重视，"在世界上美军率先成立了网络空间司令部，随之俄、日、德、印等国也都公开成立了各自的网军"。② 2016年2月9日，奥巴马公布《网络安全国家行动计划》，"提议在国会2017财政年度预算中拿出190亿美元用于加强网络安全，设立联邦首席信息安全官（CISO），成立国家网络安全促进委员会、联邦政府隐私委员会等"③。

中国也一直从战略高度重视国家网络空间安全的维护，重视参与国际网络空间的合作和制定相应的规则等。2015年6月，第十二届全国人大常委会第十五次会议初次审议了《中华人民共和国网络安全法（草案）》。该法凸显了"网络空间主权"的概念，强调了保障网络安全与维护国家安全的关系，确定了促进经济社会信息化健康发展的目标。同年12月，习近平在第二届世界互联网大会上强调：国际社会共同构建的网络空间应该是和平的、安全的、开放与合作的，全球互联网治理体系应该是多边的、民主的和透明的，④并分别提出了推进全球互联网治理体系变革的"四点原则"⑤及

---

① 王世伟：《论信息安全、网络安全、网络空间安全》，《中国图书馆学报》2015年第216期，第80页。
② 余潇枫主编《非传统安全概论（第二版）》，北京大学出版社，2015，第87页。
③ 中国通信研究院：《美国白宫〈网络安全国家行动计划〉（2016年2月）》，飞象网，2016年2月18日，http://www.cctime.com/html/2016-2-18/1138804.htm。
④ 《习近平在第二届世界互联网大会开幕式上的讲话》，新华网，2015年12月16日，http://news.xinhuanet.com/world/2015-12/16/c_1117481089.htm。
⑤ 推进全球互联网治理体系变革的四点原则为：尊重网络主权、维护和平安全、促进开放合作、构建良好秩序。具体参见《习近平在第二届世界互联网大会开幕式上的讲话》，新华网，2015年12月16日，http://news.xinhuanet.com/world/2015-12/16/c_1117481089.htm。

构建网络空间命运共同体的"五点主张"①。

互联网不仅是国家维护"第五种主权"的场域，也是全球反恐的重要战场。恐怖组织利用互联网的隐蔽性强、活动成本低、传播速度快、目标群体广等特征开展恐怖传播、扩充队伍、传授暴恐技术、策划和实施恐怖袭击等。唐岚指出网络恐怖主义有四个新特点：一是更多地利用"脸谱"（Facebook）等新媒体的普及来掀起新一轮网络恐怖潮；二是更多地以年轻人特别是西方年轻人为对象，催生大量"本土恐怖"等恐怖组织的"网上轰炸"；三是更多地以"独狼"方式开展恐怖活动，并且网络技术已成为他们恐怖行动的重要手段；四是更多地从利用网络转身攻击网络，人们难以在恐怖分子与其他的激进分子和黑客之间划清界限。②

第68届联合国大会首次将打击网络恐怖主义写入一致通过的《联合国全球反恐战略》，明确要求联合国反恐机构会同各国和有关国际组织，通过多种方式来加强打击网络恐怖行为。但随着恐怖主义向互联网领域的急速扩张，制定专门的网络反恐的公约、建立国际网络反恐维和部队等也日益成为国际反恐的重要议题。中国在网络反恐国际合作中是积极的倡议者和行动者，并在上合组织中把打击宗教极端主义和网络恐怖主义列为重点。2015年10月14日"厦门－2015"网络反恐演习在厦门举行，这是上合组织各成员国首次针对网络恐怖主义的专项行动，也是中国落实网络反恐国际合作倡议的重要实践。

4. 生物恐怖威胁

"生物恐怖是实施者利用致病生物制剂伤害无辜、寻求制造恐怖以求达到某种政治目的的行为。"③"生物战"是一种运用生物武器或生物战剂的

---

① 构建网络空间命运共同体的五点主张为：第一，加快全球网络基础设施建设，促进互联互通；第二，打造网上文化交流共享平台，促进交流互鉴；第三，推动网络经济创新发展，促进共同繁荣；第四，保障网络安全，促进有序发展；第五，构建互联网治理体系，促进公平正义。具体参见《习近平在第二届世界互联网大会开幕式上的讲话》，新华网，2015年12月16日，http://news.xinhuanet.com/world/2015－12/16/c_1117481089.htm。
② 唐岚：《网络恐怖主义：安全威胁不容忽视》，《人民日报》2014年7月21日，第23版。
③ 朱建新：《生物战史》，时事出版社，2015，第240页。

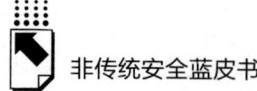

"非传统战争"。生物武器特别是基因武器有传统武器所没有的新特点,如因其成本低且用法简单而可批量生产,因其施放手段多样而难以防治,因其传染性强而造成较强的心理威慑且杀伤力大,因其有分辨力而可攻击特定人种。①

目前,世界上参加《禁止生物武器公约》签署的已达 165 个国家,该公约要求禁止发展、生产、储存和使用攻击性生物武器,其中包括结核、天花、霍乱、炭疽、埃博拉等多种攻击性微生物的生物战剂。但是 1984 年美国罗杰尼希教生物恐怖攻击事件、1995 年日本东京地铁沙林毒气事件及"9·11"后的美国炭疽粉末恐怖事件等生物恐怖事件所带来的恐慌至今仍未消散,再加上恐怖主义活动的全球肆虐,生物恐怖威胁仍是全球最大的安全威胁之一。因此"生物入侵""生物危害""生物威胁""生物恐怖""生物战争""生物国防""生物疆域""生物安全防备""生物安全战略"等概念开始被提出和流行②,"生化战"被视为一种新型的"非传统"战争样式。

5. 海盗威胁

海盗自古有之,但是自 2008 年以来,索马里海盗成为一大国际公害,不仅威胁着各国商船和船员的安全,也给国际航运和海上安全带来严峻挑战。目前,红海南部区域、亚丁湾、索马里北部海岸、阿拉伯海、阿曼湾、索马里东部及南部海岸都面临海盗威胁。由此,联合国安理会多次形成决议,允许各国在征得索马里政府同意后,动用海上军事力量前往亚丁湾海域打击海盗。至今派遣军舰前往亚丁湾进行巡逻护航的国家已达 40 多个。③

根据国际海事局发布的《2015 年全球海盗活动报告》,2015 年全球范

---

① 顾秀林:《转基因战争:21 世纪中国粮食安全保卫战》,知识产权出版社,2011,第130 页。
② 彭海、张凤坡:《生物国防防范悄无声息的战争》,《科技日报》2013 年 10 月 29 日,第 10 版。
③ 杜兰:《索马里海盗问题透析》,中国国际问题研究院,2009 年 12 月 2 日,http://www.ciis.org.cn/chinese/2009 - 12/02/content_ 3747290.htm。

围内共发生海盗和武装抢劫事件246起,劫持船员勒索赎金事件19起。其中,1名船员在袭击中遇难,14人受伤。① 尼日利亚已成为海盗和武装抢劫事件高发地区,而东南亚地区海盗活动呈现下降趋势,索马里地区未发生海盗袭击事件。总体上说,全球海盗威胁有所减弱,但仍不能放松,并要高度警惕海盗行为恐怖主义化。

6. 极地安全问题

极地包括由海洋和陆地组成的南、北两极地区,极地公域地理位置独特、自然环境恶劣、气候敏感、生态脆弱,但极地公域的"海洋地理连通性、战略威慑有效性、资源的丰富性、大国的集聚性以及气候变化和卫星通道的枢纽性"②,使得该公域成为各国战略争夺的焦点。目前,对南极洲的保护已达成共识,并形成了《南极条约》,"其确立的'冻结领土'要求、非军事化和科学考察自由的原则,保证了南极冰区的安宁和世界各国的公平参与"③。中国自20世纪80年代就开始参与南极考察。相对于南极,对北极地区的保护尚未达成共识,至今没有形成权威和公认的国际多边条约,许多国际学者呼吁签署一个制止纷争的"北极条约",先后提出了"维持现状模式""海洋法公约模式""北极制度综合体模式""斯瓦尔巴德模式",等等。中国是处于北半球的国家,且离北极地区较近,因此北极地区自然对中国总体安全产生战略影响,同时,中国积极参与北极的治理与开发较之其他远离北极的国家有更多的机会。④《中华人民共和国国家安全法》对极地安全维护做了具体规定:"国家坚持和平探索和利用外层空间、国际海底区域和极地,增强安全进出、科学考察、开发利用的能力,加强国际合作,维护我国在外层空间、国际海底区域和极地的活动、

---

① 《国际海事局发布2015年全球海盗活动报告》,中国海洋在线,2016年2月17日,http://www.oceanol.com/gjhy/ptsy/toutiao/2016-02-17/56518.html。
② 张侠:《极地公域与国际安全问题》,《世界知识》2015年第18期,第23页。
③ 郭培清、卢瑶:《北极治理模式的国际探讨及北极治理实践的新发展》,《国际观察》2015年第5期,第57页。
④ 贺鉴、刘磊:《总体国家安全观视角中的北极通道安全》,《国际安全研究》2015年第6期,第132页。

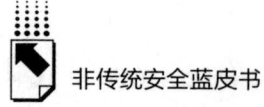

资产和其他利益的安全。"①

7. 太空安全问题

太空安全问题除了自然性的如陨石、彗星等"近地威胁",还有越来越多的人为性的如废弃卫星、卫星残骸等太空环境恶化的威胁。21 世纪以来,太空战略地位日渐上升,太空国际竞争愈演愈烈。世界主要国家正在加快发展太空军事力量,大力研发太空攻防手段,组建太空作战部队,配套完善太空作战法规,围绕取得太空利用与反利用、控制与反控制力量优势的较量持续升温。② 由此,太空安全问题也越来越突出。目前,环绕地球飞行的各种卫星已经超过 1000 颗,卫星过多导致太空轨道过于拥挤,卫星相撞概率增加,从而易产生太空碎片,带来太空垃圾的同时也增加了碎片撞击航天器的概率。国际社会尚未对太空治理展开全面合作,虽有共同利益但存在着外部强制力不足、基本理念和道义准则存异,以及权力分配结构失衡等困境。③国际社会为太空安全问题提出的五个治理倡议④在诸多方面存在差异,要达成国际太空治理的共识还需要国际社会可持续的共同努力。

8. 由传统安全转化而来的非传统安全问题

传统安全问题会直接带来非传统安全问题,这也是多源/元性非传统安全威胁之一,主要是指战争造成的难民、生态破坏与环境污染等。例如,美国在越南战争中曾使用可让植物在生长期大面积死亡的"落叶剂"等化学武器,试图让北越军队无法藏身,结果不仅使得野生动物栖息地被破坏,而

---

① 《中华人民共和国国家安全法》,新华社,2015 年 7 月 1 日,http://news.xinhuanet.com/politics/2015-07/01/c_1115787801.htm。
② 《太空军事力量将改变战争形态 中国面临太空安全威胁》,人民网,2014 年 6 月 19 日,http://military.people.com.cn/n/2014/0619/c1011-25173274.html。
③ 徐能武:《太空安全外交努力的困境及其思考》,《外交评论:外交学院学报》2007 年第 3 期,第 59 页。
④ 五个治理倡议分别为中俄提出的禁止太空武器化条约草案(PPWT)、欧盟提出的太空行为准则(CoC)、美国提出的国际太空准则(ICoC)、联合国外空委科技小组委员会提出的太空可持续利用倡议(LTSSA)、联合国专家小组提出的太空透明与信任建设机制(TCBMs)。具体参见孙雪岩、何奇松《太空安全治理的五个倡议刍议》,《北京理工大学学报》(社会科学版)2013 年第 4 期,第 98 页。

且使得土地和水中被注入大量有毒成分,其所造成的生态灾害与人体灾难极其严重,并且这种恶果至今仍在延续。①

(二)外源性非传统安全威胁

外源性非传统安全威胁主要包括气候危机、金融危机、生态危机、能源安全威胁、公共卫生安全威胁、生物安全威胁等。

1. 气候危机

全球变暖、极端天气和气候异常表明气候危机已经成为全球首要的非传统安全威胁。2015年,超强厄尔尼诺现象所引发的高温干旱、暴雨洪涝与严寒结霜,导致太平洋地区470万人口陷入饥饿、贫困与疾病危机;哥伦比亚西北部的暴雨袭击所引发的山体滑坡和泥石流灾害造成至少92人死亡;印度大部分地区遭遇的大范围、长时间的高温热浪灾害,造成印度和巴基斯坦3000余人死亡,数万人出现中暑和脱水病症。然而,由于气候危机而引发的粮食危机、水资源危机等其他非传统安全威胁,更是威胁了全球数百万人的生命。

2015年12月12日,人类达成了一个从未有过的"类行动"——全球应对气候变化行动:来自195个缔约国和欧盟代表团的万名成员,全球近2000个非政府组织的14000名代表以及注册记者3000多人,共同推动《联合国气候变化框架公约》的通过。我国根据自身国情,提交了中国国家自主贡献文件,明确了中国二氧化碳排放到2030年左右达到峰值并力争尽早达峰等一系列目标。《巴黎协定》的达成预示着2020年后的全球气候治理

---

① 从1961至1971年,美军在越南实施"农场雇员行动",向越南农村喷洒大量俗称为"橙色剂"的落叶剂,以及失能性毒剂BZ毒剂和CS刺激剂等,以能够发现隐藏在森林和草丛中的北越军队。落叶剂对人体的伤害,不仅是经历过战争的那一代人,而且延伸到他们的后代,他们的第三代,甚至还更长久。他们所生育的子女,智力迟钝,身体畸形。记录表明,美国使用的"橙色剂"使约100万越南人死亡或身患各种恶疾,包括癌症,特别是在高潮时期,越南医院里死婴增加了一倍。越南西贡儿童医院的医生们发现,病孩中患脊柱裂和腭裂的婴儿增加了两倍。具体参见黄波等著《核生化武器》,军事谊文出版社,2000,第151~152页;越南橙色剂受害者协会(VAVA—Vietnam Association for Victims of Agent Orange/Dioxin)网站,http://www.vava.org.vn/。

将与以往不同且会进入加大投入与建设的快车道,标志着国际气候谈判模式从自上而下向自下而上转变,体现了全球安全多元治理的趋势,也标志着中国开始展现其全球领导力,中美签署的两份气候变化联合声明和中法气候联合声明,为《巴黎协定》的达成奠定了基础。"但是从发展中国家的立场看,《巴黎协定》并不完美。共区原则没有在减缓、适应、损失与损害、气候融资等问题上得以充分体现,发达国家逃避历史责任的意图越来越明显,发展中国家之间的分化趋势也有增无减。这些问题充分说明,今后如何建立更加公平合理有效的国际气候体制,仍然任重道远。"① 尽管在责任、可能、技术、资金等方面存在着巨大困难与不一致,但此次"类行动"最终达成的目标是:全球平均升温控制在2℃内,并在本世纪下半叶力争实现温室气体的净零排放。

2. 金融危机

历史上的全球性金融危机均给世界造成了严重且深远的影响。2015年至今,全球经济仍然令人担忧:发达国家在总体上仍未摆脱困扰政府的经济困境;新兴经济体格局分化,金砖国家中除印度与中国仍保持经济较高增速外,其他国家经济不是陷入衰退就是陷入低谷。② 国际金融与经济危机不断冲击各国的发展,受货币政策分化、新兴市场需求疲软等因素的影响,2016年全球经济仍处于较严重的风险期。

面对全球经济下行的风险,中国继续发挥其在国际和地区经济合作中的作用。2015年7月21日,由中国、俄罗斯、巴西、印度、南非五个金砖国家发起成立的金砖国家新开发银行开业,该银行旨在推进"一体化大市场、多层次大流通、海陆空大联通、文化大交流"③,进而共同促进发展中国家的经济发展和全球经济复苏。2016年1月16日,由57国响应中国倡议而共

---

① 张海滨:《〈巴黎协定〉开启2020年后全球气候治理新阶段》,新华网,2015年12月14日, http://news.xinhuanet.com/world/2015-12/14/c_128528644.htm。
② 高培勇、汪红驹、汪川:《中国经济2015年回顾及2016年展望》,《经济参考报》2015年12月29日。
③ 欧阳洁、谢卫群:《金砖国家新开发银行在上海开业》,《人民日报》2015年7月22日,第1版。

同筹建的亚洲基础设施投资银行开业。57国中的17个意向创始成员国包括缅甸、新加坡、文莱、澳大利亚、中国、蒙古国、奥地利、英国、新西兰、卢森堡、韩国、格鲁吉亚、荷兰、德国、挪威、巴基斯坦、约旦。亚洲基础设施投资银行致力于建成专业、高效、廉洁的21世纪新型多边开发银行，希冀"为促进亚洲和世界发展繁荣做出新贡献，为改善全球经济治理增添新力量"①。

3. 生态安全威胁

随着人类生存方式与地球生命支持能力的相悖日趋加剧，生态环境安全威胁仍是人类需共同应对的重大难题，森林消失、土地沙漠化扩展、湿地退化、物种灭绝、水土流失等频繁亮起的"红灯"敦促人类迈入"全球生态文明2.0"② 阶段，即使生态文明上升到足以与农业文明、工业文明等全球不同阶段文明实质相匹配的地位。2015年"联合国可持续发展峰会"通过了一份由193个会员国共同达成的成果文件，即《2030年可持续发展议程》。③ 这一纲领性文件由17项目标和169项具体目标构成，包括健康生活方式、水与环境卫生、能源、就业、基础设施和国家不平等等诸多议题，覆盖了社会、经济、环境三个可持续发展的重点层面。维护环境可持续性的议题主要涉及气候变化、海洋和生物多样性保护等。《2030年可持续发展议程》开启了人类可持续发展和可持续安全的新时代。

4. 能源安全威胁

当前世界的能源供应与消费格局正在发生着深刻的变化，全球性的能源市场将各国的能源安全前所未有地联系在一起，能源短缺、能源浪费、能源造成的环境污染等问题成为人类生存与发展的"普遍性威胁"。根据世界能源署（IEA）最新出版的《世界能源展望2015》，2015年的两件大事在很大

---

① 《习近平出席亚洲基础设施投资银行开业仪式并致辞》，《人民日报》2016年1月17日。
② 李志青：《如何打造全球生态文明2.0?》，《中国环境报》2015年4月15日。
③ 《2030年可持续发展议程在"联合国可持续发展峰会"获得一致通过》，联合国网站，2015年9月25日，http://www.un.org/sustainabledevelopment/zh/2015/09/sdg-agenda-approval/。

程度上将决定未来全球能源市场与能源安全的走势：一是所有化石能源在2015年均保持低价格，2016年也将延续这一趋势，世界能源价格长期处于低价位不利于能源安全和全球经济发展；二是巴黎气候峰会将使得绿色能源在世界能源消费结构中所占比例的增幅加快。①

另外，动荡的中东和北非政治局势、乌克兰危机、ISIS组织的一系列恐怖袭击等世界局势给能源安全带来愈加严峻的挑战，国际社会亟须加强能源合作、建立面向未来的能源安全保障。同时，中国也迫切需要提升在国际能源安全体系中的话语权，2015年中国领导人在联合国发展峰会上发声：通过各国努力来构建全球能源互联网，在满足全球电子需求的同时确保能源的"清洁"和"绿色"。目前，"一带一路"倡议的推进，对于加强我国与沿线国家能源国际合作，推动各国经济升级与可持续发展，都具有重要的现实意义。②

5. 公共卫生安全威胁

全球人流、物流、信息流的快速流转，提高和放大了各种传染性疾病、各类自然灾害、各式公共卫生安全事件的侵入性和破坏力，给全人类的健康构成严重的威胁。特别是多种新出现的传染病和不明原因疾病，以其独具的生物学特性，引发公共卫生安全危机。2014年暴发并肆虐至2015年末的埃博拉病毒、2015年在韩国迅速扩散的亚洲中东呼吸综合征（MERS）、2015年在中南美洲流行并于2016年波及包括中国在内的34个国家的寨卡病毒（ZIKV）均对我国乃至世界的公共卫生安全构成了严重威胁。

公共卫生问题的"外部性"决定了公共卫生安全的全球公共产品性质，需要多种行为体的联合参与应对。我国在全球公共卫生治理方面也贡献了自己的力量，特别是西非暴发埃博拉疫情后，我国迅速决策、部署了国内防控和援非抗疫两条战线，完成了国内"严防控、零输入"和援非"打胜仗、

---

① 田学科：《国际能源署署长分析全球能源发展态势》，中国科技网，2015年12月3日，http://www.wokeji.com/shouye/renwu/201512/t20151203_1993673.shtml。
② 杨昆：《在第四届全球能源安全智库论坛的讲话》，中国社会科学院数量经济与技术经济研究网，2015年7月15日，http://iqte.cass.cn/hjyfzlt/201507/t20150715_2079205.shtml。

零感染"目标,彰显了大国形象与责任担当。

6. 生物安全威胁

军事介入的生物恐怖威胁属于多源性非传统安全威胁,而非军事性的外来生物入侵、外来动植物疫病等生物安全问题,则属于外源性非传统安全威胁。目前,全球生物安全威胁日趋普遍,危害严重,治理困难。① 以我国为例,目前我国已成为全球遭受外来生物入侵最严重的国家之一,入侵的外来生物达544种之多,其中有100多种扩散面积大、危害特别严重;全球100种最具威胁的外来物种中,入侵中国的就有50多种,其中危害最严重的有11种,每年给我国造成大约600亿元的损失。② 2016年4月18日,北京再次截获全球毒性最强物种之一的"箭毒蛙活体",据称其1克蛙毒可致15000人死亡。③

生物危害防护能力建设已被多数国家上升到国家安全战略。美国、英国、意大利、日本、韩国、捷克等国家将生物防御体系建设与国防建设进行统筹规划,并在研发、建设和数字化方面达到"同步化"。④ "生物疆域"概念在我国被初步认识,但在生物安全管理上,特别是生物威胁防御能力建设上需要加大投入,追赶国际先进水平。

7. 粮食安全问题

近年来,全球粮食消费量一直高于产量,再加上气候变化、能源危机等其他非传统安全威胁的叠加影响,全球粮食安全挑战仍然严峻,主要有饥饿(长期食物不足),贫困人口数量大,营养不均衡而导致多种疾病(糖尿病、心血管疾病等)高发,气候变化对农业的冲击等。联合国粮食和农业组织(FAO)、国际农业发展基金(IFAD)和世界粮食计划署(WFP)推出的一

---

① 贺福初、高福锁:《生物安全:国防战略制高点》,《求是》2014年第1期。
② 麦文伟:《筑牢"铜墙铁壁"防范外来物种入侵》,《中国国门时报》2013年4月17日,第6版。
③ 《北京再次截获全球毒性最强物种之一箭毒蛙活体》,新华网,2016年4月18日,http://news.xinhuanet.com/legal/2016 - 04/18/c_ 128907030. htm? location =35。
④ 曹务春、赵月峨、史套兴:《应对突发生物事件应急保障能力建设的对策研究》,《中国应急管理》2009年第10期,第8~14页。

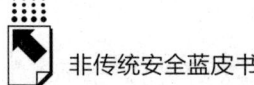

年一度的联合国饥饿报告《2015世界粮食不安全状况》显示,全球仍有约7.95亿人遭受食物不足的困扰;"天灾人祸"使得已成功减贫的国家逆转"返贫"现象时有发生;全球范围的营养不足和营养不均衡现象仍会持续存在。① 2015年9月的联合国发展峰会确定,以2030年为期,粮食安全的目标是消除饥饿和贫困人口。②

对资源大规模、高强度的开发利用使得全球陷入资源危机的恐慌中。根据世界自然保护基金会2002年发表的《活着的地球》报告,目前人类对自然资源的利用超出其更新能力的20%,如果各国政府不予重视以及再不进行干预,那么2030年后人类会面临整体生活水平下降的可能。③ 全球资源危机的主要表现是:原始森林严重破坏,世界上只剩下不到20%的原始森林因为未遭工业活动的破坏而保持原状;水资源问题日趋严峻,2015年联合国发布的《世界水资源开发报告》中指出,到2030年,全球40%的人口将面临供水"赤字"问题;土壤退化问题不容乐观,联合国粮农组织的统计数据表明,世界人均耕地面积已从1970年的0.38公顷减少到2009年的0.2公顷,预计到2050年将降至人均0.15公顷。④

8. 人口安全问题

世界人口问题日益受到全球关注,"人口危机"时代已经到来。发达地区低生育率、世界人口老龄化、人口总数增长过快成为主要的人口安全问题。低生育率会带来生产力下滑,经济竞争力减弱;人口老龄化和人口总数增长过快不仅使得环境和资源问题日趋严重,而且也带来与之相交织的各类严重社会问题,进而对世界可持续发展与可持续安全带来负面影响。

联合国发布的《世界人口展望2015修订版》报告指出,当前73亿的

---

① 《世界粮食不安全状况2015》,联合国粮食及农业组织网,2015年5月,http://www.fao.org/3/a-i4646c.pdf。
② 《全球粮食安全挑战仍存》,中国政府网,2015年12月30日,http://www.gov.cn/zhengce/2015-12/30/content_5029678.htm。
③ 陈须隆:《世界面临的14个全球性问题》,《瞭望》2015年第39期。
④ 《农业》,世界粮农组织,http://www.fao.org/3/a-i0765c/i0765C08.pdf。

世界总人口在 2030 年将达到 85 亿，在 2050 年将达到 97 亿，并在 2100 年达到 112 亿。而人口增长集中于最贫穷国家，这会给这些国家带来更多挑战，让减贫、消除不平等、应对饥荒和营养不良，以及拓展教育和医疗系统等变得更加困难。另外，全球 60 周岁或超过 60 周岁的人口数量到了 2050 年将翻番，而到了 2100 年则可能比当前多出三倍。

（三）双源性非传统安全威胁

双源性非传统安全威胁主要包括跨国有组织犯罪威胁、跨国水资源安全威胁、海洋安全威胁以及民族分裂主义、宗教极端主义与暴力恐怖主义复合威胁等。

1. 跨国有组织犯罪威胁

跨国有组织犯罪已形成全球化态势，甚至对一些国家的安全和主权构成威胁。根据《联合国跨国有组织犯罪公约》等相关条约的规定，跨国有组织犯罪的主要类型为跨国洗钱、跨国贿赂、非法采掘自然资源和贩运野生动物、海盗行为、跨国贩运人口、偷运移民、非法跨国贩运武器、跨国贩毒、跨国网络诈骗等。2015 年，第 13 届联合国预防犯罪和刑事司法大会的主题是"把预防犯罪和刑事司法纳入更广泛的联合国议程，以应对社会和经济方面的挑战并促进国家和国际两级的法治以及公众的参与"。大会成果文件《多哈宣言》的出台，为下一个五年里国际社会在预防犯罪和刑事司法广泛领域的协调和合作提供了重要的政策指导和行动框架。[①] 而将宣言转化为实际行动还需世界各国的携手合作与严格落实。

2. 民族分裂主义、宗教极端主义与暴力恐怖主义威胁

20 世纪 90 年代以来，民族分裂主义、宗教极端主义与暴力恐怖主义三威胁在我国边疆少数民族地区复合并蔓延。[②] 同时，美国"9·11"恐怖袭

---

① 《预防犯罪和刑事司法大会闭幕联合国呼吁全面落实〈多哈宣言〉》，联合国新闻，2015 年 4 月 19 日，http：//www.un.org/chinese/News/story.asp? NewsID = 23842。
② 习五一：《抵御宗教极端主义，爱国宗教界人士负有特殊重要的使命》，《中国民族报》2014 年 5 月 31 日。

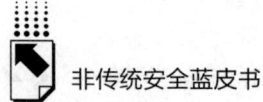

击以来，阿富汗和巴基斯坦境内的极端势力在区域甚至全球频繁发动恐怖袭击，不仅造成无辜平民的伤亡，而且不断刺激中国西部地区的"三股势力"。民族分裂主义、宗教极端主义及暴力恐怖主义紧密相连，其中，民族分裂是政治目的，宗教极端是思想基础，暴力恐怖是实现手段。

新疆暴力活动严重影响了我国的国家安全和社会稳定，2015年4月27日至30日，习近平再次考察新疆时指出："新疆分裂和反分裂斗争将是长期的、复杂的、尖锐的，有时甚至是十分激烈的……对暴力恐怖活动，必须保持严打高压态势，先发制敌……要通过维护稳定营造良好发展环境，促进新疆更好更快发展。"①《中华人民共和国反恐怖主义法》（2016年1月1日起施行），完整定义了恐怖主义，清晰描述了恐怖活动，国家设立了反恐怖主义的领导机构，确立社会反恐的总原则，并以法律的方式强化了反恐怖主义的安全防范、跨越国界的国际合作等重要措施。

3. 跨国水资源安全威胁

跨国水资源安全威胁源于水资源的相对稀缺与我国复杂的地缘政治。中国与周边国家拥有八十多条国际河流，其中主要的有16条，涉及14个与中国毗邻的接壤国，5个非毗邻的周边国家，影响人口约30亿，占全世界人口的50%。② 我国与周边国家的水资源安全主要关涉水质保护、水资源分配和开发、水域环境保护、水资源管理和区域发展等内容。目前，中国与周边国家在水资源安全关系上呈现非对称性的相互依赖关系，具体体现为"低冲突—低合作"的结构状态。③ 而周边国家出于本国利益，基于水资源安全联合域外国家形成制约中国的"潜在联盟"，由此加剧了我国的水资源安全挑战及带来其他相关安全威胁。如何妥善解决跨国水资源争议以及利用水资源合作打造"亚洲命运共同体"是安全领域的重要议题。

---

① 《把祖国的新疆建设得越来越美好——习近平总书记新疆考察纪实》，《人民日报》2014年5月4日，第1版。
② 李志斐：《中国周边水资源安全关系之分析》，《国际安全研究》2015年第3期，第115页。
③ 李志斐：《中国周边水资源安全关系之分析》，《国际安全研究》2015年第3期，第135页。

4. 海洋安全威胁

随着各国对海洋权益的高度重视和对海洋资源的不断开发，国家间的海洋权益争端也在不断升级，由此所带来的安全威胁尤其是非传统安全威胁日益凸显。海洋非传统安全威胁包括海上自然灾害、海洋环境污染、海上恐怖主义、海盗、海上走私、海上非法移民、海上渔民安全威胁、通过海洋渠道传播的疾病等。中国同样面临复杂多样的海洋非传统安全威胁，有些威胁在中国管辖领域表现得尤为突出，如非法海洋科研和军事测量活动、海上跨国犯罪、海洋生态环境污染等。以非法海洋科研和军事测量活动为例，近年来，发生多起外国军事测量船、飞机在我国管辖海域或海域上空作业以及向我国管辖海域投放浮标、非法搜集我国海洋资料和数据的事件。此外，外方单独或与我方合作，在未经我方政府批准的情况下，在我方管辖海域进行海洋科研、海洋调查的事件也时有发生。①

2015年，我国政府在海洋非传统安全维护方面也有所推进。如《国家海洋局海洋生态文明建设实施方案（2015~2020年）》着眼于建立基于生态系统的海洋综合管理体系，坚持"问题导向、需求牵引"和"海陆统筹、区域联动"原则，共提出10方面31项主要任务和4方面20项重大工程项目，为"十三五"时期海洋生态文明建设提供了时间表和路线图。②

5. 移民难民问题

全球化的纵深发展加速了全球劳动力的跨国自由流动，再叠加发达国家持续的低生育率、全球经济差距的不断加大等因素，移民成为弥补输入国劳动力市场的结构性缺陷、拉动消费需求和推动文化多元的重要力量，但是移民难民带来的安全威胁也已经开始危及各国在经济、社会、政治等各领域的安全。尤其是2015年，在恐怖主义的催化下，移民安全在欧洲及全球许多国家已经提升至国家安全的高度。根据联合国的《国际移民报告（2015年

---

① 国家海洋局海洋发展战略研究所课题组：《中国海洋发展报告2015》，海洋出版社，2015，第306页。
② 《2015年国家海洋局推进海洋事业发展纪事》，国家海洋局，2016年1月22日，http://www.soa.gov.cn/xw/hyyw_90/201601/t20160122_49831.html。

修订版)》，2015年全球国际移民人数已达到2.44亿，国际难民人数达到2000万。

在欧洲，2015年进入欧洲的移民和难民人数已经超过100万。数量庞大的难民潮、数次重大恐怖袭击事件、债务危机引发的经济低迷、高居不下的失业率、日益恶化的社会排斥等因素复合发酵，欧洲正面临"二战"以来最严重的移民难民危机。同时，东南亚深陷"非法移民"困局，泰国、马来西亚、印度尼西亚等东盟国家拒绝接收来自缅甸和孟加拉国的难民船，数千名来自孟加拉国和缅甸的非法移民由于不被接收而被困南亚海域。相关国家对这些非法移民采取的推卸责任的做法，引发了国际社会的广泛谴责。①

为应对移民难民问题，国际社会及各国也在不断加强合作，2015年5月在泰国举行的"应对非法移民危机"地区会议，2015年11月在马耳他举行的欧非移民危机峰会，2016年3月在布鲁塞尔举行的移民危机特别峰会等，都在推进移民问题的解决，但是要找到解决移民危机的长久方案仍是任重道远。

6. 海外企业与公民安全问题

随着中国与世界各国的交往日益密切，越来越多的中国人在世界各地旅游、工作或学习，中国公民的海外安全问题日益凸显并受到广泛关注。根据商务部、外交部、公安部等相关数据统计，2015年我国内地居民出境人数突破1.2亿人次，预计到2020年，人数将超过1.5亿人次；境外中资企业机构超过2.2万家，中国企业境外总资产逾1.6万亿美元。随着国际形势的复杂多变以及我国人员和资金跨境流动的井喷式增长，中国海外公民和企业主要面临政局动荡、恐怖袭击、自然灾害、社会治安、劳务纠纷、意外事故等多种安全威胁。

2015年，我国动用国家力量使613名中国公民安全地从也门的动荡中撤离，有5685名中方人员被从尼泊尔的特大地震发生后接回，有近6万起

---

① 《海上"人口走私"凸显东南亚非法移民困局》，《中国青年报》2015年6月15日，第4版。

涉及中国公民权益与安危的领事保护案件被妥善处理，在海外被绑架劫持的近20名中国公民被成功营救。"外交部全球领事保护与服务应急呼叫中心"设置的12308热线发挥着重要作用，累计接听并处理来电达十几万次。① 但是，遭遇暴恐袭击、坠机等突发事件而遇害的中国公民仍不在少数。从目前的情况来看，海外安全供给增长速度明显落后于公民需求的增长速度，既要促进政府在领事保护、军事交流、国际合作方面能力的继续提升，也要提高中国海外公民个人的安全维护能力。

（四）内源性非传统安全威胁

我国的内源性非传统安全威胁主要包括生态安全危机、经济（金融）安全危机、食品安全危机、社会公共安全问题、能源安全问题、公共卫生安全问题等，而且这些问题将在2016年以及今后更长的时间里困扰国家的发展。

1. 生态安全危机

生态安全是我国总体国家安全体系的重要组成部分。我国提出"生态文明"建设，是相对生态环境的日益严峻而言的。生态安全具有"首要性"，是人的生存的"终极安全"与"代际安全"，其危及面广，持续性久，紧迫性强，责任性大，治理难度高。近年来，尽管我国生态环境保护与建设力度逐年加大，但总体而言，生态环境恶化趋势尚未得到逆转，生态问题已严重制约经济社会的可持续发展。② 目前，我国生态环境恶化的主要原因包括：资源与环境的综合承载力已处于超载状态；掠夺性经营没有得到有效遏制；片面追求GDP，忽视"人与自然"协调发展；科学技术发展滞后，难以支撑和解决生态环境难题。③

---

① 王毅：《中国特色大国外交的全面推进之年》，《国际问题研究》2016年第1期，第1~8页。
② 高吉喜：《生态安全是国家安全的重要组成部分》，《求是》2015年第24期，第43~44页。
③ 石玉林、于贵瑞、王浩等：《中国生态环境安全态势分析与战略思考》，《资源科学》2015年第7期，第1305~1313页。

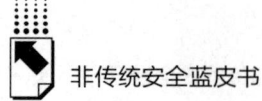

以雾霾为核心的大气污染问题已经成为中国政府生态安全治理的重要议题。2015年12月,重度雾霾使得北京首次启动空气重污染红色预警。"雾霾"作为内源性非传统安全威胁,不仅影响国内居民的人身健康及生态环境,而且其危害也已经逐步扩散到境外。而《大气污染防治行动计划》的出台标志着中国大气污染防治工作的目标实现了从控制污染物排放总量到改善空气质量的重大转变。①

与大气污染相应的"水污染"也是我国最突出的生态环境安全问题之一。2015年4月,国务院出台《水污染防治行动计划》,认为目前是城市水污染事件高发期、水安全的高风险期,更是治理水污染的关键期、恢复水生态的机遇期。行动计划共有238项具体治理措施,其中136项是改进强化措施、12项是研究探索性措施,还有90项是专门的改革创新措施。为实现行动计划所制定的目标,还确定了全面控制污染物排放、推动经济结构转型升级、着力节约保护水资源等十个方面的措施。②

2. 经济(金融)安全危机

中国已经成为全球的第二大经济体、世界第一制造大国、全球外汇储备最高的国家,我国经济面临着国际竞争博弈与国内转型攻坚的双重压力,国内经济安全问题频发。根据国家发改委发布的《2015年经济形势分析与2016年展望》报告,我国经济运行仍面临着诸多风险,经济下行的压力仍然在持续加大,2015年全年GDP增长6.9%,CPI涨幅1.5%。经济运行中存在的主要问题有:投资增长后劲不足,新开工项目计划总投资特别是亿元以上新开工项目计划总投资同比增速低;市场出清困难,工业品出厂价格已经连续45个月负增长,产能过剩导致企业经营效益持续恶化;就业压力逐步凸显,第三产业吸纳就业的能力减弱;金融风险加大,商业银行不良贷款

---

① 李禾:《〈大气中国2015:中国大气污染防治进程〉报告发布》,中国科技网,2015年11月20日,http://www.wokeji.com/lvse/zx/201511/t20151120_1937292.shtml。
② 《国务院印发〈水污染防治行动计划〉》,《中国环境报》2015年4月7日,第1版。

余额目前已经连续16个季度上升。① 2016年的经济形势也比较严峻，而且经济安全问题将越来越成为我国最重要的内源性非传统安全问题之一。

3. 食品安全危机

中国自古强调"民以食为天"，而如今人们更是重视"食以安为先"。2015年，我国的食品安全问题仍然严峻：甘肃古浪县村支书嫁女宴致使上百人食物中毒事件、兰州理工大学两百多名学生因饮用水细菌超标而腹泻入院治疗、东莞4家便利店饮料被投毒致1死4伤、海关总署查获僵尸肉42万余吨、"毒豆芽"系列案件等食品安全事件一次又一次地成为舆论焦点。食品安全问题的表现形式越来越多样化，其安全威胁的扩散性和复合性增加，不仅仅涵盖食品外部的卫生风险、食品自身的安全威胁，人源性因素逐渐成为食品安全事件的主要原因，不法商家"造假制毒"手段愈来愈多样、手法愈来愈隐蔽。在"互联网+"新时代下，我国网络食品零售、网络外卖订餐、跨境食品电商等互联网食品新业态发展迅速，伪劣食品、"黑作坊"等食品安全问题不断显现。

自2015年10月1日起，我国新修订的《食品安全法》正式施行，该法确定了刑事责任优先、首负责任制，明确了网络食品交易第三方平台的食品安全管理义务和责任，等等，堪称"史上最严食品安全法"。我国政府制订的"十三五"规划建议强调，要实施食品安全战略，形成严密高效、社会共治的食品安全治理体系，让人民群众吃得放心。"这是党的历史上首次将食品安全战略写入中央决议，对于全面提升我国食品安全治理体系和治理能力具有重大的指引作用。"②

4. 社会公共安全问题

在我国社会转型期，各种深层次矛盾凸显并呈现进一步恶化态势，社会公共安全问题已经成为"普遍性威胁"，持续加剧人们的"生存性焦虑"和

---

① 国家发展和改革委员会经济研究所经济形势分析课题组：《2015年经济形势分析与2016年展望》，《中国物价》2016年第1期，第4~6页。
② 王逸吟：《何以吃得放心？——食品安全的三个问题》，《光明日报》2015年12月21日，第10版。

"主观性恐惧"。社会公共安全是国家安全体系的重心，其核心是人的安全。同时，"人民安全"是国家总体安全的宗旨。社会公共安全问题主要指的是自然灾害、事故灾难、社会安全事件以及不安全的生产生活环境等。经济全球化、社会信息化的发展，使得国际问题国内化、国内问题国际化的趋势日益明显，再加上中国对外崛起与内部社会转型的交织，群众的合理诉求与非法行为的交织，网络空间与现实空间的交织，使得社会安全面临的环境更加复杂。①

2015 年是公共安全事件多发的一年，福建漳州 PX 项目爆燃事故、"5·25"河南省平顶山鲁山县康乐园老年公寓火灾事故、"东方之星"号客轮翻沉事件、天津港"8·2"特别重大火灾爆炸事故、"12·6"内蒙古检查站遭袭事件、深圳光明新区"12·20"滑坡灾害、2016 年 4 月 17 日央视曝光的常州外国语学校新址污染事件等社会公共安全事件使得"安全"成为人们的第一需求和国家领导人关心的首要事项。习近平指出："要牢固树立安全发展理念，自觉把维护公共安全放在维护最广大人民根本利益中来认识，扎实做好公共安全工作，努力为人民安居乐业、社会安定有序、国家长治久安编织全方位、立体化的公共安全网。"② 在 2016 年 4 月 15 日首个全民国家安全教育日，"国泰民安"再次得到中国领导人强调，国家安全是"头等大事"，而人民群众的"安全感"与"幸福感"被确定为国家安全维护的目标指向。③

5. 能源安全（核安全）问题

能源安全问题可被归入广义的资源安全问题之中，但因其具有独特性与紧迫性常常被单独作为国家安全问题进行研究。能源安全与人口安全、经济安全、环境安全、社会安全等众多安全领域相关，是重要的非传统安全领

---

① 马振超：《转型期我国社会安全面临的突出问题及对策》，《国防参考》2015 年 6 月 17 日。
② 《习近平主持中共中央政治局第二十三次集体学习》，新华网，2015 年 5 月 30 日，http://news.xinhuanet.com/politics/2015-05/30/c_1115459659.htm。
③ 《习近平指示国家安全教育日：国家安全是头等大事》，中国网，2016 年 4 月 17 日，http://www.china.com.cn/cppcc/2016-04/17/content_38259907.htm。

域。根据 2015 年世界能源理事会公布的"能源三难困境指数"（Energy Trilemma Index）①，中国在 129 个国家和经济体中排名仅在第 74 位，表明中国的能源安全面临严峻挑战，中国的能源系统可以说都处于安全警戒线以下。为此，我国提出了推动能源消费、能源生产、能源技术、能源体制革命以及全方位加强国际合作的能源方略，并部署制定了 2030 年能源生产和消费革命的战略。另外，中国政府十分重视新能源产业的布局，新能源产业的集群化与集聚化初步显现，还积极实施"能源外交"战略，加强能源安全的国际合作。能源方面的立法工作也在不断推进：国家能源局于 2015 年 5 月启动了《能源法（送审稿）》的修改工作；2016 年 1 月，国务院发表的《中国的核应急》白皮书显示，《原子能法》《核安全法》的立法正在积极推进。

6. 公共卫生安全问题

公共卫生是以保障和促进国民健康为宗旨的公共事业。深度全球化的进程，进一步打通了各国的边界，全球较之以往更加"因病相连"，加之中国经济发展与社会转型的加快，新发突发传染病、慢性非传染性疾病、不良健康行为、精神及心理卫生等开始成为我国主要的公共卫生安全问题。中国国情的特殊性，使得传染病暴发控制、自然灾害后的救灾防病、大型聚会活动的卫生保障等公共卫生安全维护面临严峻的挑战。再加上历史基础的薄弱与人口的众多，我国医疗卫生资源相对匮乏，建设公共卫生应急体系的条件有限，国家卫生应急能力不强。② 为维护公共卫生安全，我国政府坚持预防为主、以农村为重点、中西医并重的卫生方针，加大深化医改力度，致力于全面提升公共卫生和传染病防控水平，加快构建中国特色公共卫生安全防控屏障。

---

① "能源三难困境指数"（Energy Trilemma Index）包括能源供应安全性、能源价格平等性、环境可持续性三维度。具体参见"Energy Trilemma Index," World Energy Council, http://www.worldenergy.org/data/trilemma-index/。

② 袁志明等：《关于加强我国公共卫生应急反应体系建设的思考》，《中国科学院院刊》2013 年第 6 期，第 712~715 页。

7. 网络安全和信息安全问题

随着互联网的高速发展,我国网络安全和信息安全面临着严峻挑战,平台系统漏洞致信息泄露、信息领域诈骗、网络谣言等事件层出不穷,个人、企业、政府无一幸免。2015年4月中旬,全球最大的漏洞响应平台"补天漏洞响应平台"发布信息称:我国30余个省市的社保、户籍查询、疾控中心等系统存在高危漏洞;仅社保类信息安全漏洞涉及数据就达到5279.4万条,包括身份证、社保参保信息、财务、薪酬、房屋等敏感信息。大量敏感信息居于危险环境中。我国网民增加的速度很快,但总体上网民的安全意识不强,缺乏网络对抗能力的学习与培训,国家在包括法律、经费和人才等网络安全方面的投入也远远跟不上需求,等等,使得我国面临的网络安全和信息安全形势异常严峻。但网络安全与信息安全问题正在受到我国政府从未有过的重视,在"中央网络安全与信息化领导小组"成立之后不久,2015年初"中国网络空间研究院"正式组建,2015年6月全国人大常委会就《网络安全(草案)》进行审议并向社会公开征求意见,2015年7月新的《中华人民共和国国家安全法》正式实施,2016年初中国网络空间安全协会(Cyber Security Association of China,CSAC)成立,这些对提升网络与信息安全能力都有着重大的推进作用。

值得一提的是,为实施国家安全战略、加快网络空间安全高层次人才培养,2016年初,国务院学位委员会批准浙江大学新设网络空间安全一级学科博士学位授权点。浙江大学网络空间安全博士点以互联网安全、计算系统安全、控制系统安全、通信网络安全、信息内容安全五大优势研究方向为基础,目的在于服务国家战略需求、建立网络空间安全领域学科交叉合作新机制。

8. 人口安全问题

人口安全是一个国家须优先考虑的内源性非传统安全领域,它不仅关联着"千家万户",而且关联着"千秋万代",不仅影响着国内的经济、资源、能源、社会,还影响着国际的政治格局与经济态势。人口安全包含有人口数量、人口质量、人口结构、人口分布、人口迁徙、人口代际传承等内容,在总体国家安全中，人口安全是众多安全的基础性变量，这一变量的变化直接影响经济安全、社会安全、资源安全、政治安全、文化安全，也直接影响中国城镇化的进程。2015年10月党的十八届五中全会决定全面放开二胎，这意味着中国的人口政策从"独生子女"模式转向"双生子女"模式（一对夫妇可以生育两个孩子），中国"老龄化—少子化"的人口新常态危机被纳入国家安全议程。目前，我国是人口数量型的大国，还不是人口质量型的强国。

9. 粮食安全问题

作为人口大国和农业大国，我国的粮食安全关乎全局，关联世界。由于国际国内环境的双重影响，我国粮食安全目前存在资源环境成本高、国际市场影响深、饥饿与营养不良挑战大、病毒与污染等相关风险高等问题。高中琪认为中国粮食生产面临的挑战是："一是粮食持续增产的长效机制尚未建立，二是粮食需求刚性增长且浪费严重，三是资源环境约束进一步加剧，四是种粮比较效益持续偏低。"① 面对粮食安全问题，中国政府提出了"以我为主、立足国内、确保产能、适度进口、科技支撑"的国家粮食安全新战略。其中，"立足国内基本解决我国人民吃饭问题"是战略基点，"耕地红线要严防死守""谷物基本自给、口粮绝对安全"是战略底线，"坚持数量质量并重"是战略要求。②

10. 资源安全问题

资源安全是指一个国家或地区合理获取所需的自然资源及资源性产品的状态或能力。③ 资源安全是国家安全的基点和国家发展的物质支撑。我国的资源安全问题主要是指水资源、人均耕地、能源、矿产资源等短缺，供需矛盾突出。资源基础、人口增长、国际贸易、科学技术、经济发展、地缘政治

---

① 高中琪：《我国粮食安全相关问题分析》，新华网，2015年1月27日，http://news.xinhuanet.com/politics/2015-01/27/c_127427209_2.htm。
② 《党的十八大全面实施国家粮食安全》，国务院新闻办公室网，2016年3月1日，http://www.scio.gov.cn/ztk/dtzt/2015/33681/33685/Document/1470452/1470452.htm。
③ 谷树忠、李维明：《实施资源安全战略确保我国国家安全》，《人民日报》2014年4月29日，第1版。

（通道安全）、生态环境、体制机制等因素，都在不同程度上影响着我国的资源安全。① 资源丰度较差、人均资源量少、重要资源对外依存度高等问题直接增加了资源供给的压力，而通道安全单一且隐患较大所带来的不确定性，也对我国的资源供给形成严重制约。② 鉴于资源安全问题的重要性和紧迫性，构建完善的资源安全战略体系已成当务之急。

11. 文化安全问题

文化安全是关涉生存方式与核心价值观的重要安全领域，是总体国家安全观的重要内容之一。重视和守护中华民族的精神家园，既是提升国家软实力的选择，亦将赢得更多的国际认可与尊重。《中华人民共和国国家安全法》中强调，"国家坚持社会主义先进文化前进方向，继承和弘扬中华民族优秀传统文化，培育和践行社会主义核心价值观，防范和抵制不良文化的影响，掌握意识形态领域主导权，增强文化整体实力和竞争力"。文化安全问题比较复杂、敏感并具有持续性。一方面，国门开放，需要向世界学习不同的先进文化，文化只有在学习交流中才能发展；另一方面，文化的交流与交融又存在会受到其他文化负面影响的风险，这种风险主要体现在对中国传统文化理念与价值观的挑战与重塑上。应该说，文化安全是一个国家安全要素中最深沉的部分，与国家主导的意识形态直接相关。文化安全的维护既要抵制外来文化的负面影响，又不能中断不同文化间的学习与交流，并且生活中的必需品、消费品、奢侈品和投资品都是某种文化的"载体"，这一现实难题的解决需要国家进行合理的顶层设计与科学的计划安排。同时，文化安全的维护不是被动的、防御的，中国文化更需要走向世界，在走向世界中丰富自身的内涵与提升自身的竞争力。

12. 科技安全问题

人类文明史上，科学技术一直是推动历史前进的巨大动力和杠杆，

---

① 谷树忠、李维明：《实施资源安全战略确保我国国家安全》，《人民日报》2014年4月29日，第1版。

② 谷树忠、李维明：《资源安全国家安全的基点》，《中国国土资源报》2014年6月6日，第3版。

进入 21 世纪，高新科技的主控权直接影响国家间综合国力竞争的优势和主动权。科技安全是国家安全的技术基础。我国科技安全面临严峻挑战：科技综合实力水平不高（如科技发展水平明显落后、科技自主原始创新能力不强、顶尖科技机构及人才缺乏等），科技资源受到严重破坏（如科技人才大量外流、科技信息大量泄露等），科技环境安全处于不利态势，西方发达国家对我国实行技术封锁与遏制，并利用其科技优势推行霸权。① 如何走出当前科技安全困境，科学筹划国家科技安全战略是当前的重要课题。

二 非传统安全理论新进展

近年来国际关系理论"中国学派"的探索与非传统安全研究的深入，不断促进中国非传统安全研究理论的深化。《中国非传统安全研究报告（2014～2015）》曾概括有以下的可以被非传统安全治理借鉴的国际关系理论："可持续安全论""国际共生论""创造性介入论""道义—实力论""共享安全论""有效安全论"。这些理论都与"和合主义"理论范式相关联且尚在进一步发展完善之中，值得关注和重视。

（一）"可持续安全论"："海陆和合论"有新阐释

"可持续安全"是"亚洲安全观"的重要范畴，其实质是"低成本、高安全的可持续性"②。在"一带一路"战略倡议的背景下，刘江永进一步阐述了"海陆和合论"构想，认为"'海陆和合'也可称为'海陆和谐'，是指通过海洋国家与陆地国家的和睦合作，实现各国共同的可持续发展与可持续安全。'海陆和合''远交近和'，可以使'一带一路'所有参与国都从

---

① 谷树忠、李维明：《资源安全国家安全的基点》，《中国国土资源报》2014 年 6 月 6 日，第 3 版。
② 刘江永：《从国际战略视角解读可持续安全真谛》，《国际观察》2014 年第 6 期，第 11～13 页。

中获益"。① 刘江永强调，若要深化"一带一路"的国际合作，必将打破传统地缘政治学所导致的"海陆对抗"或"欧亚大陆地缘争夺"的恶性循环。"如今'一带一路'战略构想已超出亚洲地理范围，横贯欧亚非地区并将向全世界辐射。可持续安全观与'海陆和合论'可成为'一带一路'有关各国的共有理念，让和平、安全、发展、繁荣、合作、共赢成为21世纪的普适价值（universal values）。"② 刘江永认为，"海陆和合论"的实质是以和平合作方式建构内陆与沿海国家的战略桥梁，以和平合作精神指导"一带一路"参与国超越传统安全所固有的地缘安全困境，以和平合作体制机制的建设来形成"一带一路"的陆地与沿海国家之间彼此交织、互联互通、和平合作、共同发展的网状开放体系。"如果'海陆和合论'能够成为亚洲各国共同的地缘价值观，不仅有利于避免海洋大国与欧亚大陆国家的战略对抗，减少欧亚大陆边缘地带的争夺与冲突，还有利于发挥欧亚大陆边缘地带的地缘经济优势和桥梁作用，促进海陆合作。有关国家共建'一带一路'，恰恰是实现'海陆和合'的一种国际尝试。"③ "海陆和合论"可以说是中国"和合主义"价值范式在国际关系新语境中的具体拓展与创新，是中国与世界融合的新战略设定与新路径探索，它的解读与运用将会对中国"走出去"方略产生积极的影响。

（二）"创造性介入论"：中国外交转型有新建议

2015年11月，北京大学出版了王逸舟"创造性介入三部曲"之三《创造性介入：中国外交的转型》④ 一书，这是继"中国外交新取向""中国之全球角色的生成"之后的关于"中国外交的转型"的新著。作者以特有的

---

① 刘江永：《海陆和合论："一带一路"可持续安全的地缘政治学》，《国际安全研究》2015年第5期，第3~21页。
② 刘江永：《海陆和合论："一带一路"可持续安全的地缘政治学》，《国际安全研究》2015年第5期，第3~21页。
③ 刘江永：《海陆和合论："一带一路"可持续安全的地缘政治学》，《国际安全研究》2015年第5期，第3~21页。
④ 王逸舟：《创造性介入：中国外交的转型》，北京大学出版社，2015。

理论勇气，对中国介入世界的难题与可能，对中国外交转型的政治前提与问题，对中国外交转型的可能路径与方式，都做出了极有价值且引人深思的刻画，进而凸显了"中国外交需加速转型"的命题。

《创造性介入：中国外交的转型》，论述了邓小平对中国外交转型的十大历史贡献，习近平对中国外交转型的七大"升级"努力，以中国外交的社会基础与社会转型为基点，直接对中国外交的宗旨定位、外交规划要点、外交学习目标以及外交投入方式进行了研析，提出了诸多建构性建议，如外交为民方针的全面落实，外交公共产品的普遍惠及，外交人员来源的适度多元，外交官知识供给的适度加强，外交决策过程的适度公开，外交部政治地位的适度提升，外交—军事沟通协调机制的适度建立，外交支出费用的适度增加，等等。"创造性介入"式的中国新外交秉持的核心是"合法性与正当性"，因而中国外交的"创造性介入"与加速转型并不是对"韬光养晦"的否定，更不是主张积极的干涉，而是"不失时机"地参与国际事务。

值得一提的是，作者在强调外交需加速转型上具有典型的"中国化"特色与"和合主义"精神价值取向。无论是对现代外交理论的阐述，还是对具体案例的分析，都反复强调中国外交要具有中国视角、中国风格、中国语言和中国印记；要发掘和传承中国传统中的和而不同、斗而不破、求同存异、中庸大同等思想，要提出契合中国利益、符合中国思维、彰显中国文化的新外交学说。

（三）"道义—实力论"："政治领导力决定论"有深化

2015年10月阎学通的新著《世界权力的转移：政治领导与战略竞争》出版，使得"道义—实力论"（道义现实主义）得以进一步完善与推进。阎学通认为"道义—实力论"研究的核心问题是：崛起国是如何取代现行世界主导国的地位的，即"世界权力中心"转移的原理。而该核心问题的核心解释是：崛起国的成功（包括弱国战胜强国）在于其政治领导力强于现行世界主导国，即"政治领导力决定论"。阎学通给出了"道义—实力论"四个"优先性"推论：一是"逐利优先"：在国际关系涨落与国际规范演化中，国家行为的首要动力是"逐利";二是"自保优先":在无序体系中，不同类别国家的安全战略首要目标都是"自保",而主导国总体上可分为三类,即"王权"、"霸权"（争霸而不直接吞并他国）和"强权"（吞并原则占主导）;三是"结构优先":权力的零和性导致崛起国与主导国之间的结构性冲突并且实力差距的缩小将使崛起国面临的崛起困境日益严重;四是"政治实力优先":政治实力变化可改变国家实力对比,具体来说,政治领导力决定一国综合实力的升降,同时政治领导力的差别决定了国际格局的变化。①

2015年12月20日,清华大学举行的"从清华路径到道义现实主义"学术研讨会,深入讨论了"道义与政治领导的作用"、"战略信誉与主导国类型"和"国际规范变化与国际秩序转型"三个分论题。阎学通在主旨发言中强调,作为方法的"清华路径"包括三要素:一是以现代国际关系理论为基础,运用现代科学研究方法;二是借鉴中国古代政治思想和东亚地区的历史经验;三是解释中国崛起带来的以往国际关系理论不能解释的国际新现象。"道义—实力论"是"清华路径"的最重要成果,其特点是以政治领导力为分析系统的自变量,把领导类型的划分标准置于道义之上,从而对国家综合国力变化、国际格局转型、国际规范演化做出解释。阎学通认为,"道义—实力论"的理论建构源于三个方面:一是不同于欧洲的中国与东亚传统使中国学者有自己创建新理论的资源;二是以政治领导类型为逻辑起点,使分别凸显个人、国家、体系层次的决策理论、实力理论和规范理论有机关联;三是新理论着重分析中国崛起这一新国际现象,力求超越既有的经济决定论、军事决定论、文化决定论、互动决定论等视角,会大大提高国家关系理论的预测性。②

---

① 阎学通:《世界权力的转移:政治领导与战略竞争》,北京大学出版社,2015。
② 阎学通:《国关理论研究要能解释当前世界》,世界和平论坛,2015年12月25日,http：//mp. weixin. qq. com/s？ _ _ biz = MzA3MzY3NjEzNA = = &mid = 401076591&idx = 1&sn = b19b567b053d36d2afff096306cba205。

（四）"国际共生论"："共生型国际秩序"有新作

任晓主编的《共生——上海学派的兴起》由上海译文出版社于2015年9月出版，为"国际共生论"的发展树立了新的里程碑。该书正式提出以"共生理论"为基点的国际关系学界"上海学派"的形成，并强调了这一学派及主要学者的特点："首先，他们有一个共同的核心概念，即'共生'，并围绕这一共同的概念进行学术研究和理论阐发，他们之间形成了一定的学术联系。其次，他们具有共同的学术兴趣，即从共生的基本思想和基本理念出发，进一步发展出不同学科领域、不同方面的理论论述。最后，他们基本都生活和工作于上海，共同受到了'海派'文化或隐或显的影响，产生了风格上的接近之处。"① "该书展示了共生理论探讨进一步发展的可能性，也希望以利上海学界进而使国内学界在前一阶段研究讨论的基础上，继续向前推进，使上海学派由起步而成熟，促进学术理论发展，并使中国话语、中国理论在国际上产生影响。"②

2015年3月，陈雪飞在观察者网发表"全新共生体系是可能的吗？"一文，指出"苏长和的《共生型国际体系的可能》和任晓的《论东亚'共生体系'原理》两篇文章对于'共生型国际秩序'的讨论具有很强的开创意义，为用'中国话语'、'中国视角'概括中国世界观做了很好的示范"。同时，值得商榷或值得深入研究之处仍然不少，"诸如共生的必要性与可能性；什么意义上的共生；共生体系由谁创建、由谁主导、谁与谁共生；按照什么规则共生；以及共生的旨归究竟是什么；等等"。③

（五）"和合主义"：国家间认同建构有新范式

余潇枫、张泰琦《"和合主义"：建构"国家间认同"的价值范式——

---

① 任晓编《共生——上海学派的兴起》，上海译文出版社，2015，第10~11页。
② 任晓编《共生——上海学派的兴起》，上海译文出版社，2015，第11页。
③ 陈雪飞：《博鳌时间，全新共生体系是可能的吗？——兼与苏长和、任晓先生商榷》，观察者网，2015年3月26日，http://m.guancha.cn/ChenXueFei/2015_03_26_313692。

以"一带一路"沿线国家为例》一文对"和合主义"做了进一步的阐发，强调"和合主义"范式既是中国传统"和合论"思想的现代性提升，又是世界主义和全球主义价值内涵的中国式表达，它以"和合"作为"类价值"来开创国际交往与国际合作的新局面。"国家间认同"是一种国家层次认同的"跨国认同"，"对一个国家来说，国家层次的认同构成涉及众多的要素，如土地、人口、民族、历史、文化与宗教信仰、主权、政权等，其'生存感归属'与'安全感归趋'可以具体表现为：共同居住的此在感，相同人口（种）的我们感，共有文化或文明的同源感，共有政治的合法感以及国际社会承认的集体自尊感，等等。当然国家的政治认同是国家认同的主导因素"。[①] 作者认为具有中国思想渊源与丰富外交实践的"和合主义"价值范式，为"国家间认同"建构提供了理论指导，并能帮助消解"一带一路"沿线国家的认同冲突，对推进"丝绸之路新区域"治理有着重要意义。

当然，"和合主义"指导下的国家间认同建构并非是一种"一厢情愿"式的战略选择，也不是"一团和气"式的无道义原则的行动。余潇枫、谢贵平在《"选择性"再建构：安全化理论新拓展》一文中特别对"和合主义"的当下语境进行了分析，认为中国在国家间认同建构中需要面对被"过度安全化"的安全困境：或者是占有发展先机的大国"恶意安全化"中国，不仅自己极尽牵制、遏制、看管、探底之能事，而且还不断挑唆其追随国"起哄"甚至捣乱；或者是国际体系中其他国家不得不认可中国的崛起，又对中国的崛起抱有顾虑、担心、猜疑乃至恐惧，特别是仍受冷战遗产影响的不少亚洲国家，不乏存在权力转移中的"互争"、多极化状态下的"互疑"、复杂网络中的"互斗"、利益涨落中的"互冲"（hedging）现实，极易使中国陷入"安全化陷阱"。作者强调，中国要以"和合主义"为价值坐标，积极倡议与"垄断多边主义""霸权多边主义""暴力多边主义"相区

[①] 余潇枫、张泰琦：《"和合主义"：建构"国家间认同"的价值范式——以"一带一路"沿线国家为例》，《西北师范大学学报》（社会科学版），2015年第6期，第5~12页。

别的"多元多边主义"①，主动发挥安全化过程中的"启动行为体"与"关键行为体"作用，促进国际关系民主化。以中国为世界带来机遇的"一带一路"倡议为例，"它不是一种单向性援助，而是一种多向"选择性"再建构：安全化理论的新拓展性共建；不是一种对抗性结盟，而是一种合作性结伴；不是一种例外主义的算计，而是一种关系主义的互惠；更不是一种殖民主义的强制，而是一种和合主义的联动"。②

为和合主义理论"体系化"做出了新的努力的还有 2015 年 10 月由北京大学出版社出版、我国十三所高校及研究机构专家共同撰写的《非传统安全概论（第二版）》（余潇枫、魏志江主编）一书。该书尝试用一种体现中国思想渊源的"和合主义"立场、"共享安全"范式和"优态共存"的广义安全观，来探究"类安全""国际安全""国家安全""社会安全""人的安全"的中国式的维护之路，建构能促进国家间认同建构的、较合理的体系性框架。全书以"人类下一个危机是什么"为导引，以非传统安全的全球化语境为前提，以非传统安全研究的"中国学派"建构为使命，从和合主义与共享安全的高度，探讨了非传统安全与全球安全治理、区域安全合作、国家安全体系、人的安全维护、边疆安全治理以及非传统安全的全球热点、亚洲难点和中国看点。③

（六）"全球学"被正式提出和论证

除了以上具有一定代表性的理论拓展与创新外，全球主义思潮也越来越受到中国学者重视。如《国际政治研究》2015 年第 4 期设立了专栏讨论

---

① 这里的"边"指国家，双边（bi-unit）与多边（multi-unit）指两国与多国；这里的"元"指体现性质的维度，"单元"（mono-dimension）指体现垄断或霸权性质的单维度"独治"，"多元"（multi-dimension）指体现非垄断、非霸权意义的"和而不同"的多维度"共治"。美国主导下的"北约"是典型的形式上"多边"，而实质上"单元"，即"一个世界的多边主义"（one-world multilateralism）。
② 徐黎丽、余潇枫：《"一带一路"是沿线国家的合唱而非中国的独唱》，《光明日报》2015 年 6 月 8 日。
③ 余潇枫、魏志江主编《非传统安全概论（第二版）》，北京大学出版社，2015。

"全球主义与全球学研究"。文章包括：俞可平的《如何推进全球学研究》、秦亚青的《全球学与全球国际关系学》、王逸舟的《全球主义视野下的国际关系研究》、陈志敏的《全球主义、国家路径与中国特色大国外交》、吴志成的《全球学研究的中国应答》、刘贞晔的《重新认识和发现"全球时代"》。值得一提的是蔡拓著的《全球学导论》正式出版，标示着"全球学"被正式提出和论证。

此外，还有对非传统安全某一专题进行比较深入研究的著作，如《非传统威胁下海湾国家安全局势研究》[1]，该书基于近年来海湾国家面临的非传统安全挑战日益严峻并危及该地区长远发展，围绕与海湾国家密切相关的人口、粮食、生态等非传统安全热点问题进行评述，描述了海湾国家粮食安全、水资源安全、人口安全及能源安全这四大非传统安全领域的现状，探讨了这些领域所关涉的非传统安全威胁的诱发因素，并总结了应对经验及建议。再如《东北亚非传统安全研究》[2]，该书阐述了东北亚的经济安全、金融安全、能源安全、大规模杀伤性武器扩散、环境安全、文化安全等非传统安全问题的形式、面临的挑战及合作的政策建议，最后分别从多边制度构建、双边合作及其制度化、次国家政府间合作、地区公民社会主体间合作、文化融合路径五个角度探讨维护东北亚非传统安全的跨国解决方案。[3] 又如，《从"国门安全"到"场域安全"》在非传统安全的理论框架下分析了出入境检验检疫的四类安全职能及其在国家安全体系中的地位和作用，对出入境检验检疫所维护的非传统安全进行了威胁识别与评估，提出了"场域安全"这一新范畴并以此来看待"国门安全"在理念、体制机制、理论研究等方面的转变。[4] 还有相关论文集，如《非传统安全与警务人才培养——2014年上海国际警察教育学术研讨会论文集》等。

---

[1] 肖洋：《非传统威胁下海湾国家安全局势研究》，时事出版社，2015。
[2] 肖晞等：《东北亚非传统安全研究》，中国经济出版社，2015。
[3] 肖晞等：《东北亚非传统安全研究》，中国经济出版社，2015，第275页。
[4] 余潇枫、赵振栓、廖丹子：《从"国门安全"到"场域安全"：出入境检验检疫的非传统安全分析》，中国社会科学出版社，2015。

三 "类安全"与"和合主义"

在日趋"人—机"一体化的网络时代,信息垄断正在被网络技术的民主化所打破,国家之间边界的隔离功能在不断消退,传统纸质主流媒体的主导地位越来越被各类不同的新媒体所解构,特别是安全场域中的信息传播日趋"瞬间化"与"全域化",具有全球性质的非传统安全威胁如气候问题、生态问题、恐怖主义袭击、移民难民潮、跨国有组织犯罪以及持续的金融危机越来越成为人们日常关注的焦点,"同呼吸、共患难"已经显著地成为全球"类生存"的现实景象。与此相应,"类安全"与"类命运"越来越成为当今人类文明延伸与发展的主旋律。

回首过去与展望未来,我们发现人类面临的不确定性威胁越来越多,人类正在全面走入贝克所揭示的从"我饿"转入"我怕"的"风险时代",进而走入吉登斯所进一步揭示的无人可逃脱、无人可担责、无人可阻挡的"高风险时代"。"本体性不安全""普遍性危机""高危性风险""结构性暴力""资源性匮乏""话语性陷阱""日常性两难"等带来的"生存性焦虑"和"普遍性恐惧"侵扰着人们的正常生活。生态(自然生态、社会生态、企业生态)环境的恶化,使衣、食、住、行面临越来越多的以往少有的安全难题;社会治理的缺失,使生、老、病、死关联着越来越多的令人震惊的安全事故。从世界范围看,以资源性与认同性"安全困境"为主要特征的非传统安全问题,正在不断地凸显为人类所面临的普遍性威胁,如癌变式的全球恐怖主义危机,溃烂式的局部地区动荡,突发式的跨国性难民潮,变态式的失败国家挣扎,蜕变式的生存环境恶化,潜伏式的人类文明解体,等等。网络技术在让世界变小的同时,也使得非传统安全危机变大。虽然"我们只有一个地球",但人类曾经为之骄傲的、作为宇宙生命绿洲的"蓝色星球",正在难以避免地变成面临多种灾与难的"太空救生艇"。

当"安全"越来越成为人类生存与发展的基本与重要的公共产品时,

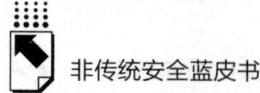

我们发现国家正在变小、社会安全正在变大,世界正在变小、人的安全正在变大。我们迫切需要重新思考与建构非传统安全维护的价值坐标,以消解"人—机"一体化为特征的网络时代人类所难以排除的"普遍性恐惧"与"生存性焦虑"。

  以整合中国天下主义传承与西方世界主义精神为特征的"和合主义"理念范式,可以为全球非传统安全治理提供全新的价值坐标。中国的天下主义追求的是"和而不同"式的"天下大同",这是一种以"不同"求"大同"的东方式的世界主义精神,它体现了中国人独特的"共生""共存""和合""互补"的思维方式,体现了中国人承认差异且强调整体的精神特质,体现了中国人追求安全的"求同存异""求同化异"式的安全实现路径。西方的世界主义源于古希腊的斯多葛学派,"人类是一个整体"是该学派的价值出发点。近代西方的世界主义为此十分强调世界的"共在性"与"世界公民"作为"永久和平"前提的重要性。尽管中国的天下主义与西方的世界主义有较好的契合之处,但由于中西方思维方式与精神特质的不同,两者之间仍存在着本体论与实现路径的差异。在西方思维方式中"原子主义"的本体论特征较强,其生成的世界主义的价值前提是在"二元对抗"中寻求共同性,而中国思维方式中"整体主义"的本体论特征较强,其生成的天下主义(中国式世界主义)是从"多元共生"中寻求共同性。对此,任晓指出:中国世界主义的最终理想是天下可以和为一家,因而较之于西方共同性追求中的排斥、僵化、武力、被迫的特征,中国的世界主义则是包容的、可转化的、文化的、自愿的。① "和合主义"所凸显的"和合"范畴,既强调"和平"而非"暴力","和解"而非"争斗","和谐"而非"对抗";又强调"合作"而非"对立","合解"而非"分解","合道"而非"离道",此"和合"不是一己一族一国之和合,而是天下大同之"和合";不是结帮式的小圈子之和合,而是以打造人类命运共同体为使命的"协和万邦"式的天下之"和合",所以"和合主义"是"天下主义"的一种国

---

① 任晓:《论中国的世界主义》,《世界经济与政治》2015年第8期,第30页。

际性转化，也是"全球主义"的一种中国式创化。

在尝试全球化时代，作为世界主义新创化的"全球主义"已经兴起，但在当今西方国际关系理论中，世界主义并不是主流，除了具有历史传承的"世界主义"外，西方主要大国面对种种非传统安全威胁的挑战时，更多的用现实主义、制度自由主义、建构主义或"英国学派"等理论来解读现实与导引决策。美国的"霸权主义"就是一种典型的现实主义算计，是一种"硬权力"加"软权力"而形成的"巧权力"的设计，美国主导世界的"霸权稳定论"所要达到的"霸权护持"与"霸权安全"，其核心则是唯美国国家利益为上。历史多次证明，"在面对利益涨落与文明冲突等发展趋向极不确定的国际社会中，美国惯用自己的善恶去判定与别国之间的冲突，惯用自己的制度尺度去衡量与别国之间的紧张"[①]，从而使美国成为一个十分容易且又经常不断制造"敌人"的国家。美国的金融危机不断地嫁祸于世界是其自利性的典型表现。进攻现实主义的理论权威米尔斯海默不顾世界相互依赖的大势，认为要获得国家安全的根本是美国要把持住全球领导权并能进攻性地阻止崛起的挑战国，而"中国将比20世纪美国面临的任何一个潜在霸权国都更强大、更危险"，因而要"遏止中国"。[②] 与美国相比较，欧盟倡导的共同体制度在某种程度上践行了其"世界社会"的重要理念，但欧盟一直以来难以超越其欧洲中心主义的立场，特别是在利益冲突时"政治先行、军事殿后"往往是某些欧洲强势大国的老方子。[③] 与美国和欧盟相比较，中国的崛起坚持的是和平与发展的道路，追寻的是人类命运共同体的打造。中国的"和合主义"可以说是一种涵盖全球主义的"新天下主义"，或者是全球主义的中国式创化。对此，中国社会科学院国际部主任张蕴岭分析道：中国重视国家之间的命运共同体的建设，但与欧洲构建的靠制度建设的

---

① 余潇枫、谢贵平：《选择性再建构：安全化理论的新拓展》，《世界经济与政治》2015年第9期，第18页。
② 〔美〕约翰·米尔斯海默：《大国政治的悲剧》，王义桅、唐小松译，上海人民出版社，2003，第543~544页。
③ 王逸舟：《创造性介入：中国之全球角色的生成》，北京大学出版社，2013，第15页。

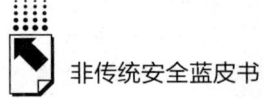

共同体不同,中国更多地以一种"共生理念"或"共利关系",建构其"亲、诚、惠、容"的周边关系。①

"和合主义"理念范式的最大理论张力,不是来自理想应然性或现实实然性,而是来自整合理想应然性与现实实然性的"价值适然性"。"和合"境界是一个不断从"实然"向"应然"目标提升的达成过程,无论国家之间对立与否,第一步是保持"和平",第二步是达成"和解"以开展合作,第三步是促成"和谐"以互利共赢,最终在"和合"中为人类的命运共同体做出贡献。"和平"—"和解"—"和谐"—"和合"的逻辑提升,是一个整合了"应然"与"实然"的"适然"过程,也是一个国家从"小我"走向"共我"再走向"超我"的过程。在安全哲学中,"适然安全"是理想的"应然安全"与现实的"实然安全"的辩证统一。首先,"适然安全"中的"适然",既强调安全的条件性与过程性,又强调安全的发展性与延续性,因而是一种"可持续安全"的追求,"类安全"与"类发展"是紧密关联的,安全需要与发展协调,需要与"可持续发展"形成互动。无论是以前西方发达国家走过的"先污染、后治理"之路,还是现在许多发展中国家实行的"边发展、边治理"策略,抑或是有的国家在尝试的"先治理、再发展"努力,都从不同程度上表明,安全与发展是相互关联的。其次,"适然安全"中的"适然",既要考虑安全议程的恰当性与针对性,又要考虑安全行为体的相对获得与绝对获得的可能性,因而是一种"共享安全"的追求,"类安全"必然是"共享的"。中国作为新兴大国介入既存的国际体系和参与全球性行动,不可能推倒既存的国际体系,也不可能不顾及自身的安全而放弃国家核心利益,中国的最佳选择是采取"和平崛起"的方略,以"适然安全"的追求来介入国际、融入世界、影响全球。最后,"适然安全"中的"适然",关注的不是个体与小群体的局部性立场,而是人类命运共同体的总体性立场,因而是一种蕴含着实现"类安全"的追求,

---

① 张蕴岭:《中国与周边关系命运共同体的逻辑》,《人民论坛》2014年第4期,第36~38页。

"类安全"是"人类安全"的另一种表达。"人类安全"不仅包含"经济安全、粮食安全、健康安全、环境安全、人身安全、共同体安全和政治安全"的具体内容,而且还强调人类应有的"免于恐惧、免于匮乏、免于耻辱"的价值获得。面对国家之间、非国家行为体与国家之间的无休止纷争,"人类安全"的维护成为各国必须面对的首要议题。以价值适然性为基点的"和合主义"正是要通过全人类范畴内的"安全共治"与"安全共享"而不断实现共生、共存、共赢。可以这样理解中国倡导的"和合"思想的实质:"要把合作共赢的理念体现到政治、经济、安全、文化等对外合作的方方面面。即在政治上,要树立建设伙伴关系的新思路;在经济上,要开创共同发展的新前景;在安全上,要营造各国共享安全的新局面;在文化上,要形成不同文明包容互鉴的新气象。"①

四 结语

非传统安全研究的兴起与受重视,并非可轻视或忽视传统安全,以国家安全为核心的传统安全一直是国家发展的前提。中国政府曾在《中国的和平发展白皮书》中以安全重于发展的排序给出了中国的核心利益:国家的主权安全、领土安全统一被置于优先地位,国家的政治制度、社会稳定、经济社会可持续发展被赋予重要地位,这表明了中国语境下的传统安全仍是首位,国家的统一以及国家主权是中国国家至上的核心利益。当然,由于传统安全与非传统安全的交织性与可转换性,我们在坚持传统安全首位的同时,尚可探索通过非传统安全维护的途径来解决传统安全的对抗与冲突,消解传统安全的紧张。与此相应,以社会安全与人的安全为核心的非传统安全同样是国家所需要关切的主题,尤其是当社会安全与人的安全问题上升为国家安全的时候,非传统安全维护的理念、法律、体制、队伍、条件等都需要重新

---

① 王毅:《构建以合作共赢为核心的新型国际关系》,《国际问题研究》2015 年第 3 期,第 3~6 页。

建构，使以非传统安全为主体内容的"总体国家安全观"得到全面的落实。

中国在与国际社会共同应对全球普遍性非传统安全威胁的过程中，应以"和合主义"为自己的价值坐标，把"和合主义"这一中国式全球主义和包容式普遍主义（或包容式天下主义）融入世界，并在此基础上建构中国的国际话语体系，积极倡导并实践"和合安全"、"共享安全"与"可持续安全"，努力走出一条和合共赢、共创共享的"和合主义"的安全之路。

综合报告
Comprehensive Report

B.2
中国政治意识形态安全：挑战与应对

刘建飞*

摘　要： 在中国特色国家安全体系中，政治安全是根本，这是显著的中国特色。政治安全中，政治意识形态安全又最具现实性，面临着来自僵化与自由化的双重挑战。当前，美国推广"普世价值"给中国政治意识形态安全带来严峻挑战，应对这种挑战，中国需要统筹兼顾国家安全与和平发展、反对自由化与防止僵化，不断完善应对战略与策略。

关键词： 政治安全　意识形态安全　"普世价值"　人类共同价值

---

* 刘建飞，中共中央党校国际战略研究所副所长，教授、博士生导师。

习近平同志在提出总体国家安全观和中国国家安全体系时强调政治安全是根本。① 这是在基于中国特殊国情的国家安全形势新特点、新趋势准确把握的基础上做出的重要论断。中国国情的最显著特征之一就是走中国特色社会主义道路，这就决定，中国的政治安全所面对的挑战不是一般国家所能比拟的。从苏联的经验教训来看，我们继续走好中国特色社会主义道路所面临的最大挑战并非来自军事安全，也不是来自经济安全等领域，而是政治安全。

当年苏联国家政治安全问题首先出在政治意识形态安全上。② 苏共改旗易帜导致：苏共丧失政权，苏联国家制度难以为继；刺激了一些加盟共和国的分离倾向，同时"苏联"这个国家也失去凝聚力，最终解体；苏共内部滋生出各种派系，最后分裂、瓦解。今天的中国，政治安全面临的最突出问题依然是政治意识形态安全。正因为如此，习近平同志强调，意识形态"是党的极端重要的工作"。③

一 中国政治意识形态安全面临的双重挑战

中国共产党的政治意识形态是马克思主义，其中国化的最新成果为中国特色社会主义理论体系。中共十七大报告指出："中国特色社会主义理论体系是不断发展的开放的理论体系。"④ 中共十八大报告强调要"不断丰富中国特色社会主义的实践特色、理论特色、民族特色、时代特色"。⑤ 这里道出了这个理论体系的两大特征：一是必须不断发展，即不能僵化、故步自

---

① 《坚持总体国家安全观　走中国特色国家安全道路》，《人民日报》2014 年 4 月 16 日，第 1 版。
② 政治安全主要包括政治意识形态安全、国家制度和政权安全、国家统一安全以及执政党自身组织安全。苏联解体在这四个方面都有体现：执政党和国家改旗易帜、原有的国家制度和政权消亡、多民族国家解体、执政党分裂进而瓦解。
③ 中共中央宣传部：《习近平总书记系列重要讲话读本》，学习出版社、人民出版社，2014，第 105 页。
④ 《中国共产党第十七次全国代表大会文件汇编》，人民出版社，2007，第 11 页。
⑤ 《中国共产党第十八次全国代表大会文件汇编》，人民出版社，2012，第 12 页。

封；二是一定要开放，即面向世界，顺应时代潮流，与时俱进。开放实际上是为发展、改革指明了方向。苏联模式的社会主义理论，从某种意义上说也是在不断发展，但是因为没有以开放为指引，其结果是没能与时俱进，未能跟上时代潮流，从而最终为这个理论的失效埋下了祸根。后来戈尔巴乔夫推行改革则走向了另一个极端，跌进了自由化的深渊。

实践证明，无论是自由化还是僵化，都会威胁社会主义意识形态的安全。

长期以来，中国特色社会主义意识形态都面临着两方面的挑战：首先是来自"右"的方面，即试图以西方的民主社会主义取代科学社会主义的倾向。戈尔巴乔夫在苏联所推行的改革就是陷入了这一误区。其次是来自"左"的方面，即忽视社会主义初级阶段的这一基本国情，片面强调社会主义与资本主义的对立性，漠视社会主义国家的建设与发展也需要向发达国家学习、借鉴的倾向。如果这样，中国特色社会主义的"中国特色"也就不复存在，中国就有可能重回僵化的老路。近年来这两种错误倾向也影响到了国内思想理论界对"普世价值"问题的争论。有观点将普世价值直接等同于西方所要推行的"普世价值"，认为中国若要接纳普世价值就是在照搬西方；另外一种观点则走向另一个极端，完全不承认有普世价值的存在，甚至认为中国人应该摒弃自由、民主、人权等价值观。这也是为什么邓小平在"南方谈话"中强调的既要反对"右"，更要反对"左"的重要思想在今天仍然适用的原因。旗帜的问题至关重要。中国共产党所要举的是中国特色社会主义的旗帜，不是苏联模式社会主义的旗帜，更不是民主社会主义的旗帜。2014年2月，习近平在省部级主要领导干部专题研讨班上的讲话中指出，"既不走封闭僵化的老路，也不走改旗易帜的邪路"。① 可见，中国政治意识形态安全仍然面临着来自两方面的挑战。

如果说僵化的挑战主要源自国家内部，来自教条主义和"左"的积习，那么"右"的挑战则主要来自外部，尽管也存在着内部因素。从外部来看，

---

① 转引自黄中平《着力提高治理能力　切实防止"两个陷阱"》，《求是》2014年第7期。

受"反共主义"意识形态的影响,美国与西方一直没有放弃冷战思维。[①] 中国所坚持走的社会主义道路,以及在这一道路指引下所取得的高速发展,使美国等西方国家越来越感到担忧。针对目前"中国模式"影响力不断增强的现实,它们更是耿耿于怀。作为策应,美国加紧实施"推进民主"战略,试图在亚洲打造"民主国家联盟",通过新疆、西藏、台湾、香港等问题对中国内政进行干涉,积极扶持在中国境外的各种反华、反共势力。加之,美国的这些政策战略很容易被其他西方国家所接受,而这将对中国的意识形态安全构成日趋严峻的挑战。

二 美国推广"普世价值"对中国政治意识形态安全的挑战

从冷战后的历史进程来看,美国等西方国家非但没有淡化其外交政策中的意识形态色彩,反而在一定程度上还有所强化。美国的思想库和学术界不断推出各种引起争论但有广泛影响的政治思潮,如弗兰西斯·福山的"历史终结论"、萨缪尔·亨廷顿的"文明冲突论",以及宣扬以推进各国"民主化"来维护世界和平的"民主和平论",等等。这些思潮或理论的视角不同,结论也有差别,但都具有强烈的意识形态色彩,其目的是继续推广西方的意识形态,以维护其意识形态和文化霸权。

近年来,美国等西方国家将意识形态扩张的重点转为推广"普世价值"。

"普世价值"是西方各种意识形态流派所共同信奉的价值观体系。[②] 美国等西方国家从自身狭隘利益出发,试图通过鼓吹其特定的"普世价值"来蒙蔽世界,实现其将人类社会完全纳入资本主义所建立的所谓普遍文明的

[①] 这方面内容详见刘建飞《美国"民主联盟"战略研究》,当代世界出版社,2013,第3~48页。

[②] 在讲美国等西方国家的所谓"普世价值"时,一定要打上引号,以区别于真正意义上的普世价值。

轨道的真实意图。

"普世"（ecumenism）最早来源于希腊语 oikoumene，意思即为有人居住的整个世界。普世价值从字面上理解，也就是整个世界都信奉的价值观。很显然，在不同的时代，会有不同的普世价值。美国等西方国家所宣扬、推广的"普世价值"，是以它们赋予内涵的"自由、民主和人权"等价值观为核心，强调个人的自主地位、个人拥有至高无上的自主权等基本精神，认为健全社会的道德、法律以及制度都应以个人的自主权为基础。欧洲文艺复兴时期的人文主义运动时期这些观念就已经出现，在法国启蒙运动过程中得到广泛的传播，并在随后的资产阶级革命中得到最终确立，其中美国的《独立宣言》、法国的《人权与公民权宣言》都是其基本标志。这些价值观的确立对于打破欧洲封建旧制度，推动资产阶级革命、促进资本主义的蓬勃发展，都起到了重大的作用。可见，目前美国等西方国家所宣扬、推广的"普世价值"，具有鲜明的资本主义的阶级性，代表了资本主义的价值诉求和政治倾向。

冷战时期，美国等西方国家将共产主义视为其推广"普世价值"的最主要障碍，因此"反共主义"成为这一时期美国等西方国家推广"普世价值"的主要任务。冷战结束后，社会主义遭受巨大打击，以美国为首的西方势力的地位和影响力空前提升。于是，在全世界推广"自由、民主和人权"等"普世价值"成为美国等西方国家的直接任务，其矛头不仅指向现存的社会主义国家，也指向尚未"西化"的众多发展中国家和像俄罗斯这样"西化"不够彻底的国家。特别值得注意的是，推广"普世价值"已经成为美国的一项重大外交战略。

同其他西方国家相比，美国在对外政策中更加重视意识形态因素。美国一方面将意识形态作为其对外战略的重要目标之一，将维护自由主义价值观视为重要的国家利益；另一方面又将意识形态作为贯彻总体对外战略、实现总体国家利益的重要手段。

冷战结束，美国成为世界上唯一的超级大国。为维护这一地位，美国政府确立了维护安全、扩展经济和推进民主三大支柱，并以此构建全球战略框架，试图通过对这三大战略的推进，进一步提升美国的实力。在这一战略架构中，推进民主就是美国自由主义大战略在后冷战时期的主要表现形式，而在冷战期间，自由主义大战略的主要表现形式是遏制共产主义。

冷战结束20多年来，无论是民主党政府，还是共和党政府，都高举推进民主的旗帜。美国两大党在推进民主上高度一致，所不同的只是民主党更多地将推进民主作为对外战略的目标，而共和党更多地将推进民主作为实施对外政策的手段。在推进民主的问题上，除了鼓励各国效仿西方模式的民主制度外，就是积极推广以自由、民主、人权、法治等为核心的自由主义价值体系，即所谓"普世价值"。特别是奥巴马政府，将推广"普世价值"放到更突出的位置上。"在国内和全世界尊重普世价值"，2005年和2010年版的美国《国家安全战略报告》对此都有论述，并将此作为一项重要的"美国的持久利益"，而这实际上就是将推广"普世价值"作为美国全球战略的目标之一。在《国家安全战略报告》这样重要的文件中将"普世价值"列为目标，这还是首次，足见奥巴马政府对推广"普世价值"之重视。从这个意义上可以说，推广"普世价值"本身就是一项战略。总之，推广"普世价值"是美国长期推行的自由主义大战略在新形势下的主要表现形式，也是奥巴马上台后实施推进民主战略的重点领域。

推广"普世价值"有利于提升美国的软实力。在当今国际政治中，软实力越来越受到各国的重视。尤其是美国，随着其硬实力的相对下降，战略界更加重视软实力，将提升软实力作为维护美国超强综合实力，进而继续维持霸权地位的重要途径。"软实力"一般包括文化吸引力、外交能力和政治影响力（主要包括政治制度和价值观两个方面）等内容。推广"普世价值"，就是在增强美国的政治影响力。美国自认为是世界上最强大的民主国家，是民主制度和价值观的发源地，也是世界民主力量的大本营，这是美国的重要软实力所在。推广以自由、民主、人权为主要内容的"普世价值"，将有助于美国国家软实力的提升。"普世价值"的大旗使美国站在了国际政治的道德制高点上，美国经常以"普世价值"来打压战略竞争对手，特别是在意识形态方面与美国相异的对手；同时，推广"普世价值"还有利于美国维系与其他西方发达国家的盟友关系，增进同一些实行西方模式民主制度的发展中国家的关系，并以此获取国内民众对国家对外政策的理解与支持。

在当前，加强公共外交是美国推广"普世价值"的重点手段。美国推广"普世价值"的手段是多种多样的，有软的，也有硬的。软的手段包括通过传媒、文艺作品以及学术、教育交流等方式潜移默化地传播，在经济援助中附加各种条件，通过非政府组织直接或间接地宣传介绍等；硬的手段包括对"非民主国家"进行外交打压，策动"颜色革命"，乃至动用武力进行政权更迭。奥巴马政府上台后，特别重视推行公共外交，即以政府为主导，协调各种社会力量，以影响对象国公众为主要目标。公共外交的宗旨之一就是推广"普世价值"。

作为一项战略，美国推广"普世价值"并非一帆风顺。最为严重的挫败就是在中东伊斯兰国家。在冷战期间一度亲美的伊朗在1979年伊斯兰革命后走向极端反美，就是美国在伊斯兰世界推广"普世价值"遭受挫败的一例。2011年西亚北非政治变局发生后，美国及其西方盟友将之视为推广"普世价值"战略取得巨大成功的体现，将之冠名为"阿拉伯之春"。然而，2012年秋季因一部电影而引发的反美浪潮表明，经过所谓"阿拉伯之春"洗礼的中东伊斯兰国家的公众，并未从心底接受"普世价值"，对美国等西方国家在推翻那些世俗的独裁政权中所提供的"帮助"也不领情。

推广"普世价值"战略遭受的另一次重大挫败就是始于2008年的全球金融危机。这场危机表明，美国等西方国家所极力推崇并推广的新自由主义发展模式并非总是灵验的。而新自由主义发展模式的重要思想基础就是"普世价值"。伴随着对新自由主义发展模式的反思，人们也开始反思"普世价值"以及美国所推广的"普世价值"战略。

不过，我们也要看到，作为一项战略，如果从长时段来考察，推广"普世价值"在总体上还是成功的。主要表现在两个方面：

第一，自由、民主、人权、法治等"普世价值"所涵盖的价值观已经为当今世界多数国家与民众所接受。当今世界多数国家的人民都认可自由、民主等价值是值得追求的好东西,没有哪一股政治势力会公然否定或反对这些价值观。2007年联合国大会将9月15日定为国际民主日(International Day of Democracy),2008年9月15日也就成为第一个国际民主日。这也表明,民主已经成为联合国的主流价值观。

第二,世界多数国家都实行以"普世价值"所涵养的价值观为思想基础的民主政体。当今世界近130个国家都实行西方模式的民主政体,这一数量占到了联合国会员国的2/3。其他国家中的多数也都宣称要走向民主,促进自由与人权,实行法治,尽管各国会根据自己的国情采用不同的模式。就是那些因为照搬西方的民主政体而水土不服,导致经济发展滞后、政治动荡不已的国家,也都不愿意退回到专制政体去,而是试图在现有体制下进行改革。

展望未来,美国推广"普世价值"仍然具有许多有利条件。一是经过20世纪的几波民主化浪潮,争自由、求民主已经成为潮流并形成很强的惯性。这种惯性在21世纪的相当长时间内仍会发挥作用并影响国际政治。任何公开打出反对自由民主旗帜的政治势力都难以得到本国民众的拥护,在国际舞台上也会陷于孤立。二是美国推广"普世价值"得到了许多盟友和伙伴的呼应。首先是欧盟作为世界的一支重要力量,也将推广"普世价值"作为重要对外政策目标。其次是其他发达国家(主要是澳大利亚、加拿大、日本)出于各种动机,也配合美国推广"普世价值"。再次是一些实行民主制度的发展中国家,比如印度、巴西、印度尼西亚、土耳其、韩国、墨西哥、南非,也或多或少地在"普世价值"上与美国一致。最后是一些重要的地区组织,如非洲联盟、美洲国家组织、东南亚联盟,在对外事务中也强调自由、民主等价值观。三是美国拥有传播自己价值观的物质实力做保障,比如英语、有线电视、计算机网络、经济援助。四是"民主共同体"为推广"普世价值"提供了一个很好的舞台。拥有130多个成员的"民主共同体"每隔两三年就举行一次外交部长级会议,推动"民主国家"的合作和民主理念及相关价值观的传播,美国在其中实际上起着领袖作用,虽然承办会议的都是新转型的"民主国家"。这些有利条件无疑会促使美国继续不遗余力地实施推广"普世价值"战略。

美国推广"普世价值"对中国政治意识形态安全带来十分明显而严峻的挑战。

目前两种社会制度和意识形态从力量对比上讲，仍然呈现"西强我弱"的态势。虽然中国共产党在中国特色社会主义事业上取得了巨大成功，拥有了道路自信、理论自信和制度自信，但是在全球范围内，西方在意识形态上仍然处于强势。西方的强势很大程度上体现在推广"普世价值"上。

总的来说，普世价值有两类：一类以和平、发展、善治、秩序、和谐、公正、平等、合作、环保为代表，是世界各国共同发扬光大的价值；另一类以自由、民主、人权、法治为代表，是西方首先发扬光大然后为世界多数国家所接受的价值。从这个意义来讲，普世价值并不等同于西方价值。

就以上分类，第二类价值更易使人产生误区。因为，诸如自由、民主、人权、法治等价值观虽由西方首创，但却不可就此认定这些价值观为西方的专利，许多发展中国家和社会主义国家也都将这些价值植入本国的施政理念之中。这其中以民主最为典型。不过，西方国家往往将自己奉为民主的楷模、推广所谓"普世价值"的传教士，以更好地实现自身的国家利益，这些都是需要我们保持警惕的。与此同时，西方国家在推广所谓"普世价值"的过程中，更多的是赋予民主、自由等价值观以它们认定的内涵和标准，凡民主必须与多党制、三权分立、普选等相联系，而这实际上就是将实现民主的方式等同于民主本身，将西方模式的民主等同于全部的民主。这种以西方国家定义的"普世价值"冒充一般普世价值的做法，在混淆视听的同时，也导致了非常恶劣的后果。一些尊崇民主的人就会误以为，如果中国要发展民主，就必须照搬西方模式的民主；与之相反，一些反对自由化、一心要维护中国意识形态安全的人则会将普世价值认定为就是西方的东西，中国不能搞民主，也没必要高扬自由和人权的旗帜。加之，美国等西方大国又常将双重标准作为推广所谓"普世价值"的手段，用"普世价值"来打压战略竞争对手，维护本国的私利，这就更容易让人对普世价值敬而远之。这也就是

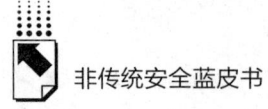

为什么普世价值很容易造成思想理论上的纷争，既为自由化提供了理论依据和外援，又容易刺激思想理论界一部分人走向僵化，进而从"右"和"左"两个方面同时危及中国意识形态安全。

三 中国应对"普世价值"对国家政治意识形态安全挑战的基本方略

对于中国而言，应对"普世价值"的挑战是个系统工程，既需要从外交上着力，也需要从内部发展建设上下功夫；既需要在策略上着力，也需要做好战略谋划。应对"普世价值"的挑战，必须统筹好维护国家安全与推进和平发展、反对自由化和防止僵化的关系。

1. 以积极、开放的战略姿态对待普世价值

美国宣称要推广的"普世价值"，以自由、民主、人权、法治为主要内容，这些价值观基本上已被世界上大多数国家所认可并接受。在这种情况下，简单地否定普世价值的存在和反对推广普世价值是不明智的。从策略角度加以考虑，如果简单地否定普世价值存在并反对推广普世价值，中国将很容易被美国等西方国家扣上"异类"的帽子，而这也一定会得到世界多数国家的认同。否定普世价值的存在，不仅与全球化的现实不符，也与中国走和平发展道路的目标相悖。因美国等西方国家推广普世价值的手段不合理并有打压中国的意图就拒绝普世价值，就如同因为洗澡水脏而将澡盆中的孩子同脏水一起倒掉一样。中国应当以积极的、建设性的姿态应对普世价值问题。中共十八大将自由、民主、平等、法治等价值观正式纳入中国共产党所要倡导的价值体系中，而这也是当代中国共产党人世界胸怀和时代情愫的集中体现。

妥善应对普世价值的前提是科学认识普世价值。在科学认识普世价值上，需要搞清如下几个问题。

（1）抽象事物与具体事物都是相对的

普世价值否定论者所持的一个论据是，任何事物都有具体的形态，抽象

的事物是不存在的。所以，抽象的"普世价值"是不存在的，存在的只是各民族、各国人民所信奉的具体价值。这种观点显然是没有搞清抽象与具体之间的关系。

在现实世界中，具体事物与抽象事物都是相对而言的。譬如，水果，相较于苹果等水果的具体存在形式而言，水果是抽象的；但是苹果也分许多品种，同这些具体品种相比较，苹果又是抽象的；同理，如果与食品相对而言，水果又是具体的。所谓抽象的事物，是其具体形态的集合。有时人们到饭店用餐，最后会上一盘水果，里面可能有苹果、香蕉，也可能没有，而是别的种类，但都是水果。使用者只关注它是水果就行了，而不在意是什么具体形态。

抽象事物与具体事物之间的关系同样适用于看待普世价值。就拿民主来说，资本主义民主有许多形态。美国式的民主、英国式的民主、日本式的民主，等等，都具有自身的特色。相对于民主的具体形态而言，资本主义民主又是抽象的。而相对于这些普通、一般意义上的民主而言，资本主义民主又是具体的。社会主义民主与资本主义民主虽有本质的区别，但是这种区别对抽象意义上的民主的存在也并不排斥。若以社会主义民主的特殊性为由而否定民主是普世价值，就等于说"白马非马"。马克思主义经典作家并未将社会主义民主置于"民主"这个范畴之外，也未否定社会主义民主的"民主"属性。马克思认为，资本主义民主在一定程度上具有历史进步性。他称美国是"最先产生了伟大的民主共和国思想的地方"，同时对林肯所领导的反对南方奴隶制的战争高度赞扬。他在给林肯的信中写道："自从巨大的搏斗在美国一展开，欧洲的工人就本能地感觉到他们阶级的命运是同星条旗连在一起的。"[1] 从某种意义上说，马克思主义与民主主义有一定的渊源关系。当然，作为以推翻资本主义制度为使命的马克思主义者，他们更多的是批判资本主义民主制度中存在的缺陷。无产阶级民主制度就是要克服资本主义民主制度的缺陷，比它更完备、更高级。

---

[1] 《马克思恩格斯全集》第16卷，人民出版社，1964，第20页。

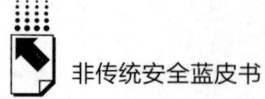

（2）人类共性决定了普世价值的存在

从人类社会的进步来看，从原始社会到奴隶社会、到封建社会、到资本主义社会、再到社会主义社会，之所以旧的社会制度被新的社会制度所取代，就是因为新的社会形态更有利于人类的发展进步。人类社会发展到今天，形成了许多共同的价值，这些价值都是有益于人类社会发展进步的。比如真善美，几乎所有现存的民族都尊崇它们。虽然在任何一个社会、民族内部都可能有一些个体不尊崇它们，而是追求假恶丑，但是对主流来说，肯定是尊崇真善美，否则，这个民族不可能兴旺发达，可能连生存都存在问题，或者很早就灭亡了。那些灭亡了的社会、衰落了的民族，肯定是尊崇假恶丑者远远超过了追求真善美者，劣币驱逐良币，负能量超过正能量，最终失去发展动力和存在基础。

人类社会进步从物质生产层面讲是生产力的进步，即新社会有利于解放、发展生产力。从人的层面讲是人的解放，即新社会更有利于人性的展现，提升人的自由度。当然，生产力进步本身也是人类进步最重要的方面之一和基础，但不是全部。与原始社会将战争中的俘虏吃掉相比较，奴隶社会将俘虏变成奴隶则是一大进步，因为俘虏作为人的生存权得到肯定。而奴隶成为自由人又是一大进步，所以封建社会比奴隶社会先进。然而，直到资本主义兴起之前，人的自由还是非常有限的，有的时候连最基本的人权都得不到保障，更不要说拥有财产和参与政治等方面的权利。之所以如此，就是因为没有能够保障这些权利的制度。资本主义启蒙思想家认为，民主能够提供这种保障。所以，自由、民主、人权就成了资产阶级反对封建专制的旗帜和法宝。欧美等资本主义国家的崛起以及资本主义给人类社会所带来的生产力进步，也表明自由、民主、人权等价值是值得追求的好东西。一方面是西方国家推广的结果，另一方面是那些被西方欺压的民族寻求民族自救的缘由，这些价值逐渐传播开来，被越来越多的民族、国家接纳。中国到了"五四运动"时期，知识精英们打出"科学与民主"的旗帜，就是认识到了这两样东西是好东西，是需要向西方学习的。

当然，广大亚非拉各民族学习西方也是有一个过程的，通常是先学习器物层面的东西，尔后才是价值观等精神层面的东西。当西方列强用坚船利炮打开中国国门的时候，善于使用冷兵器，甚至将之作为一种艺术的中国人，对西方的热兵器持鄙视态度，称之为"淫技"。一次次血的教训，才使中国人下决心学习西方，要"师夷之长技"，搞了洋务运动。然而，西方的先进科学技术后面有先进的价值观做支撑。只学器物层面的东西是不够的，甚至是很难真正学到手的。直到"五四运动"，中国人才开始全面学习西方。"科学"即代表器物层面，"民主"即代表精神层面。改革开放后，中国更是积极主动地向西方学习。邓小平在刚刚启动改革开放时就强调中国要向西方发达国家学习，不仅学习科学技术，还要学习人文社会科学。他对党的广大理论工作者提出要求："我们绝大多数思想理论工作者都应该钻研一门到几门专业，凡是能学外国语的都要学习外国语，要学到能毫无困难地阅读外国的重要社会科学著作。我们已经承认自然科学比外国落后了，现在也应该承认社会科学的研究工作（就可比的方面说）比外国落后了。"①

当然，中国向西方学习，绝不是照搬照抄，也不是抛弃民族文化中优秀的东西。其他亚非拉国家也是这样。它们虽然反对西方搞霸权主义、强权政治，反对西方强行输出价值观，但是都不反对自由、民主、人权这些价值观，同时许多国家也都是从自己国家和民族的实际情况出发来学习西方。

（3）全球化促进普世价值的传播

在资本主义兴起、全球化进程开启之前，虽然没有像今天我们所讨论的这些普世价值，因为世界各大区域基本上是相互隔绝的，各民族相互学习的程度非常有限。但是，如果考察主要的文明区域，不难发现在不同的文明之间也存在一些共同的价值观，比如几大跨国宗教基本教义都是尊崇真善美。也许这也是它们能够流传下来并得以发展壮大的原因之一。这些价值观也可以算是普世价值。

---

① 《邓小平文选》第2卷，人民出版社，1983，第181页。

在全球化的作用下，世界各区域、各民族、各文明之间的交往、交流无论是广度还是深度都发生了巨变，相互之间的学习借鉴更加便利。当然，在这个相互学习的过程中，由于西方处于强势，非西方国家、民族向西方学习得更多一些，这其中包括价值观，因此，西方首先倡导的一些有利于社会进步的价值观得到传播，逐渐被世界各民族认可。

当然，西方所倡导的这些"普世价值"并不是全部普世价值，而只是其中的一部分。就是西方首先倡导的那些价值观在被非西方国家、民族认可、接纳后，也融进了该民族的文化血液中，而不是简单地移植或对原有民族优良价值的替代。从这个意义上说，西方所倡导、推广的"普世价值"，在被别的民族接纳后，就具有了该民族的特色。正如全球化是西方主导的，但是全球化不等于西方化一样，自由、民主、人权等价值观是西方推广的"普世价值"，但是它们不等于就是西方所垄断的"普世价值"。同理，非西方国家融入全球化并不等于西方化，它们接纳西方推广的"普世价值"也不等于西方化。

（4）普世价值具有时代性

从人类几千年文明史的长河来看，当今时代人们所尊崇的自由、民主、人权等普世价值只是在近代以来才被倡导并发扬光大，而且也只是到了20世纪下半叶才被世界多数国家、民族所认可、接纳。在此之前，有些价值观已经是许多文明社会所追求的，比如自由。《伊索寓言》里讲，伊索为了成为自由人，宁可放弃在奴隶主家的优裕物质生活，而去过那种物质条件很不确定、很动荡、没有安全感的自由人生活。这说明，在古希腊时期，自由就是人们所追求的东西，自由也是人们尊崇的价值观。尽管如此，在近代以前，自由、民主、人权等并未成为文明社会优先追求、实现的价值，尤其是民主。在人类几千年的历史中，民主作为一种有影响力的制度形态仅在欧洲存在过，而且持续时间不是很长、适用地域也不太广。在整个古代中世纪的漫长历史中，无论是东方还是西方，王朝、帝国等形式的专制制度占主导地位。这表明，那时在人们所尊崇的价值观中，有效治理是比民主更优先的普世价值。在当今世界，民主虽然已为多数国家和民族所接受，但是，作为主体的西方模式的民主制度已经弊端尽显。决策效率低下、政党恶斗、利益集团操控、金钱政治等，都是被经常用来诟病西方民主制度的词语。随着人类政治文明的演进，人类能否找到比民主更好的制度？至少这种可能性不能排除。当然也可以说，新制度仍然属于民主的范畴，是民主的进化或修正。但是不管怎样，仅仅"普适"了几百年的价值观，不可能是人类普世价值发展的终点。唯物辩证法告诉我们，运动、变化、发展是永恒的，自然界如此，人类社会是如此，普世价值也是如此。

（5）共同价值与普世价值在本质上是一致的

普世价值，简而言之，就是在世界范围内普遍适用的价值观念，[①] 有时人们用"普适价值"一词。相比之下，"普世价值"含义更具体，是指在世界范围普遍适用；而"普适价值"的地域范围不明确，也可能是指在某个地区普遍适用，而不是全世界。20世纪90年代东南亚一些国家领导人所倡导的"亚洲价值"，就是在东亚地区普遍适用的、带有浓厚儒家思想色彩的价值体系。

当然，任何时代都不可能存在适用于世界上所有人并被他们所接受的绝对的普世价值。目前在非洲、拉美一些国家仍然有"丛林黑人"，他们坚守着自己固有的生活方式，拒绝过现代化或带有现代化色彩的生活。对他们来说，可能都不知道民主为何物，更谈不上尊崇。但是，他们并不代表人类社会的主流。当今世界许多地区和国家存在着恐怖主义、邪教、贩毒集团等恶势力，这些恶势力肯定不尊崇自由、民主、人权等价值观，但他们也不代表社会的主流。不能因为社会非主流不追求，就否定那些价值观的普世性。可以说，只要某种价值观为那个时代主要民族和国家的人民所认同、尊崇就可以算是普世价值了。从一定意义上说，普世价值也就是世界多数人的共同价值。所以在有些场合和语境中，可以用共同价值替代普世价值，但不应简单

[①] "普世价值"的英文对应词是"Universal Values"。根据《朗文当代英语辞典》（外语教学与研究出版社2002年版），"Value"一词，除了经济学上与钱相关的含义外，主要是指被认为是好的或重要的事物、行为等。当用成复数时，就是指判断是非的原则，即价值观念。"Universal"一词是指被世界每一个人接受或理解的，亦即在世界普遍适用的。

地否定普世价值的存在。

2. 揭示美国与西方推广"普世价值"的利己性

应对美国等西方国家推广"普世价值"的挑战，在摆正战略姿态的前提下，应着力于揭示美国及其他西方国家推广"普世价值"的利己性，澄清它们所推广的"普世价值"的真实含义，划清它们推广的"普世价值"与一般意义上的普世价值之间的界限。

（1）揭示美国推广"普世价值"的战略意图

美国推广"普世价值"通常以利他主义的面目出现，宣称是为了对象国的福祉和利益。不过，美国也不讳言，推广"普世价值"是其全球战略的重要内容，最终是为美国的国家利益服务的。在国际舞台上，从来没有真正的利他主义者。美国推广"普世价值"充其量是主观为自己，客观为他人。而且，美国在推广"普世价值"时的许多做法都表明，美国为了自己的利益经常不惜损害他国利益。

一是在推广"普世价值"上采用双重甚至是多重标准。美国在外交上采用双重标准，这几乎是世人皆知的。推广"普世价值"作为美国对外战略的重要组成部分，自然也避免不了双重标准。就拿民主来说，许多中东产油国的民主状况远比社会主义国家差，但美国却总是对社会主义国家的民主状况耿耿于怀、指手画脚，而对一些中东产油国存在的专制独裁现象却视而不见。就是对同一个国家，也会因其在不同时期同美国关系状况的不同而采取不同的态度。比如伊朗，在巴列维王朝时期，美伊关系密切，美国很少拿伊朗的民主状况说事。而后巴列维时代的伊朗，虽然国内民主状况大为改善，但美国却总是在民主、人权等问题上打压伊朗。

二是强行推广造成普世价值的倒退。美国通常不顾对象国的实际情况，采用各种手段强行推广"普世价值"，结果导致其政治动荡，经济停滞，民生恶化。所推广的"普世价值"也是水土不服，难以正常发展。出现这种局面，不排除有时美国是真心要促进对象国的进步，只是方法不对，急躁冒进；但在更多的情况下，美国推广"普世价值"，是为谋求自己的战略利益服务的。

（2）还原美国所推广的"普世价值"的真实面目

揭示美国推广"普世价值"的利己性还需要在学理上澄清：美国推广的"普世价值"并非真正意义上的普世价值，而只是它自己所定义的所谓"普世价值"。

又以民主为例。美国将西方代议制民主制度作为普世性的民主制度来向世界推广。但在实际上，西方模式的代议制民主只是民主的一种模式，并不是全部。可以说，美国在逻辑上犯了用具体取代一般的错误，就如等同于认定"马即黑马"。英国政治学家赫尔德在《民主与全球秩序：从现代国家到世界主义治理》一书中对民主的模式有过精辟的论述。在他的分析体系中，民主有三种基本变化形态或模式："第一种是直接民主制或参与民主制，即公民直接介入公共事务的决策制度。这是民主制的'原型'，发源于古代雅典等地。第二种是自由主义民主制或代议民主制，这种统治制度是由经选举产生的'官员'在严格界定的地域内行使权力以'代表'公民的利益或主张坚持'法治'。第三种是以一党模式为基础的民主制的变化形态（尽管有人会对其究竟算不算民主制表示质疑）。前不久，苏联、东欧社会和许多发展中国家仍恪守这种观念。"① 在这里，赫尔德认为苏联模式的政治制度也是一种"民主的模式"。尽管这一观点遭到一些学者的质疑，但是笔者却要为赫尔德辩护。相比于那些将西方代议制民主作为民主的唯一模式的论述，赫尔德以开放性的视角看待民主问题。从民主发展的历程来看，西方民主只能作为民主的一种模式，并不是全部。古希腊的民主就与现今西方国家实行的民主模式有很大差别。西方国家的民主理论家都不否认古希腊民主的真实性。照此逻辑推理，还可以有不同于古希腊模式和当下西方模式的民主。

3. 构建中国自己的普世价值观体系

中国应对美国推广"普世价值"战略时，除了揭示美国等西方国家推广"普世价值"的利己性外，还应当积极主动地阐释中国的普世价值观，

---

① 〔英〕戴维·赫尔德：《民主与全球秩序：从现代国家到世界主义治理》，胡伟等译，上海人民出版社，2003，第5页。

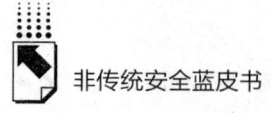

争取在普世价值问题上的国际话语权。

（1）中国对自由民主等价值观有自己的理解

中国虽然承认自由、民主、人权、法治是中国人民尊崇、追求的价值，而且中国无数仁人志士已经为之奋斗了百余年的时间。但是，中国对这些价值观有自己的理解，并不完全接受美国等西方国家所规定的内涵。更不赞成美国等西方国家推广"普世价值"的一些方式方法。

在对待自由、民主、人权等价值观上，中国与西方在认知上的一个重要差异是在处理个人与集体的关系上。中国强调个人利益与集体利益的统一，要统筹兼顾。就拿自由来说，中国承认个体的自由应当得到尊重，但是以不损害集体中其他人的自由为前提条件。如果某个人为了自己个体的自由而牺牲他人自由，或集体的利益，那肯定是不会被认可的。美国枪击案频发，但是个人持枪却一直得不到有效控制，一个重要原因就是，美国持枪者以维护个人持枪的自由权为由反对进行枪支管控。然而，大多数中国人应该会得出这样的观点：如果一些个人持枪的自由会经常导致其他人生存的自由被无端剥夺，那么这样的自由就应该受到限制。

再比如民主，按西方的理解，民主一定要有普选和多党竞争。但是，中国认为普选和多党竞争只是民主的形式。民主的本义就是"人民当家做主"。实现民主可以有多种形式和途径。

（2）确立自由、民主等价值观在普世价值观体系中的地位

在美国等西方国家的心目中，自由、民主是普世价值的核心，占有至高无上的地位。为了自由、民主，可以付出任何代价，甚至牺牲发展与稳定。但是，在像中国这样的发展中国家，自由、民主等价值的排序，并不一定就如同美国所要求的那样，被置于非常优先的位置。对广大发展中国家来说，和平、发展、公正、人本、和谐等价值比自由、民主更重要，至少是地位相当。欲保证上述这些更优先的价值不受损害，就需要有基本的政治稳定和社会秩序作为保障，特别是像中国这样处在急剧变革中的大国。保持政治稳定和社会秩序，需要有效的政府和强有力的执政党。实际上，对发达国家而言，它们也需要有效政府和政治稳定。

只不过是它们在这方面的问题不突出，现行制度设计以及经济基础、公民素质能够产生较为有效的政府，保证政治稳定，所以才突出自由、民主而已。

中国强调政治稳定和社会秩序的理念也得到一些西方有识之士的认同。美国著名政治学领域学者亨廷顿认为："各国之间最重要的政治分野，不在于他们的政府形式，而在于政府的有效程度。"① "一个国家的政体不是唯一重要的东西，甚至可能不是最重要的东西。秩序与无政府之间的分野比民主与独裁之间的分野更为根本。"② 可见，亨廷顿虽然认同美国等西方国家在全球范围内"推进民主"，但是却认为有效政府和秩序比民主政体更为重要。著名中国问题专家费正清在全面考察中国近现代历史的基础上得出结论：内战和内乱在中国所造成的苦难远远大于外敌入侵。③ 而导致这些内战和内乱的原因无外乎，农民起义、革命运动、军阀割据，或者是统治者内部的权力斗争，这些最终都被归结为一条，即缺乏有效的政府。对比之下，新中国成立后，中国共产党为国家的发展与建设提供了有效的政府。这也正印证了亨廷顿所指出的："中国在 20 世纪中期最突出的政治成就之一，就是 1949 年中国在经过百年的动乱后首次建立了一个真正能治理中国的政府。"④ 从这个意义上说，亨廷顿赞成中国走有序的民主政治发展道路。笔者于 2004 年春就中美关系问题对他进行访谈，他也道出了上述观点。笔者提出问题：中国实行激进的民主变革是否会有利于中美关系发展？因为这样便会消除横亘在中美之间的意识形态障碍。他对这样的看法持否定态度。他指出，如果中国过快地"民主化"，反美的民族主义情绪势必泛滥，

---

① 〔美〕塞缪尔·亨廷顿：《变化社会中的政治秩序》，王冠华等译，生活·读书·新知三联书店，1989，第 1 页。
② 〔美〕塞缪尔·亨廷顿：《第三波——20 世纪后期民主化浪潮》，刘军宁译，生活·读书·新知三联书店，1998，第 28 页。
③ 〔美〕费正清：《伟大的中国革命（1800～1985）》，刘尊棋译，世界知识出版社，2000，"前言"第 6 页。
④ 〔美〕塞缪尔·亨廷顿：《变化社会中的政治秩序》，王冠华等译，生活·读书·新知三联书店，1989，第 314 页。

可能更不利于中美关系发展。①

总体来看,对中国这样的广大发展中国家来说,美国等西方国家积极推广的自由、民主等价值,虽然是好东西,但却并不是最优先的。在中国的普世价值体系中,上述价值虽然占有重要的地位,但却远未达到可以压倒其他价值而优先推广的程度。据此,为了实现自由、民主等价值而牺牲其他更重要价值的路径选择是不可取的。

4. 倡导人类价值共同体意识

中国构建自己的普世价值体系,需要与时俱进,吸收人类优秀文明成果,特别是需要更多地关注人类共同利益以及能够反映这些共同利益的共同价值。

(1) 价值共同体是人类命运共同体的组成部分

"人类只有一个地球,各国共处一个世界。"② 在全球化不断深入发展,世界各国之间的共同利益日益增多,相互依赖度越来越高,同时诸如核扩散、气候变化、恐怖主义等对整个人类及其赖以生存的地球构成的威胁日益严重的今天,特别需要强化"人类命运共同体意识"。虽然主权国家仍然是当今国际政治的主要行为体,民族意识、国家意识很难消失;但是,任何国家与民族都不应当把自己国家和民族的命运置于人类共同命运之上,而是应当将两者有机结合起来。

"人类命运共同体"必然包含人类共同价值,即普世价值。凡是有生命力的共同体,除了具有共同利益外,还需要有共同价值。因此,人类命运共同体应该是利益共同体、价值共同体、责任共同体的有机结合。只有共同利益而没有共同价值的共同体是不可持续的。俗话说,志同道合。如果没有共同的志向即价值观,只因为某种特定的利益而走到一起的人,只能是同路人;等到这种特定的利益实现后,盟友关系就会破裂,各方就会分道扬镳,甚至还有可能因为利益格局发生变化而产生利益冲突,进而成为敌

---

① 刘建飞:《大博弈:中国的"太极"对美国的"拳击"》,浙江人民出版社,2005,第204页。

② 《中国共产党第十八次全国代表大会文件汇编》,人民出版社,2012,第43页。

手。冷战结束后,由于共同的安全利益减弱,美国与其盟友强调共同价值观,用之维系、巩固同盟关系。这体现了共同价值观在建设共同体上的地位与作用。

实际上,价值观和意识形态这些精神层面的东西也是国家利益的一部分。冷战结束后,美国全球战略就将推进民主、推广"普世价值"作为一项重要目标,与维护安全、扩展经济并列。同样,中国也将与社会主义意识形态紧密相关的"国家政治制度"确立为国家核心利益。

(2) 和谐世界理念是中国对人类价值共同体的贡献

倡导人类命运共同体意识,需要构建能够反映人类共同利益、尽可能为人类大多数所接纳的普世价值。西方所推广的自由、民主等价值并不是全部普世价值,而且在某种程度上还有一定缺陷,特别是对广大发展中国家来说。中国作为一个有世界情怀的大国,应当为建设人类命运共同体做出贡献,也应当为构建普世价值做出贡献。和谐世界理念就是中国的一个贡献。

与西方推广的自由、民主等价值相比较,和谐涵盖的内容更广泛。自由民主仅限于政治和安全领域,而和谐则涉及政治、经济、文化、安全、生态环保等领域。中共十七大报告在阐述"和谐世界"理念时就提及了五个方面:"政治上,推进国际关系民主化;经济上,推动经济全球化朝着均衡、普惠、共赢方向发展;文化上,尊重世界多样性,促进人类文明繁荣进步;安全上,用和平方式解决国际争端,维护世界和平稳定;环保上,呵护人类赖以生存的地球家园。"[①] 中共十八大报告强调:"要和平不要战争,要发展不要贫穷,要合作不要对抗,推动建设持久和平、共同繁荣的和谐世界,是各国人民的共同愿望。"[②] 可见,和谐——这个体现中华文明精髓的价值,内涵更加丰富,因此也更"普适"。

和谐世界理念将和平与发展这两大时代主题融合在一起,具有很强的

[①]《中国共产党第十七次全国代表大会文件汇编》,人民出版社,2007,第45页。
[②]《中国共产党第十八次全国代表大会文件汇编》,人民出版社,2012,第43页。

现实意义。在西方的话语中,经常将"和平"与"发展"割裂开来。当年西方列强为了发展自己,实现资本原始积累,不惜发动一系列殖民战争,进行殖民扩张,以战争为代价换取自己的发展。等它们发达了之后,又片面强调和平,忽视发展中国家的发展。邓小平当年在论述和平与发展是世界两大问题时就强调,发展问题更为根本,"南北问题是核心问题"。[①] 从这个意义上认定,较之"世界和平","和谐世界"的立意要高。和谐世界一定是和平的,但和平的世界却很有可能是不和谐的。"二战"结束以来,一直未爆发新的世界大战,世界范围内保持了总体上的和平,但却是不和谐的。具体来说,广大发展中国家的利益一直被"和平地"损害着;奉行霸权主义和强权政治的国家一直以"和平的"方式侵害弱小国家的利益。例如,世界不和谐的最主要表现形式就是发展不平衡,而且不平衡的基本现状已经成为导致其他不和谐现象的重要根源。所以,和谐世界的建设,必须以促进共同发展为前提。当然,和平也同样重要。和平是发展与和谐的前提。

与西方所倡导、推广的自由、民主等价值观相比,和谐的包容性更强。自由、民主、人权固然是人类所需要的,但是当今世界已经发生深刻变化,发展问题、环境问题、文明冲突问题越发突出,安全问题趋于复杂化,传统安全问题与非传统安全问题相互交织。这些问题和挑战,涉及领域广泛,不是自由、民主所能包办代替的。而且,解决这些问题需要全人类共同努力。而西方为了推广自由、民主价值观所实行的一些做法,恰恰不利于人类共同做出努力。比如,冷战结束后西方一直鼓吹"民主和平论",但这一理论的实践结果势必造成"民主国家"与"不民主国家"之间的对立。而当今世界,影响和平的因素有很多,"不民主"仅是其中之一。和谐世界理念就超越了"民主和平",容易为世界多数国家所接受,就连西方发达国家也很难反对这个理念。而且,和谐世界并不排斥自由、民主。从很大程度上说,和谐与自由、民主等价值观在大方向上是一致

---

① 《邓小平文选》第3卷,人民出版社,1993,第105页。

的，最终都有利于人的解放。

5. 积极开展中国的价值观外交

美国实施推广"普世价值"战略的一个重要途径就是开展价值观外交。中国在应对时虽然不宜同美国等西方国家进行意识形态和价值观对抗，但是也不能总是被动应付，而是应当积极地开展中国的价值观外交。这种价值观外交除了在同各国交往的过程中注意阐明、推介、弘扬中国的社会主义价值观外，更重要的是要同美国等西方国家在价值观问题上进行交流、对话，通过对话消弭误解，化解分歧，同时也有利于我国争夺在普世价值问题上的话语权，并向世人揭示美国推广"普世价值"的利己性。

同美国等西方国家进行价值观交流、对话，应当突出重点。在美国极力推广的自由、民主、人权、法治等价值观中，民主是最为突出的，因为它既是一个重要价值观，也是一种制度。美国推广"普世价值"，一个重要的意图就是促进"推进民主"。而在民主问题中，我国完全可以同包括美国在内的西方国家进行对话。

中国民主政治建设取得很多成就，但是并不为西方国家所了解。西方人对中国民主政治的认知可以分成两种情况：一种是愿意了解而且能够客观看待，但却由于各种原因而缺乏了解；另一种是出于意识形态偏见，根本就不想了解，或者是对中国民主政治的成就进行歪曲的解读。

对前一种情况，完全可以通过加强交流、传播，让他们如实地了解。拿美国学界来说，越来越多的人开始关注、研究中国民主政治问题，并且承认中国在民主上的进步。比较有代表性的是美国布鲁金斯学会董事局主席约翰·桑顿先生（John L. Thornton）。他在美国《外交》杂志（Foreign Affairs）2008年1~2月号上发表了《民主的长征》（*Long Time Coming: The Prospects for Democracy in China*）一文，以一个美国人的视角考察了中国的民主进步，包括选举、法治、监督等方面。尽管他以西方民主模式的标准来衡量中国的民主，认为中国的民主进步还只是量变阶段，尚未达到质变，但是他所描述的中国民主的进步现象却是属实的。

另一位值得一提的人物是福山。因提出"历史终结论"而闻名遐迩的美国政治学家弗朗西斯·福山，面对不断向前发展的中国特色社会主义民主政治，也不得不修正自己的观点。在谈及"中国模式"时，他指出"中国经济令人惊异的快速发展体现了中国模式的有效性"，并且进一步强调，"中国今后的民主法制建设不太可能全盘引进西方理念"，"历史终结论还有待于进一步推敲和完善，人类思想宝库需为中国留下一席之地"。① 而在此前他最著名的"历史终结论"中，福山将西方的自由民主主义认定为人类最好的意识形态，伴随着冷战结束，未来将不会再有能够挑战自由民主主义的意识形态。可以说，福山学术思想的演进，是美国实用主义哲学精髓的集中体现——不受教条束缚，承认铁打的事实。

笔者曾经分别于2007年和2010年两次在美国就中国民主政治做演讲，介绍中国民主政治的理论和实践，特别是阐述了成就与存在的问题。参加交流的美国学者都给予肯定，并承认过去他们对中国民主政治发展状况确实了解甚少。

对于后一种情况，让那些抱冷战思维的人改变他们的观念的确是很难的，甚至是不可能的。但是，可以通过交流和传播，让他们攻击中国"不民主"的言论越来越失去听众，越来越没有底气。

在开展价值观交流、对话的同时，还需要对相关价值观进行深入研究。就拿民主来说，民主是个大问题，也是非常复杂的问题，甚至至今也没有一个能让人们普遍接受的定义。许多西方学者给民主下的定义，其实只是西方代议制民主的定义，并不是"民主"本身的定义。在民主理论与实践上，还有许多问题值得深入研究，比如什么是民主？民主的表现形式有哪些？民主的标准是什么？民主有哪些模式？应该如何发展民主？等等。

就拿什么是民主来说，恐怕应当遵照唯物辩证法的原理来定义。首先是从实际出发，而不是从理论、原则出发。许多西方人不理解中国的民主

---

① 〔美〕弗朗西斯·福山：《日本要直面中国世纪》，《中央公论》2009年9月。转引自赵启正、〔美〕约翰·奈斯比特、〔奥〕多丽丝·奈斯比特：《对话中国模式》，新世界出版社，2010，第10页。

模式，就是因为他们用西方已有的民主理论来套中国的现实。其次，要与时俱进，而不是固守教条。有些理论是在过去的实践基础上形成的，因此一些概念、原理只适用于过去的实际。但是社会在发展、变化，理论应当随着社会发展而不断调整。民主问题专家、德国学者约翰·凯恩就指出："民主的价值和制度绝不是铁板一块，甚至民主的含义都是随着时间变化而变化的。"①

四 结语

在中国特色国家安全体系中，政治安全是根本，占据非常突出的位置。而在当今世界，政治安全威胁更多地以非传统安全方式体现出来，军事力量在维护政治安全上的作用相对有限。对中国这样的坚持走社会主义道路的国家来说，政治安全首先表现为政治意识形态安全。

中国的政治意识形态安全一直面临着来自"右"和"左"两方面的挑战，即自由化和僵化。目前最为突出的挑战是西方推广所谓"普世价值"。西方推广所谓"普世价值"是西方自由主义大战略的最新表现形式，"普世价值"构成自由化的主要思想基础。同时，西方推广"普世价值"还容易造成中国国内思想理论界的纷争，刺激僵化思想的滋生。

中国应对西方推广"普世价值"的挑战需要统筹兼顾维护政治意识形态安全与推进和平发展战略、反对自由化和防止僵化之间的关系。一方面要揭示美国等西方国家推广"普世价值"的战略意图和利己性、虚伪性，还所谓"普世价值"以本来面目；另一方面又要以积极的战略姿态对待普世价值，争夺在普世价值问题上的国际话语权，同时努力打造中国特色的普世价值体系。

---

① John Keane, *The Life and Death of Democracy*, New York: W. W. Norton & Company, 2009, p. xv.

B.3
共享安全：冷战后中美海上非传统安全合作论析

冯雷 魏志江*

摘 要： 冷战后，中美之间的安全关系从冷战时期的传统领域合作扩大到如何应对传统安全及非传统安全领域的双重挑战。2001年"9·11"事件及中国加入世贸组织（WTO）加速了全球化进程，加深了中美经济、安全方面的相互依赖，为中美广领域、多层次开展合作提供了契机。基于"共享安全"的合作基础，两国在海上非传统安全领域携手"共建"和"共享"安全，消弭了一些信任危机和合作障碍，取得了一定的成效。虽然中美两国欠缺深度战略互信，但是，中美在海上非传统安全领域积极合作前行，不仅有助于化解传统安全的困境，增进互信，而且也将为全球非传统安全领域治理发挥引领带头作用，造福两国乃至国际社会和全人类。

关键词： 中美 共享安全 海上非传统安全 合作

一 引言

20世纪70年代，中美两国把苏联霸权确认为共同威胁，在明确两国安

---

* 冯雷，中山大学国际问题研究院研究员，国际关系学院博士研究生。魏志江，中山大学亚太研究院韩国研究所所长，教授、博士生导师。

全关系、构建共同安全利益目标基础上，两国于 1979 年成功缔结外交关系，建交后以传统安全合作为核心的双边关系得到较快全面发展。随着 1991 年底苏联解体，横亘在东西方之间长达近半个世纪的冷战帷幕落下，世界开始真正启动全球化进程。传统的两大阵营之间大规模军事冲突的威胁骤然下降，40 多年来笼罩在人类头上的第三次世界大战阴云逐步消散。但和平不等于安全，曾经掩盖在传统政治、军事冲突下的民族宗教冲突、地区性金融危机、全球性气候问题、能源安全与危机等新型威胁逐步进入人们的视线。非传统安全（Non-Traditional Security）威胁具有不同于传统安全威胁的"非结构性（unstructured）"突出特点，其没有既定的规则和边界，威胁源也无一致的组织架构和组织方式，威胁方式无规则可循，威胁内容和后果也不能预料，并具体表现出更强的社会性、跨国性和全球性，因此体现出治理难度大、过程长、综合性强的特点。无论是唯一的超级大国美国，抑或是最大的发展中国家中国，或者其他某一个国家、组织都无法单独应对这些全球性、全人类的共同威胁。中美安全关系既囊括了原有的传统安全内容，又增添了更具挑战性的非传统安全威胁，中美如何应对挑战影响着双边关系的性质与走向。

二 "共享安全"：中美海上非传统安全合作的理论基础

冷战后，世界进入"上世纪 50 年代以来全球暴力的最低点"，甚至是"人类这个物种出现以来最和平的时期"。[①] 但是，和平绝不等同于安全。国际性、地区性非传统安全威胁的日益增多、愈演愈烈，这种令各国无法独善其身的"共同威胁"引发了各国政府对于安全威胁认知和应对方式的反思。心理场和物理场变化并相互作用导致"安全场域"发生巨大变化，"以往由

[①] Fareed Zakaria, "The Post-American World," News Week, March 5, 2008, http：//www.newsweek.com/excerpt‑zakarias‑post‑american‑world‑89645.

国家间关系构建起来的安全场域是以边境画线、主权划界式的地缘性场域，随着经济全球化的推进，以利益画线、人权划界式的跨国利益性场域出现了；随着全球性非传统安全挑战的形成，以文明圈画线、生存权划界式的资源型场域被建构起来；其他还有以信仰画线、民族或宗教划界的种种社会心理场域等。多重的安全场域相互叠加，使人类深处一种'本体不安全'之中①，使人类产生对"共享安全"的强烈诉求。"非传统安全不是由某个国家制造，不是被某一个国家认知，也不能由一个国家应对。非传统安全不是国家之间的相互安全威胁，而是国家群体乃至整个人类共同面对的威胁。这已经不是一个国家思考如何应对另外一个国家的安全威胁问题了，而是国家群体思考如何合力应对共同的安全威胁问题，是大家如何共同维护和改善全球公地的问题。"② 这种"全球命运共同体"的判断逐步成为共识，推动了"共享安全"合作理论的形成。

"共享安全"理论，具有深厚的历史哲学基础。《周易》中明确提出了"保合太和"的安全价值目标、"万国咸宁"的共享安全理想、"协和万邦"的安全实现路径。③ 此外，儒家的王道政治和"亲仁善邻"的和平主义价值思维，构成了"共享安全"理论的政治思想基础，该理论也具有东亚传统的安全实践基础。"全球命运共同体"的共识是"共享安全"的价值前提，"共享安全"理论寻求"共存""共建""共有"的构建，是建立在国家间安全的普遍性基础上，共同认知安全威胁、共同建构安全框架、共同享有安全利益。"共享安全"以人类共同体作为安全的中心立场，以人的生命保护作为安全的价值基点，以社会的安宁和繁荣作为安全的优先目标，以和谐共建和合作共赢作为国家间安全互动的至上原则④。其强调行为体之间共存共

---

① 余潇枫：《共享安全：非传统安全研究的中国视域》，《国际安全研究》2014年第1期，第12页。
② 秦亚青：《全球治理失灵与秩序理念的重建》，《世界经济与政治》2013年第4期，第6~7页。
③ 魏志江：《非传统安全研究中"共享安全"的理论渊源》，《国际安全研究》2015年第3期，第53页。
④ 余潇枫、魏志江：《非传统安全概论（第二版）》，北京大学出版社，2015，第142页。

优与和平、和合状态的相互保持与享有。① 在非传统安全事务应对中,"共享安全"理论反对"危态对抗",倡建"优态共存";反对"消极安全",倡导"积极安全";否定"零和理论",树立"双赢""多赢";摆脱"立场困境",倡导共建价值。"共享安全"成为一种全球化时代的安全理念与战略性话语,非传统安全的价值实质是"共享安全",② "共享安全"理论的核心就是"合作",实质就是非传统安全合作理论。

在太平洋的另一端,美国国内智库部门围绕新世纪、新挑战下的美国安全战略与外交政策展开论辩,有机构对美国政府过于"军事化(Militarized)"的国家安全战略,单边、传统手段应对各类非军事安全威胁和挑战进行严厉抨击,提出"共享安全"的政策建议。美国研究机构——公谊服务委员会(American Friends Service Committee,AFSC)在《共享安全:重塑美国外交政策》中就提出在日益联系紧密与日益相互依赖的当今世界,利用战争和军事力量应对当今挑战的效用下降,依靠枪炮和子弹无法解决气候变化、经济危机、核扩散等挑战。美国应从单独保护自身利益转向追求共同利益,从军事方式调配资源和制定战略转向复合型的非暴力能力和共同应对,"共享安全"应成为美国外交政策的出发点,积极合作与有效协作应属必然。这既符合道义,又积极有效,可以保障我们及我们的全球共同体更加安全。③ 著名智库战略与国际关系研究中心(CSIS)在题为《欧洲—大西洋平等伙伴关系的共享安全战略》的报告中提出:"多样化与交织的军事、政治、经济、社会、环境等事务挑战构成了日趋艰难、无法预知、无可逃避的安全新常态。仅靠单一能力、单一手段无从管治这些威胁,更别说解

---

① 魏志江:《非传统安全研究中"共享安全"的理论渊源》,《国际安全研究》2015年第3期,第53页。
② 余潇枫:《共享安全:非传统安全研究的中国视域》,《国际安全研究》2014年第1期,第7页。
③ "Shared Security: Reimaginning U. S. Foreign Policy", Working Paper of the American Friends Service Committee and Friends Committee on National Legislation, April 2013, pp. 4 - 5, https://sharedsecurity.files.wordpress.com/2013/05/shared - security_ v8 - for - distribution. pdf.

决问题了。应对这些威胁需要军民手段相结合，国家及机构相联合，以复合型方式共同应对才能实现目标。"①

中美学界探讨"共享安全"理论，两国政府出台政策也表达了"共享安全"的思想理念。2013年，中共十八大报告中提出"推动国际关系民主化，尊重主权，共享安全，维护世界和平稳定"。2014年5月，中国国家主席习近平在"亚洲相互协作与信任措施会议"第四次峰会上，系统阐述了亚洲国家安全合作的基本理论与路径，提出"应该积极倡导共同安全、综合安全、合作安全、可持续安全的亚洲安全观，创新安全观念，搭建地区安全合作新架构，努力走出一条共建、共享、共赢的亚洲安全之路"。可见，"共享安全"理论得到官学一致的认可，已成为中国政府对外安全战略的新定位，更成为中国积极参与、推动中美非传统安全合作的理论基础。

在美国的外交、军事战略文件中，例如2010年的《国家安全战略》，2010年、2014年的《四年防卫评估报告（Quadrennial Defense Review Report）》，2011年的《四年外交和发展评估（Quadrennial Diplomacy and Development Review）》等报告，以及奥巴马总统等美国政府官员发言中也都包含了"共享安全"思想，特别是2014年《四年防卫评估报告》明确表示："'共享安全'承诺之下，进行全球广泛参与是美国领导权和影响力的基石。"②

中美两国就"共享安全"形成较为一致的观念，这不是一种巧合，这是中美经济、世界经济高度相互依赖前提下，国际安全国内化和国内安全国际化趋势下，两国共同面临相互交织、复杂叠加的各类安全威胁挑战时的理性选择及正确道路。

---

① Simon Serfaty, Sven Biscop, "A Shared Security Strategy for a Euro‐Atlantic Partnership of Equals", July 2009, p. 8, http：//csis.org/files/publication/090715_ Serfaty_ SharedSecurity_ Web. pdf.

② " Quadrennial Defense Review Report 2014 ", Department of Defense, p. 34, http：// archive. defense. gov/pubs/2014_ Quadrennial_ Defense_ Review. pdf.

在海上领域具有广泛交织的利益和"共享安全"需求,奠定了中美非传统安全合作的必要性及可行性基础。

(一)中美海上非传统安全合作的必要性

首先,海洋的重要性与海上非传统安全威胁的出现,使中美海上非传统安全合作成为必要。

海运对全球经贸至关重要,海运是最具性价比优势的大宗货物及原材料的运输方式,目前全球贸易往来中有超过90%是通过海运完成的,[①] 2013年,世界海运贸易以吨海里数计算,总数达到500000亿吨海里,世界集装箱港口吞吐量达到6.511亿个20英尺标准集装箱。[②] 海洋资源、海运、战略通道(SLOCs)在全球人类生存、生产与生活中占有重要地位,同时,海上非传统安全威胁也在与日俱增。"海上非传统安全涉及国家、地区、全球等多个层次。当前,海上非传统安全威胁主要包括:第一,地震、海啸、台风、风暴潮、赤潮等海洋自然灾害是最典型的海洋领域的非传统安全威胁。第二,海盗、海上恐怖势力泛滥,已经成为威胁全球安全的国际公害。第三,部分濒海国家面临海平面上升侵吞国土的严峻威胁。第四,海洋环境污染和生态系统危机不断加剧造成全球公害。"[③] 海上非传统安全威胁突出表现为暴力性、破坏性、突发性、复杂性、跨国性及多样性等特征,与之相对应,传统安全手段在应对这些威胁方面虽然存在一定的优势:本身具有强有力的威慑作用以及有力性、及时性、有效性和组织协调性,但不足之处也非常明显地表现在:应用领域的有限性、国家主权的制约性、解决效果的局限性及成本支付的相对较高。[④] 新加坡前总统陈庆炎曾坦言"单一国家的行动是不够

[①] International Maritime Organization (IMO), https://business.un.org/en/entities/13.

[②] 《2014年海运述评》,2014年联合国贸易和发展会议,http://unctad.org/en/PublicationsLibrary/rmt2014_ch.pdf。

[③] 刘中民:《国际海洋形势变革背景下的中国海洋安全战略——一种框架性的研究》,《国际观察》2011年第3期,第3页。

[④] 陈彩云:《太平洋海洋非传统安全合作研究——以传统安全手段应对的视角》,外交学院2015届博士学位论文,第3页。

的。海洋是不可分割的,海上安全威胁并不尊重国界"。①

其次,中美两国对海洋贸易的依赖促进了海上合作。美国是个重要的海洋贸易国家,也是世界海运大国,大概占据年国际海运量的20%(按重量计),其非北美贸易量的95%,或者贸易额的75%依赖海运,海运货值占美国国民生产总值的25%以上。美国拥有300多个海港和内河港口,逾3700个货运、客运终端。仅在2003年,大约6000艘商船在美国港口停泊超过60000次,其中绝大部分是外籍船只。据测算,美国西海岸港口如因天灾人祸关闭,首5日每天将给美国经济造成约为10亿美元的重创,之后损失数字会更加大幅激增。② 2012年,美国港口的集装箱吞吐量达到6300万个标准集装箱,仅次于中国排名世界第二。

中国是高度外向型经济体,近10年来贸易额增长率约为国内生产总值增长率的一倍。中国的海上贸易与贸易总额比高达95%,海上贸易占国内生产总值的45%。仅以2013年为例,据联合国贸发会议组织统计,全球铁矿石航运总量近12亿吨,中国进口占比约67%;全球煤炭航运总量11.8亿吨,中国进口占比16%,中国比美国更依赖安全无虞的海上贸易。按照泊位生产率、港口吞吐量等综合排名,2013年全球最重要的十大码头中,中国占据9个;世界前20名的集装箱港口中,中国的上海、深圳、宁波、青岛等10个港口上榜,集装箱吞吐量从80万至3600万不等,集装箱吞吐总额达到1.739亿个标准集装箱,占全世界集装箱吞吐量的26.8%,中国成为世界集装箱港口第一大国。③

最后,中美两国海洋经济发展状况推动了双边海上合作。两国海洋经济

---

① Tony Tan, "Maritime Security after September 11", *International Institute for Strategic Studies conference*, Singapore, June 1, 2003.
② Peter Chalk, "The Maritime Dimension of International Security: Terrorism, Piracy, and Challenges for the United States," p. 57, http://www.rand.org/content/dam/rand/pubs/monographs/2008/RAND_MG697.pdf; John Fritelli, "Port and Maritime Security: Background and Issues for Congress", Congressional Research Service Report for Congress, May 27, 2005, p. 7, http://www.fas.org/sgp/crs/homesec/RL31733.pdf.
③ 《2014年海运述评》,2014年联合国贸易和发展会议,http://unctad.org/en/PublicationsLibrary/rmt2014_ch.pdf。

近年来发展迅猛,就业人数激增。中国 2014 年全国海洋第一产业增加值 3226 亿元,第二产业增加值 27049 亿元,第三产业增加值 29661 亿元,海洋第一、第二、第三产业增加值占海洋生产总值的比重分别为 5.4%、45.1% 和 49.5%。据测算,2014 年全国涉海就业人员 3554 万人。① 美国项目中心(Center For American Program)报告显示,2010 年,美国海洋经济为美国提供了 270 多万个工作岗位,对美国国内生产总值贡献超过 2580 亿美元。②

虽然中美两国所处地理环境不同、综合实力和国际地位不同、经济发展的阶段和模式不同、外交战略与策略也有巨大的差异,但相同的是,在全球化日益深入的当下,中美两国都是全球化复杂系统中相互依赖、相互依存的组成部分,既是全球化的推动者,也是全球化的利益分享者。海洋是全球化进程的重要承载体,中美两国都对海洋有着较高的依赖性,在面对各类海上安全威胁时,中美存在重要的"共享安全"基础,有着携手合作的必要性。

(二)中美海上非传统安全合作的可行性

1. 双方均有进行海上非传统安全合作的强烈意愿

美国是海洋立国的国家,对海洋有着高度的依赖性。冷战结束后,美国依然需要依靠其庞大的军事实力和海外军事基地维持其压倒性优势的强大"海权",掌控海洋资源和重要航路。海上安全是美国国家安全的重要支撑。海上非传统安全威胁的出现,使美国认识到传统手段、单边主义措施应对的局限性,"美国应支持中国和将其视为应对气候变化、能源安全等全球性迫切问题时的伙伴,没有中国的参与与合作,这类事务将不可能得

---

① 中国国家海洋局:《2014 年中国海洋经济统计公报》,2015 年 3 月,http://www.cme.gov.cn/hyjj/gb/2014/1.htm。
② 〔美〕Michael Conathan, Scott Moore:《中国和美国对蓝色经济的开发》,2015 年 5 月,https://cdn.americanpress.org/wp-content/uploads/2015/07/22131014/ChinaBlueEcon-report-CN.pdf。

以解决"。① 2012 年美国《国防战略指南》指出,"从长远看,中美两国与东亚的安全与稳定都有巨大利害关系,两国同时也对建立双边合作关系抱有兴趣"。② 2015 年 3 月,美国新出台《21 世纪海上力量合作战略》,明确希望"能组成一个全球海军网,汇集世界各地志同道合的国家和机构应付共同的海上安全挑战",强调"通过正式和非正式网络进行合作,我们可以解决我们共同的海上安全利益面临的威胁"。③

伴随中国实行改革开放政策及改革开放的不断深化,中国政府也高度重视海上安全威胁,评判"中国的海洋安全形势正发生复杂深刻的变化,海洋安全是中国目前国家安全的重点方向,也是中国国家安全的重心所在"。④ 中国军方也有"中国安全威胁主要来自海上,中国发展重点也在海上"⑤ 的判断,而且中国军方也对国力和军力有清楚定位,明确表示"中国没这个文化,也没这个能力挑战美国"。⑥ 中国迫切需要强化传统安全和非传统安全合作,有效突破经济发展中面临的海洋安全之困。

2. 既有的合作机制也奠定了双方合作的一定基础

冷战结束后,中美两国关系重在恢复关系,加强各领域交流与重建信

---

① Abraham Denmark, Nirav Patel, eds., "China's Arrival: A Strategic Framework for a Global Relationship," Center for a New American Security, September 2009, p. 171, http://www.cnas.org/files/documents/publications/CNAS%20China's%20Arrival_Final%20Report.pdf.
② Department of Defense, "Sustaining U. S. Global Leadership: Priorities for 21st Century Defense," Defense Strategic Guidance, January 2012, p. 2, http://archive.defense.gov/news/Defense_Strategic_Guidance.pdf.
③ "A Cooperative Strategy for 21st Century Seapower," March 2015, pp. 1 - 2, http://www.navy.mil/local/maritime/150227 - CS21R - Final.pdf.
④ 国家海洋局海洋发展战略研究所课题组编著《中国海洋发展报告(2013)》,海洋出版社,2013。
⑤ 2013 年 2 月 4 日,时任中国人民解放军副总参谋长戚建国在解放军总参谋部与国家机关有关部门就加强海上斗争和海上安全合作问题座谈会上的讲话内容。具体参见《中国安全威胁主要来自海上》,人民网,2013 年 2 月 5 日,http://politics.people.com.cn/n/2013/0205/c70731 - 20430038.html。
⑥ 2011 年 5 月 18 日,时任中国人民解放军总参谋长陈炳德上将与美军参谋长联席会议主席马伦海军上将在美国五角大楼举行的联合记者会上对记者提问的回答。具体参见《陈炳德:军事挑战美国?中国没有这个能力》,新华网,2011 年 5 月 20 日,http://news.xinhuanet.com/world/2011 - 05/20/c_121437458_2.htm。

任,双方民事执法机构及军方进行了非传统安全事务合作的探索,并建立了初步的交流合作机制。1991年,联合国大会通过《关于禁止在公海使用大型流网的决议("46/215号决议")》,据此,1993年中美两国政府签署《关于有效合作和执行联合国大会"46/215号决议"的谅解备忘录》,中美两国职能部门共同开展北太平洋公海联合巡航检查。20多年来,即使中美双边关系出现波动,该协议也是几经续签,延续至今。截至2014年,共有79名中方执法官员随美海岸警卫队船执法,18次针对违反联合国有关公海禁止流网捕捞决议的渔船开展联合执法,这成为中美海事执法部门开展合作的最早探索之一和成功典范。1998年,中美军方签署《关于建立和加强海上军事安全磋商机制协定》,双方同意每年定期商讨军舰通信、海上安全措施以及海上搜救等问题。虽然1996年台海危机及1998年"炸馆事件"重创刚刚起步的中美军方海上非传统安全合作,但该合作机制当时只是中断而并未终止,待时重新激活而已(2013年以来,该机制得到升级和细化落实,见后文)。

美国将中国视为有竞争的海上合作伙伴,有意将中国拉入美国主导的海洋安全体系之内,促使日益强大的中国加入全球海上伙伴体系。而中国既无意挑战美国海上霸权,又对通过海上合作维护发展环境有所期盼,中美双方在海上非传统安全事务方面都表达出强烈的"共建安全"意愿,为海上安全领域的合作提供了可行性。此外,冷战结束初期,双方民事执法部门及军方取得合作实践的初步成果,也为双方今后深化合作、提升合作水平奠定了一定的信任基础和机制基础。

三 中美海上非传统安全合作的现状及其特点

中美两国在海洋跨国境犯罪、海洋资源安全、海洋灾害风险、海洋突发事件四大领域12类别具有共同安全威胁(见图1),因而中美两国在海上非传统安全合作方面进行了广泛的合作。

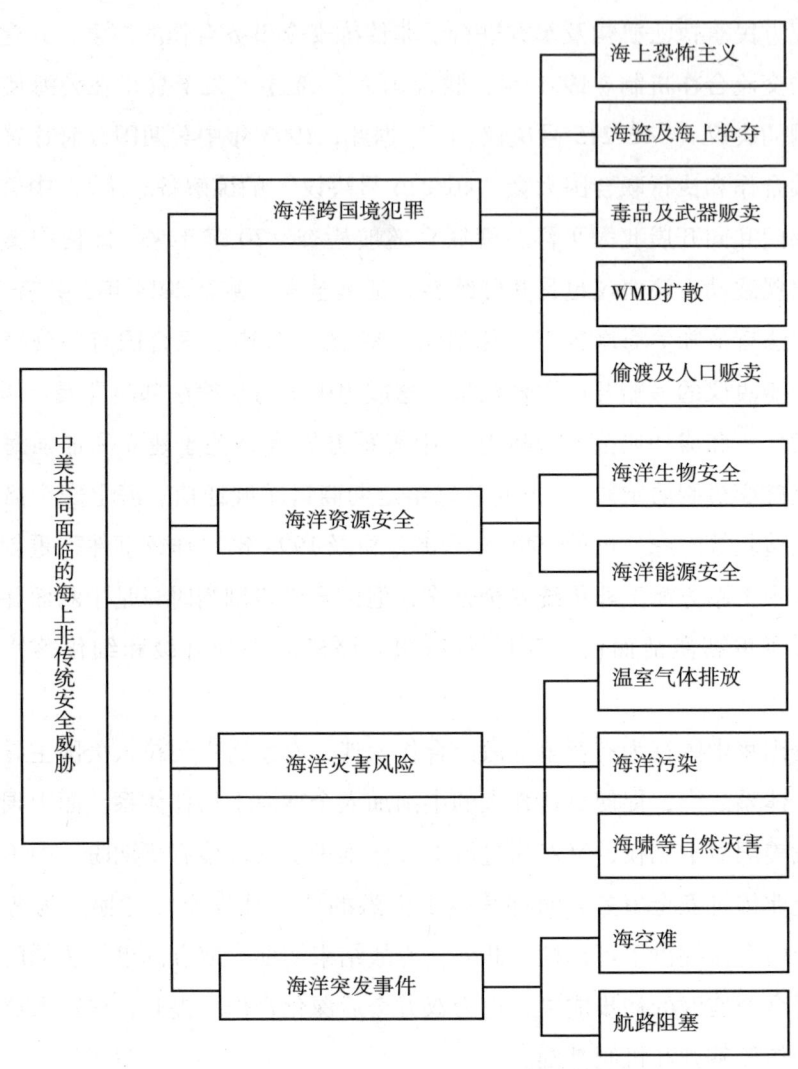

图1 中美共同面临的海上非传统安全威胁

（一）"反恐"合作成为双边海上合作的首要内容

2001年"9·11事件"发生后，美国评估国家安全的最大威胁是恐怖主义，而很可能发生的恐怖威胁来自海上，美国货运和通用航空领域存在重大的安全脆弱性，民航领域仍是可能的恐怖袭击目标，恐怖分子可能会转换方式而已。海上交通领域受袭的风险增高，而且越来越高。① 与海上恐怖主义威胁相对应的是美国在海上交通部门的重要国防及经济利益：在美国众多港口中，有17个被美国国防部和美国交通部定为战略港口，以备美国军方军事行动之需，其中4个是专用军港，另外13个是商业港口。在1991年美伊战争（沙漠风暴）期间，美国90%的军用物资都是经由这些战略港口运输的，因此美国港口具有重大的军事安全作用。2002年时，每年约600万集装箱经港口进入美国，其中仅不超过10%的集装箱经过安全检测，恐怖分子借集装箱藏匿放射性材料进入美国本土导致遭难成为美安全部门最为担心的场景②。基于这一判断，美国政府提出并主导、中美共同实施一系列彼此关联的海上反恐举措。

首先，美国于2002年提出《集装箱安全倡议》（The Container Security Initiative，CSI）这一双边、互惠性安全计划，其主导原则是，将对海运集装箱安全防范的关口前移，"把甄别货物安全风险和查验的环节前置在海运集装箱的出口港和装运港，使美国的边境或港口由第一道防线变为最后一道防线。具体包括：以对预先获得信息的风险目标分析为基础制定高风险集装箱的识别标准；在集装箱运往美国之前进行预先甄别；运用科学手段预先检查高风险的集装箱；设计和使用可跟踪定位的智能化安全集装箱"。③ 在操作中，实施海外承运人须在海运集装箱装船前24小时向美国海关申报货运舱单的新法规，美国海关与边境保护局（CBP）和参与国家的港口海关使用情报和风险评估机制对嫌疑集装箱进行100%检测。

入选美国第一批港口名单的为世界最大的20个港口，中国的上海、深圳的港口入选。美国推出这一举措重在防止恐怖分子借集装箱对海运系统和

---

① "The 9/11 Commission Report," p. 408, http://govinfo.library.unt.edu/911/report/911Report.pdf.
② Peter Chalk, "The Maritime Dimension of International Security: Terrorism, Piracy, and Challenges for the United States," p. 58, http://www.rand.org/content/dam/rand/pubs/monographs/2008/RAND_MG697.pdf.
③ "Container Security Initiative in Summary," U.S. Customs and Border Protection, May 2011, https://www.cbp.gov/sites/default/files/documents/csi_brochure_2011_3.pdf.

其本土进行恐怖袭击，但客观上可提高全球海运系统安全水平，也利于中国加入该倡议的港口享受美海关的通关便利，以及该倡议构建体系所带来的安全利益，中美及全球存在"共建""共享"共同基础。2002年5月，美方正式向中方提出希望中国加入"集装箱安全倡议"合作。当年10月25日，时任中国国家领导人江泽民主席与美总统布什达成共识：中国原则上表示参加美国倡导的"集装箱安全倡议"，中美两国愿携手保障全球海运贸易体系免遭恐怖侵袭。2003年7月29日，美国海关与边境保护局局长伯纳来华，与中国海关总署署长牟新生在北京签署两国海关"集装箱安全倡议"合作原则声明。"2005年3月28日，中美双方就《中国海关总署和美国海关与边境保护局'集装箱安全倡议'合作基本实施程序》达成一致"，① 以期共同提高作为全球贸易连接点和国际贸易重要组成部分的海运集装箱的安全性，为两国经济发展和双边贸易增长提供安全保障。2015年6月22日至24日，第七轮中美战略与经济对话在美国华盛顿举行期间，两国一致同意扩大"集装箱安全倡议"合作，决定"将该合作项目扩展，扩大至应对所有违反海关规定的行为，并增加由中国海关负责实施、美国海关实地观摩的查验数量，并尝试性开展中国海关机构向美国加利福尼亚长滩港派驻关员的工作"。② 此举将中美"集装箱安全倡议"应用于海上反恐扩大到更为广泛的海上非传统安全合作领域。

其次，美国倡导的海关贸易伙伴反恐计划（The Customs-Trade Partnership Against Terrorism，C-TPAT）。该计划属于"集装箱安全倡议"的关联措施，是美国多层次海上反恐战略的重要内容，是美国海关与边境保护局于2001年11月提出的安全措施倡议。该倡议是一个政府和商界的自愿合作项目，旨在通过海关与相关企业部门的合作，打击恐怖主义分子和走私者，保护美国和伙伴成员合法贸易利益。C-TPAT以通关便利等一系列优惠

---

① 《中国海关与美国海关交往与合作》，中华人民共和国海关总署，2005年8月29日，http://www.customs.gov.cn/publish/portal0/tab3529/info5166.htm。
② 《第七轮中美战略与经济对话框架下战略对话具体成果清单》，新华网，2015年6月26日，http://news.xinhuanet.com/world/2015-06/26/c_1115727263.htm。

待遇为条件,"要求成员建立公司内部安全控制制度,自主规避安全风险。C-TPAT 成员企业根据不同认证级别可享受不同的优惠,如享受较低的查验率等。C-TPAT 所订立的安全标准强化其有关设施、人员、程序及付运方面的安全措施及管理,内容涵盖 8 个方面:程序安全、信息处理、实体安全、存取监控、人员安全、教育训练、申报舱单程序和运输安全"。① 通过验证的企业将能享受到输美货物在美通关时适用较低查验率、增加商誉以提高其在美国市场的竞争力等益处,同时有助于提升企业守法经营的管理水平,降低企业对美出口综合成本。截至目前,通过该倡议认证的机构已超过 11330 家,其中运输机构 3148 家,海港管理机构 65 家。

中美贸易相互依存度高,中方评估中美双方加强合作,提升有关企业的 C-TPAT 认证级别,不仅美国贸易企业受益,而且相关的中国生产商、供应商和承运商也能获得通关便利等优惠待遇,还能共同提升海运货物的安全性。2007 年 6 月,美国海关与边境保护局局长巴沙姆访华时,向我国政府职能部门表达中美海关联合进行 C-TPAT 验证的意愿。次年 3 月,"中美海关签署了《中美联合验证试点合作声明》,并先后在我国珠三角和长三角地区进行了三次联合验证试点工作。联合验证以中方为主,对美国 C-TPAT 进口商成员在中国的生产商、供应商进行联合验证。中国企业自愿申请以美国进口商的海外生产商、供应商等身份接受验证。中美 C-TPAT 联合验证的试点情况还列入了第三次、第四次中美战略经济对话以及第二次中美战略与经济对话的项目成果。2011 年,中美联合验证从试点升级为双方正式合作项目"。② 截至 2015 年,中国海关总署和美国海关与边境保护局已经在中国开展了 387 次联合验证,双方都承诺继续就互认进行磋商,寻求在今后开展更多的联合验证,防范恐怖袭击,维护海事交通领域安全。

---

① "C-TPAT: Customs-Trade Partnership Against Terrorism," U. S. Customs and Border Protection, http://www.cbp.gov/border-security/ports-entry/cargo-security/c-tpat-customs-trade-partnership-against-terrorism.
② 参见《中美 C-TPAT 联合验证在线访谈》,中华人民共和国黄埔海关,2012 年 8 月 23 日,http://www.customs.gov.cn/tabid/47550/Default.aspx。

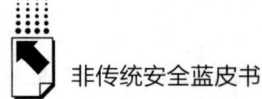
非传统安全蓝皮书

最后,《防扩散安全倡议》(The Proliferation Security Initiative, PSI)。2003年5月,美国时任总统布什在访问波兰时发布《防扩散安全倡议》,旨在对怀疑承运生化材料、放射性材料或核材料等大规模杀伤性武器(WMD)及其部件的货船进行海上拦截、登临甚至扣押。美国政府将其视为联合伙伴国家的重要反恐举措,最初参加国主要是美国盟国,包括欧洲的法国、德国、意大利、荷兰、波兰、葡萄牙、西班牙、英国以及日本和澳大利亚等11个国家。截至2015年6月,共有105个国家加入该倡议。①

2004年10月美国国务卿鲍威尔访华,就此议题争取我国支持。1993年美国海军军舰曾在国际公海拦截我国"银河号"货轮进行检查,我国对于美国借该倡议在国际海域采取武力拦截的合法性、指向性有所担心,仅表示对该倡议的宗旨予以支持。② 2009年,韩国宣布加入该倡议,我国政府再次表示"包括中方在内的国际社会对PSI的关切正是由于PSI的某些规定超出了国际法和《联合国宪章》的框架。所以,虽然我们认同PSI的防扩散宗旨,但仍有所保留"。③ 虽然中国并没有加入该倡议,但是中美在防扩散合作方面还是取得了较好的成效,2013年中国海关总署和美国能源部签署了《关于防范核材料及其他放射性物质非法贩运合作的谅解备忘录》,2014年11月20日签署了有关工作章程,制定工作程序,并于2015年在美国顺利举行了第一次工作组会议。中国方面虽然暂未加入该倡议,但中美实质性合作还是不断取得进展。

中美海上反恐涉及情报信息共享、金融反恐等领域,涉及两国海警、出入境事务部门、海关、警察等多家部门。美在"9·11"事件后改组安全机构,2004年设立全国反恐中心(NCTC),统筹全国反恐情报信息,协调各

---

① "Proliferation Security Initiative," U. S. Department of State, http://www.state.gov/t/isn/c10390.htm.
② 《2004年10月26日外交部发言人章启月在例行记者会上答记者问》,中华人民共和国驻日本大使馆,2014年11月19日,http://www.fmprc.gov.cn/ce/cejp/chn/xnyfgk/t170779.htm。
③ 《2009年6月2日外交部发言人秦刚举行例行记者会》,中非合作论坛,2009年6月2日,http://www.fmprc.gov.cn/zflt/chn/fyrth/t565743.htm.

部门反恐工作，制订美政府及美中、国际反恐合作计划。近年来，中美反恐磋商合作不断提升级别，2014年提升至副部级磋商层面，并先后于2014年、2015年进行两轮副外长级反恐磋商，虽然在打击"东突"势力方面存在分歧，但在海上反恐、情报交流、打击恐怖组织融资方面取得共识并深入推进。2015年12月27日，中国通过《中华人民共和国反恐怖主义法》，规定"与外国政府和有关国际组织开展反恐怖主义政策对话、情报信息交流、执法合作和国际资金监管合作"，以及有关部门"派员出境执行反恐怖主义任务"①，为中美深入开展海上反恐合作提供了法律保障和制度保障。中美在海上反恐积极合作，两国都享受到"共赢"的成果，美国政府充分认可2001年以后中美反恐合作及国际反恐合作对于维护美国本土港口海运设施安全及海外利益的重要性，奥巴马总统明确强调中美双方在反恐合作上有着共同的利益和共同的关切，反恐合作是美中可以加强的领域。②

（二）中美双边军事部门开展海上合作的机制建设与初步实践

军事部门间的安全合作涉及传统安全领域和非传统安全领域，中美军事部门间的军队领导人互访、舰队访问、针对非传统安全威胁开展的军事演习都属于非传统安全合作领域范畴。"9·11"事件前，中美两军之间虽然于1998年签署了《关于建立和加强海上军事安全磋商机制协定》，但受到诸多因素制约，该协定并未具体化和得到落实。2011年在中美战略与经济对话框架下，中美举行了首次中美战略安全对话，至今已举行五轮对话。通过该平台，中美两军高层广泛增进交流。2014年，两国国防部成功签署"重大军事行动相互通报机制"和"海空相遇安全行为准则"两个互信机制备忘录，两军通过机制性通报和磋商建立互信，为中美两军在非传统安全领域开展合作创造条件。2014年4月22日在中国青岛举行的由中国海军承办的第

---

① 《中华人民共和国反恐怖主义法》，中国共产党新闻网，2015年12月28日，http://cpc.people.com.cn/n1/1228/c64387-27982895.html。
② 《奥巴马：中美可加强反恐合作》，BBC中文网，2014年11月11日，http://www.bbc.com/zhongwen/trad/world/2014/11/141111_obama_terrorism_remark。

14届西太平洋海军论坛年会上,来自中国、美国、日本等20多个国家的海军领导人出席并审议通过了《海上意外相遇规则(CUES)》,该规则对海军舰船和飞机意外相遇时的机动智能以及通信程序等内容做了规定,促进包括中美在内各国海军间的交流,有效管控海上危机,减少误判,避免在公海活动时发生相互干扰、碰撞等事件,有力维护地区海上安全与稳定。

中美两军联合开展了一系列包括反恐、反海盗、搜救、后勤补给、医疗合作等内容的海上非传统安全领域合作行动。1997年以后,中美两国军舰互访暂停,直至2006年9月18日,由中国海军导弹驱逐舰"青岛"号和综合补给舰"洪泽湖"号组成的中国海军舰艇编队驶入美圣迭戈军港,与美国海军"肖普"号导弹驱逐舰和821号勤务船进行了为期3天的联合演练,内容包括海上通信、联合编队。同年11月,中国海军"湛江"号导弹驱逐舰、"洞庭湖"号综合补给舰在南海海域,与美国海军"菲茨杰拉德"号导弹驱逐舰、"朱诺"号两栖船坞运输舰举行了第二阶段海上联合搜救演习。2012年9月,中国海军第12批护航编队的"益阳"号导弹护卫舰和美国海军导弹驱逐舰"温斯顿·丘吉尔"号联合进行了双边反海盗演练,随后2013年8月又在亚丁湾举行了联合演习。这两次联合军演被视为2014年中国海军参加美国主导的环太平洋军演的重要预演。2014年,中国海军首次参加美国主导的环太平洋军演,演练科目涵盖反海盗、反恐、护航等7个方面的非传统安全领域。虽然中国"参加的程度有限,但为中美两国及他国海军进行操作和熟悉程序提供了契机,有助于消除误判"。[①] 美方还邀请中国军方以参加2014年军演类似规模参加2016年环太平洋军演。2015年4月24日,美国海军第七舰队旗舰"蓝岭"号两栖指挥舰,在中国广东湛江海域与我国南海舰队"井冈山"号大型两栖船坞登陆舰,成功举行联合演练。2015年11月7日,中美海军联合演练在美国梅波特港东南海域举行,中方参演兵力为刚刚结束对美国友好访问的中国海军152舰艇编队导弹驱逐舰

[①] "Asia-Pacific Maritime Security Strategy," Defense Government, p. 29, http://www.defense.gov/Portals/1/Documents/pubs/NDAA%20A‐P_Maritime_SecuritY_Strategy‐08142015‐1300‐FINALFORMAT.pdf.

"济南"舰、导弹护卫舰"益阳"舰和综合补给舰"千岛湖"舰,美方参演兵力为伯克级导弹驱逐舰"梅森"号和"斯托克"号,以及提康德罗加级导弹巡洋舰"蒙特里"号。这是中美海军首次练兵大西洋,体现了中美军事部门合作进入新阶段。11月20日,中美舰船在长江口附近海域进行海上意外相遇规则(CUES)、联合搜救等科目演练,美国海军伯克级"斯特蒂姆"号驱逐舰与中国海军054A型导弹护卫舰"徐州"舰参加。

(三)在"中美战略与经济对话"框架下进行双边合作的机制建设,包括了广泛的海上非传统安全领域

据不完全统计,中美两国之间迄今共建立了90多个对话沟通机制,涉及政治、军事、经贸、科技、环境等全方位各个领域,非传统安全事务在各对话沟通机制中的权重越来越重。2009年,中美将2004年创设的中美战略对话及2006年启动的中美战略经济对话合并,构建年度性"中美战略与经济对话",在此框架下中美非传统安全合作项目比重日趋增加,约占到会议成果80%的比重,其中海上非传统安全领域合作范围也日益扩大(见表1)。

表1 中美海上非传统安全合作议题及成果

年份/轮数	总成果数	海上非传统安全合作议题及成果
2009年 第一轮	5项	1. 两国都反对恐怖主义,承诺共同努力健全全球防扩散和军控机制,双方重申了各自的核政策; 2. 合作打击跨国犯罪、恐怖主义、非法毒品贸易、海盗等跨国挑战
2010年 第二轮	26项	1. 同意加强在阻止、打击核及其他相关放射性材料非法运输方面的合作; 2. 同意于年内举行第八次反恐磋商; 3. 宣布中国交通运输部救助打捞局将与美国海岸警卫队在中国开展海上搜救交流与培训
2011年 第三轮	48项	1. 合作帮助中美成员国的地区渔业管理机构及其他国际组织履行职责,减少"非法、不报告和不受管制"的捕鱼活动及相关渔产品进入全球市场的机会; 2. 保护和管理海洋生物资源,收集具有特别关切物种的特定信息,确保其可持续管理和保护,以防止非法或非有意抓捕海龟及其他依据条约义务、国家法律和规章应该保护的海洋物种

续表

年份/轮数	总成果数	海上非传统安全合作议题及成果
2012年 第四轮	50项	1. 支持中国海事局与美国海岸警卫队建立"中美海事安全对话机制",并在2012年秋季结合美国海岸警卫队总指挥帕普访华举行首次对话; 2. 决定于2012年5月22~23日在北京举行第三轮中美海洋法与极地事务对话; 3. 决定加强中国交通运输部和美国海岸警卫队的交流,加强海上搜救行动的协调,考虑当年9月在夏威夷由中国海事局的一艘船舶与美国海岸警卫队进行联合演练的可能性; 4. 重申致力于通过美国贸易发展署安排的海事安全与行动、交通安全与灾害救援协调等考察活动,加强中美在交通人身安全与安保领域的合作
2013年 第五轮	91项	1. 同意联合渔政执法,2013年是中美两国渔政合作关系建立20周年。双方认识到对于公海流网破坏活性开采性海洋资源的共同关切; 2. 美国海岸警卫队和美国国家海洋和大气管理局渔业处期待中国渔政指挥中心的执法官员于2013年夏季再次加入美国海岸警卫队在太平洋的巡航活动; 3. 中美两国共同采取措施打击北太平洋公海的非法、不管制、不报告渔业捕捞行为,取得良好进展; 4. 海事安全合作:支持中国海事局与美国海岸警卫队继续推进"中美海事安全对话机制"。双方于2013年4月就海事安全合作举行了工作层会议,决定于2013年9月再次举行会议,探讨海上无线电导航、卫星导航领域的技术交流与合作,特别是北斗及其他全球卫星导航系统的海上应用
2014年 第六轮	116项	1. 确定中美副外长级反恐磋商; 2. 中美海关"集装箱安全倡议"合作:中国海关总署和美国海关与边境保护局决定就中美"集装箱安全倡议"加强合作。双方计划在现行的《原则声明》范畴内,加快中国海关向美方港口派驻"集装箱安全倡议"工作人员磋商; 3. 渔业联合执法:基于对使用公海流网破坏海洋生物资源的共同关注建立的伙伴关系已有21年。中国海警局与美国海岸警卫队、美国国家海洋和大气局渔业部门继续有效地开展此项合作。目前,双方关于打击非法、未报告和不受管制渔业——中美开展有效合作执行联合国大会1991年12月20日通过的"46/215号决议"谅解备忘录2014年年底即将到期,应继续延长或续签

续表

年份/轮数	总成果数	海上非传统安全合作议题及成果
2015年第七轮	127项	1. 决定继续以中美执法合作联合联络小组（JLG）为主要机制，深化并加强执法合作，以解决双方共同关心的问题； 2. 扩大中美海关"集装箱安全倡议"合作；中美海关C-TPAT联合验证和AEO互认合作； 3. 基于环保领域合作的绿色港口和船舶对口磋商； 4. 认识到双方在健康海洋、可持续渔业和水产养殖方面的共同利益以及作为主要渔业国的重要作用，决定建立一个正式的中美渔业对话机制，就渔业和水产养殖科学与管理方面共同关心的问题进行讨论。双方将扩大所有相关政府部门共同参与的合作，打击非法、未报告和无管制捕捞； 5. 预防和减少海洋垃圾：决定开展关于海洋垃圾程度和影响的公共宣传活动，提升垃圾管理能力，减少和预防海洋垃圾； 6. 中国海警局和美国海岸警卫队为执行《中美关于有效合作和执行联合国大会"46/215号决议"的谅解备忘录》，打击北太平洋公海非法、未报告和无管制捕捞活动，决定将中美联合执法行动延长5年。双方拟就美国海岸警卫队执法人员搭乘中国海警船在同一海域开展联合执法的互惠安排进行讨论； 7. 南中国海海啸预警：重申对于中方建议的建立南中国海海啸咨询中心的支持

资料来源：根据2009～2015年七轮中美战略与经济对话成果清单内容自制表格。

（四）依托现有多边机制与平台开展合作，丰富中美非传统安全合作的类型

中美参与国际性或地区性多边机制下的非传统安全合作：两国均是地区安全事务多边机制之一的东盟地区论坛（ARF）成员国，中美两国在该机制的海上安全磋商机制下进行合作，共同参加扩大的东盟海事论坛（Expanded ASEAN Maritime Forum），参加东盟地区论坛救灾演习（ARF Disaster Relief Exercise）和东盟国防部长扩大会议下进行的人道主义救援与灾害救助（HA&DR）及军事医学演习等。2004年11月，东盟成员国及中日韩等6个合作伙伴签订《亚洲地区打击海盗和武装劫船合作协定》(Regional Cooperation Agreement on Combating Piracy and Armed Robbery Against Ships in Asia，ReCAAP)》，该协定自2006年开始生效，东盟地区论

坛是第一个打击海盗和武装劫船的政府间国际组织，在新加坡设立信息共享中心（ISC）。2014年9月22日，美国签署该协定，成为该组织的第20个成员国，美国与中国一道在多边框架下开展亚洲反海盗事务合作。

中美共同参与亚丁湾护航反海盗国际合作行动。2008年6月，联合国安理会通过第1816号决议，授权外国军队经索马里政府同意后可以进入索马里领海打击海盗及海上武装抢劫活动，以充分保障国际航运、海上贸易往来和人员安全。根据联合国安理会决议、经索马里过渡政府同意，中国政府首度派遣海军舰艇编队赴亚丁湾、索马里海域护航。7年来，中国海军已连续不间断地派出了22批编队执行护航任务，完成了896批6089余船次中外船只护航任务，成功解救、接护了60余艘遇险的中外船舶。我国护航海军先后与包括美军在内的各国外军举行11次联合演习。

中美海上非传统安全合作"共建"，取得机制性建设和实际行动方面的成效。在中美年度战略与经济对话安排及中美军事交流磋商机制下，中美初步"共建"了"中美海事安全对话机制""中美副外长级反恐磋商机制""重大军事行动相互通报机制"等海上非传统安全合作机制，签署了《关于有效合作和执行联合国大会"46/215号决议"的谅解备忘录》、"海空相遇安全行为准则"等一系列双边、多边合作文件，为双边合作搭建了框架，提供了原则性、机制性保障。中美在海上反恐、打击海盗及海上抢夺、打击毒品及武器贩卖、应对大规模杀伤性武器及扩散、打击偷渡及人口贩卖、应对海洋生物安全、应对海洋能源安全、应对海洋灾害及其他突发事件等12个方面开展了卓有成效的合作，不仅维护了双方的海洋安全和国家利益，达到了双边"共享安全"的效果，而且在印度洋亚丁湾护航及搜救马航MH370等联合行动中，使地区国家共同受益，赢得了相关国家及国际海事组织（IMO）等的赞誉。两国军方从第一次大西洋军演到第一次反恐/反海盗演练，再到环太平洋军演，演练海域有所变化，演练规模不断扩大，演练科目有所增加，有助于双方交流沟通，消弭冲突，"共建"互信，为亚太区域及国际海洋领域的和平稳定发挥了积极作用，实现了"共赢"。

中美海上非传统安全合作呈现合作广泛但层次有限，以及不对称性的显著特点。

1. 中美双边合作领域广泛，但层次有限

中美海上非传统安全合作是覆盖地域最广泛、涵盖领域最全面的双边海上合作。中美两国地处太平洋的东西两端，没有直接毗邻的海洋关系，因此双方没有地缘因素的结构性冲突矛盾。中美海上非传统安全合作覆盖地域最广，直接涉及太平洋、大西洋、印度洋，甚至在北冰洋也开展应对海冰融化及北极航线合作；从合作领域来看，在四大领域12类别的双边、多边合作基本囊括除双边海界事务以外海上安全合作的方方面面，双方在气候变化、航道安全方面存在一定竞争关系，但双方无法在"共建安全"方面拒绝对方的功能性作用。

中美双边合作无论是传统安全或者是非传统安全，两者都属于安全领域的不同子集，双边安全合作在中美双边关系大局下开展。由于目前双边关系仍然缺乏深度战略互信，导致双边海上非传统安全合作还停留在反恐磋商及情报信息交流、海上搜集等初步初级阶段和较低层次，中美海军联合演练虽然受到瞩目，但相较于中国与50多个国家的100多次联合军演而言，中美军演的象征性远超过实际军事成效，也不及美日、美韩甚至美菲军演在我国周边军演的层次和指涉性。中美合作谨慎回避了传统安全与非传统安全交织的敏感领域，更未能升级到传统安全合作。譬如，在备受关注的2014年环太平洋多国军演中，虽然中国军方实现参加该军演的历史性突破，受到国际瞩目，但中国军方参演仅限于火炮射击、军事医学交流、人道主义救援减灾等7个以非传统安全为主的低敏感度科目，并未参加主要由美国和其盟国盟友参与的涉及传统安全领域的反潜、反舰、登陆等科目演练。美国国防部女发言人威尔金森曾直言，"美军在演习中采取安全防范措施，避免向中方泄露技战术、程序及策略等敏感信息"。[①] 这种演习合作不是传统安全概念里的作战演习，不具指涉性，更多的还是两军或多国之

---

① "China to Attend Major U. S. -Hosted Naval Exercises, but Role Limited," Mar 22, 2013, Reuters, http: //www. reuters. com/article/us－usa－china－drill－idUSBRE92L18A20130322.

间的相互了解和沟通。

2. 中美双边合作具有非对称性

中美双边合作为主,共同参与、共同建设多边合作为辅助的合作方式符合两国综合实力和国际地位,但合作中呈现明显的非对称性。按照著名学者罗伯特·基欧汉和约瑟夫·奈"权力与相互依赖"理论,相互依赖关系包括三种类型:第一种是对等依赖关系,第二种是绝对依赖关系,第三种是相对依赖关系或不对称依赖关系。"非对称相互依赖可以是权力的来源,权力被视为对资源的控制或对结果的潜在影响。在某种关系中,依赖性较小的行为体常常拥有较强的权力资源,该行为体有能力促动变化或以变化相威胁,而一旦关系发生变化,而相比而言,该行为体付出的代价少于他方。"该理论提出了相互依赖的两个变量:敏感性和脆弱性。"敏感性指的是某种政策框架内做出反应的程度——即一国变化导致另一国发生有代价变化的速度多快?所付出的代价多大?""脆弱性可以定义为行为体因外部事件(甚至是在政策发生变化之后)强加的代价而受损失的程度。"[1]基于此理论,中美在海上非传统安全合作中存在相互依赖关系,而这种合作中的相互依赖存在明显的非对称性,总体呈现中国对美国的依赖。中美海上非传统安全合作多由美国倡导,中国虽有美国无法拒绝的"共享安全"的功能性作用,但主要还是较为被动的一方,例如上述的海上反恐三倡议都是美国提出,中国根据本国情势选择加入或者原则性支持。由于中国的海上力量有限,目前只能在东亚区域的中美海上合作中呈现较为对等的依赖关系,显示一定的"硬实力"与较强的"存在感"。在区域之外,中国只能是有限度地在亚丁湾开展打击索马里海盗,不仅没有能力在公海上挑战美国,而且实际上是严重依赖美国确保能源供应的重要航道及获取世界资源与市场的战略通道。在其他区域,中国将会接受海上安全合作,这既是其海上安全的迫切需要,也是中国无法单边行动实现目标的无奈折

---

[1] 〔美〕罗伯特·基欧汉、约瑟夫·奈:《权力与相互依赖》,门洪华译,北京大学出版社,2005,第3版,第13页。

中方案。① 但同时，非对称性也是目前中美合作的有利因素，虽然中国因为明显的敏感性与脆弱性而存在不安全感，但这也是美国对中国合作意愿的信任基础。一旦中美海上力量接近，非对称性转化为对称性，竞争和对抗的因素也会趋多。

四 中美海上非传统安全合作的主要趋势

中美在海上非传统安全领域是走向深入合作，还是走向激烈竞争甚至对抗，取决于积极因素与消极因素的力量对比与动态消长关系。

（一）制约双方海上非传统安全合作的消极因素

首先，冷战思维依然残存，两国安全互信水平较低，成为阻滞中美海上非传统安全合作的最大障碍。中国政府将"和平与发展"作为当今世界的主题，"中国要实现自己的发展目标，必不可少的条件是安定的国内环境与和平的国际环境。我们不在乎别人说我们什么，真正在乎的是有一个好的环境来发展自己"。② 中国政府一贯致力于以和平、合作处理国际纠纷，伴随着中国国力的提升，成为世界第二经济强国以及中国基于国防需要大力发展防御型军事力量，在中美推动有关传统安全领域和非传统安全领域合作的同时，美国政府保持浓厚的冷战思维，忧虑"中国崛起为地区大国将可能以不同方式影响美国的经济与安全"。③ 继续以所谓的"国强必霸"观和冷战时期的"防范""遏制""限制"手段试图阻碍中国的崛起，这成为中美非传统安全合作的最大障碍。

---

① David C. Gompert, "Sea Power and American Interests in the Western Pacific," pp. 115 – 116, http：//www. rand. org/content/dam/rand/pubs/research _ reports/RR100/RR151/RAND _ RR151z1. zht. pdf.
② 《邓小平文选》（第 3 卷），人民出版社，1994，第 362 页。
③ Department of Defense, "Sustaining U. S. Global Leadership：Priorities for 21st Century Defense," Defense Strategic Guidance, January 2012, http：//archive. defense. gov/news/Defense _ Strategic_ Guidance. pdf.

在双边海上非传统安全领域合作方面，中美虽然取得上述的诸多合作进展，但美国仍对中国是否会借助合作进一步发展"海权"，进而出现西太平洋海权之争，最终导致美国海洋霸权丧失忧心不已。美国知名智库兰德公司2013年出台的题为《西太平洋的海权与美国利益》报告指出：中美在海上问题上是竞争、是合作还是只求共存而已，取决于两国如何看待各自的国家利益，以及海权在捍卫或促进国家利益中的作用。[①]该报告将目前中美海权现状与世界历史上三次海权大国斗争史（英美、英德、美日）进行比较研究，分析认为中美对海上贸易的高度依存，以及双边经济高度依存，并不能得出两国会在海权方面是竞争还是合作关系的必然结论。美国无法接受中国成为西太平洋地区海权的主导者，美国更不会主动交出国际海权的主导权，两国的海上安全合作前景也只能属于"中等水平"。随着中国海权力量的逐步增长，以及在国际海上安全中日趋提升的积极作用，中美的海权竞争会更趋激烈，双边海上非传统安全竞争因素会增加。

中美非传统安全合作的"信任建设"会受到美国传统安全手段的冲击影响。台海问题和海洋划界问题是中国海上传统安全事务的核心利益，不容任何国家和地区有所挑衅，中美在这两个事务方面存在较大分歧，有影响甚至冲击中美海上非传统安全合作的可能性。2015年美国新出台《21世纪海上力量合作战略》，宣布在海军经费总量收缩的情况下，依然会加强对印度洋—亚洲—太平洋地区的重视，会加强在东亚地区的军事部署。具体包括"到2020年，海军大约60%的军舰和飞机将驻扎在该地区。海军将在日本保留一个航母打击群、一个舰载机联队和一个两栖常备群；在关岛现有潜艇的基础上增加一艘攻击潜艇；将推进驻扎在新加坡的濒海战斗舰增加到四艘，以提供持久的区域驻军。海军还将为该地区提供最先进的作战平台，包括多用途具有弹道导弹防御能力的舰船、潜艇；情报、监测和侦察机。技术最精密的水面战舰——朱姆沃尔特级驱逐舰将部署到该地区，还有F-35C闪

---

① David C. Gompert, "Sea Power and American Interests in the Western Pacific," p.95, http://www.rand.org/content/dam/rand/pubs/research_reports/RR100/RR151/RAND_RR151z1.zht.pdf.

电Ⅱ型飞机和 MQ-4C 特里同高耐用无人机也将被派往该地区。……新型装备 MV-22 鱼鹰式飞机、CH-53K 直升机、F-35B 闪电Ⅱ型飞机和两栖战斗车将投入该区域，并将在日本部署第五代攻击机"。① 这些举措无助于中美在亚太区域的海上安全合作，加剧了中国周边海域的紧张局势，严重破坏了中美海上非传统安全合作互信。

其次，中美非传统安全合作中"X"因素（第三方因素）的负面作用。同盟体系是美国实施全球战略的重要支点，更是美国的"冷战红利"，美国在开展国际安全合作时倚重同盟，也将同盟伙伴作为推动安全合作的抓手。近年来，美国先后推出"重返亚太""再平衡"等战略，期望保持国际秩序中的霸权优势，阻滞中国崛起，而此战略"客观上却极大刺激了东亚地区某些国家借美抗华的念头，它们试图以制造安全事端来'引美入亚'，希望美国'主持公道'，美国也愿借助这些国家对华挑衅来增强其'重返''再平衡'战略的效果"。② 例如中美两国在南海海域开展反恐、反海盗、搜救演练等海上非传统安全合作具有共同利益，美菲同盟在双边军事同盟框架和1951 年《共同防御计划》、1998 年《访问部队协定》等安排下也举行各类反恐名义的军事演练，演练科目极具针对性，演练区域频频选在中菲争议岛礁或海域，这些举措冲击了中美在南海区域开展非传统安全合作的成效。另外中国在南海问题、东海问题上与美日同盟、美菲同盟的当事国日本、菲律宾存在主权争议及相关的海洋资源开发利用矛盾，美国虽然宣称在主权争议问题上"不持立场"，但借助同盟关系"选边站"介入有关传统安全事务及非传统安全事务，以"航行自由""《美日安保条约》适用于钓鱼岛"等方式向我国施压，并派遣航空母舰和其他军机、军舰进入相关海域，将中菲、中日双边海上安全议题多边化，进而实现以阵营化（美国同盟）对中国进行牵制与施压，破坏中国通过双边磋商方式解决纠纷的可能性以及维护周边

---

① "A Cooperative Strategy for 21st Century Seapower," March 2015, http：//www.navy.mil/local/maritime/150227-CS21R-Final.pdf.
② 林宏宇：《和平不是必然——对当前国际安全与战争问题的战略反思》，《国际安全研究》2015 年第 5 期，第 34 页。

安全的努力，也对中美在中国周边海域开展非传统安全合作增加了阴影。美方认为中国在参加中美非传统安全合作方面也受到朝鲜等盟国"X"因素的影响①，认为中国迟迟不加入上述的《防扩散安全倡议（PSI）》这一非传统安全合作安排，并非基于所谓该安排中的"登临权"与国际法存在冲突，而是出于对"盟国"朝鲜的庇护需要。

最后，双边海上非传统安全合作还面临着有关限制性法律法规的障碍。例如曾两次出任美国国会多数党"党鞭"（whip）及多数党领袖的共和党保守派众议员汤姆·德雷（Tom Delay），针对2000年《美国国防授权法案》，在美国第106届国会提出"防止提升作战能力和后勤补给等能力"的《德雷修正案》（H. Amdt. 154 to H. R. 1401），该修正案表决生效后成为法律。②该修正案在军事医学、后勤补给合作等至少12个领域限制了中美军方深层次的交流和发展。作为中美军方加强互信建设措施之一的"哈佛大学肯尼迪学院中美军官交流培训班"，就因为汤姆·德雷援引该修正案予以反对，不得不仅仅举行三期而戛然中止。

（二）有利于中美双方合作的积极因素

1. 双边战略互信的逐步构建有助于形成双边合作的基础

2012年中国国家主席习近平访美前接受《华盛顿邮报》书面采访时表示"The Vast Pacific Ocean has Ample Space for China and the United States.（宽广的太平洋完全容得下中美两国）"③，近年来也多次重述此话，表明中国政府对于中美关系和中美合作的态度。中国需要稳定的周边及国际环境，

---

① Shannon Tiezzi, "The X Factors: How Third Parties Destabilize US-China Relations," March 13, 2014, http://thediplomat.com/2014/03/the-x-factors-how-third-parties-destabilize-us-china-relations/.

② "H. Amdt. 154 to H. R. 1401 106th Congress (1999-2000)," Congress Government, https://www.congress.gov/amendment/106th-congress/house-amendment/154/actions?q=%7B"search"%3A%5B"china"%5D%7D&resultIndex=52.

③ "Views from China's Vice President," The Washington Post, February 12, 2012, https://www.washingtonpost.com/world/asia_pacific/views-from-chinas-vice-president/2012/02/08/gIQATMyj9Q_story.html.

无意也无力挑战美国的霸权,加强与美国的经济联系以及强化在非传统安全事务方面的合作,有助于中国将中美军事、政治对抗的风险降至最低①。冷战思维中旧有的"非友即敌"两分法已经无法适应当今的世界形势,美方也认可中国崛起在国际、地区稳定中的积极作用,"当前的国际环境下,中美完全可以无须威胁对方而共同维护好各自重要国家利益"。②两国通过非传统安全事务合作有助于提升在军事、政治关系等"高政治"领域的合作关系,双方愿意继续构建互信,提升合作层次,推动有关机制建设。

2. 两国之间及对国际贸易的依赖紧密对合作形成推动力

从中美两国经济依存度来看,两国的经济依存度处于历史高位。2001年"9·11"事件及中国加入世贸组织(WTO)加速了全球化进程,加深了中美经济、安全方面的相互依赖(见表2和表3)。

表2 中美双边贸易数据(2001~2014年)

单位:亿美元

年度	中国年度外贸总额	中国年度对美国出口总额	中国年度从美国进口总额	中美间年度贸易总额	美国年度外贸总额	中国GDP	美国GDP
2001	5096.51	542.80	262.00	804.80	18850.32	13322.40	106218.24
2002	6207.66	699.46	272.38	971.84	18713.17	14619.14	109775.14
2003	9509.88	924.67	338.66	1263.33	20025.35	16499.21	115106.70
2004	11545.54	1249.42	446.57	1695.99	23119.33	19417.46	122749.28
2005	14219.06	1628.91	486.22	2115.13	26088.36	22685.94	130937.26
2006	17603.96	2034.48	592.11	2626.59	29190.99	27297.84	138558.88
2007	21737.26	2326.77	693.91	3020.68	31514.98	35230.94	144776.35
2008	25632.55	2523.84	813.60	3337.44	34500.82	45584.31	147185.82
2009	22075.35	2208.02	774.60	2982.62	26503.56	50594.20	144187.39
2010	29740.01	2832.87	1020.99	3853.86	32292.23	60396.59	149643.72
2011	36418.64	3244.53	1221.29	4465.82	37391.26	74924.32	155179.26

---

① Wang Jisi, "China's Search for a Grand Strategy: a Rising Great Power Finds Its Way," *Foreign Affairs*, Vol. 90, No. 2, (March/April 2011), p. 74.
② Charles Glaser, "Will China's Rise Lead to War?" March 1, 2011, https://www.foreignaffairs.com/articles/asia/2011-03-01/will-chinas-rise-lead-war.

续表

年度	中国年度外贸总额	中国年度对美国出口总额	中国年度从美国进口总额	中美间年度贸易总额	美国年度外贸总额	中国 GDP	美国 GDP
2012	38669.80	3518.00	1328.90	4846.90	38663.27	84616.23	161631.58
2013	41603.31	3684.30	1525.80	5210.10	38866.73	94906.03	167680.53
2014	43030.40	3960.80	1590.40	5551.20	40067.40	103601.05	174190.00

资料来源：《中国海关统计年鉴》、U.S. Bureau of Economic Analysis（BEA）[①]、世界银行[②]。

表3 中美双边贸易状况分析

单位：%

年度	中国出口/中国贸易总额	中国进口/中国贸易总额	双边贸易额/中国贸易总额	中国出口/美国贸易总额	中国进口/美国贸易总额	双边贸易额/美国贸易总额	双边贸易额/中国GDP	双边贸易额/美国GDP
2001	10.65	5.14	15.79	2.88	1.39	4.27	6.04	0.76
2002	11.27	4.39	15.66	3.74	1.46	5.19	6.65	0.89
2003	9.72	3.56	13.28	4.62	1.69	6.31	7.66	1.10
2004	10.82	3.87	14.69	5.40	1.93	7.34	8.73	1.38
2005	11.46	3.42	14.88	6.24	1.86	8.11	9.32	1.62
2006	11.56	3.36	14.92	6.97	2.03	9.00	9.62	1.90
2007	10.70	3.19	13.90	7.38	2.20	9.58	8.57	2.09
2008	9.85	3.17	13.02	7.32	2.36	9.67	7.32	2.27
2009	10.00	3.51	13.51	8.33	2.92	11.25	5.90	2.07
2010	9.53	3.43	12.96	8.77	3.16	11.93	6.38	2.58
2011	8.91	3.35	12.26	8.68	3.27	11.94	5.96	2.88
2012	9.10	3.44	12.53	9.10	3.44	12.54	5.73	3.00
2013	8.86	3.67	12.52	9.48	3.93	13.41	5.49	3.11
2014	9.20	3.70	12.90	9.89	3.97	13.85	5.36	3.19

资料来源：根据表2数据进行分析，自制表3。

[①] "International Economic Accounts," Bureau of Economic Analysis, http://www.bea.gov/international/index.htm#trade.

[②] The World Bank, http://www.worldbank.org.

仅从衡量双边经济依存度三大指标（贸易、投资、金融）之一的双边贸易来看，过去14年里，中美双边贸易额从800亿美元激增至5500多亿美元，增加了近6倍，占美国贸易总额的比重从4%上升到约14%，占美国国内生产总值的比重从不到1%增长到逾3%；中美双边贸易额占中国贸易总额和国内生产总值的比重则逐步下降。由此可见，中美贸易相互依赖度颇高，而中国对美国的贸易依赖度稳步下降，美国对中国的贸易依赖度在逐步增长。中国国家信息中心2015年1月报告也显示，2001年以来，中国对美国的出口贸易依存度在逐渐下降，而美国对中国的进口、出口贸易依存度持续升高，但是中国进出口贸易占GDP的比重远高于美国的比重，证明中美均对国际贸易有所依赖，但中国对国际贸易的依赖度高于美国。[①] 美国的经济稳步增长离不开中国，经济总量跻身世界第二位的中国更离不开美国。2014年，中国是美国全球第二大贸易伙伴，第三大出口市场，第一大进口来源地。美国是中国第二大贸易伙伴，第一大出口市场，第五大进口来源地，中国最大贸易顺差来源国，最重要的是投资及高科技来源，其在中国经济发展中发挥了不可替代的作用，这种中美深度相互依赖的经济关系有助于建立双边合作的经济基础。

3. "一带一路"倡议需要中美合作"共建"，这成为海上非传统安全合作新亮点

2013年，中国国家主席习近平首次提出共建"一带一路"战略构想，2015年，中国政府发布了《推动共建丝绸之路经济带和21世纪海上丝绸之路的愿景与行动》，清晰勾勒出"一带一路"推进实施路线图。安全是中国顺利实施倡议的基础。"一带一路"贯穿亚欧非三大洲，东起太平洋畔的活跃东亚经济圈，西至大西洋岸边的发达欧洲经济圈，中国在实施此倡议中面临严峻的非传统安全风险与挑战，特别是海陆共同面对的恐怖主义风险，以及跨国犯罪、能源安全、环境污染等领域的风险。按照"场域安全"对非

[①] 刘玉红：《中美双边经济依存度分析》，国家信息中心预测部，2015年1月14日，http://www.sic.gov.cn/News/456/4090.htm。

传统安全的"多源/元性""外源性""双源性""内源性"分类,①"一带一路"沿线国家和地区存在的非传统安全威胁均有涉及,包括"多源/元性"的恐怖主义及跨国犯罪威胁,"外源性"的经济安全、环境安全及"颜色革命"威胁,"双源性"的能源安全、水资源分配与对抗威胁,以及"内源性"的食品安全、大气污染等威胁。

中国提出的开放性的"一带一路"倡议,在地理版图中暂时未覆盖美国在内的美洲地区,美国出于对该倡议的疑虑,目前仅表示谨慎观望态度。但中美利益的深度交织,以及美国在倡议所涉及的东南亚、南亚、中东、中亚等地均长期以来拥有重要的战略存在,中国实施"一带一路"构想过程中不可避免地将受到美国的影响。中美在"一带一路",特别是"21世纪海上丝绸之路"倡议方面有着深厚的"共享安全"基础,需要中美合作"共建",这成为双边海上非传统安全合作的新亮点:首先,保障重要的战略通道(SLOCs)安全。"21世纪海上丝绸之路"覆盖太平洋、印度洋等区域,其中世界上最重要的10条战略通道中马六甲海峡、霍尔木兹海峡、曼德海峡多条海峡都在"一路"范围。其中东南亚地区的马六甲海峡被称为钳制亚太经济的"咽喉"通道,中日韩的战略物资绝大多数经由该通道。美国也高度重视马六甲海峡的安全问题,2005年美国太平洋司令部司令法戈曾专门抛出《区域海事安全倡议(RMSI)》,表示该海域对美国及世界经济的重要性,希望由美军介入该区域的安全建设。其次,"一路"倡议提出开展海洋交通设施的互联互通,重点建设沿线枢纽港口、重点港口,推进码头、航道、集疏运道路和铁路等基础设施建设,以港口为战略支点将各国港口城市和沿线经济带串起来,这与美国通过"集装箱安全倡议"等反恐措施提升全球港口安全,保障美国本土设施安全形成"共建""共享"的广泛交集。最后,"共建"海运安全。"一路"航线繁多,航路漫长,如何保障海运安全不仅关系中国与相关参与国的经济利益与安全,也直接影响着全球航

---

① 余潇枫、魏志江主编《中国非传统安全研究报告(2014~2015)》,社会科学文献出版社,2015,第5~30页。

运安全和世界经贸形势。中美在亚丁湾的联合护航已经为今后在"一路"范围开展安全"共建"进行了多年的探索，享受到"共赢"成效。今后中美也可以统筹协调 21 世纪海上丝绸之路区域内反恐、反海盗等航行安全、海上搜救打捞和船舶污染防治等活动。

中美在"21 世纪海上丝绸之路"倡议涉及领域"共享"重要的经济利益和安全利益，美国智库认可"在这一地区，美中两国在打击恐怖主义、维护地区稳定、为青年人创造就业机会等诸多方面有着共同利益"，通过海上非传统安全合作会加强中美互信，"一旦美国政府真正了解'一带一路'政策及其具体规划，美国未来不排除考虑加入并投资"①，从而良性互动进一步加强"共建"，更好地落实有关倡议，这将成为中美海上非传统安全合作的重要动力。

全球化不断深化，世界紧密联系和相互依赖，合作与共同发展成为时代大趋势。中美两国经济发展深度依赖、全球治理互有需求，面临日渐多元/多源、日益多发的共同海上非传统安全威胁，中美间合作和竞争对抗因素将长期存在，甚至在一定时期或一定领域会出现剧烈波动，合作暂缓、中止甚至倒退，但总体而言两国的共同利益远大于分歧和矛盾，双方合作的意愿、能力都在不断增强，新的合作增长点也将不断迸发，"合则两利，斗则两伤"的论断也适用于海上非传统安全领域，中美在海上非传统安全领域会深化合作、拓宽合作、提升合作。

五 结论

冷战后，中美共同面临前所未有的非传统安全威胁，基于国际形势的变化与非传统安全威胁的特点，中美两国开展了多层次、广领域的海上非传统

---

① 道格拉斯·帕尔（Douglas Paal），美国智库卡内基国际和平基金会主管亚洲事务副主席，美国在台协会前主任，2015 年 11 月 20 日接受香港《大公报》专访所言。具体参见《美未来不排除加入"一带一路"》，大公网，2015 年 11 月 20 日，http：//news.takungpao.com/world/exclusive/2015-11/3239935.html。

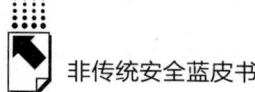

安全合作，取得了显著成效。中美加强海上非传统安全合作，共同致力于全球治理，构建国际体系中的非传统安全合作体系是双方的共同责任与使命。面对非传统安全威胁挑战，"无法仅靠美国或者中国得到解决。但没有美国和中国的共同参与，有关问题也不可能得到解决"。①此外，在步入全球化的时代，作为世界上最大的发达国家和最大的发展中国家，作为联合国安理会常任理事国的成员，作为全球经济总量前两位国家、全球温室气体排放总量占全球一半的两个国家，作为全球石油消耗量前两位国家……，加强在非传统安全领域的合作，是两国向全球提供公共产品的职责所在，两国需要在国际安全体系构建中担任"领导者"和"建设者"，而无法是"搭车者"。"在核扩散、环境、能源安全、气候变化等全球性问题上亟须全球合作的时候，两国之间的分歧会蔓延至每个地区的内部政治。"②

展望未来，虽然中美在海上非传统安全领域面临一些阻滞因素，但积极推动合作的有利因素远多于不利因素。共建安全、共享安全，中美两国需要携手前行，造福两国乃至国际社会和全人类。

---

① 时任美国国务卿希拉里在中美第二轮战略经济对话会上的讲话。具体参见"Secretary of State Hillary Rodham Clinton Strategic and Economic Dialogue Opening Session," Embassy of the United States, May 23, 2010, http://beijing.usembassy-china.org.cn/052410sed.html。

② 〔美〕亨利·基辛格：《论中国》，胡利平、林华、杨韵琴、朱敬文译，中信出版社，2013，第510页。

专题报告
Special Report

·多源/元性非传统安全研究·

B.4
2015~2016年全球恐怖威胁现状及应对策略分析报告

樊守政*

摘　要： 2015年是人类进入21世纪以来受到恐怖主义威胁最严重的一年。本报告总结了全球恐怖威胁的整体趋势和区域恐怖威胁的发展状况，分析了恐怖主义引发的各种社会危害，如大量人员伤亡、难民危机和经济损失等，列举了国际社会应对恐怖主义威胁的战略，并对恐怖主义在未来对人类安全的威胁程度进行了预测。

关键词： 全球恐怖主义威胁　难民危机　经济损失　发展态势

---

* 樊守政，中国人民公安大学警务战略战术教研室主任，副教授、硕士生导师，主要从事反恐、反骚乱等非传统安全问题研究。

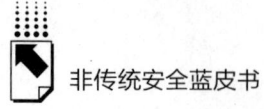

2015年，灾难性的恐怖主义仍占据金融危机、能源短缺、环境灾难等非传统安全威胁之首。"伊斯兰国"组织在伊拉克和叙利亚控制地带对抗多国反恐联盟，号召外国恐怖主义战士和本土"沉睡者"对法国、俄罗斯、黎巴嫩、突尼斯、科威特和美国等国家实施恐怖袭击；效忠于"伊斯兰国"组织的"博科圣地"继续在尼日利亚、喀麦隆、乍得和尼日尔等国家针对平民等目标实施屠杀；"基地"组织及其同盟者依旧活跃于控制能力较弱的利比亚、伊拉克、叙利亚、也门等国家；恐怖乱局持续发酵引发欧洲难民危机，衍生的社会骚乱和暴力事件加大了孤立型恐怖袭击的风险。值得注意的是，俄罗斯反恐联盟的介入打破了多年以来在中东以美国为主的反恐联盟惯例，国际反恐格局出现重大转变。

一　全球及区域范围内恐怖威胁发展态势

本报告基于《2015全球和平指数报告》（2015GPI）、联合国难民署2015年《全球趋势报告》（UNHCR Trends 2015）以及全球恐怖主义数据库（GTD）数据分析了2015年全球及区域范围内恐怖威胁发展变化态势。

（一）全球恐怖威胁发展趋势

《2015全球和平指数报告》统计了全球162个国家和地区的和平状况，覆盖了世界总人口的99.6%，分析了社会治安和安全水平、国际和国内冲突程度与军事化程度。报告显示：2015年全球9大区域的和平指数为328.627，与2014年的328.629几乎持平，2015年国与国之间没有发生新的战争、全球暴力犯罪有所下降的情况下，导致全球和平状况没有好转的直接原因是全球恐怖主义出现高发态势，全球恐怖威胁指数预估值超出2014年（见图1）。

为了减少因定性分析缺陷对分析结果的影响，本报告还与联合国难民署发布的2015年《全球趋势报告》进行了对比。该报告明确指出：2015年全球范围内难民、流离失所者和寻求避难者总人数高达5950万人，造成自

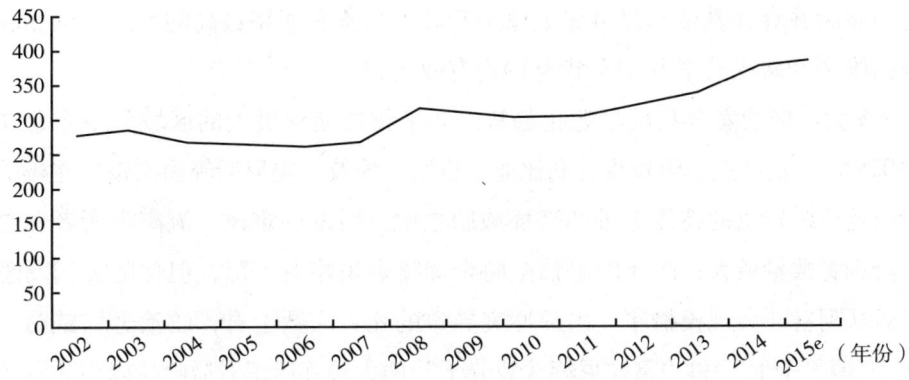

图 1 2002~2015 年全球恐怖威胁指数变化趋势

资料来源：根据 2015 年的全球恐怖指数①数据整理而成。

"二战"以来最严重的难民危机，而且这一趋势仍在攀升。其中，恐怖袭击死亡人数最多的国家造成的难民数量最多。② 这同样表明 2015 年是全球恐怖主义威胁水平最高的一年，进一步验证了本报告预估的 2015 年恐怖威胁指数在描述全球恐怖威胁状况时是准确的。

2015 年的全球恐怖威胁指数超过 2014 年，2015 年成为自 2002 年以来恐怖威胁程度最高的一年，反映出全球的社会安全状况持续恶化。

（二）区域范围内恐怖威胁发展状况

依据经济与和平研究所的区域划分标准，2015 年全球有 4 个区域的安全状况有所好转，但仍有 5 大区域的安全状况呈恶化趋势。

安全状况有所好转的 4 个区域是：最和平的区域是欧洲、北美和亚太地区，虽然年内法国接连遭受恐怖袭扰，造成的国际影响很大，但相对热点地区和典型国家而言其恐怖危害程度还是最小的；中美洲和加勒比海地区的安

---

① "Global Terrorism Index 2015," Institute for Economics & Peace, November 2015, http://economicsandpeace.org/wp-content/uploads/2015/11/Global-Terrorism-Index-2015.pdf.
② "Over One Million Sea Arrivals Reach Europe in 2015," UNHCR, 30 December 2015, http://www.unhcr.org/5683d0b56.html.

全与威胁并存,其依然是世界上谋杀和政治恐怖犯罪率最高的地区,但在联合国维和经费支持下其安全状况得到有效改善。

5 大区域的安全状况呈恶化趋势。和平指数变化最大的区域是中东北非(MENA),叙利亚、伊拉克、利比亚、也门、埃及、突尼斯等国家正处在极端伊斯兰组织导致的持续上升的恐怖威胁之中,引发的难民、流离失所者和寻求避难者数量最大;南亚的恐怖威胁全球排名虽略有下降,但伴随美国反恐联盟从阿富汗大规模撤军,内部冲突导致的死亡人数上升,政治恐怖威胁增加。"博科圣地"和"富拉尼族武装分子"两大恐怖组织对撒哈拉以南非洲的安全状况造成严重威胁;俄罗斯和欧亚次大陆的恐怖威胁总体状况略有下降,其地区排名未变,俄罗斯与西方之间的地缘政治竞争进一步加剧了该地区的冲突和恐怖主义,暴力犯罪的可能性进一步提高;南美洲地区的安全状况较 2014 年略有下降,乌干达、委内瑞拉和巴西内部的政治不稳定、经济萧条等原因引发暴力示威,哥伦比亚政府与哥伦比亚革命武装力量(FARC)引发政治恐怖威胁。

2015 年是全球性恐怖威胁的高发之年,这些威胁不仅使全球范围内的极端恐怖势力受到鼓舞,不可逆转地引发了全球难民危机,还在一定程度上改变了欧洲,改变了法国。

二 典型恐怖组织、恐怖驱动因素及其社会危害

(一)五大恐怖组织及其发展趋势

据统计,五大恐怖组织声称对 2014 年全球 74% 的恐怖袭击致死事件负责,较 2013 年的 59% 有了大幅度增加。恐怖袭击依然是 2015 年导致人类伤亡最严重的因素之一。[①]

[①] "National Consortium For the Study of Terrorism and Responses to Terrorism," START, December 30 2015, http://www.start.umd.edu/counter-terrorism-and-countering-violent-extremism.

1. 博科圣地（BOKO HARAM）

"博科圣地"组织正式名称是"人民致力传播先知的教导及圣战（People Committed to the Prophet's Teachings for Propagation and Jihad）"，2002年在尼日利亚东北部博尔诺州首府迈杜古里成立。目前，该组织主要活跃于信奉宗教激进主义的尼日利亚、喀麦隆和乍得等国家，以反对西方文化和教育为宗旨，宣扬西方教育是亵渎伊斯兰教的罪恶之物，并主张推行严格的伊斯兰教法。① 2009年7月30日，该组织领导人优素福被安全部队打死。2010年，新任领导人阿布巴卡尔·谢考向尼日利亚政府和美国宣布圣战。该组织寻求在尼日利亚北部建立一个伊斯兰国家，试图将北部的伊斯兰教和南部的基督教分开。该组织和"基地"组织马格里布分支（AQIM）互动频繁，后又得到"伊斯兰国"组织提供的社交媒体支持、资金和培训。2015年3月，该组织正式宣布效忠"伊斯兰国"组织，接受巴格达迪的领导。4月，该组织更名为"伊斯兰国西非省"（Islamic State's West Africa Province，ISWAP）。

2014年该组织的袭击数量较2013年高出两倍，造成的死亡人数翻了两番。2015年，该组织对边界国家加大了袭击力度，截至上半年，在乍得首都恩贾梅纳实施的一系列自杀式袭击中至少杀死53人，其中77%是平民，平均每次袭击至少杀死17人。该组织主要使用机枪对目标实施屠杀，大量爆炸手段的使用效仿"伊斯兰国"组织，且袭击主要针对公共场所，如早市和商场等。

2. "伊斯兰国"组织（ISIL）

"伊斯兰国"组织，又称"达伊沙"（DAESH），是一个在叙利亚内战爆发之际进入叙利亚参战的"基地"组织伊拉克分支，领导人巴格达迪自称是哈里发继承者。2014年2月，该组织正式宣布与"基地"组织断绝关系，"基地"组织领导人认为该组织违反行动方向滥杀平民。和其他的原

---

① 《安理会正式将尼日利亚"博科圣地"恐怖组织列入制裁名单》，联合国新闻，2013年5月23日，http://www.un.org/chinese/News/story.asp?NewsID=21946。

教旨主义圣战组织一样，该组织反对伊斯兰什叶派支派阿拉维派教徒阿萨德政权和伊拉克什叶派阿巴迪政权，渴望控制包括以色列、伊拉克、约旦、黎巴嫩和叙利亚在内的黎凡特地区实施伊斯兰统治，发动圣战打击什叶派穆斯林、基督徒和雅兹迪教派。至今，"伊斯兰国"组织召集了伊拉克前政权萨达姆军队成员，在全球招募外国恐怖主义战士，对抗以美国、俄罗斯和埃及为首的军事同盟。值得注意的是，2015年平均每月都有一定数量的外国恐怖主义战士出入叙利亚战区。上半年，约有7000名外国恐怖主义战士进入"伊斯兰国"组织。其中，21%来自欧洲，50%来自中东北非。[1] 其不仅利用隧道等隐蔽战术，还研制出了超大型的汽车炸弹并配合化学武器使用，当前能部署小型无人机实施侦察，未来可能使用武装无人机。[2]

2016年伊始，美、俄等外部力量的打击迫使该组织退出了自2014年中期所控制领土的25%，但未能阻止该组织及其下属或支持者在美国费城、埃及胡尔加达、伊拉克巴格达、土耳其伊斯坦布尔、阿富汗贾拉拉巴德、印度尼西亚雅加达等世界范围内的恐怖活动。

3. 塔利班（TALIBAN）

穆罕默德·奥马尔在1994年创立了塔利班，1996~2001年成功控制了阿富汗，"9·11"事件发生后被美国主导的阿富汗战争推翻，重组后的塔利班开始对抗前卡尔扎伊政权和北约联军。

2002年至今，塔利班在数次袭击中致使包括美国联军在内的多名人员丧生，半数以上的袭击目标指向警察，其次是政府、官员和西方国家大使馆的车队，以此削弱政府机构的控制力。主要的恐怖袭击方式有：约有48%采用爆炸手段，每次袭击平均致死3人以上；12%的袭击是自杀式袭击，每

---

[1] "Global Terrorism Index 2015", Institute for Economics & Peace, November 2015, p. 33, http://economicsandpeace.org/wp-content/uploads/2015/11/Global-Terrorism-Index-2015.pdf.

[2] David Ignatius, "The Ugly Truth: Defeating the Islamic State will Take Decades", The Washington Post, January 18, 2016, https://www.washingtonpost.com/opinions/defeating-the-islamic-state-will-take-a-long-war/2016/01/18/3be552a0-be05-11e5-9443-7074c3645405_story.html.

次袭击平均致死6人以上；另有23%采用武装突袭，平均造成35%的死亡率，主要针对派出所和检查站。

2015年7月30日，塔利班发表声明确认奥马尔死于2013年8月23日。① 之后，巴基斯坦奎塔塔利班进入后塔利班时代，该组织试图获取外界支持重新夺回对阿富汗的控制。

4. 富拉尼激进分子（Fulani Militants）

富拉尼人主要生活在西非7个国家内，约有2000万人，70%的富拉尼人靠游牧生活。多年来富拉尼人聚集区与当地农民聚集区的族群之间因资源、宗教等因素长期关系紧张。富拉尼族激进分子来自尼日利亚的一个半游牧民族，"博科圣地"恐怖组织的活跃使得尼日利亚的国家安全形势恶化，富拉尼族激进分子的袭击力度在2014年出现戏剧性增加，主要使用机枪攻击村庄、袭击民众。袭击地点主要集中在尼日利亚中间地带的贝努埃州、卡杜纳州、纳萨拉瓦州、高原州、塔拉巴州和北部的赞法拉州6个州，而"博科圣地"主要活跃在北部，袭击目标92%为平民，致死率为81%。

除此之外，该组织还要迎战3个最大的农民聚集区其他族群的非政府武装。尤其是最大的基督教提夫族群（TIV），宗教问题成为二者之间冲突的主要因素。

5. 索马里青年党（AL-SHABAAB）

索马里青年党是"基地"组织的主要分支之一，试图在索马里创建一个"伊斯兰国家"。该组织控制着索马里中南部大部分国土，包括首都摩加迪沙的部分面积，当前在非盟的军事打击下退回到2014年占据的位置。该组织的袭击目标主要是平民，军队是其第二大袭击目标。袭击手段多为绑架和劫持，对象多数是反对索马里青年党的部落长老，也有外国记者和世界卫生组织的医生。

---

① Nick Paton Walsh, Peter Bergen and Jason Hanna, "Taliban's Mullah Omar Died in 2013, Afghan Government Says", CNN, July 30, 2015, http://edition.cnn.com/2015/07/29/asia/afghanistan-mullah-omar/.

2015年该组织还号召袭击美国、英国和加拿大等国，因此吸引了许多来自美、英等西方国家的新成员，目前还没有该组织袭击东非之外国家的记录。

（二）恐怖主义的驱动因素

2011年至今，有3万多名外国恐怖主义战士逗留在伊拉克和叙利亚。2015年上半年，约有7000名外国恐怖主义战士流入。其中，21%来自欧洲，50%来自中东北非。

世界经济与和平研究所对超过5000个数据、指标和调查报告进行了大范围的比较和统计，试图找出与恐怖主义行为最密切相关的因素，结果表明：恐怖主义与政治暴力水平高度相关，政治暴力水平可分别从国内正在发生的暴力冲突和国家间政治恐怖程度两个方面来衡量。据统计，发生在1989~2014年的所有恐怖袭击事件中，超过55%缘于国家内部严重的暴力冲突，33%涉及国际力量在内的国家间冲突。这表明恐怖主义活动本质上是缺乏安全稳定的政治环境，政治环境的不稳定在催生各种暴力冲突的同时也催生了恐怖主义。而对于那些未遭受内部暴力冲突的国家，恐怖袭击的发生则更多地与社会经济因素相关。总之，恐怖主义是特定的国别因素和个体因素共同驱动的结果，国别因素主要体现在一个国家的发展水平上，以经合组织（OECD）成员和非经合组织（non-OECD）成员为例。

1. 国别因素

以经合组织成员和非经合组织成员为对象对基于国家历史和发展水平的恐怖主义驱动因素进行分析，大量的社会经济学统计数据表明，在经合组织成员内，社会经济因素，如青年失业、对媒体的信任度、对民主的信任、毒品犯罪和对移民的态度等与恐怖威胁指数密切相关，比如社会剥夺公民选举权是引发恐怖活动的一个主要原因，也验证了此类国家70%的恐怖袭击采用"独狼"袭击这一重要发现；而在非经合组织成员内，恐怖活动主要通过政治的、宗教的和与意识形态相关的组织实施；当然也有一些共性因素同时存在于经合组织成员和非经合组织成员中,比如较高层次的政治恐怖、不尊重人权、群体性不满、政治不稳定、对联合国或欧盟的不满都会牵扯到高层次的恐怖主义;统计也表明一些因素与恐怖主义的相关性不大(见表1)。

表1　恐怖主义驱动因素

类型	恐怖形态
经合组织成员	持续暴力冲突;暴力示威;较差的经济环境;分裂势力;种族暴力史
全球共性	群体高度不满;更高的政治恐怖;安全与安保不力;宗教暴力;不尊重人权;存在暴力政治组织;对宗教自由政策不满;不尊重国际法;政治不稳定
非经合组织成员	对移民的消极态度;高度军事化;不信任媒体;高感知犯罪;收入严重失衡;政府效能低下;轻武器泛滥;教育体系信心降低;青年严重失业;高度城市化;民主信念下降;社会凝聚力低下;对教育的信心较低;高毒品犯罪率
不相关因素	极度贫穷每天2.5美元;小学升学率;中等学校招生;高等学校招生;人均国民生产总值;婴儿死亡率

2. 个体因素

对个体发展成为暴力极端分子原因的研究是当前最紧迫的问题之一。美国和平研究所(United States Institute of Peace, USIP)对2032名选择离开自己国家并加入"基地"组织对抗美国及其盟国的恐怖分子个体进行了定性研究。研究对象多数是男性,女性极少,分别被关押在阿富汗、伊拉克和关塔那摩监狱。采用访谈法进行数据采集,其他数据材料来自被缴获的文档、与其家人和朋友谈话笔录以及公共档案等。[①]

研究结果表明:研究对象没有"疯狂"或心理变态,有的甚至家境富裕,他们选择加入"基地"组织的动机主要归纳为四大类,分别是身份认同、泄愤报复、追逐名利和寻求刺激。最突出的动机是身份认同,占40%;

---

① Colonel John, M., "Matt" Venhaus, "Why Youth Join Al–Qaeda?" United States Institute of Peace, May 4, 2010, http://www.usip.org/sites/default/files/SR236Venhaus.pdf.

泄愤报复和追逐名利分别占30%和25%；寻求刺激至少占5%（见图2）。值得注意的是，在"右翼"极端分子身上能够发现类似动机，诸如异化、文化、身份等影响因素。①

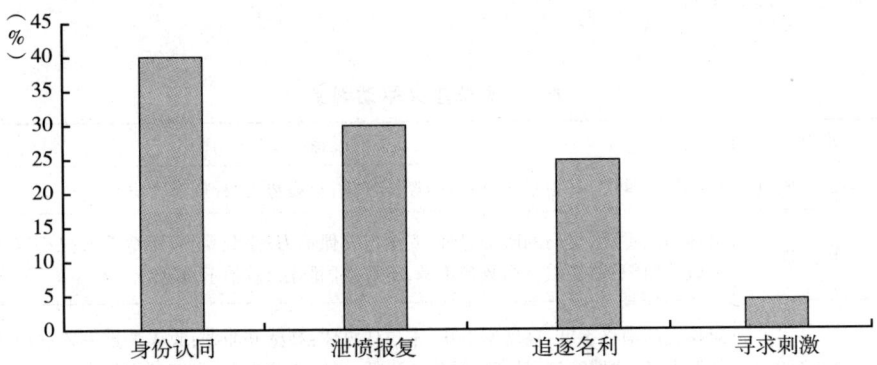

图2　外国恐怖主义战士加入"基地"组织动机分布

资料来源：根据 United States Institute of Peace②网站数据整理而成。

这些通过网络被招募的"外国恐怖主义战士"年龄在15～35岁，研究结果符合这一年龄段特征。个体缺乏包容和社会参与度将强化被孤立和异化的感觉，会引起愤怒最终去寻求复仇。同样，当个体寻求维护个人技能和人格目标时，地位欲望则显得非常重要。最终，当年轻人在社会上的参与度和满意度低时，寻求刺激将成为一个驱动因素。

美国和平研究机构强调：一旦严酷的现实未能达到他们的期望，寻求刺激者最可能叛变。国际激进化和政治暴力研究中心（ICSR）的研究结果也佐证了这一事实，"伊斯兰国"组织58%的叛逃者属于寻求刺激者，且易于在内部挑起矛盾。

美国和平研究机构指出了个体加入"基地"组织成为外国恐怖主义战士的原因：人们加入任何组织依赖于其所处的环境和处境；经济诱惑对从事

---

① "Responding to White Supremacy—A Guide for Frontline Workers," *International Political Science Review*，2008，Vol. 29，No. 3，pp. 349－373.

② the United States Institute of Peace，http：//www.usip.org/.

极端暴力主义起着决定性作用；社会鼓励与殉难起着更重要的作用，因为殉难能给恐怖分子家庭带来社会利益和荣誉；另外还有一部分是被诱拐的年轻人和孩子，他们被迫服务于恐怖组织。①

（三）恐怖主义引发的社会危害

1. 大量人员伤亡

世界范围内的恐怖主义已经成为导致人类伤亡的最重要的因素。2001～2014年全球范围内共发生61000多起恐怖袭击事件，致14万人死亡，较2001年死亡数量增长了9倍，袭击目标主要集中于平民、警察、军队、政府（见图3）。2015年针对上述目标的袭击死亡人数增幅明显，半数以上的恐怖袭击采用爆炸方式，约15%的袭击采用轻武器方式，爆炸装置的广泛应用是死亡率升高的主要因素之一。

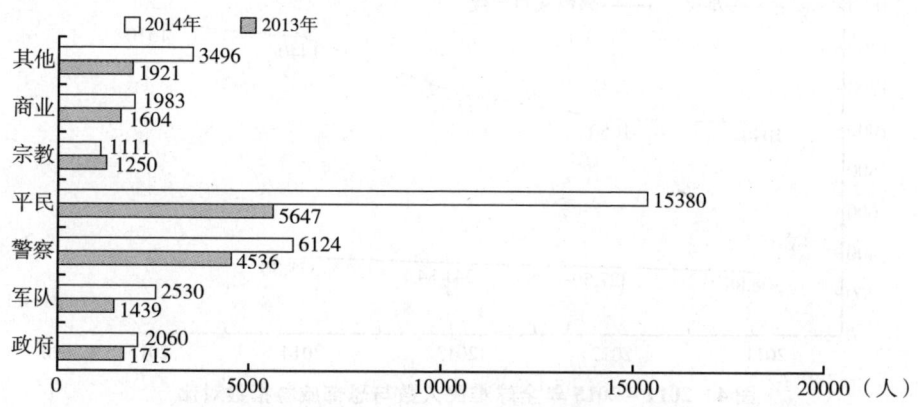

图3　2013～2014年恐怖袭击目标死亡统计

资料来源：根据2015年的全球恐怖指数①数据整理而成。

---

① Alpaslan Zerdem, "Disarming Youth Combatants: Mitigating Youth Radicalization and Violent Extremism," *Journal of Strategic Security*, Vol. 4, No. 4 (Winter 2011), pp. 63–80.

② "Global Terrorism Index 2015," Institute for Economics & Peace, November 2015, http://economicsandpeace.org/wp-content/uploads/2015/11/Global-Terrorism-Index-2015.pdf.

世界范围内的恐怖袭击主要集中在中东北非、南亚和非洲（撒哈拉沙漠以南）三大区域：南亚的"塔利班"平均每次袭击致死1.6人，爆炸致死率约为56%；中东北非的"伊斯兰国"组织平均每次袭击致死2.4人，爆炸致死率约为69%；致死率最高的是非洲（撒哈拉沙漠以南）的"博科圣地"组织，平均每次袭击致死6.7人。"博科圣地"组织与南亚和中东北非地区的恐怖组织不同的是袭击手段主要采用轻武器，其致死率约为63%，这也反映了非洲最大的恐怖组织的袭击策略；中美洲和加勒比海区域恐怖袭击事件最少，死亡率为0.6%；全球恐怖袭击最少的当数西欧，致死率仅为0.1%。

2. 恐怖主义引发"难民危机"①

2015年是暴力冲突和恐怖袭击导致人类伤亡最严重的一年，被迫逃离家园的总人数高达5950万人，造成自"二战"以来最严重的难民危机，而且这一趋势仍在攀升。② 其中，恐怖袭击死亡人数最多的国家造成的难民数量最多。③

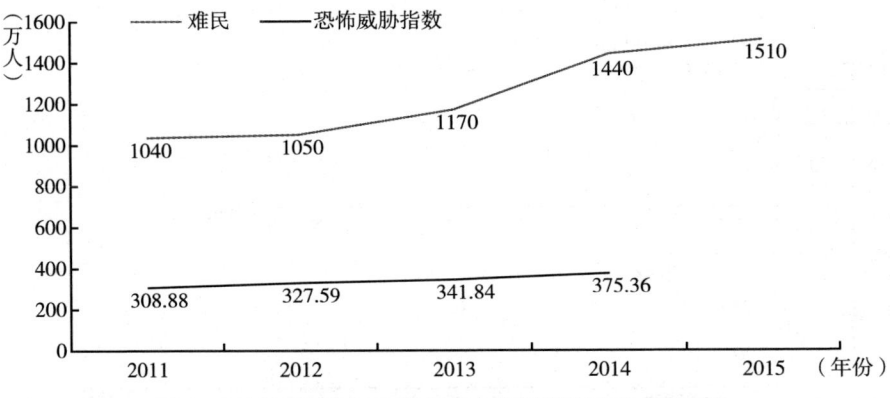

图4　2011~2015年全球难民人数与恐怖威胁指数对比

资料来源：根据UNHCR（2011~2014全年；2015半年）及GTI（2011~2014年）数据整理而成。

---

① "refugees" refers to refugees under UNHCR's mandate. For further details see：REFUGEES, UNHCR Resettlement Handbook, July 2011, http://www.unhcr.org/46f7c0ee2.pdf.

② "Over One Million Sea Arrivals Reach Europe in 2015," UNHCR, December 30, 2015, http://www.unhcr.org/5683d0b56.html.

③ "Global Terrorism Index 2015," Institute for Economics & Peace, November 2015, http://economicsandpeace.org/wp-content/uploads/2015/11/Global-Terrorism-Index-2015.pdf.

图 4 是 2011~2015 年全球难民人数与恐怖威胁指数对比。从图中可以看出：全球难民总数呈逐年递增之势，2015 年上半年的难民人数（1510 万人）较 2011 年全年的难民总数（1040 万人）增长了 470 万人，增长幅度为 45%。这一趋势与 2011~2014 年全球恐怖主义威胁指数相比，二者变化趋势保持一致，说明恐怖主义威胁已经成为全球难民、流离失所者和寻求避难者激增的主要因素。

2015 年经由地中海抵达意大利和希腊等其他欧洲国家的难民数量为 100.0573 万人，另有 3735 多人途中溺亡，其中，50% 来自叙利亚，20% 来自阿富汗，伊拉克占 7%；[①] 截至 2015 年底已经抵达德国的难民总数超过 100 万人；3 月 26 日至 12 月 31 日，也门武装冲突导致 8100 多人伤亡，40 万人流离失所。[②]

恐怖主义在叙利亚、阿富汗、巴基斯坦和尼日利亚等国的持续升级，引发了难民庇护与人道主义现有物资之间的问题，难民营的贫困条件、不安全感和脆弱性加剧[③]，难民与警察对峙事件每天都会发生。难民问题不仅掀起了当地人因恐怖袭击造成的严重排外主义情绪，也暴露了欧盟成员国之间以及各国内部的严重分歧，对欧盟一体化进程、政治整合以及经济复苏带来严峻挑战。

3. 经济损失

为了进一步研究全球范围内恐怖袭击对世界经济造成的影响，世界经济和平研究所对量化指标范围予以界定，将死亡（Death）、受伤（Injuries）、爆炸（Bombing/Explosion）、基础设施攻击（Facility/Infrastructure Attack）、武装突袭（Armed Assault）、人质劫持（Hostage Taking, Barricade Incident）、

---

① "Refugees and migrants braving seas to flee to Europe in 2015 top one million – UN," December 30, 2015, http：//www. un. org/apps/news/story. asp? NewsID = 52919#. VpeMMPmF7IU.

② "UN delivers medicine for 1. 2 million people in war – ravaged central Yemen," December 28, 2015, http：//www. un. org/apps/news/story. asp? NewsID = 52907#. VpelpvmF7IU.

③ "New UN refugee chief takes over at time of record numbers and unprecedented challenges," January 4, 2016, http：//www. un. org/apps/news/story. asp? NewsID = 52934 #. VpeUkPmF7IU.

绑架（Hostage Taking，Kidnapping）、徒手攻击（Unarmed Assault）和暗杀（Assassination）作为评价恐怖袭击造成直接经济损失的主要指标。由于间接经济损失难以量化统计，如安保、保险等级以及交通堵塞等因素造成的经济损失，所以不在此次统计范畴之内。统计表明，伤亡、爆炸造成的经济损失占恐怖袭击造成的总经济损失的99.4%。①

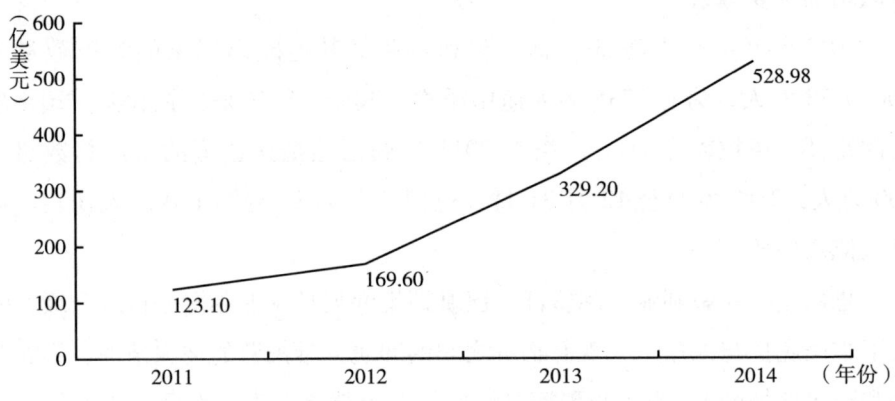

图5　2011～2014年全球恐怖袭击造成的直接经济损失趋势

资料来源：根据2016年GPI数据整理而成。

图5显示了2011～2014年全球恐怖袭击造成的直接经济损失趋势，从图中可以看出：在过去的4年里，恐怖袭击造成的经济损失呈逐年递增趋势。其中，2014年经济损失近529亿美元，较2013年的329.2亿美元增长了61%，是2011年的4.3倍。这一变化规律与前面提到的"恐怖威胁指数变化趋势"保持一致。

随着2015年恐怖威胁的持续加剧，恐怖袭击造成的经济损失将会持续攀升。尤其是在政府控制能力和经济发展水平较低的国家，恐怖袭击对能源输出和外资投资的增长影响显著。比如，叙利亚的战乱导致全国人口一半以上沦为难民，国家30%以上的实物资本被毁，国际贸易基本停滞；

---

① "Global Terrorism Index 2015," Institute for Economics & Peace, November 2015, p. 69, http://economicsandpeace.org/wp-content/uploads/2015/11/Global-Terrorism-Index-2015.pdf.

"博科圣地"组织袭击致死率上升，导致尼日利亚外资投资减少了30%以上。

三 联合国及重点国家的恐怖威胁战略应对

（一）联合国安理会

联合国安全理事会在 2015 年 2 月 12 日第 7379 次会议通过关于消除恐怖行为对国际和平与安全造成的威胁第 2199（2015）号决议，着重就恐怖组织非法从事"买卖石油、文物和武器相关走私、绑架索赎和境外捐款"等层面加强制裁，遏制、削弱、孤立恐怖主义威胁并使其丧失战斗力。[1]

2015 年 11 月 20 日第 2249（2015）号决议：认定"伊拉克和黎凡特'伊斯兰国'（'伊黎伊斯兰国'，亦称为'达伊沙'）是国际和平与安全面临的前所未有的全球性威胁"。授权并促请"有能力的会员国"采取一切必要措施打击"伊斯兰国"组织。[2]

2015 年 12 月 17 日第 2253（2015）号关于恐怖主义行为对国际和平与安全造成的威胁决议：关切"恐怖分子及其支持者越来越多地利用新的信息和通信技术，特别是因特网，来协助开展煽动、招募、筹资或筹划恐怖行动"、"世界各地都有人应招加入'伊黎伊斯兰国'、'基地'组织和相关团体，且这一现象较普遍"。进一步采取"冻结资产、旅行禁令和武器禁运"等制裁措施。[3]

---

[1] "Resolution 2199（2015），" Adopted by the Security Council at its 7379th meeting, on 12 February 2015, http：//www. un. org/en/ga/search/view_ doc. asp? symbol = S/RES/2199%20（2015）.

[2] "Resolution 2249（2015），" Adopted by the Security Council at its 7565th meeting, on 20 November 2015, http：//www. un. org/en/ga/search/view_ doc. asp? symbol = S/RES/2249（2015）.

[3] "Resolution 2253（2015），" Adopted by the Security Council at its 7587th meeting, on 17 December 2015, http：//www. un. org/en/ga/search/view_ doc. asp? symbol = S/RES/2253（2015）.

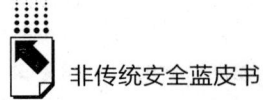

2015年12月21日第2255（2015）号决议：表示"关切阿富汗境内的'伊黎伊斯兰国'从属组织越来越多，并且未来可能会更多"。强调进一步控制"简易爆炸装置、小武器和轻武器非法流入阿富汗"，这些武器严重破坏了阿富汗的安全与稳定。①

对于恐怖动机突出的个体，防止被激进化，联合国安理会强调："第一，要在第一时间进行成功筛选、监控并康复海归人员；第二，解决各成员国政府共享情报业务难题，尤其是共享有关个人兴趣方面的监控名单，凡是涉及隐私、数据保护等敏感性信息优先。"②

（二）欧盟

2015年，法国成为恐怖分子血洗欧洲的主要目标。1月7日，《沙尔利周刊》恐怖袭击事件导致12人死亡。之后，极端分子打死了1名警察和4名平民；11月13日，巴黎又遭遇了有组织的枪击事件和自杀式爆炸袭击，共导致130人死亡。

2015年11月20日，欧盟成员国内政部长会议重点讨论了活跃在巴黎的"独狼"恐怖分子和"沉睡者"涉嫌赴叙利亚参战，并利用叙利亚等国大量难民的流入逃避边检返程的现状，提出2016年应加强和实施反恐新措施。③一是改善和加强欧盟外部边境检查，实行必要的系统性检查；二是建立航空乘客姓名数据系统，对进出欧盟和欧盟国家内部航班的乘客姓名数据进行收集，该系统将与国际刑警组织数据库对接，用于打击有恐怖目的的游

---

① "Resolution 2255（2015），" Adopted by the Security Council at its 7590th meeting, on 21 December 2015, http：//www.un.org/en/ga/search/view _ doc.asp？symbol = S/RES/2255（2015）.

② Security Council, Letter dated 19 May 2015 from the Chair of the Security Council Committee pursuant to resolutions 1267（1999）and 1989（2011）concerning Al – Qaida and associated individuals and entities addressed to the President of the Security Council.

③ "EU Ministers in Emergency Meeting to Discuss Tackling Terrorism," November 20, 2015, http：//www.euronews.com/2015/11/20/eu – ministers – in – emergency – meeting – to – discuss – tackling – terrorism/.

客；三是欧盟边防机构和欧洲刑警组织加大对边境枪支走私和恐怖组织融资的打击力度；① 四是欧盟各成员国加强情报信息共享，实现对恐怖嫌疑人员的联合跟踪调查。②

（三）俄罗斯

2015年9月30日，俄罗斯介入叙利亚反恐行动。10月31日，俄A321客机在西奈半岛遇袭坠毁，224人遇难，半数以上为俄罗斯游客，"伊斯兰国"组织声称对事件负责。11月24日，俄苏-24战机在叙利亚边境地带被土耳其F-16军机击落。在过去的3个月里，俄军共向叙利亚境内的恐怖分子投掷了1400吨炸弹，发射了101枚空基和海基巡航导弹。③

俄罗斯作为外部力量介入中东反恐阵营，形成了以美国、俄罗斯和沙特为首的三股力量。美国关心的是叙政府反对派，俄罗斯关心的是巴沙尔政权，英法关心的是"伊斯兰国"组织，土耳其、沙特和伊朗的目标与外部力量各不相同，总体来看竞争与对抗仍是主流。

2015年12月31日，俄罗斯出台新版国家安全战略，主张集安组织成为"能应对地区安全挑战、军事政治威胁的普遍性组织，包括对抗国际恐怖主义，打击非法移民、贩卖毒品等"。④

（四）美国

2015年美国国内包括圣贝纳迪诺枪击案和田纳西州查塔努加枪击案在内共有19人死于"伊斯兰国"组织恐怖袭击，这是自"9·11"事件以来

---

① "EU Mulls Tighter Border Checks after Paris Attacks," November 20, 2015, http://www.euronews.com/2015/11/20/eu-mulls-tighter-border-checks-after-paris-attacks/.

② "EU Backs French Demands for Better Surveillance after Paris Attacks," November 20, 2015, http://www.euronews.com/2015/11/20/eu-backs-french-demands-for-better-surveillance-after-paris-attacks/.

③ 《俄媒评2015十大军事事件》，新华网，2015年12月28日，http://news.xinhuanet.com/mil/2015-12/28/c_128572399.htm。

④ 《俄罗斯出台新版国家安全战略重视多边合作强调区域稳定》，新华网，2016年1月2日，http://news.xinhuanet.com/politics/2016-01/02/c_128588773.htm。

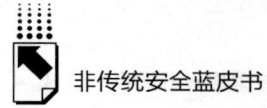

死亡人数最多的一年。①

巴黎恐怖袭击提醒美国采取了一系列新措施,主要是收紧护照免签项目,谨防持西方国家护照在叙利亚、伊拉克参战的外国恐怖主义战士进入美国境内发动袭击。同时,要求免签国和地区必须与美国共享反恐情报信息,否则国家安全局取消免签资格。②

2016年1月13日,美国一支新的200人特种部队抵达伊拉克,标志着美军实施加大打击"伊斯兰国"组织力度的新举措。③

（五）中国

近年来,国外的中国公民接连成为国际恐怖主义的直接受害者,2015年下半年表现得最为突出,11月18日樊京辉被"伊斯兰国"组织斩首,11月21日中国铁建股份有限公司3名高管在马里遇难,12月24日美国驻中国大使馆网站发布一则"北京三里屯地区的西方人可能面临威胁"的通知,提醒美国公民在圣诞节前后保持高度警戒。④ 中国驻美国大使馆也随之发布了"请旅美中国公民提高风险防范意识,注意安全"的安全提醒。⑤

在此背景下,12月27日,中华人民共和国第十二届全国人民代表大会常务委员会通过了《中华人民共和国反恐怖主义法》,该法是中国应对国内恐怖主义威胁维系世界安全的特定的反恐怖法律,引发了国际社会的广泛

---

① New America Foundation, https://www.newamerica.org/.
② Jerry Markon, "Legislators Seek to Tighten Security of Visa Waiver Program Amid Threats in Europe," The Washington Post, January 26, 2015, https://www.washingtonpost.com/politics/legislators-seek-to-tighten-security-of-visa-waiver-program-amid-threats-in-europe/2015/01/26/27c9073c-a29d-11e4-903f-9f2faf7cd9fe_story.html.
③ 《美特种部队抵达伊拉克协助伊军打击"伊斯兰国"》,中国新闻网,2016年1月14日, http://sports.chinanews.com/gj/2016/01-14/7715882.shtml。
④ "Possible Threats Against Westerners in the Sanlitun Area of Beijing," Embassy of United States, December 24, 2015, http://beijing.usembassy-china.org.cn/acsnotice/possible-threats-against-westerners-in-the-sanlitun-area-of-beijing.html.
⑤ 《中国驻美使馆向中国公民发安全提醒:注意安全》,新华网,2015年12月25日, http://news.xinhuanet.com/overseas/2015-12/25/c_128565504.htm。

关注。

俄罗斯欢迎中国通过反恐法，俄外交部表示：该法的通过将进一步巩固俄中两国在全面战略协作关系框架下蓬勃发展的反恐合作。①

美国却对该法表现出了极大的担忧，主要集中在两方面：一是美方认为该法第十八条②规定将迫使包括美国企业在内的外国公司向中国政府提供秘密信息，令中国得以监管所有用户并获取技术机密。③ 事实上，欧洲理事会、美国、英国、德国以及荷兰等国家和组织的相关法律针对电信和互联网企业协助执行通信监控措施、对加密信息提供解密支持等内容都有着明确规定，比如美国联邦通信委员会（FCC）的《通信协助执法法》（Communications Assistance for Law Enforcement Act，CALEA）④ 明确规定了网络服务商和网络经营者为司法机关和执法者进行合法监听提供技术协助。欧洲理事会《网络犯罪公约》（The Council of Europe's Convention on Cybercrime）对电信以及网络企业协助执行通信监控和提供解密支持做了明确规定⑤；二是美方还认为该法损害了公民言论和宗教信仰自由。事实上，该法第六条做了明确规定，⑥说明中国的反恐怖主义工作不是针对特定的地域、民族或者宗教，而是要保护所有受到恐怖主义威胁的人。

---

① 《俄外交部：俄欢迎中国通过反恐法》，人民网，2016年1月1日，http://world.people.com.cn/n1/2016/0101/c1002-28003293.html。
② 《中华人民共和国反恐怖主义法》第十八条规定："电信业务经营者、互联网服务提供者应当为公安机关、国家安全机关依法进行防范、调查恐怖活动提供技术接口和解密等技术支持和协助。"
③ 《中国通过反恐法无可厚非》，大中国，2015年12月30日，http://www.dazhongguo.org.cn/Info/enterURL/1/infoDetail.jsp?infoID=9706463。
④ "Communications Assistance for Law Enforcement Act（1994），" https://www.fcc.gov/public-safety-and-homeland-security/policy-and-licensing-division/general/communications-assistance。
⑤ "The Council of Europe's Convention on Cybercrime（2001），" https://epic.org/privacy/intl/ccc.html。
⑥ 《中华人民共和国反恐怖主义法》第六条规定："反恐怖主义工作应当依法进行，尊重和保障人权，维护公民和组织的合法权益。在反恐怖主义工作中，应当尊重公民的宗教信仰自由和民族风俗习惯，禁止任何基于地域、民族、宗教等理由的歧视性做法。"

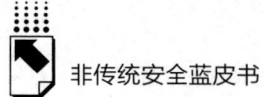

可见,中国反恐法的出台是同国际社会一道打击全球恐怖主义的重要一步,在反恐怖主义问题上美国的指责存在"双重标准"问题。①

四 结语

2016年,国际恐怖主义发展态势取决于伊拉克和叙利亚的安全局势,但无论结局如何都会导致"伊斯兰国"组织向阿富汗、利比亚、也门、北非等国家和地区大范围蔓延。卡扎菲政权的覆灭导致的利比亚乱局为"伊斯兰国"组织的崛起铺平道路,这不仅导致世界各地恐怖活动增多,还引发大量难民涌向欧洲大陆,势必给欧美国家的安全局势带来新的危机。

2015年是人类进入21世纪以来恐怖主义威胁最严重的一年,2016年这一趋势将会继续延续,人类生命安全面临的最大挑战已经从自然的、环境的威胁最终走向了人类自身的威胁。"那些试图维持现有国际秩序——它早已成为国际动荡的主要原因——的力量将被大大削弱。这意味着,制定全球新游戏规则的时刻已经越来越近——通过构建世界主要文明的力量和利益平衡,而不是一个中心用铁腕将人类送进'美好新世界'。"②

---

① 《全国人大常委会举行发布会就反恐法等问题答问》,央视网,2015年12月27日,http://news.cntv.cn/2015/12/27/ARTI1451203762242433.shtml。
② 〔俄〕彼得·阿科波夫:《大西洋计划的崩溃加剧全球动荡》,《观点报》2015年12月31日,http://www.vz.ru/。

B.5
从中美"零核"概念看中美核安全战略差异与核安全关系走向

王 蔚 孙频捷*

摘 要： 本文以中美两国核安全政策的特点、成因及影响等方面对两国的"零核"概念进行评析作为切入点，通过比较中美两国的"零核"概念在最终目标和部分实现手段上的异同，阐释中国版"零核"概念的普适性与前瞻性。本文认为，中美两国核安全认知上的差异并不是造成两者核政策影响力差别的主要原因，中国有必要加大在世界无核运动话语体系中的工作力度。而从核战略层面看，中美两国在不同时代提出的"零核"概念，反映了两国核战略的深刻差异，也可以从一个侧面观察两国核安全关系的发展趋势。

关键词： "零核"概念 核战略 无核运动 核关系

2016年3月31日至4月1日，在美国首都华盛顿举行了第四届核安全峰会。其间，国家主席习近平同50多个国家和国际组织领导人共同商议全球核安全问题。本次核峰会上，习近平主席更加全面地阐述了健全国际核安全体系、推进全球核安全治理的中国主张。而在两年前荷兰海牙的核安全峰

---

* 王蔚，上海政法学院教授、博士生导师，上海市国际战略安全和美国学会副会长，主要研究方向为中美关系、上海合作组织和中国外交。孙频捷，法学博士，上海政法学院国际事务与公共管理学院讲师，主要研究方向为国家安全战略理论与实践。

会上，习近平主席首次阐述了中国关于"发展和安全并重、权利和义务并重、自主和协作并重、治标和治本并重"[①]的核安全观，呼吁国际社会携手合作，实现核能持久安全和发展。[②] 这一系列主张的提出说明，中国在国际核安全体系构建的过程中扮演着越来越重要的领导角色。

虽然冷战后，大国间爆发全面核战争的可能性大大降低，但是科学技术的普及使得核门槛不断降低，核扩散、核恐怖主义等都成为国际安全体系的新威胁，这也使得核安全问题成了中国新国际安全体系十一大类内容中非常重要的一类。而在传统上，作为唯一的超级大国与核大国，美国的核政策与核安全观念都将非常深刻地影响国际核安全形势的发展，也成为中国在制定核安全政策时需要参照的重要因素。可以说，大部分国家发展核武器或者试图取得核武器，其目的都是为了平衡美国对其的安全威胁，而美国不断扩大的核优势及其在核武器使用方面让人捉摸不透的态度也是导致这些国家安全焦虑的主要因素。因此，当 2009 年美国首次提出其所谓的"零核"概念后，立即在全球范围内引起了巨大的反响。

中国自从拥有核武器以来一直秉承"零核"态度和立场，这种观念上的契合让人们看到了中美在核安全领域合作的基础及将来光明的前景。我们必须承认，美国在国际核安全领域的主导地位将会持续很长一段时间，因此，美国核政策，乃至对于核安全的态度或者理念都对中国维护自身核安全，参与国际核安全体系建设的力度有着至关重要的影响。当前美国核安全政策的调整是一个契机，可以大力推动核安全领域的国际合作。但是我们也必须认识到，美国提出的所谓"零核"概念是其国家安全战略的有机组成部分，其目的是维护美国的国家安全利益，如何做到不是"零和"的"零核"，需要中美两国共同努力。

随着中国国力的不断增长，中国的核能力与国际影响力也与日俱增。在

[①] 《"四个并重"展示大国担当》，人民网，2016 年 3 月 24 日，http://politics.people.com.cn/n1/2016/0324/c1024-28222189.html。

[②] 《习近平出席第三届核安全峰会并发表重要讲话》，新华网，2014 年 3 月 25 日，http://news.xinhuanet.com/photo/2014-03/25/c_126311095.htm。

从中美"零核"概念看中美核安全战略差异与核安全关系走向

2015年9月3日的抗战胜利纪念阅兵仪式上,中国向世界展示了自己最新的战略投送力量;同时伊朗核问题历史性的全面解决协议中也体现了中国在核安全问题上日益凸显的影响力。毫无疑问,中国将更加积极地参与国际核安全体系的建构与合作,在强调发展核能为人类造福的基础上,切实强化核材料的有效管理和防止国际核恐怖主义的威胁;同时在朝鲜核问题上将与有关国家展开更为深入的合作,建立实现朝鲜半岛无核化的有效机制。此外,为了中国的核安全政策目标能有效实现,必须在核安全领域与美国形成有效的互动,而这种有效互动的基础则是中美之间在核安全问题上的共识,特别是在最终实现全球无核化这一问题上形成一致的意见。因此,对中美间"零核"概念的厘清成为一个重要的议题。

一 "零核"概念与国际核安全

核武器以其巨大的杀伤力和破坏作用,成为实现国家战略的强大力量,因此有核国家将核战略作为本国安全战略极为重要的组成部分。而对于无核国家来说,如何在无核条件下保障自身安全这一问题,也促使它们必须思考自身的核战略。

(一)"零核"概念

冷战结束后,核武器毁灭世界的危险大大降低,但是核武器对世界和平的威胁依然存在,进入21世纪以后随着朝核问题与伊朗核问题导致的一系列危机,核武器的阴云依然笼罩在人类世界的上方。在这种背景下,2009年刚上任不久的美国总统奥巴马在布拉格发表演说时,首次提出了"无核世界"构想。这次演讲可以视为美国官方"零核"概念的起源。而紧接着这一"无核世界"构想的是美俄达成了新一轮的核裁军协议。不过,"零核"概念的真正完整表述,出现在2010年的美国《核态势评估报告》中。同年的4月12日至13日,第一次核安全峰会在华盛顿举行。奥巴马上台之后,在核裁军领域的这一系列行动,似乎给世界发出了一个强烈的信号,全面销毁核武器的时代快要到来了。

所谓的"零核"概念通常是指，在全球范围内禁止制造核武器的计划与研究，世界上没有核武器的国家不寻求发展核武器，已经拥有核武器的国家对自己的核武器进行分阶段削减，最终目的是全部销毁当今世界上的所有核武器①。也有人在此基础上将销毁所有与核武器相关的技术资料也纳入"零核"概念之中，使得世界不仅销毁核武器，而且同时也将生产核武器的能力销毁。虽然美国的"零核"概念是奥巴马提出的，但是世界范围内对于销毁核武器的呼声是伴随着核武器的产生而开始的，可以说"零核"概念的内涵很早就有，并且"零核"的主张长久以来得到了世界上绝大多数热爱和平的人们的认同，虽然这个美好的愿望至今仍未实现。核技术门槛的降低及核武器带来的诱人利益促使许多国家都有发展核武器的计划，不过到目前为止能够获得完整战略核力量并有能力进行核威慑的国家屈指可数，因此核裁军或者完全销毁核武器的美好愿望最终能否实现其实都掌握在这些国家手中。

　　在目前所有被世界承认的世界核大国中，中华人民共和国是最早提出"零核"概念的国家②。在拥有核武器前与拥有核武器后，中国都一如既往地坚持必须全面禁止使用核武器，并且销毁所有核武器的"零核"主张。

---

① 王蔚、王晨：《中美"零核"概念评析》，《社会科学》2011年第8期。
② 1963年7月31日中国发表了题为《中国政府主张全面、彻底、干净、坚决地禁止和销毁核武器、倡议召开世界各国政府首脑会议的声明》。成为第一个主张全面销毁核武器的国家。声明阐述了中国政府主张全面禁止和彻底销毁核武器的立场，并提出三项建议：（一）全世界所有国家，有核国家和无核国家，庄严宣布：全面、彻底、干净、坚决地禁止和销毁核武器。具体地说，就是：不使用核武器，不输出核武器，不输入核武器，不制造核武器，不试验核武器，不储存核武器，把世界上现有的一切核武器及其运载工具统统销毁，把世界上现有的一切研究、试验、生产核武器的机构统统解散。（二）为逐步履行上述义务，首先采取下列措施：1. 撤除在国外的一切军事基地，包括核基地在内；撤回在国外的一切核武器及其运载工具。2. 建立包括美国、苏联、中国、日本在内的亚洲和沿太平洋地区的无核武器区，建立中欧无核武器区，建立非洲无核武器区，建立拉丁美洲无核武器区，拥有核武器的国家对每一个无核武器区都承担相应的义务。3. 不以任何形式输出和输入核武器和制造核武器的技术资料。4. 停止一切核试验，包括地下核试验在内。（三）召开世界所有国家的政府首脑会议，讨论全面禁止和彻底销毁核武器问题以及为逐步实现全面禁止和彻底销毁核武器而采取上述四项措施的问题。资料来源：《中国政府关于全面禁止和彻底销毁核武器的声明》，中华人民共和国外交部，2015年11月6日，http://wcm.fmprc.gov.cn/pub/chn/gxh/xsb/wjzs/wjs/t9002.htm。

而且，中国的核裁军行为是不附带任何条件的，没有把自己的核裁军行为与其他核大国的核裁军行为联系和捆绑在一起。在戈尔巴乔夫时代，苏联曾经做出过不首先使用核武器的承诺，并提出自己的分阶段销毁全世界核武器的计划，不过苏联的核裁军是有先决条件的，必须与美国的核裁军行为相互捆绑，做到裁军结果的战略平衡。由此可见，中国不附带任何条件的不首先使用核武器承诺，比苏联当时的"零核"概念在道义上更加先进，更有诚意。

进入21世纪后，美、俄、中、法、英五个核大国最终相继发表了将最终全面销毁核武器的承诺。2009年2月英国公布了其《消除核阴影：创造消除核武器的条件》①的政策性文件，此文件中全面阐释了英国关于实现"无核世界"的六点计划。而美国的2010年《核态势评估报告》也表示将"削减核武器、停止新型核武器的研发并降低核武器在国家安全中的作用，同时有条件地承诺不对无核国家使用核武器"②。笔者通过搜集五大国的核武器立场，并做了简明的整理来比较这些"零核"立场的异同（见表1）。

表1 五大国在核问题上的主要立场

国家	"零核"倡议	最终目标	核政策	是否签署《不扩散核武器条约》和《全面禁止核试验条约》	近期行动
美国	2009年提出	最终全面销毁核武器	不对遵守《不扩散核武器条约》并履行其义务的国家使用核武器、核武器不瞄准任何国家	是	①与俄罗斯签署了新的《削减和限制进攻性战略核武器条约》、发布了新的《核态势评估报告》②举办华盛顿核安全峰会③进行亚临界核试验

---

① "Lifting The Nuclear Shadow: Creating the Conditions for Abolishing Nuclear Weapons," the Foreign and Commonwealth Office, February 5, 2009, http://carnegieendowment.org/files/nuclear-paper.pdf.

② U. S. Department of Defense, "Nuclear Posture Review Report," http://www.defense.gov/npr/docs/2010%20Nuclear%20Posture%20Revie w%20Report.pdf。

续表

国家	"零核"倡议	最终目标	核政策	是否签署《不扩散核武器条约》和《全面禁止核试验条约》	近期行动
俄罗斯	暂无系统的"零核"倡议	最终全面销毁核武器	以核武器应对核打击与大规模常规入侵战争、核武器不瞄准任何国家	是	①与中国达成互不首先使用核武器的协议②与美国签署了新的《削减和限制进攻性战略核武器条约》
中国	1963年提出	最终全面销毁核武器	自卫防御的核战略。在任何时候、任何情况下，都不会首先使用核武器，不对无核武器国家和无核武器区使用或威胁使用核武器、核武器不瞄准任何国家	是	①与俄罗斯达成互不首先使用核武器的协议②参加华盛顿核安全峰会③提出了在核安全上的五大主张
英国	暂无系统的"零核"倡议	最终全面销毁核武器	最低限度核威胁、核武器不瞄准任何国家	是	①提出了英国关于无核世界的六点计划②提议核武国家和非核武国家达成一项全球性的安排
法国	暂无系统的"零核"倡议	最终全面销毁核武器	以弱制强的核威慑战略、核武器不瞄准任何国家	是	向联合国秘书长潘基文提出了防止核武器扩散以及核裁军领域的一系列新建议

资料来源：王蔚、王晨：《中美"零核"概念评析》，《社会科学》2011年第8期。

从表1中我们不难看出，虽然五大国都将最终全面销毁核武器作为终极目标，但是就"零核"概念来看，只有美国与中国明确提出过。另外，虽然冷战后，核大国不再将核武器瞄准特定目标，但却只有中国将核武器仅仅作为对有核国家的威慑工具，同时做出不对无核国家使用核武器的承诺。由此可见，在核政策上中国是一个比较特殊的国家，它并没有把核武器作为拓展霸权和谋求利益的工具，而是始终将核武器作为对核大国的一种最低限度的威慑。

(二)"零核"概念与核安全观的转变

核安全问题涉及一个非常广泛的领域。从核设施的安全到防止利用放射性材料进行核恐怖主义,只要涉及与核材料生产、存储和使用有关的问题都可以成为核安全问题,它既是一个技术性的问题也是一个社会性的议题。在冷战时期,核安全的问题主要集中在军事领域。美苏两个超级大国依仗核武器的数量和投射能力维护自身安全并试图在军备竞赛上取得主导地位。而对于国际社会,核安全问题主要议题针对的是核裁军与防止核扩散。

而冷战后,由美苏共同支撑的旧核安全体系失效了,加之科学技术水平的不断提高,使得许多无核国家成为核国家或者拥有制造核武器能力的"准核国家"。因此,2010年4月12日至13日,美国总统奥巴马倡议举行了核安全峰会,提出目前的核安全问题主要是针对恐怖主义的防核扩散。[1] 根据独立分析机构"国际核裂变材料专家组"的报告,截至2010年,全球共存有1600吨高浓铀和500吨分离钚,这些核材料足以制造10万枚核弹头。[2] 但是,国际社会对这些危险核原料的控制能力却非常有限。根据国际原子能机构统计,1993~2011年,全球共发生2163起遗失、盗窃、走私或贩卖危险核和放射性材料的案件。其中,从20世纪90年代初至今,全球共发生经确认的武器级核材料被窃或丢失等事件多达18起。[3] 而国际恐怖分子极有可能正在瞄准这些失去控制的核原料,试图制造核恐怖事件。因此,能否在世界范围内有效控制核原料,特别是武器级别的核原料,成为国际核

---

[1] 本次核峰会主要成果是通过了《华盛顿核安全峰会工作计划》。它强调国际合作以维护有效的核安全,呼吁与会各国及国际或地区性组织为增进核安全共同努力,力争在4年内确保所有易失控核材料安全,并支持将经修订的《核材料实物保护公约》和《制止核恐怖主义行为国际公约》等国际核安全文书的目标作为全球核安全体系的实质要素。详情参见"Communiqués of the Washington Nuclear Security Summit," April 13, 2010, http://www.whitehouse.gov/the-press-office/communiqué-Washington-nuclear-security-summit。

[2] Nuclear Energy Agency, *Nuclear Energy Data* 2012, Paris: OECD Publishing, 2012, p. 25.

[3] International Atomic Energy Agency, *Nuclear Security Culture*, Vienna: IAEA Publication, 2008, pp. 28-30.

安全的重要议题。而"零核"概念的内涵，正符合了核安全领域这方面的需求，因此，"零核"概念与美国的核安全利益是紧密联系在一起的，同时对国际核安全的意义也是非常重大的。可以说，"零核"概念的提出，代表了美国核安全观念的重大转变，同时也将使核安全问题由传统安全问题引入非传统安全领域。

二 中美"零核"概念的实质

（一）中国"零核"概念

与其他几个核大国瞻前顾后、患得患失、屡次更改甚至含糊其辞的核政策不同，中国对待核武器的态度在拥有核武器前后是始终一致的，那就是反对使用核武器并一贯支持全面禁止和彻底销毁一切核武器。新中国成立后多次受到核大国的威胁。冷战期间，"从20世纪50年代初到20世纪60年代中，至少在五个不同时期（朝鲜战争、印度支那抗法战争、两次台海危机、中国进行第一次核爆炸试验前后），美国政府（或者说一些美国官员）曾考虑和扬言对中国发动核突袭。从20世纪60年代末到20世纪80年代初，中国又面临着苏联的核威胁和核讹诈"[①]。这在有核国家中是绝无仅有的。在很大程度上正是为了应对核威胁，中国才发展了核武器。冷战时期中国的安全和经济形势决定了中国虽然拥有了"三位一体"[②]的核力量，但是数量却保持在相对较低的水平。冷战后国际形势的缓和与地区热点的频发，并不能动摇中国的"零核"立场。中国仍然奉行不首先使用核武器的政策，继续保持一支防御性的核力量。

中国是国家层面"零核"概念的首倡者，也是"零核"概念的赞同者

---

① 朱明权、吴莼思、苏长和：《威慑与稳定——中美核关系》，时事出版社，2005，第117~118页。
② "三位一体"的核力量，指的是陆基（弹道导弹）、海基（弹道导弹）和空基（战略轰炸机）三个方面的战略核力量。

与推动者。中国领导人很早就质疑原子弹的实际效用。"毛泽东认为,世界各国人民的反对降低了核武器使用的可能性。核武器具有巨大的杀伤力和破坏力,使用它会给世界人民带来巨大的灾难,使用者自己也得不到什么世界利益。由于害怕世界舆论的压力,因此使用它的可能性不大……在此,毛泽东认为,核武器的大规模杀伤效应使得核武器不适于战场使用。"[1] 中国认为"零核"的梦想终究会实现。"最终将是人类消灭核武器,而不是核武器消灭人类。"[2]

第二次世界大战后,世界各地展开了反对核军备竞赛与保卫世界和平的运动。1950年世界保卫和平大会常设委员会发布了要求无条件禁止原子武器的《斯德哥尔摩宣言》。在宣言上签名的5亿人中,中国人占了2.2亿。中国研制出核武器是在20世纪60年代。当时正值美、苏、古巴导弹危机后不久,世界刚度过一次核战争的威胁。中国在遭遇美国全面打压的同时,与苏联的关系也开始恶化,国防形势严峻。在核试验前后,中国多次发表声明,呼吁全面销毁核武器,并阐述了中国版"零核"概念。在1963年7月,美、苏、英三国签署了《部分禁止核试验条约》后,中国在不久之后的7月31日发表了《中国政府主张全面、彻底、干净、坚决地禁止和销毁核武器、倡议召开世界各国政府首脑会议的声明》这一文件,其中详细阐述了销毁核武器建立无核世界的理念,因此可以将其视为世界"零核"主张的发端。"1963年8月2日,周恩来总理致信各国政府首脑,建议召开世界各国首脑会议,讨论全面禁止和彻底销毁核武器问题。"[3] 1964年,中国成功地进行了第一次核试验,也在同一天发表声明,对中国的核政策与核武器使用原则进行了详细的阐述,同时,中国对如何达到无核世界提出了自己的建议:"召开世界各国首脑会议,讨论全面禁止和彻底销毁核武器问题。

---

[1] 凌志:《论毛泽东发展核武器和平利用原子能的思想》,《毛泽东思想研究》2009年第5期。
[2] 《红旗》杂志编辑部:《再论陶里亚蒂同志与我们的分歧——关于列宁主义在当代的若干重大问题》,人民出版社,1963,第58页。
[3] 中华人民共和国外交部:《中国政府关于全面禁止和彻底销毁核武器的声明》,2000年11月7日,http://www.fmprc.gov.cn/web/ziliao_674904/wjs_674919/2159_674923/t9002.shtml。

作为第一步,各国首脑会议应当达成协议,即拥有核武器的国家和很快可能拥有核武器的国家承担义务,保证不使用核武器,不对无核武器国家使用核武器,不对无核武器区使用核武器,彼此也不使用核武器。"[1] 遗憾的是,在当时的历史条件下,其他核大国均未对这一建议做出积极的回应。冷战结束后,中国政府继续坚持无核立场并积极采取行动。"1994 年 1 月,中国正式向美、俄、英、法等国提出了《不首先使用核武器条约》草案,并建议五个核国家尽早在北京就此进行首轮磋商。同年,中国还在联大上提出了关于核裁军进程的建议。1995 年 4 月 5 日,中国再次正式声明,重申无条件向所有无核国家提供'消极安全保证'[2],同时承诺向这些国家提供'积极安全保证[3]'。"1996 年,中国在第 51 届联大上针对核裁军问题提出了自己的五点主张[4]。在 1995 年以及后来连续发布的 6 部《中国的军备控制与裁军》国防白皮书[5]中,中国政府都强调了自己全面禁止和彻底销毁核武器的核政策原则,并且也多次强调了自己"在任何时候、任何情况下都不首先使用核武器,无条件承诺不对无核武器国家和无核武器区使用或威胁使用核武器"的立场。在 2000 年联合国不扩散核武器会议上,中、美、俄、英、法发表了联合声明,首次共同对最终全面销毁自己所拥有的核武器做出承诺,同时宣布自己的核武器不事先瞄准任何国家。2001 年签署的《中俄睦邻友好合作条约》,中俄双方达成了互不首先使用核武器和互不将战略核导弹瞄准对方的承诺,这是第一次由两个核大国达成的有关此类议题的双边协

---

[1] 周恩来:《全面禁止和彻底销毁核武器》,《人民日报》1964 年 10 月 21 日。
[2] 消极安全保证:核武器国家承诺在任何条件或在一定条件下不对无核国家使用或威胁使用核武器。
[3] 积极安全保证:无核国家遭到核武器袭击或者威胁时,核武器国家将对其提供援助。
[4] 中国在核裁军上的五点主张:第一,核大国放弃核威慑政策,拥有最大核武库的国家继续大幅度削减其核武器;第二,所有核武器国家都承担在任何时候和任何情况下不首先使用核武器的义务,都承诺无条件地不对无核武器国家和无核武器区使用或威胁使用核武器,并尽早就此缔结国际法律文件;第三,所有在国外部署核武器的国家都将这些武器全部撤回本国,所有核武器国家都承诺支持建立无核武器区的主张,尊重无核武器区的地位,并承担相应的义务;第四,各国不发展、不部署外空武器系统和破坏战略安全与稳定的导弹防御系统;第五,各国谈判缔结关于全面禁止和彻底销毁核武器的国际公约。
[5] 6 部国防白皮书:分别于 1998 年、2000 年、2002 年、2004 年、2006 年、2008 年发布。

议。2009年联合国安理会首次围绕核不扩散与核裁军问题举行峰会，峰会期间中国国家主席胡锦涛发表了《共同缔造普遍安全的世界》的演讲，在重申自身一贯核政策立场的前提下，进一步提出了中国在核安全问题上的五大主张①。随后，在美国召集的2010年华盛顿核安全峰会上，中国又提出了加强核安全的五点主张②。

（二）中国核安全战略与"零核"理念

"零核"理念始终贯穿在中国核战略的发展之中，这主要表现在以下几点：

首先，"零核"理念背景下中国将奉行纯防御性的核战略思想。中国核武器发展的动因是遭受了当时核大国的威慑与讹诈，其目的是打破美苏核垄断，保证国家主权与领土完整，在极其困难的情况下发展核武器实属无奈之举。在此基础上的核战略指导思想必然是防御性的，"坚持自卫防御的核战略。中国的核战略贯彻国家的核政策和军事战略，根本目标是遏制他国对中国使用或威胁使用核武器"。③ 拥有核武器的目的是反制核武器的攻击，因此无核国家根本不是中国核武器的指向性目标。"中国核战略的最基本特征，用简单的一句话来概括就是：'有威慑，无威胁。'"④ 在拥有核武器后，中国没有以核武器为工具对他国进行核讹诈，也没有走上帝国主义争霸世界的道路，反而是始终坚持核武器的自卫效用，并不遗余力地

---

① 中国在核安全上的五大主张：第一，维护全球战略平衡和稳定，积极推进核裁军进程。第二，放弃以首先使用核武器为基础的核威慑政策，切实减少核武器威胁。第三，巩固国际核不扩散机制，防止核武器扩散。第四，充分尊重各国和平利用核能的权利，积极开展国际合作。第五，大力加强核安全，切实减少核风险。
② 中国加强核安全的五点主张：第一，切实履行核安全的国家承诺和责任。第二，切实巩固现有核安全国际法框架。第三，切实加强核安全国际合作。第四，切实帮助发展中国家提高核安全能力。第五，切实处理好核安全与和平利用核能的关系。
③ 中华人民共和国国务院新闻办公室：《2006年中国的国防》，2006年12月30日，http：//news.mod.gov.cn/headlines/2006-12/30/content_3079436.htm。
④ 徐光裕：《有威慑无威胁——中国核战略的基本特征解析》，2010年4月20日，http：//www.mod.gov.cn/djxw/2010-04/20/content_4148122.htm。

推动自己的"零核"主张,并用实际行动为国际军控和裁军事业做出了表率。

其次,"零核"理念使得中国核力量发展一直保持在较低水平,超脱于核军备竞赛之外。中国战略核力量的使用方式是纯防御性的,从核武器的保有数量,核武器类型的构成,核投送能力建设方面来看,都是极为谨慎和保守的,在美苏展开核军备竞赛时,中国则超脱之外并多次强调自己不参与其中。在20世纪六七十年代,中苏关系迅速恶化,同时面临美苏两大核国家的威胁时,中国也没有大肆扩充核武库,而只是保有数量有限的核反击力量。在技术与能力层面,中国其实已经建立了自己的三位一体核威慑能力,但是在核武器的数量上却只保持在与英法相近的中等水平,而在核武器的投送能力上更是缺乏类似战略轰炸机,机动洲际弹道导弹这样的战略力量,一直保持在很低的水平。中国的核武器的使用原则是被动的,是对遭到的核打击的反击。因此,从拥有核武器以来,中国政府考虑的问题是如何在遭受了首轮核打击后,保持自己有限的反击力量,以实施第二次打击。我们的工作都是在实现核武器的冗余,从国防工业的多线布局到修建大量的地下战备工事,其目的都是如此。而这种防御理念从五大国的战略核武器投射力量上可以明显地看到,在20世纪70年代中国是没有洲际核武器投射能力的(见表2)。

表2 五大国核投射工具一览(1974年)[1]

	美国	苏联	英国	法国	中国
洲际弹道导弹(枚)	1054	1575	无	无	无
中程弹道导弹(枚)	无	600	无	18	80
潜射弹道导弹(枚)	656	720	64	48	无
远程轰炸机(枚)	437	140	无	无	无
中程轰炸机(枚)	66	800	50	52	100

---

[1] 〔美〕保罗·肯尼迪:《大国的兴衰》,陈景彪等译,中国国际文化出版公司,2006,第389页。

再次,"零核"理念促使中国严格限制了自身核力量的使用。"中国始终奉行在任何时候、任何情况下都不首先使用核武器的政策,无条件地承诺不对无核武器国家和无核武器区使用或威胁使用核武器。"① 如前文所述,中国的核力量其实是核反击力量,其目标是保证有一定的核报复能力从而"吓阻"其他国家的核攻击。从能力建设上也非常明确地揭示出,中国没有准备以核武器作为资本,威胁其他国家,拓展自身的利益。这一点,我们可以从中国人民解放军战略导弹部队即第二炮兵②对自己性质的描述上看出:"第二炮兵所属导弹核武器,平时不瞄准任何国家;在国家受到核威胁时,核导弹部队将提升戒备状态,做好核反击准备,慑止敌人对中国使用核武器;在国家遭受核袭击时,使用导弹核武器,独立或联合其他军种核力量,对敌实施坚决反击。"③

最后,中国的"零核"理念与建立公平、合作、共赢的国际核安全体系是一脉相承的。在中国的核安全观念中,核武器自始至终都被视为全人类安全的威胁。因此,在冷战时期中国一如既往地反对使用核武器,反对核扩散;在冷战后,国际核安全受到来自更多维度的挑战时,中国能够以更无私、更负责的态度参与到核安全体系的建设中去。2016年美国华盛顿核安全峰会上,中国国家主席习近平发表讲话,表示中国"要强化政治投入,凝聚加强核安全的国际共识,构建以合作共赢为核心的新型国际关系。中国将进一步梳理境内放射源情况,重点实现对高风险移动放射源的实时监控,并愿同其他国家分享经验,共同提高放射源安全监管水平。……中国将同有意愿的国家和组织一道,开展民用核材料分析、溯源等领域的科学研究,积极组织模拟演练,共同提升危机应对能力"。④ 2016年3月中国国家核安全

---

① 中华人民共和国国务院新闻办公室:《2006年中国的国防》,2006年12月30日,http://news.mod.gov.cn/headlines/2006-12/30/content_3079436.htm。
② 2015年12月31日起,中国人民解放军第二炮兵更名为中国人民解放军火箭军。
③ 中华人民共和国国务院新闻办公室:《2008年中国的国防》,2009年1月21日,http://www.chinamil.com.cn/site1/database/2009-01/21/content_1627266.htm。
④ 《习近平在华盛顿核安全峰会上的讲话》,人民网,2016年4月3日,http://politics.people.com.cn/n1/2016/0403/c1024-28246845.html。

示范中心投入运行,此中心由中国与美国合作建设,正是中国参与国际合作,加强核安全国际合作的重要举措之一。

(三)中国"零核"概念的意义

作为联合国安理会的常任理事国,以及世界最大的发展中国家和世界第二大经济体,中国的国家影响力正在与日俱增;同时作为五大拥核国家中,最早提出"零核"概念的国家,中国在世界核军控与最终销毁核武器方面拥有巨大的影响力。

1964年中国在首次核试验成功后,立即正式提出自己的"零核"概念,在拥核的同时向世界表明了自己反对核武器的立场及推动世界最终销毁核武器的决心,并做出了不首先使用核武器,不对无核武器国家和无核武器地区使用核武器的承诺,是唯一无条件做出这种承诺的核大国。在获得打破核垄断,反对核讹诈能力的同时,也对周边无核国家做出安全保障,在国际道义上确立自己的地位。同时也打消了周边国家的疑虑,有助于地区的稳定与防止核扩散。

不首先使用核武器的承诺在国际核关系中是非常重要的,这样的承诺有利于维护核大国间的安全信任,控制核军备竞赛,有效防止误判,维护地区的安全与稳定。在自己无条件、单方面做出这种承诺以后,中国也通过自己的努力,将这样的承诺拓展到与其他核大国的关系中。1992年中俄发表的《关于中俄相互关系基础的联合声明》中规定:"在任何情况下都不首先使用核武器及不对无核国家和无核区使用或威胁使用核武器。"[①] 1994年,中国分别向美、俄、英、法四国提出了一份名为《互不首先使用核武器》政策的草案,推动互不首先使用核武器成为五大国的共同行为准则。1994年9月,中俄两国率先签署了《中华人民共和国主席和俄罗斯联邦总统关于互不首先使用核武器和互不将战略核武器瞄准对方的联合声明》,实现了"互不首先使用核武器"的互相承诺。2001年《中俄睦邻友好合作条约》

[①] 《关于中俄相互关系基础的联合声明(1992年12月28日)》,新华网,2002年11月27日,http://news.xinhuanet.com/ziliao/2002-11/27/content_642356.htm。

中，中俄再次重申了互不首先使用核武器的承诺。

互不首先使用核武器这一原则，把核武器的作用局限在反击其他核攻击之上，极大地限制了核武器的使用方式与时机，控制了核大国利用核武器进行威胁与讹诈的能力，为其他无核国家提供了有效的安全保障，降低了他们试图获得核武器的意愿，为防止核扩散奠定了坚实的基础。冷战结束后，中国分别与世界上其他主要核国家实现了核武器的互不瞄准，支持东盟、中亚五国、蒙古国、中东等国家与地区建设实现区域无核化的努力，参与订立并签署了多项区域无核化的国际条约，并在推动解决朝核问题和伊核问题的进程中扮演了非常重要的角色（见表3）。

表3 中国版"零核"概念的主要贡献

	原创性贡献	参与性贡献
1964年	发表《全面禁止和彻底销毁核武器》声明（在任何时候、任何情况下不首先使用核武器，并无条件不对无核国家和无核区使用或威胁使用核武器）	①《拉丁美洲和加勒比禁止核武器条约》第二附加议定书（1973年8月签署，1974年6月交存批准书）②《南太平洋无核区条约》第二、第三附加议定书（1987年2月签署，1988年10月交存批准书）③《中华人民共和国和国际原子能机构关于在中国实施保障的协定》（1988年9月签署，1989年9月生效）④《核材料实物保护公约》（1989年2月加入）⑤《禁止在海床洋底及其底土安置核武器和其他大规模毁灭性武器条约》（1991年2月加入）⑥《不扩散核武器条约》（1992年3月加入）⑦《核安全公约》（1994年签署，1996年4月批准）⑧《非洲无核武器区条约》第一、第二议定书（1996年4月签署，1997年10月交存批准书）⑨《全面禁止核试验条约》（1996年9月签署）⑩《中华人民共和国和国际原子能机构关于在中国实施保障的协定的附加议定书》（1998年12月签署，2002年3月生效）
1992年	与俄罗斯达成《关于中俄相互关系基础的联合声明》（中俄宣布在任何情况下都不首先使用核武器及不对无核国家和核区使用或威胁使用核武器）	
1994年	①提出《不首先使用核武器条约》草案 ②与俄罗斯达成《中华人民共和国主席和俄罗斯联邦总统关于互不首先使用核武器和互不将战略核武器瞄准对方的联合声明》	
1995年	重申无条件向所有无核国家提供"消极安全保证"，并承诺向这些国家提供"积极安全保证"	
1998年	中美宣布互不将各自控制下的战略核武器瞄准对方	
2000年	和法、俄、英、美一起发表联合声明，共同宣布核武器不瞄准任何国家	

资料来源：王蔚、王晨：《中美"零核"概念评析》，《社会科学》2011年第8期。

从表 3 中，我们不难发现，中国一直以来都是核军控的坚定支持者与参与者，并对防止核扩散起到了重要积极的作用。

进入 21 世纪以后，全球无核运动风起云涌，无核化已经成为一个非常重要的议题。2009 年 9 月 24 日联合国召开的核不扩散与核裁军峰会和 2010 年 4 月美国政府召集的华盛顿核安全峰会都对全面禁止核武器与最终彻底销毁核武器达成了共识，中国的"零核"理念已经被世界所认同，并取得了初步的成果。"建立无核世界""无条件地不首先使用核武器""不对无核武器国家与地区使用核武器"等关键原则都得到了国际社会的普遍肯定，中国的以"零核"为目的的核政策已经成为国际社会普遍认同的原则，在建立无核世界的道路上中国走在了前列。

（四）美国核战略与"零核"理念

所谓核战略"就是以核武器为后盾，通过威胁使用核武器或必要时实施核反击来震慑和遏制对手的战略。其实质就是把使用核武器或实施核反击的可能性以及采取此种行动可能引起的严重后果预先警告对手，使对手通过利弊得失的权衡而产生畏惧心理，被迫服从威慑者的意志或放弃原先的企图"[①]。核战略作为国家整体安全战略的重要组成部分，不仅需要为国家整体战略服务，还将受该国政治、经济、科技、文化、地理等诸多因素的影响。很多学者在研究中指出，一个国家的核战略由五个具体政策构成，即声明政策、发展政策、部署政策、使用政策和核裁军政策。"声明政策对核武器在国家安全中的作用与地位进行定位，发展政策用来指导核武器发展规模、类型和武器性能指标等，部署政策则负责如何部署、戒备核武器，使用政策负责如何在战争中使用核武器，核裁军政策指导如何限制、裁减核武器或进行核军备控制。"[②] 而奥巴马总统推出的"零核"概念就属于核战略中的声明政策。

[①] 李景治、罗天虹等：《国际战略学》，中国人民大学出版社，2003，第 357 页。

[②] 参见孙向丽《中国核战略与特点分析》，《世界经济与政治》2006 年第 9 期，第 23 页。也可见王仲春、夏立平《美国核力量与核战略》，国防大学出版社，1995，第 77 页。

从中美"零核"概念看中美核安全战略差异与核安全关系走向

从第一颗原子弹被投入到实战后,人们认识到了核武器的巨大威力,核战略成了国家战略的一个重要分支。作为第一个拥有核武器,并且使用核武器的国家,与中国一贯的"零核"理念不同,美国的核战略围绕着其实际需求经历了数次演变。在拥有核武器之初,人类并没有认真思考核武器所带来的影响,并匆匆用于实战,其地位与常规武器一致并没有上升到战略层面。正是因为这样,计划或者威胁使用核武器的行为变得比较随意,在柏林危机与朝鲜战争中美国都曾经考虑甚至试图动用其核力量。

1954年,艾森豪威尔政府制定了"大规模报复"战略,该战略成为美国第一个国家核战略。当时美国对苏联拥有巨大的核优势,因此战时针对苏联首先大规模使用核武器进行打击成为这个战略的主要方案。但是在肯尼迪政府时期,核武器使用的门槛被大大提高了,1962年美国制定了"灵活反应"战略,针对不同的战争采取不同的应对方式,核武器不能被任意使用,因为到了20世纪60年代后期,苏联的核力量已经赶上美国,世界的两极都有了确保互相摧毁对方的能力。20世纪70年代,面对核武器数量已经没有优势的现实,尼克松政府采取了"现实威慑"战略,在国家能力不足的情况下美国力图维护美苏之间的均势,避免自身的损失。但是到了20世纪80年代,当苏联陷入困境美国实力恢复后,里根领导下的美国公布了"战略防御计划"或者所谓的"星球大战计划",意图通过各种技术手段使美国的战略核力量获得巨大优势。可见,在冷战时期,美国的核战略是围绕着自身实力与苏联核力量发展而制定的,其目的是平衡或者压倒苏联。

冷战结束后,巨大的核武库成为美国的一个负担,因此国际核裁军取得了一定的进展,不过随着苏联的解体,原先两极世界的核控制体系失效了,世界面临着严重的核扩散问题。虽然,克林顿时期核力量依然被视为美国安全的主要支柱,不过核武器在国家安全中的地位开始有所下降。然而,"9·11"恐怖袭击后,小布什政府"出台了'确保、阻止、威慑、击败'的新核战略"[①];美国力图借助其强大的战略核力量寻求绝对安全,美国重

---

① 王仲春:《核武器核国家核战略》,时事出版社,2007,第347页。

新将安全寄托在全面的核优势之上，同时为了打击恐怖主义及支持打击恐怖主义的国家，美国降低了使用核武器的门槛，"零核"世界，这一美好愿景似乎又变得遥不可及。

（五）美国"零核"概念的缘起

从美国核战略发展的历史看，奥巴马政府2010年抛出"零核"概念，与当时国际环境的变迁有着密切的关系。"9·11"事件后，美国政府奉行所谓的"先发制人"战略，充满了"单边主义"色彩，加之小布什政府发动伊拉克战争不得人心，使得美国政府的形象无论是在国内还是国际上都受到了很大的影响。因此，2008年民主党政府上台后，试图从各个方面提升美国在世界的领导地位，因此亟须一个改变自身形象的契机。而更为重要的原因是，科学技术的发展及历次战争的经验证明，美国的常规力量已经遥遥领先于世界其他国家，传统大国无法依靠常规军事力量挑战美国的世界霸权或者影响美国的安全。这种形势下，核武器反而成为一种制约美国霸权的非对称力量，一个无核的世界更加符合美国的安全利益，因此美国有意降低核武器在国家战略中的地位。同时，经过多年的博弈，拥有核力量的大国都已经认识到核战争的危害，传统大国间爆发核战争的可能性非常低，但核扩散与恐怖分子发动核恐怖袭击的可能性却在增大。因此，推动世界无核运动的发展既可以改善美国的国际形象，又能够制约各国核武器的发展以维护美国常规军事力量的优势，而且还能控制核扩散所带来的安全风险，可谓"一箭三雕"。

在此背景下，构建一个无核世界的倡议在美国成为一个重要的政治议题，受到了广泛的关注。像舒尔茨、佩里、基辛格、纳恩等美国前政府高官在2007～2008年连续在《华尔街日报》这样重要的媒体平台发表声明，为建设无核世界制造舆论。而来自民主党的奥巴马则顺应了这一潮流，在总统选举期间就将防扩散、核材料安全、最终全面销毁核武器等"零核"观念作为自己的政策主张。美国遍布全球的众多核设施及庞大的核武库，一直是一个棘手难题。恐怖袭击与核事故的风险非常高。而且冷战后，这些并没有多大实战意义的核设施却占据了巨额维护费用。面对金融危机，美国政府亟须削减这方面的开支，而无核化则是一个非常拿得出手的理由。

于是，2009年4月5日的演讲中，奥巴马提出"零核"概念构想就变得顺理成章了。奥巴马在演讲中，将建设一个没有核武器的安全而和平的世界作为自己"零核"的目标政策："首先美国将采取切实的措施来对待无核世界的构想。结束冷战思维，降低核武器在国家战略中的作用并敦促其他国家也这样做。然后，加强基于核不扩散条约基础上的国际合作。最后，确保恐怖分子无法获得核武器。"① 而对于如何实现这一政策目标，奥巴马则认为开展一系列的国际合作是非常必要的。美国计划用4年时间，采取措施确保世界范围内各种面临较高安全风险核材料的安全。通过设立新的标准，美国将扩展与俄罗斯的合作，并进一步发展新的伙伴关系对这些敏感材料实施锁定。通过对黑市交易的打击，美国将对这些敏感材料秘密运输实施监控与拦截，同时从金融关系入手，利用金融武器切断这些非法交易。在建立国际管控机制方面，美国将推动有关防扩散倡议，并寻求主要国际组织对反对核恐怖主义的持续支持。为了实现这些层面的国际合作，美国倡导举办国际核安全峰会，并且召开了2010年第一次核安全峰会。

2010年4月6日的《核态势评估报告》，标志着奥巴马"零核"概念的诞生，并将"零核"理念正式地纳入美国核战略之中。这份报告中改变了以往对国际核安全环境的基本判断，将核扩散与核恐怖主义行为作为美国面临的主要威胁，核武器在国家战略中的作用被降低了，新的核武器研制计划也被取消；不过美国对核武器的质量要求有所提高，将一个能维持持续稳定威慑的、高效的核武库作为美国战略核力量建设的目标。报告中对小布什政府核战略的最主要变化是，美国首次承诺不使用或者威胁使用核武器，不过这仅仅是针对已经签署且遵守《核不扩散条约》的国家而言。报告公布两天后即4月8日，美俄签署了新的《削减和限制进攻性战略核武器条约》，对各自的核弹头及投送工具的数量都做了较大程度的削减。4月12日至13

---

① The White House Office of the Press Secretary, "Remarks By President Barack Obama," April 5, 2009, https://www.whitehouse.gov/the-press-office/remarks-president-barack-obama-prague-delivered.

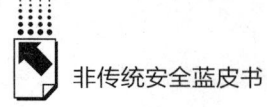

日,有47个国家的领导人参加的华盛顿核安全峰会也顺利召开。从会后发表的公报中可以看出,本次峰会基本实现了预期的目标,与会各国都一致同意需在世界范围内加强核安全措施,对核恐怖主义实施有效的防范,并且这些承诺将在《峰会工作计划》这一文件的基础上得到落实。奥巴马政府也努力推动《全面禁止核试验条约》早日在国会通过。可以说,这一时期,"零核"成为美国内外政策的亮点,获得了国际社会的高度认同,美国也基本达到了自己的预期目的。

(六)美国"零核"主张的意义及影响

作为最重要核大国的美国,其核武器的质量与数量都是首屈一指的,别国望尘莫及。美国提出的"零核"概念,对于世界无核化运动具有非同一般的现实意义。

首先,美国政府对建立无核世界倡议的认同是世界无核运动的重要里程碑。在大国博弈间生存的民间的无核运动虽然声势浩大,但是缺乏实质成效。无核运动的成果需要由有核国家来实现。冷战后,作为唯一超级大国的美国对核裁军的进程有着非同一般的影响力,同时作为世界最大军事组织——"北约"的领导者,它也是世界各国安全形势的主要影响者,它对"零核"理念的认同,无论是在实际操作层面,还是在国际道义层面,都将对世界无核运动的发展起到极大的促进作用。

其次,美国政府提出的"零核"概念将极大促进核裁军的进程。冷战以来,美俄为建立相互确保摧毁的能力,建立了庞大的核武库,两国的核弹头数目占全世界的90%以上。在奥巴马"零核"政策的推动下,2010年两国签订了《削减和限制进攻性战略核武器条约》,将两国的核弹头数目限制在1550枚以下,实现了30%左右的削减幅度。相对于小布什政府时期各种政策对核裁军造成的负面影响,奥巴马政府建立在其"零核"理念之上的各种实际行动——如推动国会批准《全面禁止核试验条约》——为继续推动全球范围内的核裁军创造了良好的环境。

再次,在核扩散领域,美国的"零核"理想与行动起到了非常重要的作用。虽然美国不对签署且遵守《核不扩散条约》的国家使用核武器的承诺被视为有条件的"零核",但是这一行为却在现实中提高了《核不扩散条约》的地位,使得这份条约具有了非常重要的现实功能。这增加了各国加入《核不扩散条约》的意愿,并对已经加入该条约的国家提供了核安全方面的保障,降低了各国发展核武器的意愿。

最后,无核世界这一梦想的实现,取决于各核大国的积极参与,也需要所有无核国家充分配合。美国对无核世界理念的认同,甚至加入到无核化运动中来,使得无核世界的理念有了实现的希望。无核世界的建设,需要所有拥核国家对"零核"概念的认同并采取切实的行动——最终全面地销毁核武器。而有核国家也必须对无核国家做出相应的核安全保证,才能打消无核国家对核武器的追求意愿,使核扩散难以实现。

三 中美"零核"理念的异同

从中国首次提出"零核"概念,到奥巴马抛出美国的"零核"政策,相隔近半个世纪,这种概念在最终目的、实现手段与发展前景上都有共通之处。

第一,从概念本身来看,中美两国在各自"零核"概念的最终目标表述上都是相同的,最终全面销毁核武器,建设一个无核化的世界是中美的共同理想。

第二,两国的"零核"概念都包含不首先使用核武器这一承诺。中国公开声明在任何情况下不对无核国家和无核地区使用核武器,并且在任何时候都不会首先使用核武器;美国也有类似的承诺,但是却有一个先决条件,对那些没有签署且不遵守《不扩散核武器条约》的国家,美国保留了使用核武器的权力。

第三,在实现最终"零核"的途径上,中美两国将国际合作视为一个重要的手段,都计划以通过一系列的国际首脑会议来达到这一目标。中国在提出自己的"零核"概念后,提议召开世界各国政府首脑会议来讨论全面禁止和彻底销毁核武器的议题。而奥巴马在公布其"零核"概念时也认为需要一个核安全峰会实现这一理想，随后便在华盛顿召开了第一届核安全峰会。

此外，中美两国都是《全面禁止核试验条约》和《不扩散核武器条约》的签署国，都赞同停止核试验和禁止核武器、核武器投送工具和相关技术资料的输出和输入。因此，从理念表达与具体行为上来看，两国在"零核"理念的很多维度上都是不谋而合的。

但是，中美两国的"零核"概念都具有一定的理想化色彩，都面临着现实安全需求的挑战，有难以克服的矛盾。另外，中美各自"零核"概念的出现时间存在巨大差异，由于两国当时所面对的世界局势和国内外形势都大相径庭，因此各自的"零核"概念也存在一定的差异。

（一）中美"零核"的立场不同

中国早在首次实现核武器试爆的前一年即1963年，便提出了"零核"概念及与之配套的一套完整的理念和解决方案。一直以来，中国秉持最终全面销毁核武器的立场，一直坚守着不首先使用核武器的承诺，从来没有对无核国家和无核地区威胁使用或使用核武器的记录。相比较而言，自核武器问世并且形成独立的核战略以来，美国政府对待核武器的态度随着自身安全环境的变迁经历了多次调整。从杜鲁门政府开始，美国政府内部就曾经有过和平使用原子能的主张，冷战时期，里根政府也曾经与苏联探讨过各自销毁全部核武器的设想，但奥巴马政府之前，从来没有正式的"零核"政策出现，核武器一直是美国谋求和维持霸权的基石。

即便是正式提出"零核"概念的奥巴马政府，对于真正推动"零核"也并非一心一意。2010年9月15日，美国冒天下之大不韪又进行了代号为"巴克斯"的亚临界核试验，并表示今后要进行两次同类型的试验。面对这种公然违背其国际承诺的行为，美国辩称这样的试验是为了获得验证现存核武器的有效性和安全性的相关数据而进行的，打了《全面禁止核试验条约》的擦边球。但从理论上来看，此类试验其实完全能用于对保持或者提高现有核武库的能力、推动新型核武器的开发，完全背离了"零核"理念。而且，拥有亚临界核试验能力的国家不在少数，这种行为起到了很坏的示范效应，破坏了国际无核化刚刚建立起来的良好氛围。美国在国际无核化运动中，扮演了一个极不光彩的角色，开立了一个恶例。

（二）中美"不首先使用核武器"的承诺有本质区别

对有核国家，中国承诺在任何时候、任何情况下不首先使用核武器，而对无核国家和地区则承诺，在任何情况下都不使用或威胁使用核武器，并表示这种承诺不附带任何先决条件。而美国的不使用核武器政策则是有条件的，这个条件就是对方是否为一个签署并遵守《不扩散核武器条约》的无核国家。两者相比，中国的承诺体现了中国施行防御型的核战略，不会使用核武器去攻击无核国家来争取霸权，而对有核国家则是为了反制其核威胁与核讹诈，并非为了与之争霸；而美国的这一承诺完全出于防止核武器扩散的目的，对那些还没有加入《不扩散核武器条约》的国家施加压力。

（三）中美提出"零核"概念的意图有差异

中美两国都认为，无核世界会更安全，因此提出了"零核"主张。但是，两国各种的战略考量却是不尽相同的。中国提出"零核"概念的时期，世界尚在冷战阴云下。美苏核军备竞赛正酣，中国无论从能力上还是意愿上都没有参加这个竞赛的可能，但却需要面对两国核攻击与核讹诈的威胁，提出"零核"概念一方面起到安抚周边各国的作用，一方面能够牵制美苏对中国的核讹诈与核攻击威胁。而冷战以后，中国有限的核能力在美国的导弹防御计划面前有陷入无效化的危险，而当时中国面对美国干涉台海事务的巨大压力，坚持"零核"倡议一方面能取得世界无核化运动的道义支持，也能在外交场合牵制美国的导弹防御计划实施。美国的"零核"概念出炉时，面临的是被美国定义为所谓"无赖国家"及核恐怖主义的严重安全威胁，而冷战后的经验告诉美国，面对越来越多非传统安全威胁，美国维持一个巨大的核武库不符合美国的国家利益。而常规军事力量方面的巨大优势，令一个无核世界中的美国更加安全,核武器反而成为制约美国的一种非对称战略力量。由此可见,追求安全利益是中美核政策的主要考虑依据,各自所面临的安全局势及其今后的发展趋势决定了各自的立场。

(四)中美"零核"概念的影响力差异

出现在20世纪60年代的中国"零核"概念,可谓生不逢时,冷战中世界处于两大阵营对立时期,安全悖论使得美苏核武库难以停止其不断扩大的步伐。因此,现实决定了中国的"零核"概念无法在当时的核国家之间得到积极的响应,中国当时实现"零核"主张的手段,主要通过对自身承诺的坚守及在核武器发展方面的克制来得以实现。经过了冷战中最危险的时期后,大国关系得到相对改善,国际局势日趋缓和,中国积极推动并签署加入了《全面禁止核试验条约》,积极支持建设无核武器地区,促成了有核国家互不瞄准对方的倡议,与俄罗斯达成了互不首先使用核武器的承诺。但是,作为冷战后唯一超级大国的美国,其在核政策上的任何举动都会引起世界范围内的极大反响。在奥巴马提出"零核"概念后也是一样,西方国家的宣传机器开足马力不遗余力地拔高美国"零核"的价值。最终,奥巴马也因此获得了2009年度诺贝尔和平奖。虽然美国的"零核"是有条件的"零核",与中国几十年如一日的"零核"比较,美国这种充满变数的"零核"的持续性仍有待观察。不过,从能力上来看,在推动"零核"实现方面,美国的确比中国更有优势。核安全峰会的举办就是一个非常好的例子,在这个议题上也只有美国能够承担这样的角色。

但是,中国在世界无核化运动中的作用也是无可否认的,最终彻底销毁核武器、全面禁止核试验等中国版"零核"首先提出的倡议,已经获得世界各国的认同,并被接受。中国设想的世界首脑会议、无核武器区等也已经初步实现。这些都充分说明了中国"零核"概念具有旺盛的生命力,是可以实现的理想。而在自己的核战略方面,"零核"理念非常明显地体现在近年来发布的国防白皮书中。从对核武器本质的认识上看,中国非常全面而且更为深刻。中国"零核"概念在理论与实践上都具有更好的前瞻性,最终销毁所有核武器、召开世界首脑会议等提议比美国"零核"提前了近半个世纪。

美国提出的"零核"概念在内容上并没有超过中国在1963年提出的无核主张,中国的"零核"概念高瞻远瞩,建立在对核武器深刻的认识之上,为世界范围内的无核化运动提供了先进的理论基础,勾画出了一个无核世界的远景目标,并树立了良好的榜样。相较于美国"零核"概念,中国显得更有诚意,更为务实,在当今无核运动的浪潮中,必将获得世界各国的更为广泛的认同与支持。因此,中国应该继续发挥自己的领先优势和影响力,推动无核世界的早日到来。

但是,我们应该承认美国的"零核"概念在国际范围内受到更为广泛的关注,其影响力也更大,美国在国际影响力和话语体系方面的优势,使得美国的"零核"主张提出后立即获得舆论方面的关注并形成了巨大的声势,占据了相对强势的地位。我们也应该承认,在国际事务中,美国更善于宣传自己的主张,组织多边协商,设计具体构架。正因为如此,使得一时间,美国"零核"观念成为世界舆论的热点。

四　美国"零核"概念对中美核安全关系的影响

自中华人民共和国成立以来,美国一直将中国作为一个需要使用核武器加以遏制的对象。因此,两国在核战略的发端上就是不平等的,这也导致了两国核战略的差异。另外,虽然两国都提出了各自的"零核"战略,都声称以最终销毁核武器为自身的最终核政策目标,但是正如前文所述,中美的"零核"概念在细节上存在非常大的差异,而其背后则反映出两国核战略的不同。

(一)"零核"概念是美国核战略调整的产物

核战略是随着一国政治意图的变化而不断调整的,21世纪初美国实力的空前膨胀,导致小布什政府《核态势评估报告》关于美国核战略的重大变化。在这份报告中，美国将俄罗斯、伊拉克、朝鲜、伊朗、利比亚、叙利亚和中国这几个国家确定为其核打击目标。这种做法改变了以往的惯例，因为在这些国家中除俄罗斯和中国是拥有核武器的国家外，其余的国家并非核国家，但是他们由于都被认定为正在谋求大规模杀伤性武器并对美国有敌意的国家而被划入了核打击的名单中。这种行为完全违背了卡特政府1978年在联大裁军会议做出的，不会对非核武器国家首先使用核武器的政策承诺，把"核武器"这种大规模杀伤性武器的使用范围拓展到了常规军事行动中，改变了其作为战略武器并被限制使用的原则，在核军控上开了倒车。不过，反恐战争与伊拉克战争使得美国国力大为受损，奥巴马做出了"将彻底消除核武器作为美国核政策的'核心要素'"[1]，抛出了自己的"零核"主张。

我们从美国核战略的发展历程不难发现，核武器一直是美国维护其国家利益与战略安全的主要工具。特别是冷战期间，面对庞大的苏联核力量，美国根据自己的能力与战略目标不断地调整着其核战略，与苏联展开博弈。而在苏联这一现实的核威胁消失后，美国则重新评估核武器对其国家安全的作用，以至于小布什政府试图将核武器用于常规冲突。而细看奥巴马政府的"零核"概念，其本质并没有发生重大变化。所谓的"削减核武器、停止研发新核武、宣布不对无核国家使用核武"等华丽的言辞无法掩盖美国核政策的实质。

首先，对于"不对无核国家使用核武器"的承诺是有先决条件的。其一就是这些国家必须签署《不扩散核武器条约》，显然伊朗与朝鲜这样的国家就无法享受这一待遇了，其二就是美国对此承诺具有最终解释权，因为根据奥巴马政府《核态势评估报告》的论述，美国将"只在极端情况下使用核武器"[2]，或者某些国家以"一旦攻击达到毁灭性程度"[3]的方式攻击美

---

[1] "Arms Control Today 2008 Presidential Q&A: President – elect Barack Obama," Arms Control Association, December 1, 2008, http://www.armscontrol.org/2008election.

[2] U. S. Department of Defense, "Nuclear Posture Review Report," April 2010, http://www.defense.gov/npr/docs/2010%20Nuclear%20Posture%20Review%20Report.pdf.

[3] U. S. Department of Defense, "Nuclear Posture Review Report," April 2010, http://www.defense.gov/npr/docs/2010%20Nuclear%20Posture%20Review%20Report.pdf.

国的情况下使用核武器。这两个限制条件使得美国完全可以按照自己的理解,选择是否使用核武器。

其次,停止研发核武器并没有实质性的削弱美国战略核力量。美国科学家联盟学者斯蒂芬·扬分析《核态势评估报告》的储备管理部分时指出,"为了允许未来的某届政府从根本上用新设计的弹头取代现有弹头,因而为延长现有弹头的寿命留出了余地"。尽管"本届政府几乎可以肯定不会这样做,但是会翻新现有弹头或者重新使用现有部件"①。其实所谓的不研发只是在玩一个文字游戏罢了。

最后,"零核"并没有改变美国维持绝对核优势的战略目标。奥巴马政府《核态势评估报告》强调,"只要核武器仍存在,美国就必须维持一个安全、可靠有效的核武库,以便与其他核大国保持战略稳定,威慑潜在的敌手,打消盟国及伙伴对我们安全承诺的疑虑"。②可见,美国的"零核"只是一个概念,即便是要实现完全销毁核武器,美国肯定是销毁最后一颗原子弹的国家。

因此,"零核"并不代表着美国将要放弃核武器,而是美国核战略的一次深刻的战略调整。其基础就是美国认识到在冷战之后,核武器威胁相比其他威胁已经不再显得迫切。在当前的形势下,美国常规军事力量方面的优势很大并且有不断扩大的趋势,而美国反导体系逐渐完善,应对生化武器等大规模杀伤武器的能力也相应较高,这都导致了美国核武器在威慑常规军事进攻和其他大规模杀伤武器袭击方面的作用已经大不如前。"随着核武器在美国国家安全战略中的地位被弱化,非核武器在威慑方面将承担更大的责任","美国将继续加强常规能力并减少核武器在威慑非核袭击方面的作用"。③ 在这种背景下,美国政府的战略理念发生了一个重大的变化,一方

---

① "Pentagon Points to Loopholes in Nuclear Roadmap," http://www.washingtonpost.com/wp-dyn/content/article/2010/04/09/AR201004905055.html? wprss=rss_print/asection.

② U. S. Department of Defense, "Nuclear Posture Review Report," April 2010, http://www.defense.gov/npr/docs/2010%20Nuclear%20Posture%20Review%20Report.pdf.

③ U. S. Department of Defense, "Nuclear Posture Review Report," April 2010, http://www.defense.gov/npr/docs/2010%20Nuclear%20Posture%20Review%20Report.pdf.

面，他们试图利用占有绝对优势的常规军事力量替代核力量，从而实现同样的战略威慑目的，与此同时，有意地弱化其对核武器的侧重和依赖，将其安全资源更多地调整到其他地方；另一方面，美国为了防止核扩散，有效应对其他国家核力量的增长，占领削减核武器的道德制高点也必须在此方面做出一定的姿态，显示出其诚意。正是这些因素促成了美国的"零核"概念。可以说"零核"是美国核战略发展的新阶段。

（二）美国"零核"概念带来的机遇与挑战

美国提出的"零核"政策主张是一次重大的核战略与国家安全战略调整，在世界上引起了巨大的反响，也给中国的核战略发展带来机遇与挑战。

一方面，美国的"零核"概念的提出，大大减轻了中国的核战略压力。中国建立自身核战略力量的努力始于20世纪50年代。究其原因，则是当时美国利用核武器多次威胁并讹诈中国。而即便是在中国已经拥有核武器的情况下，在中苏关系恶化后，苏联也曾经计划依靠其强大的核武库，发动先发制人的核打击，摧毁中国的战略核力量。我们不难发现，冷战时期美苏两个超级大国的咄咄逼人迫使中国在极其困难的条件下发展核武器，而自此以后，这种压力时刻左右着中国核战略制定。叶剑英同志曾指出："我们手里有了核武器，首先作为一种政治武器，用来打破敌人的核垄断、核讹诈。"[①]反对核讹诈，本质上是利用核武器对国内外民众心理因素的影响，来保证在面对核讹诈时在军事与政治上都拥有回旋余地。经过几十年的努力后中国的战略核力量有了长足进展，具备了一定的核武器库存和投射能力后，中国开始具有了最低限度的核威慑能力。《2000年中国的国防》白皮书用"遏制他国对中国可能的核攻击"来描述中国的核战略。[②] 1986年，邓小平在讲话中第一次提到威慑问题："战略武器，威慑力量，吓唬点人，绝不能先打就

[①] 中共中央文献研究室、中国人民解放军军事科学院编《叶剑英军事文选》，解放军出版社，1997，第249页。
[②] 中华人民共和国国务院新闻办公室：《2000年中国的国防》，《人民日报》2000年10月17日，第12页。

是,但我有了就可以起作用。"① 可见,中国从来没有把核武器作为一种主动威胁其他国家安全的手段,而是由于时刻处于美苏核阴影下不得不发展出的一种自保手段。因此,中国一直将最终销毁核武器作为自己的政策目标,中国的"零核"概念从一开始就是中国核战略的一部分,也是中国核战略的核心思想。奥巴马政府提出的"零核"概念,虽然与中国的具有一定的差异,但是在政策目标上是有部分契合的,同时美国承诺不首先使用核武器,停止对新核武器的开发也大大降低了中国所面对的核武器威胁风险,成为维护中国国家安全的积极因素。

另一方面,美国的"零核"概念在推动核不扩散,加强核安全合作上也有利于改善中国的核安全环境。随着大国核战争风险的降低,核安全领域的主要矛盾便集中在核事故及国际核恐怖主义威胁之上了。由于世界范围核设施的不断增加,核材料数量也在相应增加,恐怖主义分子更容易取得这些材料,威胁全人类的安全;同时,核能的广泛利用和不断发展却使得放射性物质释放,造成严重污染的风险不断提高,切尔诺贝利核电站与日本福岛核电站在遭遇事故后,造成了严重的放射性物质泄漏,带来了极大的环境问题,这都加剧了世界对核能安全问题的忧虑。要解决这些问题,必须在核安全制度建设及防止核扩散领域开展有效的国际合作。而开展这些合作的基础则是大国间对核安全与核扩散问题有一个基本的共识。超级大国美国与作为最大发展中国家的中国在"零核"概念上的共识正是开展这种合作所需要的。在"零核"框架下,中美之间在核安全领域将会存在非常多的共同利益与更加广泛的合作空间。

然而,美国提出的"零核"概念也给中国的核战略带来挑战。

首先,美国提出的"零核"概念在国际上获得了巨大的反响,获得了国际核军控的话语权,国际核安全体系的建设主导权可能落入美国囊中。虽然,长期受到核讹诈的中国对于核武器是一向谨慎严肃的,从拥有核武器开始,中国政府就郑重声明:"中国一贯主张全面禁止和彻底销毁核武器;中

---

① 武天富主编《国际核战略思潮》,军事谊文出版社,2003,第207页。

国进行核试验完全是为了防御，中国在任何时候、任何情况下都不会首先使用核武器。"① 然而，美国巨大的国际影响力及强大的国际关系主流话语权的掌控能力，使得美国版的"零核"概念影响力远大于真心实意禁止核武器的中国，这虽然显得顺理成章但是明显有失公允。虽然最先提出"零核"概念的国家是中国，但是由于缺乏必要的影响能力与外交活动，使得最终解释"零核"概念的主动权被美国夺走。因此，在今后的国家核安全体系建设中，中国不但应该积极参与，而且应该充分利用自身的大国资源，争取世界无核运动的领导权，并努力掌握国际话语权。通过掌握国际话语权，建构属于中国的无核化概念，从而进一步提升国家参与制定国际规则的能力。要积极主动地将中国的理念引入到国际无核化运动中，争取各国人民对中国国际行为与主张的认同，在此基础上揭露美国的真实意图，平衡美国的战略优势，为中国的国家安全创造一个更有利的核安全环境。

其次，"零核"概念将进一步扩大美国常规力量的优势，影响中国整体安全环境。核武器是用来平衡美国常规军事力量的最有效手段，随着科学技术的不断发展，美国的常规军事力量已经大大领先于其他有核国家，除了核武器，这些国家很难使用其他方法获得必要的安全保障。因此，如果"零核"观念成为世界的共识，并最终得以实现，那么对于中国维护国家安全与利益的能力将是重大的挑战。

最后，提出"零核"并不代表美国霸权的终结，中美必须管控好"零核"概念上的分歧，才能有效开展合作。核武器是其实现世界霸权的工具，而作为主张和平发展的中国，核武器被看作是维护世界和平的重要手段。在这两种完全不同的理念之下，中美各自提出了自己的"零核"概念。从表面上看，两个国家对"零核"的表述差异不大，但其背后蕴含的核战略与安全理念则是大相径庭。因此，美国提出的"零核"观点很难与中国的"零核"形成明显的合力，然而美国提出的"零核"政策将对中美核安全关系产生巨大的影响。

---

① 《中国政府就中国成功地进行第一次核试验发表声明》，《人民日报》1964年10月17日。

（三）美国"零核"政策对中美核安全关系的影响

冷战结束以后，中美核安全关系变得越来越紧密，几乎在核能、核裁军、核不扩散、战略核力量等领域同时展开，相对于冷战时期核大国之间威慑与反威慑、确保相互摧毁、核遏制与反核遏制这样的对抗关系，现代国家的核关系更强调合作与共赢。冷战结束后，一方面，除了继承了苏联核遗产的俄罗斯之外，中国也具有了核威慑美国的潜力；另一方面，在防止核扩散这一议题上中美也存在大量的利益交集。随着科技的发展，所谓的"核门槛"变得并非那么高不可攀，许多国家和地区正在试图取得或者已经拥有了制造核武器的技术和条件。越来越多的国家和地区希望获取核武器，并且有能力获得核武器，传统核不扩散机制的有效性受到了极大挑战，国际核安全体系也受到严重威胁。更为重要的是，蔓延全球的国际恐怖主义分子也开始盯上核武器及核材料，恐怖分子正在努力寻求放射性物质甚至是核武器并利用它们发动恐怖袭击。美国国防部部长盖茨曾表示，"美国核战略把核扩散和核恐怖主义作为其核心是适当的，这的确与以前美国的核政策发生了根本性变化"①。可见核恐怖主义是世界各国面临的一个巨大的安全挑战，这些挑战迫切要求世界各国携手应对。因此，2009年4月美国总统奥巴马提出的建立无核世界的主张高度契合了中国的核安全政策。所以笔者认为，美国的"零核"概念，对于改善与加强中美核关系，有着非常积极的意义。

首先，美国的"零核"概念有利于中美两国在共同推动《核不扩散条约》上的合作。2009年11月的《中美联合声明》宣布：双方将共同努力确保2010年《不扩散核武器条约》审议大会取得成功。② 这一共同声明在2010年5月《不扩散核武器条约》审议大会上得到了有效的贯彻，大会一

---

① Anne Flaherty and Robert Bums, "Obama Calls Nuke Terrorism the Top Threat to US," The Seattle Times, April 7, 2010, http：//www.wggb.com/Global/story.asp? S=12266711.
② 《中美联合声明》，中国网，2009年11月17日，http：//www.china.com.cn/policy/txt/2009-11/17/content_ 18904837. htm。

致同意为实现核裁军采取新步骤。① 同时2009年的《中美联合声明》中还指出：中美两国共同致力于尽早批准《全面禁止核试验条约》，并共同努力推动该条约早日生效。② 奥巴马在2009年访华之行中，中美双方都表示支持裁军会议尽早启动"禁止生产核武器用的裂变材料条约"③ 的会谈。

其次，美国的"零核"政策有利于推动中美核军控方面的合作。在奥巴马提出"零核"概念后，美国政府便发表了新的《核态势评估》报告，中国政府对报告中提出削减核武器的主张表示欢迎，同时也非常高兴地看到美俄达成削减核武器新条约。2010年1月，美国国防部部长盖茨在出访印度时表示，美国希望与中国进行类似"冷战式"的双边核裁军谈判，以避免未来可能发生的军事对抗。④ 虽然2010年4月的《核态势评估》报告中并没有针对中国做出不首先使用核武器的承诺，⑤ 但是，在2009年中美《联合声明》中，双方重申不将核武器瞄准对方。并且在新的《核态势评估》报告中，美国表示将寻求与中国进行核战略对话，促进双方"可靠的、有弹性的、透明的战略关系"，"增加信任，改善透明，减少误判"。⑥

最后，美国的"零核"主张需要中国的通力合作才能实现，有利于加强中美在安全问题上形成更为广泛的互信。中美在核安全问题上有着共同利益。虽然中国是一个拥有核武器的国家，但是中国却一直强调核大国需要实现全面的核裁军，建立一个无核世界。中国很早就开始无条件地承诺，不首

---

① 席来旺、吴云：《"不扩散核武器条约第八次审议大会"达到预期目标》，人民网，2010年5月29日，http：//world.people.com.cn/GB/57507/11728862.html。
② 《中美联合声明》，中国网，2009年11月17日，http：//www.china.com.cn/policy/txt/2009-11/17/content_18904837.htm。
③ "Fissile Material Cut-of f Treaty（FMCT），" March 18, 2016. http：//www.nti.org/db/china/fmctorg.htm.
④ Bill Gertz, "Gates Wants Nuclear Talks with China," The Washington Times, January 21, 2010, http：//www.washingtontimes.com/news/2010/jan/21/gates-wants-nuclear-talks-with-china/? page=all.
⑤ U. S. Department of Defense, "Nuclear Posture Review Report," April 2010, http：//www.defense.gov/npr/docs/2010%20Nuclear%20Posture%20Review%20Report.pdf.
⑥ U. S. Department of Defense, "Nuclear Posture Review Report," April 2010, http：//www.defense.gov/npr/docs/2010%20Nuclear%20Posture%20Review%20Report.pdf.

先使用核武器，不对无核国家、地区使用核武器的原则。中国在核武器部署上严格实行弹箭分离的安全"锁定"原则，一直保持着最低限度的核威慑力量。这种做法为其他拥有核武器的国家树立了非常好的榜样。当前，美国政府所倡导的"无核世界"理念与中国最终全面消灭核武器的理念有着非常多的共同之处。随着"零核"理念日渐发展成为全世界的共识，中美两国可以通力合作，利用自身的行动和影响力推动全球核裁军，并且最终实现中美共同的"零核"目标。特别是在朝鲜与伊朗核问题上，美国只有与中国合作才能够取得进展。而这一系列的核安全合作形成的中美合作机制可以被移植到中美关系的其他领域，增强中美军事合作与互动，推动中美在其他领域中的合作与发展。

但是，在美国的"零核"主张面前中国也要保持一个冷静的头脑。正如同前文所述，美国的"零核"概念其本质是美国在新安全环境下战略调整的产物，其根本目的是维护其建立在军事优势之上的全球霸权。从本质上看，这一主张与中国一如既往的"零核"理念存在着本质差异，因此，美国"零核"概念的内容中也隐含着不少消极因素，对中美核关系造成负面影响。

首先，美国的"零核"倡议概念化程度远大于其实质行动，并不会从本质上改变中美核关系现状。美国核战略调整的基础是，美国认为冷战以后"'流氓国家'与恐怖组织的威胁要比像俄罗斯和中国这样的传统大国造成的威胁大得多"[1]。目前来看，核武器的战略核威慑作用远大于实际使用效用，原子弹不是用来随意发动打击的，美国所谓的承诺不使用核武器应对常规武器的攻击这一政策，只是将那些没有严明的核武器使用规则进行了一番修辞后的书面表达而已。这种承诺更类似于是政治姿态。希拉里曾经表示："我们将像以往一样，比世界上任何国家都强大，因为我们的核武器比需要的多很多倍。"[2] 可见，美国的"零核"概念是建立在美国已有的霸权不受

---

[1] David E. Sanger and Peter Baker, "Obama Reset Aim for Nuclear Arms," *International Herald Tribune*, April 7, 2010, p. 1.
[2] 《奥巴马大谈核安全希拉里、盖茨炫耀核力量》，中国日报网，2010年4月13日，http://www.chinadaily.com.cn/hqgj/2010-04/13/content_9720552.htm。

动摇基础之上的,从美国的战略表述中,我们不难发现核武器对于其维护全球霸权地位的变化,才是其调整核战略的基础。而中国的"零核"出发点则是反对核大国的霸权,这使得中国的"零核"概念更饱满,更具有实质意义,也更具有可操作性。因此,虽然两国都倡导这一概念,但是在今后,中国与美国在"零核"概念上发生龃龉也是难免的。

其次,美国在"零核"问题上采取的霸权主义逻辑,在防止核扩散问题上可能会起到反作用。在防核扩散手段方面,美国偏重于军事手段,习惯于采取其一贯的武力威慑。美国的防扩散政策具有强烈的霸权主义色彩,小布什时代,美国政府多次向朝鲜、伊朗等敌对国家做出了将以武力解决其核问题的暗示,从而达到其防扩散的目的。本届美国政府虽然态度上温和了许多,但是霸权主义色彩依然浓厚,美国从来都没有表示在解决朝核问题、伊朗核问题方面放弃使用武力。奥巴马政府政策中,所谓的美国"绝不会对无核国家实施核打击",是针对签署了《不扩散核武器条约》的国家而言的,将此作为先决条件等于从一个侧面再次强调了美国保留"首先使用核武器"攻击那些不遵守《不扩散核武器条约》国家的解决方案。这对伊朗及朝鲜这样的国家来说无疑是一个巨大的刺激,似乎是在告诉它们,美国随时都可能使用核武器来对付它们,进而迫使其走向"零核"的反面。另外,由于美国的霸权主义行径,使得许多小国与弱国为了维护自身安全,不得不发展非对称打击能力,而发展核武器正是快速获得这种能力的途径之一。

中国的政策与美国不同,在建立防止核扩散机制时,中国认为应该更多地平衡各方的利益,"以维护该机制的公平性、合理性,避免出现歧视性措施"。[①] 中国的主张是综合考虑到所有国家的安全利益平衡,在这一层面上中国是反对美国霸权主义行径的,这种分歧使得中美在朝鲜与伊朗核问题上必然会存在巨大的争议。

最后,美国在"零核"问题上采用的双重标准严重影响了与中国在此

---

① 郭小兵:《中美在防扩散领域的合作与分歧》,http://www.cacda.org.cn/ewebeditor/UploadFile/2006331173315742.htm。

领域开展的合作。奥巴马政府的《核态势评估报告》有多达37次提到了中国，强调"美国仍必须继续应对更为熟悉的挑战，即现有核大国的战略稳定，特别是俄罗斯和中国"①，而对于美国的盟友或者合作者，如印度、以色列等国家的拥核情况及核战略却只字未提。虽然以中国目前的核能力，还无法对美国产生非常现实的威胁，但是美国却对中国的核战略充满疑虑，正是这样的疑虑导致了美国"零核"问题上的双重标准，同时这也使得美国与中国是否能够在"零核"问题上真正步调一致地行动存在一个巨大的疑问。

正如本文多次强调的那样，美国的战略目标依然是维持自身超级大国的地位，寻求全方位的战略优势。因此，我们不能仅仅从"零核"表面来理解美国的"零核"概念。不过，相比起小布什与克林顿时代的核政策，奥巴马提出的"零核"概念还是让我们看到了大国在全面销毁核武器这一议题上的进步，也看到了美国推动与中国在核安全领域开展有效合作的意向。归根结底，一个霸权国家与一个新兴大国之间对于安全平衡的理解是不同的，只有在经历了长时间的安全博弈后才能实现一个真正的安全平衡。中美"零核"概念也是中美核关系长期博弈过程中的一部分，中美之间只有管控好各自的分歧，加强沟通才能避免陷入安全困境，实现双赢的局面，同时为推动人类最终消灭核武器做出应有的贡献。

五 结语——面对美国"零核"的中国应对之策

奥巴马自2009年提出创造无核世界的主张以来，美国对世界的核安全形势与自身的核政策进行了许多重大的调整。这些调整使得美国在核裁军、核军控与防扩散机制方面的政策变得更加符合中国的国家利益。对这些具有积极意义的政策，中国应该鼓励美国切实兑现它的承诺。

---

① U. S. Department of Defense, "Nuclear Posture Review Report," http：//www.defense.gov/npr/docs/2010% 20Nuclear% 20Posture% 20Revie w% 20Report. pdf.

然而，美国"零核"并不代表美国的核政策与中国就不存在任何冲突。一方面，随着伊朗核问题协议的达成，朝鲜核问题将变得更为敏感。随着朝鲜向着成为"有核国家"的不断努力，其破坏了整个东亚的核安全形势，并使得日本国内"右翼"势力开始蠢蠢欲动，虽然短期内日本不会开发核武器，但是日本已经积累了大量的放射性钚原料，并且这些原料的数量还在增加。另一方面，朝鲜核问题也给了美国在日本与韩国部署萨德导弹防御系统的借口，这种系统一旦部署将对中国乃至整个东亚地区的安全构成严重威胁。而美国目前奉行的核政策对解决朝鲜核问题并没有什么积极意义，因此中美之间在此问题上仍将展开新一轮的博弈。中国应该敦促美国约束日本的核原料生产，同时管控好中美在朝鲜核问题上的分歧，共同努力促成半岛和平和无核化。

另外，中美在核裁军、核军控与防扩散等核安全领域话语权的争夺将变得更加激烈。美国提出的"零核"主张在世界上具有巨大的影响力，而中国在核安全领域的话语权掌控能力则相对较弱。对国际社会话语体系的掌控能力一直是美国奉行霸权主义和双重标准的能力基础。随着国力的提升及安全利益诉求的不断深化，中国必然会试图扩大自身在核安全领域的话语权，与美国展开竞争。虽然中美在核安全领域的安全利益诉求基本一致，但是主张的实现途径却并不相同，因此如果管控不当，很容易使得这种分歧转化为不必要的冲突进而伤害双方的利益。

针对以上问题，中国除了在政策执行过程中注意管控分歧加强与美国的沟通之外，还应该增加自身核政策的透明度，开展适当的公共外交活动传播自身的核安全理念，争取世界各国和人民对中国国力发展及安全利益诉求正当性的认同。

一方面中国应该定期以白皮书的形式公布中国的核政策。定期发布的白皮书可以向世界进一步阐释中国核政策的内涵与理念，保持中国核政策的透明性，打消有关国家的疑虑。同时，也可以作为宣传中国核安全理念的平台，为中国扩大核安全问题上的话语权做出贡献。

另一方面，积极参与国际核安全体系的建设，重新定位与美国的安全战略关系。在 2014 年第三届核安全峰会上，习近平主席提出"构建一个公平、合作、共赢的国际核安全体系"①。而在 2016 年召开的华盛顿核安全峰会上，习近平主席进一步提出四点主张："强化政治投入，把握标本兼治方向；强化国家责任，构筑严密持久防线；强化国际合作，推动协调并进势头；强化核安全文化，营造共建共享氛围②。"中国应该以更加积极的态度参与到国际公共产品的供给中，积极地参与国际组织的建设与国际行为准则的制定，这不仅能展现一个负责任大国的形象，同时也有利于中国进一步在国际事务中维护自身利益诉求。这种积极的参与态度，使得中国进一步融入国际社会，将中美安全战略关系的推进与世界安全体系的建设结合起来，扩大中美合作的广度与深度。

美国的核安全政策始终坚持两个立足点：第一是要更加有效地应对在冷战后美国所面临的新的威胁及新的安全态势；第二是在美国拥有绝对优势的常规力量领域维持其领导地位，限制其他核国家利用核武器限制其全球霸权的能力，最终巩固美国的世界唯一超级大国地位。作为最大的发展中国家，在核安全问题上我们与美国有着很多共同利益，但是在平衡美国军事优势维护国家主权与尊严上也存在许多分歧，所以中美之间在核安全问题上的博弈仍将继续进行。不过只要通过充分的合作与沟通，建立有效的互信与合作机制，这种博弈的结果将会是积极的。

---

① 《建立公平合作共赢的国际核安全体系》，《中国青年报》2014 年 3 月 26 日，第 6 版，http：//zqb.cyol.com/html/2014-03/26/nw.D110000zgqnb_20140326_1-06.htm。
② 《习近平在华盛顿核安全峰会上的讲话》，人民网，2016 年 4 月 3 日，http：//politics.people.com.cn/n1/2016/0403/c1024-28246845.html。

B.6
海上丝绸之路视阈下的海盗问题与海洋综合治理*

杨震 张杰**

摘 要： 作为地球表面最大的公共空间，海洋的战略地位在冷战后得到提高。中国是世界上最大的陆海复合型国家，其海权潜力近年来开始得到释放。"一带一路"战略的提出使中国对于海上交通线的安全开始越来越重视。然而海盗问题的滋生对中国的"21世纪海上丝绸之路"构成了严重威胁。中国有必要与沿岸国家携手进行海洋综合治理，并通过建立国际海洋安全机制使中国与"21世纪海上丝绸之路"沿岸国家增强互信、降低交易成本，从而进一步推进"一带一路"战略的实施。

关键词： 中国 "一带一路" 海盗 综合治理

冷战结束以后，作为地球表面最大公共空间的海洋的战略地位不断提高。中国是世界上最大的陆海复合型国家，在地缘政治环境改变、国民经济转型等种种因素共同作用的前提下，其海权潜力开始得到稳定而长久的释

---

* 该文为国家社科基金2011年度重大项目"当代国际核政治和我国国家安全研究"（项目编号：11&ZD181）的阶段性成果。
** 杨震，国际关系学博士，上海外国语大学国际关系与公共事务学院特约研究员，浙江大学非传统安全与和平发展研究中心兼职研究员。张杰，国际关系学博士，西安外国语大学国际关系学院副教授。

放，中国有成为世界海洋强国的前景与可能。"一带一路"战略的提出使中国对于海上交通线的安全开始越来越重视。然而海盗问题的滋生对中国的"21世纪海上丝绸之路"构成了严重威胁。如何应对这个历史悠久的海洋领域的非传统安全问题关系到"21世纪海上丝绸之路"能否顺利实施。

一 中国的"一带一路"战略

冷战后的中国面临一个与以往截然不同的国际政治环境。西方国家认为，在全球舞台上，中国希望被国际社会视为更加重要以及更具建设性的伙伴，然而外界对这种发展态势的确切内涵仍然存在大量模糊认识。在当前大部分全球治理体系中，如联合国及联合国安理会、世界贸易组织、二十国集团、核不扩散条约、核供应国集团，以及其他国际组织中，中国不仅拥有重大利益，而且高度重视自身在这些组织中的地位。此外，中国还是东南亚、中亚、南美、非洲和其他地区的一些区域性组织的成员国或观察员。在全球和地区层次的组织中，中国已经逐步扩大了资金和组织结构份额，包括人员和国际培训功能。中国对其作为国际社会建设性成员发挥相应作用的观点并不总是与美国具有一致性：中国与美国立场的重合程度在很大程度上取决于具体问题，而且反映了中国特定国家利益的运行情况。中国一直积极参与朝核问题"六方会谈"，并且参与了在亚丁湾实施的反海盗护航行动。[①] 关于中国的海上力量，美国认为，虽然中国还不具备全球海上力量，但为了保护区域贸易航线，中国海军正在从海岸防御延伸到争议海域。最值得关注的是，中国军方正在发展信息技术，以大力提高和扩展导弹、潜艇和网络武器锁定水面舰艇（尤其是美国航母）的能力。[②] 作为《避免海上意外冲突规

[①] Terrence K. Kelly, James Dobbins, David A. Shlapak, David C. Gompert, Eric Heginbotham, Peter Chalk, Lloyd Thrall, "The U. S. Army in Asia, 2030 – 2040," Rand Corporation, 2014, p. 16, http：//www. rand. org/content/dam/rand/pubs/research _ reports/RR400/RR474/RAND _ RR474. pdf.

[②] "The Future of Sea Power in the Western Pacific," RAND Corporation, p. 2, http：//www. rand. org/content/dam/rand/pubs/research_ briefs/RB9700/RB9709/RAND_ RB9709. pdf.

范》的签署国,中国显示有能力接受国际规范、制度和与不断上升的国家地位相称的行为标准。① 从与国际体系中的霸权国家美国的关系而言,与亚洲地区相比,中国和美国的国家利益在亚洲以外地区更具趋同性和建设性。虽然中国对美国奉行的单边主义提出批评,同时努力推进世界的多极化发展进程,但中国并不打算颠覆它从中获取重大利益的现行国际体制。如果有区别的话,那就是与美国相比,中国在政治变化方面的态度显得更为保守。即便中美两国经常在国际干预和政权更迭等问题上尖锐对立,但这种情况既未妨碍它们在解决其他国际问题时所进行的合作,也不太可能使双方发生军事对抗。中美两国之间的分歧更加明显地体现于地区而不是全球性问题。② 再过二十年,中国的国内生产总值(GDP)和国防预算将有可能超过美国。如果中国愿意的话,它可以成为一个实力超过在鼎盛时期的苏联和纳粹德国的对手。然而,中国对于邻国既不谋求领土扩张,也不打算输出意识形态。它对赶超美国军费开支、形成与美国相当的全球部署或承担超出其周边地区以外的防御任务没有表现出什么兴趣。③ 就地缘角度而言,苏联的解体使中国来自北方的陆权安全威胁基本得以消除,中国得以腾出手来发展海权;两极体制的崩溃使时代主题从"战争与革命"转向"和平与发展",中国的经济开始得以融入全球化的浪潮中去;而举世少有的完整工业体系在改革开放后技术进步明显,与十亿人口进行成功结合后产生出惊人的经济效益。2009年,中国取代了传统欧洲工业强国德国,成为世界第一大出口国,占当年世界出口总额的9.6%。2012年,中国在以20%左右的比重继续稳居世界制造业第一大国地位的同时,工业制成品出口达全球制成品贸易的1/7。韩国

---

① U. S. Department of the Navy, "A Coopertative Strategy for 21st Century Seapower: Forward Engage Ready," March 2015, p. 7, http://www.navy.mil/local/maritime/150227 – CS21R – Final.pdf.
② Terrence K. Kelly, James Dobbins, David A. Shlapak, David C. Gompert, Eric Heginbotham, Peter Chalk, Lloyd Thrall, *The U. S. Army in Asia*, 2030 – 2040, p. 50.
③ James Dobbins, David C. Gompert, David A. Shlapak, Andrew Scobell, "Prospects, Consequences, and Strategies for Deterrence," p. 1, http://www.rand.org/content/dam/rand/pubs/occasional_papers/2011/RAND_OP344.pdf.

贸易协会国际贸易研究院在其发布的"通过世界出口市场占有率第一的商品看外国出口竞争力"的报告中指出，在2012年的"全球出口市场占有率第一产品数量"的世界排名上，中国以1485种产品数位居第一，超过排名第二、第三位的德国（703种）和美国（603种）的总和。①

对世界市场的需求、工业化的输出、对能源以及原材料的需要促进中国制定了"一带一路"战略。在中国看来，产能过剩、对外能源依存程度高以及地区发展不平衡是目前制约中国经济发展的三个因素。通过"一带一路"战略的实施，不仅使中国在全球化时代的今天更好地融入国际经济体系中，还能使中国的制造业更大规模地走出国门，释放过剩产能，并确保能源安全，同时使西部不发达地区与东部沿海地区的巨大经济差距得以减小，从而增强国家的向心力。

2013年9月1日，习近平主席在哈萨克斯坦纳扎尔巴耶夫大学发表演讲时说："为了使欧亚各国经济联系更加紧密、相互合作更加深入、发展空间更加广阔，我们可以用创新的合作模式，共同建设'丝绸之路经济带'。这是一项造福沿途各国人民的大事业，以点带面，从线到片，逐步形成区域的大合作。"② 2013年12月，中央经济工作会议提出要"推进'丝绸之路经济带'建设，建设21世纪'海上丝绸之路'"，这说明"一带一路"建设已成为中国扩大开放的新窗口，是提升中国与周边互利共赢合作关系的着力点。"21世纪海上丝绸之路"是"一带一路"的重要组成部分。之所以要建设"21世纪海上丝绸之路"是出于以下考虑：第一，中国经济发展到一定阶段的必然要求。经过多年的发展，中国已经进入新的发展时期，即经济增长的"新常态"。中国经济"新常态"是针对过去的发展模式而提出的，是新时期中国经济发展阶段向未来延伸的必然。届时中国的经济结构将发生全新的变化，如经济增长的推动力将从过去依靠数量型转变为质量型、拉动经济增长的力量由外需转为内需和由投资转为消费、经济制度也更加向世界

---

① 邹磊：《中国"一带一路"战略的政治经济学》，上海人民出版社，2015，第72~73页。
② 阮泽宗：《中国需要构建怎样的周边》，《国际问题研究》2014年第3期，第18页。

开放,等等。"21世纪海上丝绸之路"的提出正是中国经济发展态势转变的结果,中国需要更高层次的开放水平,才能完成向"新常态"的平稳过渡。第二,沿线国家经济发展与战略调整对中国的现实需求。目前,沿线国家经济处于快速增长与结构调整时期,对资金等需求超过了以往历史上任何时期,而美国、日本等地区大国的经济实力下降使得它们对地区经济发展的支持力量也趋于下降,中国正在替代它们成为地区经济增长的支持者。基于此,"21世纪海上丝绸之路"的建设实际上在一定程度上填补了地区发展中国家急需外部支持的空间,有助于打破传统的产业分工模式,为沿线国家提供经济增长与结构转型的新机会。第三,中国与周边国家经济关系转型的必然结果。自改革开放以后,中国与亚洲国家之间的经济关系日趋强化,在贸易、投资、制度建设等多领域获得全面提升与深化。随着中国经济实力的相对快速增长,中国与亚洲国家的经济关系正步入新的转型阶段,中国将从亚洲地区的"调整者"向"塑造者"转换。为适应上述结构性转型,中国应积极与亚洲国家谋求实现共同崛起的和平路径,即通过密切与亚洲国家的相互贸易、投资关系,促进互联互通以及区内市场整合等路径,相互提供经济增长的机遇,以缓释中国与亚洲国家共同崛起带来的压力与挑战。共同建设"21世纪海上丝绸之路"正是地区经济关系转型基础之上带来的必然结果。①

二 海盗问题对"21世纪海上丝绸之路"的威胁

"21世纪海上丝绸之路"的航线是泉州——福州——广州——海口——北海——河内——吉隆坡——雅加达——科伦坡——加尔各答——内罗毕——雅典——威尼斯,包含东海、南海、印度洋和地中海等海域。这是一条距离非常远的海上交通线,面临许多风险,而海盗问题是这些风险中较为突出的问题。

---

① 赵江林主编《21世纪海上丝绸之路:目标构想、实施基础与对策研究》,社会科学文献出版社,2015,第1~2页。

海盗是一项古老的职业，至今已经有大约3000年的历史。从公元前1350年，人类就有关于海盗的记载。从荷马时代到古罗马时代，海盗一直在地中海猖獗。自16世纪始，人类进入大航海时代，海盗这个职业也随之兴盛。德雷克等家喻户晓的名字代表着海盗在世界海洋史上的重要地位。而在中国，海盗的名气也不遑多让：王直、郑芝龙等大海盗对当时国家政治、经济的影响绝不次于他们的西方同行。

现代的海盗不仅具有组织性，还装备了先进的武器。有关索马里海盗的报道称，现代海盗不仅能熟练使用电脑，而且有相当一部分海盗拥有先进的GPS卫星定位仪，利用雷达搜索装置探测海上的掠夺目标，甚至干扰货船的通信系统。装备的现代化使得海盗劫持的目标由小型货轮发展到油轮，从抢劫货物发展到掠夺船只。[①]

一般来说，现代海盗主要有五大活动区域：分别是西非海岸和索马里海域、红海和亚丁湾、孟加拉湾、东南亚水域、南美及中美洲加勒比海。影响我国"21世纪海上丝绸之路"安全的主要是印度洋及南海地区。根据国际海事组织（IMO）发布的海盗和武装抢劫船舶事件报告，2010年共发生海盗袭击船舶事件483起，2012年索马里海盗袭击船只事件的数量从2011年的286起下降到99起。虽然袭击船只的次数减少了，但海盗们的成功率却增加了。2011年286起索马里海盗袭击劫持船只和帆船的事件中，成功33起（成功率11.54%），而在2012年，索马里海盗劫持船只和帆船的成功率增长至13.13%。大多数的劫持事件在2012年多表现为参与劫持小型船只如帆船和渔船。在南中国海，海盗及持械抢劫袭击从113起下降到90起。在印度洋同一时期从63起减少到33起。在马六甲海峡的攻击事件从2011年的22起上升到2012年的24起。报道的海盗及持械抢劫行为的数量在南美和加勒比地区从2011年的21起增加到了2012年的29起。地中海地区从2011年的2起增加到2012年的6起。2012年，全世界大多数的攻击（44%）被报道确认发生或试图发生在港口地区。在国际水域袭击的数量仍

---

① 赵青海：《可持续海洋安全：问题与应对》，世界知识出版社，2013，第98页。

然很高，占总数的37%左右。①

海盗及持械抢劫船只行为在2013年共发生了298起，2013年影响最严重的地区是南中国海、西非和印度洋西部（阿拉伯海、东非、波斯湾和印度洋），其次是南美、加勒比海和地中海。数量相当多的袭击发生在南中国海，海事组织通过142篇报道分析了90起劫船事件得出结论：发生在菲律宾和印度尼西亚水域的事件被划分为南中国海事件而不是印度洋事件。据报道全球超过60%的攻击发生在港口地区，其很大程度上是由于持械抢劫活动在菲律宾和印度尼西亚附近海域发生的次数增加。从以上的信息发现，在审查期间至少有一名船员被杀，与2012年相比，增加了5起伤亡，且所有伤亡都发生在西非地区。

当世界各国采用"多国联防"抵御海盗时，海盗也开展了"多国协作"。据报道，新加坡、中国香港、中国台湾、泰国、印度尼西亚及菲律宾等地的海盗已形成非常职业化的犯罪"辛迪加"。② 海盗和海上武装抢劫犯罪每年给航运业带来的损失无法准确计算。因为每一艘船舶遭受的具体损失各不相同，既有支付320万美元赎金的乌克兰籍军火船"费恩那"号等大型船舶，也有损失几千美元的小型船舶。有人认为，海盗每年给全球海运业造成的损失在10亿~160亿美元之间，此外，还有保险损失、谈判和支付被劫持船只和人员赎金及采取防止海盗袭击的措施的费用。③ 海盗活动的暴力攻击行为极易导致船舶损失、沉没以及货物丢失。如果船舶变更航线，将大大增加航程，给船东或船运公司带来经济损失。此外，海盗和海上恐怖活动导致保险费剧增。这些间接经济损失，则主要由船东、货主和保险公司承担，而且数额将远高于赎金。海盗和海上武装抢劫犯罪造成的间接经济损失也相当大，直接提高了海运的保险费用，使得海运成本上升。猖

---

① International Maritime Organization, "Reports On Acts of Piracy and Armed Robbery Against Ships," Annual – 2013, http://www.imo.org/en/OurWork/Security/SecDocs/Documents/PiracyReports/208_ Annual_ 2013. pdf.
② 赵青海：《可持续海洋安全：问题与应对》，世界知识出版社，2013，第99~100页。
③ 赵青海：《可持续海洋安全：问题与应对》，世界知识出版社，2013，第102页。

獗的海盗活动不仅严重影响了国际远洋运输业的发展,还威胁国际能源安全。世界90%的石油贸易要经过海运,"约2/3的海运石油经过印度洋"。马六甲海峡、苏伊士运河是石油海上运输线的咽喉所在,海盗在相关海域的猖獗活动,严重威胁了有关国家的能源与经济安全。① 由此可见,海盗问题已经成为中国顺利实施"21世纪海上丝绸之路"战略过程中亟待解决的重大问题。

三 对海盗问题的治理

就其根源而言,现代海盗活动频率与全球经济的发展有着密切的关系。20世纪末的亚洲金融危机促使了东南亚海盗再度猖獗。经济衰退所带来的持续贫困,增加了贫困人口参与海盗活动的动机和兴趣。同时,金融危机使东南亚国家打击海盗的能力受到限制。货币贬值和防务开支大幅削减,导致海上巡逻减少,进而对海盗的遏制作用衰退。② 由此可见,海盗问题并非一个单纯的国际问题,而是一个源于内政及外交方面的复杂问题,并非一个国家可以解决,因此需要以全球治理的手段来解决。

"治理"一词起源于16世纪的欧洲。当时,欧洲第一批海洋国家在进行海外殖民过程中,出于拓展和争夺海外殖民地的利益考量,欧洲列强间的战争与冲突时常发生,客观上需要进行有效的规制和安排。③ 随着全球化的兴起,全球化问题也随之出现,全球治理的概念也应运而生。全球治理,是以人类整体论和共同利益论为价值导向的,多元行为体平等对话、协商合作、共同应对全球变革和全球挑战的一种新的管理人类公共事务的规则、机制、方法和活动。④ 全球治理概念体系是一个广泛而复杂的结构体系,具体包括了全球治理的主体、全球治理的客体、全球治理的价值、全球治理的结

---

① 赵青海:《可持续海洋安全:问题与应对》,世界知识出版社,2013,第106页。
② 赵青海:《可持续海洋安全:问题与应对》,世界知识出版社,2013,第106页。
③ 王明国:《全球治理机制与东亚一体化进程》,世界知识出版社,2015,第3~4页。
④ 蔡拓:《全球化与政治的转型》,北京大学出版社,2007,第288页。

果以及全球治理的机制。其中,全球治理机制是全球治理结构的核心。当前,全球治理领域出现了很多新的情况,治理层次愈加多样,治理主体愈加多元,治理对象愈加分散。其中,治理机制不断扩散和互动所形成的机制复杂性和机制碎片化(Regime Fragmentation)现象日益突出,这些使得全球治理机制受到广泛关注。① 全球治理的一个重要问难就是主体与客体的问题。全球治理的主体比较好理解,即在解决全球性问题过程中具有权威性并具有履行能力的行为体,在全球治理的相关研究中,治理主体往往也被称为全球代理人。一方面,全球代理人的需求呼声很高;另一方面,传统权威的碎片化导致全球治理的分散化效应,进而扰乱了现有的道义权威。因而,全球代理人是全球治理的焦点。具体而言,全球治理主体包括政府与非政府、正式与非正式两个方面,如各国政府、国际组织、全球公民社会及个体等。给定领域治理主体存在着多元类型,其中,国家历来是世界政治中的主要行为体,不过,世界政治中的权威来源并非只有国家,来源越来越具有多样性。跨国公司、倡议网络等都可以获得独立于国家的专业技能、道义支持和竞争力。② 全球治理的客体泛指待解决的全球性问题。全球性问题是严重威胁人类社会生存与发展的各类政治、安全、经济和社会等问题。比如,在全球经济领域,治理的客体和对象就是全球经济失衡、贸易保护主义和贸易赤字等。全球层面经济失衡,需要进行全球经济再平衡,通过各国内部政策调整和外部政策的协调,实现对全球经济失衡的有序调整。具体包括两个方面:一是全球经济治理框架机制的调整;二是逆差国和顺差国本身的经济、政治和社会的调整。当前,全球治理的治理对象和实施范围随着时间推移而逐渐扩大。③

具体到海盗问题上,各国可以采取以下治理手段:首先,截断海盗的资金来源和销赃网络。如前文所述,一些海盗组织背后有大商人的"投资",并形成了一条龙犯罪的"辛迪加"。沿海各国有必要与国际刑警组织密切合

---

① 王明国:《全球治理机制与东亚一体化进程》,世界知识出版社,2015,第1页。
② 王明国:《全球治理机制与东亚一体化进程》,世界知识出版社,2015,第22页。
③ 王明国:《全球治理机制与东亚一体化进程》,世界知识出版社,2015,第23页。

作，对海盗犯罪团伙的银行账户进行监控，对提供资金与销赃服务的组织及个人予以严惩，使海盗团伙无钱作案并且失去财源，从而使其陷入困境，并择机歼灭之。

其次，大力发展地方经济，提供就业岗位。由于过度捕捞和海洋污染导致的渔业资源枯竭使得大量渔民失业，生活无着落。在生活的压力下，不少渔民铤而走险，加入海盗犯罪团伙，从而使后者获得源源不断的人力资源。通过发展经济，提供就业岗位的手段，可以达到有效减少渔民加入海盗团伙的目的。

再次，建立反海盗协同机制。全球治理是为了应对全球性问题的出现而产生的，全球治理就是通过具有约束力的组织机制解决棘手的问题，在全球治理的各个要素中，国际机制与组织是最重要的载体和平台。① 通过建立反海盗国际协同机制，可以有效避免从前海盗团伙利用各国各管一摊的空隙进行作案的可能性，使各国有效交流信息，从而大大提高反海盗的效率，并且消除死角。

最后，加强海上监管力度。美国在 2015 年版的《21 世纪海权合作战略》中提出，为了打击恐怖主义、非法贩运、海盗和对海上领域航行自由的威胁，美国将提高自身及盟国，以及伙伴国的海上综合侦测、监测和情报能力，增强全球海洋领域意识。这涉及争取实施更严格的自动识别系统对于排水量低于目前要求的 300 吨重的船只进行报告的规定，以及实施创新技术，提高应对小型船只威胁的效力。开展国际港口安全项目，进一步确保前往美国港口的商船和货船的诚信和合法性。增强操作能力和在争议的环境中行使访问、登船、搜查和截获的能力。根据国家舰队政策，增强海军和海岸警卫队船只、飞机和海上设施间的互操作能力，最大限度利用海上控制和海洋安全能力。②

---

① 王明国：《全球治理机制与东亚一体化进程》，世界知识出版社，2015，第 92 页。
② U. S. Department of the Navy, *A Cooperative Strategy for 21st Century Seapower: Forward Engage Ready*, p. 36.

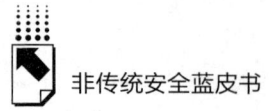

四 中国的对策

中国是"21世纪海上丝绸之路"的倡导者,也是海盗问题的重要受害者,因此有责任、有义务和动力参与到国际性的反海盗斗争中去。在治理领域,中国可以在以下领域有所作为。

首先是输出工业化。中国是全球第一大工业化国家,也是人类历史上第一个(也许是唯一的一个)将十亿级人口成功与工业化结合的国家。2013年度,中国的工业产值达到美国的125%,具有强大的工业能力,中国的工业品实际上已经走向世界。在未来的国际新秩序下,一般性的工业,如日用品生产、轿车制造,这类消费品产业应该哪里卖就在哪里造,应分布在东非、西非、南亚这类人口密集地区,让每个地区的人都根据本地区的需要制造工业品。① 通过"21世纪海上丝绸之路"向沿岸国家输出工业化,不仅可以为当地发展经济提供机会,而且还可以提供就业岗位,使海盗的人力资源逐渐陷于枯竭。更重要的是,输出工业化不仅可以使接受国密切对华关系,形成利益统一体,还可以使广大发展中国家享受现代工业文明发展的成果,也是中国对人类文明与进步所做的贡献。

其次是建立国际海洋安全共同体。"21世纪海上丝绸之路"的战略合作伙伴并不仅限于东盟,而是以点带线,以线带面,增进同沿边国家和地区的交往,将串起连通东盟、南亚、西亚、北非、欧洲等各大经济板块的市场链,发展面向南海、太平洋和印度洋的战略合作经济带,以亚欧非经济贸易一体化为发展的长期目标。由于经过的海区多,情况复杂,所面临的海上安全威胁,特别是非传统安全威胁呈逐渐增加趋势。海盗等海洋非传统安全问题植根于经济、社会、文化、宗教等多种因素,单凭军事手段不能从根本上加以解决,需要各种措施的综合治理以及跨国安全合作。海洋政治的主题超

---

① 任冲昊、王巍、周小路、白熊:《大目标:我们与这个世界的政治协商》,光明日报出版社,2012,第220页。

越了马汉时代对制海权的控制与争夺，并在国家对海洋安全的认知和政策层面体现出了海洋安全内容更加丰富、范围日益扩大、领域不断拓宽、地位不断提高的发展趋势，高级与低级、国内与国际的分野也因此日趋模糊。① 因此，中国非常有必要与沿岸国家进行沟通与合作，建立海洋多边安全机制，共同面对海盗等海洋非传统安全威胁。

最后，充分发挥海上力量的优势。中国人民解放军海军目前在亚洲拥有数量最多的舰艇，包括 30 多艘水面舰艇、潜艇、两栖艇和巡逻艇。在亚洲，中国也在为实现最大的海事执法现代化而努力，为支持其在东海和南海的海洋主权，中国舰队从其数量和质量上进行了改善和提高。中国的海事执行舰队主要由新成立的中国边防海警部队的船只组成，船只数量比以前增加了25%。② 从力量对比来看，中国拥有大型水面战舰 79 艘、小型水面舰艇 107 艘、两栖舰只 53 艘、潜水艇 64 艘，共计 303 艘；日本拥有大型水面战舰 46 艘、无小型水面舰艇、两栖舰只 3 艘、潜水艇 18 艘，共计 67 艘；印度尼西亚拥有大型水面战舰 9 艘、小型水面舰艇 26 艘、两栖舰只 24 艘、潜水艇 2 艘，共计 61 艘；越南拥有大型水面战舰 2 艘、小型水面舰艇 24 艘、两栖舰只 8 艘、潜水艇 3 艘，共计 37 艘；马来西亚拥有大型水面战舰 4 艘、小型水面舰艇 7 艘、两栖舰只 10 艘、潜水艇 2 艘，共计 23 艘。③ 在执法船方面，中国拥有 95 艘大型执法船、110 艘小型执法船，共计 205 艘；日本拥有 53 艘大型执法船、25 艘小型执法船，共计 78 艘；越南拥有 5 艘大型执法船，50 艘小型执法船，共计 55 艘；印度尼西亚拥有 3 艘大型执法船、5 艘小型执法船，共计 8 艘；马来西亚拥有 2 艘大型执法船、无小型执法船，共计 2 艘；菲律宾无大型执法船，4 艘小型执法船，共计 4 艘。④ 此外，中国海军在训练方面也取得了长足进步：解放军海军正在采取办法逐步提高官兵的专

---

① 孙海荣：《从和平发展看中国海权新的价值纬度》，《实事求是》2007 年第 1 期，第 19 页。
② U. S. Department of Defense, "The Asia-Pacific Maritime Security Strategy," 2015, p. 10, http://www.defense.gov/Portals/1/Documents/pubs/NDAA%20A‐P_Maritime_SecuritY_Strategy‐08142015‐1300‐Finalformat.pdf.
③ U. S. Department of Defense, "The Asia-Pacific Maritime Security Strategy," 2015, p. 12.
④ U. S. Department of Defense, "The Asia-Pacific Maritime Security Strategy," 2015, p. 13.

业技术素养。2011年，海军在三支舰队范围内开展了一项水面舰艇官兵维护技能竞赛。2013年，东海舰队在上海、浙江和福建三个船坞地建立了官兵培训中心，当舰艇停靠船坞时，官兵们能够学到手把手的维护修理经验。海军同时还在开发针对不同舰艇的虚拟训练系统，例如，一篇文章指出海军装备部下属的某研究所开发了针对某综合登陆舰推进系统的虚拟维护培训系统，这套虚拟系统还可以应用到其他舰艇的维护训练上。此外，随着解放军海军走向远海，其越来越依赖于设备系统的自动故障诊断能力，以增强官兵们的维护能力。例如，最新型的"旅洋级"驱逐舰和"江凯级"护卫舰都配备了电子设备综合管理系统，这套系统为海军将来所有的水面舰艇提供了标准规范，其可以监控和收集关键的设备参数，如滑油质量、轴承振动、噪声、温度和转速等，收集的维护历史数据会反馈到设备生产厂家。岸基的设备技术保障小组也能够获取这些电子信息，然后在远程管理决策中决定是否需要对某个关键设备进行维护修理。其他提升技术素养的途径还包括更加深入的军民融合以及更多的利用地方专家的力量。[1] 由此可见，经过长期发展，中国海军和海上执法力量已经具备了一定的实力，为在"21世纪海上丝绸之路"所涉及的南海与印度洋执行反海盗任务提供了坚实的物质和人力基础。对于中国海军而言，日后要着力提高海上保交护航的能力。

保交护航是指使用军事力量，对海上航线、战略通道和重要船只实施保护，使其免遭敌对国家、恐怖主义、有组织武装犯罪分子袭击，确保海上航运畅通和船只安全。我国半封闭的海域使大多数海上航线和重要战略通道受制于人，同时，在一些重要航线和海上通道上，恐怖主义和海盗袭击活动频繁发生，对国际航运安全构成严重威胁。随着经济的快速发展，我国对外贸易迅速增长，海上运输量急剧上升，海上战略通道与海上运输安全问题日益突出，保交护航已成为我军在新形势下的重要任务。保交护航包括以下几项

---

[1] Michael S. Chase, Jeffrey Engstrom, Tai Ming Cheung, Kristen A. Gunness, Scott Warren Harold, Susan Puska, Samuel K. Berkowitz, "China's Incomplete Military Transformation Assessing the Weaknesses of the People's Liberation Army (PLA)," p. 101, http://www.rand.org/content/dam/rand/pubs/research_ reports/RR800/RR893/RAND_ RR893. pdf.

具体任务：一是海上巡逻。包括对重要航线、水域的巡逻。二是针对特定威胁对象采取的护航行动。可能采取的形式包括伴随护航、区域护航和随船护卫等。三是显示对重要海峡的影响和控制能力。包括针对海上恐怖威胁、海盗及其他海上犯罪行动所进行的联合军事演习以及海上威慑行动。当前和今后一定时期，我国海上运输主要航线是从南海经马六甲海峡进入印度洋、红海，再经苏伊士运河进入地中海，进入大西洋的西行航线，不仅战略地位重要，而且安全问题也十分突出，将是中国海军实施保交护航行动的重点航线。[1] 实际上，中国海军已经在亚丁湾执行海上护航任务，为反海盗积累了宝贵的经验。今后，中国可以充分发挥海上力量的优势，与其他国家一道在国际协定的框架下更加积极主动地参与到"21世纪海上丝绸之路"涉及海域的反海盗任务中去。

五　结论

海盗问题是影响中国实施"一带一路"战略的突出风险。由于海盗问题植根于社会、经济、宗教以及文化等因素，因此单凭单个国家以单一手段是无法解决的。作为全球化时代的产物，全球治理作为治理的新形式在多国联合反海盗领域将会发挥重要作用。受到海盗侵害的沿岸国家应该采取综合治理手段消除产生海盗的土壤：截断海盗的资金来源和销赃网络、建立国际反海盗协同机制、大力发展当地经济并提供就业岗位。作为"21世纪海上丝绸之路"的倡导者和海盗问题的重要受害者，中国应该采取积极主动的措施解决海盗问题，主要方法包括输出工业化，帮助"21世纪海上丝绸之路"沿岸发展中国家发展国民经济并创造就业岗位；建立国际海洋安全共同体；充分发挥海上力量的优势。上述手段的实施不仅有利于中国"21世纪海上丝绸之路"战略的顺利推行，更有利于中国创造良好的海洋周边安全环境，进而推进"海洋强国"战略的顺利实施。

---

[1] 肖天亮主编《战略学》，国防大学出版社，2015，第273页。

·外源性非传统安全研究·

B.7
中国与全球气候安全治理：
新进展与新前景
（2013~2015）

甘均先*

> **摘　要：** 全球气候治理需要在两个层面上展开，一是提高国家针对气候问题的治理能力，二是提高国家在全球气候合作上的参与度。当前中国政府主要从这两方面着手应对全球气候挑战。一方面，中国政府通过提出"自主减排计划"、在国内完善节能减排政策、建立碳交易市场等措施来提高应对气候治理的能力；另一方面，中国政府积极参与全球气候谈判、提供气候公共产品等，与国际社会共同应对气候难题。当前中国在国内、国际两个层面都起到一定的引领作用，对未来全球气候治理模式和路径具有重大影响。
>
> **关键词：** 气候治理　非传统安全　气候大会　公共产品　国际合作

全球气候安全治理面临诸多问题。一些老问题至今依然存在，比如责任分担、资金技术支持和大国博弈等问题。责任分担问题上，发达国家继续坚持要求发展中国家一并加入到具有法律效力的全球减排机制中，而发展中国

---

* 甘均先，浙江大学国际政治研究所副教授，哥本哈根大学政治学系访问学者。

家仍然坚持"共同但有区别的责任"。资金支持问题上，发达国家承诺的1000亿美元绿色气候基金成为空头支票。技术支持问题上，发达国家坚持的以技术作为拓展经济和占领市场的观念，决定着发达国家难以在技术支持上有所作为。大国博弈上，中美依然是全球气候治理的主要分歧者。这些老问题一个都没有得到实质性解决，同时新问题也逐渐显现。当前最明显的新问题即为2015年12月巴黎气候大会上传出的不和谐声音。巴黎气候大会上，一些发达国家传出组建"雄心联盟"的计划，此举大大打击了很多发展中国家的气候治理参与热情。"雄心联盟"排斥中国和印度等发展中大国，试图组建不具代表性的气候集团，实施自己的方案。这个所谓的联盟看似有雄心，实则起到撕裂国际社会的效果。假定这个联盟真正形成，很多发展中国家将会更加不情愿地被动参与国际气候机制。

对于非传统安全治理来说，国际合作尤为重要。当代非传统安全问题具有蔓延性强、传播性快、影响面广等特征，因而需要国际合作应对。非传统安全问题具有非军事性、跨领域性等特征，也在一定程度上鼓励国际参与的实现。当前国际社会并不缺乏减排意愿和热情，比如以中国和印度为首的发展中大国都推出了自己的国家减排行动计划。目前最为现实的道路是，发达国家先行一步，从而鼓励并带动发展中国家在一定期限内参与到国际气候治理机制中去。除此之外，非传统安全治理还需要单个国家在国内层面加强解决问题的能力建设，比如提高政策制定效率、完善预警机制等。中国正是秉持这种务实的理念，在最近几年里不仅强化国内气候治理，也不断推动全球气候合作的进展，成为全球气候治理的重要利益攸关方。[①]

一 中国在气候安全治理领域的新举措

气候治理对于单个国家来言，最关键、最迫切的任务是增强气候治理能

[①] 李慧明：《全球气候治理制度碎片化时代的国际领导及中国的战略选择》，《当代亚太》2015年第4期，第128页。

力，包括应对气候问题的政策制定和制度建设等。在国内层面，中国近年来做出了一系列的政策努力来应对温室气体排放。"十二五"规划和"十三五"规划对经济结构和经济发展模式做出了比较具有前瞻性的规定和指导；2015年中国向联合国提交的"自主贡献"方案，确定了中国国内碳排放的未来目标；中国近年来在国内大力开展碳交易市场建设，制定了一系列鼓励新能源汽车产业发展的政策等。

中国政府的"十二五"规划继续坚持绿色发展理念，提倡建设资源节约型、环境友好型社会。"十二五"规划指出，有效控制温室气体排放是当前中国政府面临的重大任务。为此规划提出综合运用调整产业结构和能源结构、节约资源和提高能效、增加森林碳汇等多种手段，大幅度降低能耗强度和碳排放强度；积极推进植树造林，新增森林面积1250万公顷。[1] 正在制定的"十三五"规划也极为重视节能减排和改善生态环境。"十三五"规划提倡更加绿色的生活方式，全社会努力降低碳浓度，提高企业的能源利用效率，从总量上有效控制碳排放，基本形成生态安全屏障，有效控制电力、钢铁、建材等行业碳排放，支持优化开发区率先实现碳排放峰值目标，实施近零碳排放区示范工程。[2]

2015年6月，中国向联合国提交了"自主贡献"方案，确定了中国国内碳减排的目标和路线图。该方案提出，中国碳排放将在2030年左右达到峰值，单位国内生产总值碳排放比2005年下降60%至65%，非化石能源占一次能源消费比重达到20%左右。[3] 根据中国的"自主贡献"方案，中国需要碳排放强度下降率维持在3.6%至4.1%，而美国和欧盟1990年以来的碳排放强度下降年均幅度为2.3%，即使表现突出的英国和德国也仅仅为3%和2.5%。[4] 在

---

[1] 《"十二五"规划纲要（全文）》，中国网，2011年3月16日，http://www.china.com.cn/policy/txt/2011-03/16/content_22156007_7.htm。

[2] 《"十三五"规划建议发布（全文）》，凤凰财经，2015年11月3日，http://finance.ifeng.com/a/20151103/14054229_0.shtml。

[3] 《中国提交应对气候变化国家自主贡献文件》，人民网，2015年7月1日，http://politics.people.com.cn/n/2015/0701/c70731-27238319.html。

[4] 《中国为气候治理做了多大贡献》，环球网，2015年11月28日，http://china.huanqiu.com/hot/2015-11/8065717.html。

国家总体方案的指导之下，一些具有较强减排潜力的城市提出了提前达到峰值的目标，比如中国 11 个城市宣布将早于 2030 年达到温室气体排放峰值，其中北京和广州将峰值达标年限定在 2020 年。

打造有效率的碳交易市场是中国治理气候安全问题的最重要措施之一。2012 年至今，中国已经有 7 个省市开展碳排放交易试点。2013 年 6 月，深圳碳交易中心最先成立，此后上海、北京、广东、天津成立了碳交易所，2014 年上半年湖北和重庆交易所也得以成立。数据显示，截至 2014 年 8 月，7 省市成交量达到 1100 万吨二氧化碳当量，成交额超过 4.5 亿元，其中深圳成交额达到 1.3 亿元，约占总额的 29%。① 2014 年 12 月，国家发改委颁布了《碳排放交易管理暂行办法》，该文件的颁布确立了碳排放的配额和监督等管理程序。根据规划，预计到 2020 年，中国每年碳排放许可的期货市场价值，将达到 600 亿至 4000 亿元，现货市场将达到 10 亿至 80 亿元。② 在碳交易市场基础上的碳金融体系建设也是中国进行气候治理的重要措施。碳金融体系指的是围绕着中国经济转向绿色和可持续发展的经济模式的金融设计。近两年，很多金融产品被设计出来，比如碳基金、碳保险、碳债券和碳信托等形式。银行也是中国碳金融体系的重要组成部分，比如 2012 年中国银监会发布了《绿色信贷指引》，2015 年又发布了《能效信贷指引》，为银行信贷活动提供了环境导向的基本方针。据统计，中国银行机构所开展的绿色信贷项目每年可节约标准煤 18671 万吨，节水 43807 万吨，减排二氧化碳 47902 万吨。③

清洁能源是中国政府近年来大力提倡的一个领域，比如鼓励清洁能源（核能、风能）的开发和利用等。中国是最大的燃油汽车市场，从而带来了大量的二氧化碳排放，因此中国近年来也大力推广使用新能源汽车。根据国

---

① 《构建统一的碳交易市场》，和讯网，2015 年 12 月 22 日，http://news.hexun.com/2015-12-22/181330764.html。
② 《碳交易平台七雄争霸，绿色金融体系进行时》，新华网，2015 年 6 月 8 日，http://news.xinhuanet.com/fortune/2015-06/08/c_127889482.htm。
③ 《碳交易平台七雄争霸，绿色金融体系进行时》，新华网，2015 年 6 月 8 日，http://news.xinhuanet.com/fortune/2015-06/08/c_127889482.htm。

家发改委、财政部和科技部等部门发布的《关于"十三五"新能源汽车充电设施奖励政策及加强新能源汽车推广应用的通知》（征求意见稿），北京、上海、河北、江苏、浙江等省市在"十三五"期间应该大力推广新能源汽车，以上提及的省市都应该推广大致3万~7万辆，在各地的车占比应在3%至10%之间。① 除此之外，政府还在购车摇号、停车收费等方面提供方便，比如一些城市如北京可以不摇号即购新能源汽车，国内很多城市都不对新能源汽车限行等。各地都对新能源汽车购置提供补贴，其中北京按照北京财政和中央财政1∶1的比例，对新能源汽车提供补贴。北京还计划在2016年使用17亿元的资金用于推广新能源汽车。

二　中国积极参与全球气候谈判

全球气候谈判是迄今为止全球最大的讨论气候治理的制度平台，其根本任务是寻找有效的气候治理方法。自这个平台成立以来，中国便积极参加到讨论中，为全球气候治理最大限度地提供自身的智力支持。

第一，中国积极参加2013年11月华沙气候大会。华沙气候大会上，中国沿袭了哥本哈根气候大会以来的外交思路和风格。在外交立场上，中国依然坚持推动落实巴厘岛路线协议成果和推进德班平台谈判，依然坚持"共同但有区别的责任"原则，呼吁发达国家在资金支持和技术转让上做出较大让步。同时，中国继续坚持"现实主义"的谈判思路，希望达成一份可操作的全球性减排协议。中国气候谈判代表团团长解振华指出，新协议应该强化那些看得见、摸得着、符合实际、注重实效的行动，而不是偏离公约的未来模式和空洞概念。② 本次大会上，中国也比较关注"政治信心"议题，多次提出"发达国家的表率和让步"是发展中国家重建气候治理信心的重

---

① 《2016年新能源汽车六大政策》，人民网，2016年1月6日，http://auto.people.com.cn/n1/2016/0106/c1005-28018946.html。
② 谢振华：《发达国家不提高减排力度，谈判将失去基础》，中新网，2013年11月22日，http://www.chinanews.com/cj/2013/11-22/5533076.shtml。

要基石。

在外交手段上,中国依然坚持积极的公共外交,以"中国角"为平台推介中国的气候治理行动,借此赢得国际社会更多的尊重和理解。2013年11月18日,中国代表团在"中国角"专门举办了"气候传播与公众意识"的主题边会。参加边会的国家发改委气候司司长苏伟指出,中国将进一步加强应对气候变化的传播机制建设;气候司战略处处长田成川以"中国低碳日:美丽之梦全民行动"为主题,介绍了中国首个"低碳日"的活动情况;国家发改委政研室副主任文步高认为,新闻媒体需要扮演好三种角色:传播气候变化信息、普及气候变化知识的"讲解员",解读政策、报告行动、展示成果的"广播员",强化气候变化意识、履行职责、兑现承诺的"督导员"。[1] 其他来自中国的媒体如新华社、中国中央电视台、国际广播电台、21世纪经济报道和中国新闻社等也分享了气候新闻的报道经验。本次边会上,中国总政歌舞团、国家一级演员雷佳被任命为青年气候大使。"中国角"11月21日举办了"地方低碳发展和碳交易试点"的主题边会。中国代表团团长解振华介绍了中国国内七个省份的碳交易试点情况,以及中国碳排放交易市场的准备工作。

华沙气候大会上,中国依然将"南南合作"作为气候合作的重点。中国国家发改委气候司与联合国环境署联合召开了"生态适应与南南合作部长圆桌会",其主题是"增强脆弱发展中国家气候变化适应力的知识、能力与技术支持",中国国家发改委气候司、联合国环境署、全球环境基金、毛里塔尼亚环境部、尼泊尔环境部、塞舌尔环境与能源部官员等参加了圆桌会议。解振华表示,中国将继续在"平等互利、团结合作、共同发展"的基础之上支持气候变化领域的"南南合作"。

华沙气候大会上,"基础四国"依然是中国等发展中大国一起应对发达国家谈判压力的主要平台。中国、印度、巴西和南非2013年11月20日联

---

[1] 《"气候传播与公众意识"边会在华沙气候大会"中国角"举行》,中新网,2013年11月19日,http://www.chinanews.com/ny/2013/11-19/5518103.shtml。

合召开了新闻发布会，对发达国家的指责做出回应。中国代表指责发达国家的资金支持和技术转让承诺没有得到落实；南非代表则点名批评欧盟和日本在气候减排问题上的倒退；印度代表要求发达国家对"绿色气候基金"注入资金。

第二，参加2014年12月利马气候大会。利马气候大会上，中国依然作为发展中国家的中坚力量，为发展中国家说话。本次大会上，中国的基本谈判立场主要表现为五点。（1）继续坚持"共同但有区别的责任"原则。（2）国家自主决定的贡献范围应全面涵盖减缓、适应、资金、技术、能力建设等各要素。（3）2015年无须对自主贡献开展评估。（4）应明确发达国家到2020年每年1000亿美元筹资目标的时间表和路线图。（5）2015年协议应是一份妥善解决方案。[①] 值得注意的是，虽然中国主张"国家自主贡献"的目标由国家自主决定，反对推行强制性的、损害主权的国际核查机制，但中国外交部副部长刘振民表示，中方鼓励开展第三方评审机制，以确保目标能够完全达成。

公共外交依然是中国在利马气候大会上的重头戏。12月10日，"中国角"举行边会，主题为"迈向2015年气候协议——国际智库的视角"。解振华在边会上介绍了中国主导的南南合作基金的进展。他指出，中国将通过市场机制，在发展中国家开展实实在在的气候合作，普遍提高发展中国家应对气候变化的能力。12月12日，"中国角"举行了"城市的绿色低碳未来"论坛。联合国环境规划署执行主任施泰纳参与了边会讨论，与中国企业家和学者共同探讨了当前城市低碳发展面临的挑战和机遇。中国民间环保组织"中国青年应对气候变化行动网络"，也积极参与到中国气候公共外交的行动之中。该组织成员与其他国家的青年展开对话和交流，比如举办"中国青年低碳节能行动展示"边会，与美国青年团体共同发表联合宣言，与秘鲁大学生开展对话和工作坊等活动。

---

① 《潘基文高度评价中国在气候变化问题上的领导力》，新华网，2014年12月11日，http://news.xinhuanet.com/world/2014-12/11/c_1113597408.htm。

南南气候合作是中国在 2014 年气候外交上的一个亮点。2014 年 12 月 8 日，"中国角"举办了由中国发起的南南合作发展论坛。论坛主要目的是讨论如何运作"气候变化南南合作基金"，以便更好地加强气候变化南南合作。南南合作平台，让中国在气候变化领域发出更大的声音，并可能获得更大的谈判主动权。中国设置"气候变化南南合作基金"，得到了发展中国家的积极评价，如埃及环境部部长说，"中国借助南南合作平台资助了不少欠发达国家，希望这个平台实现更多技术转让和资金支持"；蒙古国环境与绿色发展部部长则称赞中蒙共同设计的绿色学校是南南合作的典范。①

利马气候大会上也表现出一些值得注意的动向。比较特别的如，中印巴南共同参加的"基础四国"联合发布会在利马没有得到举行。这是否意味着中国逐渐弱化"基础四国"气候集团的作用？或者中国的气候外交政策逐渐区别于其他三国？目前还很难做出预判。有评论认为个中缘由在于，中国与美国签订了《气候变化联合声明》，各自提出了自己的国家减排目标，该外交举动影响到了印度和其他发展中国家，尤其给印度造成了重大压力。利马气候大会上，印度环境部部长被国际媒体不断追问，何时提出印度版本的减排计划。

目前判断"基础四国"气候集团是否终止合作为时尚早，因为四国在全球气候谈判中的共同地位和利益依然存在。从中国气候代表团的发言可以看出，中国依然对"基础四国"的合作保持乐观。中国代表团副团长苏伟被问到"中美联合声明是否影响到中国与其他发展中国家的关系，比如印度"时，苏伟回答，"'基础四国'跟以往一样，保持密切磋商"。② 从气候谈判的历史来看，中国绝不可能从发展中国家的整体立场中独立出来，那样中国将承受巨大的谈判压力，但是中国也不太可能一成不变地坚持其传统谈判立场。中国将可能微调其态度和政策，既为发展中国家代言，也会履行一

---

① 侯露露、王海林：《中国在气候变化领域话语权越来越大》，人民网，2014 年 12 月 12 日，http://world.people.com.cn/n/2014/1212/c1002-26193083.html。
② 《气候大会上的中美较量》，凤凰网，2014 年 12 月 22 日，http://news.ifeng.com/a/20141222/42768616_0.shtml。

些类似于发达国家承担的义务,比如中国以"气候变化南南合作基金"的形式为发展中国家提供资金和技术支持,这种平台类似于发达国家以"绿色气候基金"的形式对发展中国家提供的支持。总之,利马气候大会上显示出中国气候外交中一些不同于以往的迹象,或许预示着中国气候政策和外交的转折点。

第三,参加联合国气候峰会,强化南南气候合作,积极提供区域性公共产品。2014年9月23日,中国国务院副总理张高丽出席联合国气候峰会,提出中国将进一步强化气候治理领域的南南合作,并将设立"气候变化南南合作基金",为发展中国家提供更多的资金和技术支持。同时,中国还将提供600万美元,支持联合国秘书长推动气候变化南南合作,此举得到了联合国秘书长潘基文的赞赏。由中国牵头设立的"气候变化南南合作基金",主要针对发达国家在"绿色气候基金"上的行动迟缓而提出。发达国家在资金和技术支持上长期不作为,开空头支票,已经成为发展中国家批评的主要火力点,动摇了发展中国家对于气候谈判的信心,同时也动摇了发达国家在气候谈判中的地位。中国适时提出"气候变化南南合作基金",不仅为中国带来更大的气候外交话语权,也为全球气候谈判注入新的信心和能量。

三 加强与世界其他大国的气候治理合作

气候治理属于最具全球性的非传统安全议题,其威胁渠道的跨国性、后续影响的联动性和多领域的交织性要求最大限度的国际合作,任何单一国家都无法完成对全球气候问题的治理。作为最大的发展中国家和发达国家,中美两国的气候合作,对于巴黎气候大会后的全球气候合作至关重要。虽然两国依然无法在一些关键问题上达成共识,但是在共同应对气候问题、共同推动全球气候协议的达成上,两国存在着共同的理想和相似的利益。

中美在气候领域的合作成为近三年中国气候外交的重头戏,具有全球性的意义。① 2014年11月12日，中美两国发表《中美气候变化联合声明》，声明指出：中美两国在应对全球气候变化中具有重要作用，气候变化的严重性要求中美两国为了共同利益一起努力；双方致力于2015年达成富于雄心的气候协议；两国元首未来将紧密合作，解决妨碍巴黎会议达成一项成功的气候协议的重大问题。中国还宣布，计划在2030年左右二氧化碳排放达到峰值，并到2030年非化石能源占能源消费的比重提高到20%左右。② 根据《联合声明》，中美还计划在清洁能源、智慧城市等领域积极开展合作，比如建立中美气候变化工作组、中美清洁能源研究中心。

2015年9月15日，习近平访美前一周，中美两国应对气候变化领域的谈判代表在洛杉矶召开了"中美气候智慧型/低碳城市峰会"，并共同发表了《中美气候领导宣言》。这份宣言是对《中美气候变化联合声明》的后续回应，也是对后者的落实。《中美气候领导宣言》组织了北京、四川、深圳等11个省市共同成立"率先达峰城市联盟"，争取提前10年（2020年）实现二氧化碳排放达到峰值的目标。此外，中美企业也将共同投资设立建筑节能基金项目。

2015年9月25日，习近平与奥巴马共同发布了《中美元首气候变化联合声明》，重申两国在应对气候变化方面的重要作用，并承诺在全球气候治理中加强协作，共同致力于推动全球经济实现低碳转型。该声明是对2014年《中美气候变化联合声明》的确认、落实、推进和细化。两国也承诺在二十国集团、蒙特利尔议定书、国际民航组织、国际海事组织、世界贸易组织和清洁能源部长会议等框架中加强沟通、对话与合作。根据声明，中国将在两个领域里做出更为具体的行动。一是中国将在2017年建立全国性的碳排放交易系统，涵盖发电、钢铁和水泥等行业。二是中国计划拨出200亿人民币（约31亿美元）帮助发展中国家应对气候变化，此举是对"气候变化

---

① 王联合：《中美应对气候变化合作：共识、影响与问题》，《国际问题研究》2015年第1期，第114页。
② 《中美气候声明：中国2030年碳排放达峰值》，网易新闻，2014年11月12日，http://news.163.com/14/1112/15/AAS3FPVI00014SEH.html。

南南合作基金"的重大资金支持。

中国对发展中国家的资金支持,将对发达国家对于"绿色气候基金"的注资形成一定的压力,有助于实质性地启动"绿色气候基金"。当然,中国的气候政策对于中国气候谈判的影响存在着两面性,一方面将为中国增加更多的话语权,强化中国在发展中国家中的领导地位;另一方面也使得"基础四国"的气候合作面临一些不确定性。中国的减排承诺和带头注资等行为,将为其他发展中国家如印度、巴西等带来一定的谈判压力,使得四国合作面临困难。"基础四国"的合作是否还能持续下去,主要看中国如何在自己追求的独立角色和发展中国家中的领导角色之间达成平衡。中国在大致10~20年的期限内都不太可能放弃作为发展中国家代言人的谈判角色定位,但是中国也将越来越展现出某种独特性,这种独特性类似于发达国家在气候谈判中的领导角色,这很可能是中国气候外交发展的新趋势。

除了与美国的合作之外,中国还与欧盟、东盟等展开积极的气候合作。自2010年4月起,中国与欧盟建立了气候变化部长级对话与合作机制,比如建立气候变化部长级热线,以加深相互理解、加强协调、推进务实合作并交流意见。[①] 2015年10月,中国国家能源局与英国能源与气候变化部签署了《2015年民用核能领域合作声明》,共同致力于低碳能源的开发和利用,以支持经济发展和转型。[②] 2014年6月17日,中国与老挝、马来西亚、印度尼西亚和泰国等东盟国家的气候专家在昆明举办了"中国—东盟科技论坛:中国—东盟应对气候变化国际合作研讨会"。近年来,中国海洋科研机构也分别与马来西亚、泰国和澳大利亚等国家的科研机构签署了应对气候变化的合作协议。[③] 中国还与印度尼西亚共同成立了

[①] 《中国欧盟宣布建立气候变化部长级对话与合作机制》,新华网,2010年4月29日,http://news.xinhuanet.com/world/2010-04/29/c_1264097.htm。

[②] 《中国国家能源局与英国能源与气候变化部2015年民用核能领域合作声明》,国家能源局,2015年10月22日,http://www.nea.gov.cn/2015-10/22/c_134740667.htm。

[③] 《中国加强海洋领域国际合作应对气候变化》,新华网,2010年9月4日,http://news.xinhuanet.com/2010-09/04/c_12518304.htm。

中国—印度尼西亚海洋与气候联合研究中心，以应对全球海平面上升带来的安全风险。中国也积极与印度开展气候合作。2015 年 5 月，两国共同发布了《中国政府与印度政府关于气候变化的联合声明》。根据联合声明，双方将加强对话，深化在清洁能源技术、新能源交通、低碳城市等领域的合作。①

可以预见，未来一定时间内，国际社会将继续按照自主减排的路线推进气候安全治理。巴黎气候大会最后通过的联合宣言表明，全球正在朝着签署一个具有法律约束效力的减排协议靠拢。这是全球社会凝聚共识的结果，预示着未来全球气候治理中的集体行动将会越来越多。但同时我们也要看到全球协议的局限性，即便达成具有法律约束力的减排协议，也不意味着国家自主性的减少，各个国家依然享有极大的自主性来实施国家减排行动。全球减排协议更可能的是对主权国家产生国际压力，而不是一种绝对的行为规范。因此，过多地寄希望于全球减排协议的达成，甚至认为减排协议可以包治全球气候百病的想法并不现实。全球减排协议现实性的功能是鼓励或迫使主权国家向全球行动靠拢，但不会完全改变发展中国家自身所规划的经济转型步伐。这个预测意味着，比较有影响力的发展中大国如中国、印度等依然有足够的空间，既在一定程度上保持在全球气候治理的集体行动中，也在很大程度上保持在自主减排的轨道上。从这个意义上看，中国在未来全球气候安全治理上的作用只会变得愈加重要。

首先，中国可以继续努力促成全球减排行动以及减排机制的完善，强化全球或区域气候公共产品的供给。全球减排行动离不开中国的推动，所谓的"雄心联盟"只是向中国等国家施加道德压力的工具，并不会产生实质性的效力和意义。中国的自主减排行动、中国对于其他发展中国家的气候支持是全球气候治理的重要组成部分。习近平主席在出席巴黎气候大会开幕式上宣布了中国对于发展中国家新的支持方案（10—100—1000 计

---

① 《中国政府和印度政府关于气候变化的联合声明》，新华网，2015 年 5 月 15 日，http://www.chinanews.com/gn/2015/05-15/7279844.shtml。

划），即为发展中国家建立 10 个低碳经济示范区域，在发展中国家中开展 100 个减缓和适应气候变化的项目，为发展中国家提供 1000 个气候变化培训的项目名额等。同时，中国将继续为发展中国家在清洁能源、防灾减灾、生态保护、气候适应型农业、低碳智慧城市建设等领域提供项目合作和打造融资平台。[1] 若将中国当成对立的角色，或阻隔在"雄心联盟"之外，只会伤害到包括中印等大国在内的国际社会的减排努力，使得原本不紧密的以联合国为主体的气候安全治理结构更为松散，治理能力也将降低。[2] 中国也是未来完善全球减排机制的关键角色。若没有中国为发展中国家发声，全球减排机制将按照发达国家的意愿形成，这将对发展中国家的国家利益造成重大损害，发展中国家的经济结构将更加难以得到调整，发展中国家对于发达国家的经济和技术依赖将更加难以得到修正。在这样的气候治理机制中，发达国家既拥有减排机制的执行权，也拥有对修正机制的话语权和对气候治理行动的道德评价权，发展中国家不仅经济利益受损，而且还会受到发达国家无尽的指责。从全球气候谈判过程来看，中国在全球气候机制的形成中对发展中国家的利益维护起到了至关重要的作用。

其次，中国对其他国家的自主减排起到示范和引领作用。国家自主减排是当前国际社会气候治理的现实手段，但是自主减排也需要某种形式的精神激励，否则国家投入在自主减排行动中存在某种程度的惰性。中国在自主减排行动中一直为其他发展中国家起着示范者的作用。中国的自主减排行动促使其他发展中国家不断跟进。比如，中国在 2007 年 8 月颁布应对气候变化的《国家行动计划》后，印度等就积极跟进。印度在 2009 年 6 月也颁布了自己的国家行动计划，印度尼西亚在 2010 年也从中国计划中吸取有益的元素，设计自身的国家行动计划，试图在 2020 年前将温室气体排

---

[1] 《中国理念和行动助力全球气候治理》，网易新闻，2015 年 12 月 1 日，http://news.163.com/15/1201/10/B9OBUCU200014JB6.html。
[2] 石晨霞：《联合国在全球气候变化治理中面临的困境及其应对》，《国际展望》2014 年第 3 期，第 132~133 页。

放量减少26%。① 可以想见，中国在巴黎气候大会上谈判态度的调整，以及对于碳排放峰值的承诺，都将对其他发展中国家起到十分明显的影响。中国对国际责任的承担态度、承担份额和承担方式，都将影响其他发展中国家的选择。因此，中国将在国家自主行动中继续扮演十分重要的示范者角色。

在未来一段时期内，中国气候安全治理将存在三个重点：一是加强南南气候合作。从中国政府的实际行动来看，中国希望重建全球气候谈判信心。中国在技术转让和资金支持的条件上比发达国家更为宽松，也拥有更多的支持平台，如亚投行、金砖国家银行和丝路基金等。二是强化自主减排。中国将可能在这个议题上做出更多的探索和外交推动。中国将来很有可能建立一个完善的国内碳排放交易市场，甚至与韩国、日本等探索建立东亚碳交易市场，以市场化的方式来促进全球减排。三是应对可能出现的气候安全问题。提高应对能力，比如打造一支可以迅速应对气候危机的"绿色低碳军队"②，同时还包括积极应对中国在推进"一带一路"建设中可能出现的气候安全问题（海平面上升、气候移民、粮食产量下降和水资源短缺等问题）③。在其他议题上，如"共同但有区别的责任""限额减排"等议题，中国依然可能不会做出实质性让步，但是在承担全球责任、减排技术创新和支持发展中国家等方面，中国可能继续强化其角色，在全球气候治理领域起到更大的作用。

现实地看，中国也将在气候安全治理领域面临着强大挑战。国际层面上，中国依然面临国际社会要求承担更多责任的压力。当前国际社会的施压常常忽略某一国的具体国情，而是盲目地从国际责任与道德出发施加压力，但这种压力反而不利于全球气候合作。国内层面上，中国正面临着重大的经济转型压力。2012年以来，中国的传统产业产能过剩异常严峻，对外贸易

---

① 《印尼制定应对气候变化"国家行动"，望与中国合作》，中新网，2010年4月12日，http://www.chinanews.com/gj/gj-lwxwzk/news/2010/04-12/2220565.shtml。
② 张海滨：《气候变化对中国国家安全的影响》，《国际政治研究》2015年第4期，第11页。
③ 王志芳：《中国建设"一带一路"面临的气候安全风险》，《国际政治研究》2015年第4期，第61~68页。

明显下滑，新的经济增长点还处于培育时期。短期来看，中国经济依然处于结构调整过程中。巨大的经济压力，使得中国在气候公共产品的供给和气候治理能力建设上，都可能存在着一定的挑战，从而影响到气候治理的效果。但中长期来看，中国经济硬着陆的风险很低，以可持续发展为核心理念的经济转型有望在 5 年内取得较为明显的效果，从而为中国在气候治理领域的政策制定和能力建设上打下坚实的基础。

B.8
美国在气候问题上的地方应对及启示*

刘元玲**

摘 要： 在美国，各级地方作为应对气候变化问题的重要一环，发挥着举足轻重的作用。有的州具备相应的意愿、权限和能力，它们在应对气候变化的减排、减缓和适应等各方面积极行动，产生了深远的影响。与此同时，很多州基于各种原因对气候问题不甚积极，同样对美国联邦层面的气候政策和行动产生影响，甚至具有相当程度的国际影响力。美国在气候问题上的地方应对，在取得成就的同时面临不少挑战。然而，鉴于气候问题的特殊性，有效应对气候变化必须有全球性的广泛参与，这有赖于世界各国的积极行动。就美国而言，则尤其需要美国联邦层面的努力。研究美国在气候问题上的地方应对，也对中美在该领域的竞争与合作提供一定的启示。

关键词： 美国 地方政府 气候变化

一 为什么地方是重要的？

整体来看，美国应对气候变化的举措主要在三个层次上得以展开：首

---

* 本文为国家科技支撑计划项目"气候变化与国家安全战略的关键技术研究"（项目编号：2012BAC20B06）的阶段性成果。
** 刘元玲，法学博士，中国社会科学院美国研究所助理研究员。

先，美国在全球气候治理过程中通过双边和多边的模式，展开不同层次的气候外交；其次，美国联邦政府采取具有全国性影响的气候政策与行动；最后，州和各地方开展形式多样的实践来积极应对气候变化。美国拥有一个联邦政府，50个州政府，一个特区，至少8万个地方政府，此外还有大量的公司、工会、俱乐部、合作社、家族以及其他根据其执照、章程和相互订立的由非正式协议管理的自愿组成的社团。① 美国在气候问题上的地方应对是指除联邦政府外美国各州（states）、城市（cities）、郡县（counties）、部落（tribes）、地区（regions）等的气候政策与行动，各级地方发挥着非常重要的作用。

首先，无论从总量还是人均来看，美国大部分地方的温室气体排放量都非常高，是应对气候变化的重要一环，很多州的温室气体排放甚至与世界很多发达国家的排放量相"媲美"。例如，据美国能源信息署2015年夏季的最新统计，2013年，得克萨斯州化石能源燃烧所排放的二氧化碳高达7.13亿公吨，同期德国的二氧化碳排放量是8.36亿公吨，日本是14亿公吨。从1990年到2013年的24年间，得克萨斯州年均二氧化碳排放量是6.69亿公吨，不仅在美国各州中名列前茅，而且超出世界很多国家同期的二氧化碳排放水平。2013年得克萨斯州总人口仅2600万人，其人均碳排放量更是高出世界绝大多数国家的人均水平。②

其次，美国政治制度设计决定联邦和各州的关系格局，联邦政府仅在有限的意义上进行统治，州以及地方政府在大多数事务管理上起着决定性作用。美国前任总统里根曾指出："美国国父们认为联邦制像一堵砖墙，各州是砖，中央政府是砂浆。"③ 美国已故众议院议长托马斯·奥尼尔曾有言：

---

① 〔美〕文森特·奥斯特罗姆：《美国联邦主义》，王建勋译，上海三联书店，2003，第16~17页。
② 排放数据是基于美国能源信息署2015年夏天国家能源消耗、价格和支出的数据估算所得。具体参见 "State Energy Data System（SEDS）：1960 - 2013（complete），" http://www.eia.gov/state/seds/seds - data - complete.cfm? sid = US#CompleteDataFile。
③ Schmidt, S., Shelly, M., Bardes, B., *American Government and Politics Today*, Cambridge: Wadsworth Publishing Co Inc, 2011, p. 90.

"一切政治都是地方政治。"地方政府对那些将对气候变化产生决定性影响的重大决策具有最终的决策权,例如,州政府有权通过发挥它们在公共设施、土地利用、建筑、交通、税收、环境项目和其他政策领域的影响力和决策力,从而显著改变当地温室气体排放模式。① 美国各地在环保问题上经常走在联邦的前列,发挥引领作用。例如,在1970年尼克松总统建立联邦政府环境保护署(EPA)之前,美国第一部州《空气控制法》就在1952年由俄勒冈州通过。② 目前,在得克萨斯州的奥斯汀市,地方政府规定当地电力需求的5%来自可再生能源,市政电力部门要购买一定量的风能和太阳能发电,相比较得克萨斯州在气候问题上的总体表现,奥斯汀市无疑走在了前列。总之,在气候问题上,如果地方和州不行动,联邦层面的努力最后很可能会落空。

再次,与联邦政府所面临的困境相比,在一定程度上而言,地方应对气候变化问题的环境相对温和。众所周知,当前美国两党政治极化日趋激烈,由此导致美国府院之争日益突出,在气候问题上两党争执不下,民主党批评共和党在气候问题上的反对态度是对子孙后代的不负责任,共和党则指责民主党在该问题上危言耸听,所采取的很多政策将损害美国经济和就业。与此相比,绝大部分的地方政府不存在类似的情况,尽管美国存在红蓝两州,共和党和民主党各有自己的领地,且共和党统领之地对气候问题的态度往往颇为消极。但是,"相对而言,美国各级州政府比联邦政府在环保问题上更为积极和主动,有时候走在联邦政府前面,特别是联邦政府在环保问题上相对消极的时候"。③ 与府院之争相持不下导致众多气候政策不得不延误乃至取消相比,地方政府面临的类似阻碍相对要小,拥有更多机会和自主性应对气候变化。

---

① "US Environmental Protection Agency," http://www3.epa.gov/statelocalclimate/state/activities/action-plan.html.
② Schmidt S, Shelly M, Bardes B., *American Government and Politics Today*, Cambridge: Wadsworth Publishing Co Inc, 2011, p. 523.
③ 楚树龙、荣予:《美国政府和政治》(下册),清华大学出版社,2012,第1635页。

最后，各级地方应对气候变化的努力和实践会产生超出本地区以及气候领域的溢出效应，从而会影响和推动更高级的政府采取类似行动，并涉及更广泛的领域。例如，美国各地形式多样的能效项目会在减排温室气体的同时降低能源使用成本；城市积极改善公共交通设施将会在减排的同时减少污染并减缓交通拥堵；重新造林以及城市植树项目减排并美化环境；一些地方政府和企业自下而上地探索区域层面的碳交易体系建设对世界其他国家的类似实践提供借鉴并发挥一定程度的引领作用。

总而言之，尽管气候变化是一个全球性的问题，但是很多应对气候变化的关键行动都可以而且必须要在州和各级地方层次上切实开展起来。美国各级地方作为应对气候变化问题的重要一环，它们具备相应的意愿、权限和能力，如果没有地方政府的配合，将很难在气候问题上取得实质性的进展。

二　各级地方做了什么？

美国的50个州以及为数众多的市、县郡等地方政府，情况不同，在应对气候变化问题上的政策和行动也是千差万别，积极应对和消极怠工兼而有之。就采取积极行动应对气候变化的州而言，这些行动灵活多样，主要包括制定温室气体的排放清单以了解排放源、创建气候变化行动计划以减少温室气体排放、为气候变化带来的影响而积极准备、实施相关的气候计划行动、根据计划需要提供相应的更新研究和进展报告。现有的气候政策和行动代表不同的地区规模和辖区范围，有的聚焦于政府行为，有的更侧重于社区建设。不过无论是政府还是社区行为，都注重对减排、减缓和适应等不同领域的努力和尝试。[1]

各级地方的气候政策与行动一般体现在各自的"气候行动计划"中，

---

[1] "Local Examples of Climate Action," US Environmental Protection Agency, http://www3.epa.gov/statelocalclimate/local/local-examples.html#boulder-popup.

计划通常包含如下内容：本地气候风险与脆弱性评估、温室气体基准排放线、目标和受众、可替代的政策选择、减灾行动的识别和筛选、预测行动的未来影响、推荐实施战略。

就实施程序而言，一般包含以下几个方面：（1）与利益攸关方合作，通过召集地方各机构、公众、商业和工业部门来确保战略规划的代表性并获得其支持。（2）美国环保署（EPA）提供方法和工具来支持各州"开发温室气体清单"，以了解温室气体排放来源并确认未来排放趋势。（3）了解气候变化的脆弱性。（4）确立定量的目标，包含减排、节能、经济性等内容的时间表。（5）确立战略优先性并为不同的选择提供评估标准，要考虑时间的紧迫性、减排的有效性、私人部门与公共部门的成本收益、社会公正性、现存机制和项目的兼容性、政治可行性、现存的法律约束、强制执行性、可测量性、协同效益等问题。（6）EPA提供相关的方法和工具来确认和辨别不同的选择及其相应的能源、经济、污染等后果。（7）为政策落实确立相关的启动程序和机制建设。[①]

从内容上看，就应对气候变化的具体举措来看，主要包含如下内容。

（1）设立排放目标。截至2013年8月，美国有29个州已经接受了某种形式的温室气体减排目标或者限制，并建立相关的机构来检测其合规性。截至2014年底，EPA统计有32个州拥有自己的"气候变化行动计划"，32个州参加了旨在节能减排的"以身作则案例研究"。[②] 有的目标通过立法得以确立，有的是各州州长通过颁布行政命令来实施或者是由州咨询委员会通过气候变化行动计划来实施，从而在一定时间段内实现州范围内的温室气体减排限制。

（2）区域温室气体倡议（Regional Greenhouse Gas Initiative，RGGI）。RGGI是美国第一个以市场为基础的强制性减排体系，2009年1月1日正式实施，应用于10个州的168个电力生产设备，约占该地区电力产生排放的

[①] "US Environmental Protection Agency," http：//www3.epa.gov/statelocalclimate/state/activities/action-plan.html.

[②] "State Climate and Energy Program," http：//www3.epa.gov/statelocalclimate/state/.

二氧化碳总量的95%。RGGI将该区域2005年后所有装机容量超过25MW的化石燃料电厂列为排放单位,要求到2018年其排放量比2009年减少10%。2013年2月,参与该项目的州对此做出了调整,2014年该项目覆盖的二氧化碳排放达到9100万短吨,比上一年的1.65亿短吨少了45%,并且从2015~2020年每年减少2.5%的二氧化碳排放。在这个倡议之下,90%的排放限额将通过竞拍获得。2013年3月,累计竞拍的限额数量达到120亿美元。参与的各州已经将80%的拍卖所得用于消费者福利项目,包括在州和地方层次投资能源终端利用效率项目以及可再生能源部署项目。[1]

(3)加州的全球变暖解决法案。加州在应对温室气体排放领域一直走在美国乃至世界的前列,2006年加州通过了《全球变暖解决方案法》,是美国首个全面、长远的涉及减排目标和应对措施的气候变化法案。该法案要求加州在2020年将温室气体排放控制在1990年的水平,并指定加州空气资源委员会为法案的领导实施机构。此外,加州议会还颁布了Assembly Bill 1803法案,授权加州空气资源委员会从2007年起接替加州能源委员会承担温室气体清单编制职责,此举为加州温室气体清单编制提供了法律基础和政策保障。

(4)电力部门标准。2013年2月,纽约、奥尔良和华盛顿三地为电力生产部门设定了温室气体排放标准,要求电厂的排放等于或低于现存的排放标准。例如,纽约新的或者是扩建的基荷电站(25兆瓦或更大)必须符合一个排放比率:每兆瓦时发电排放925磅的二氧化碳或者每120磅的二氧化碳要产生一百万英热单位。非基荷电站(25兆瓦或更大)必须要满足每兆瓦产生1450磅二氧化碳或者每排放160磅要产出一百万英热单位。此外,加州、奥尔良、华盛顿也设立了应用于发电设施的排放标准。截至2013年1月,29个州拥有可再生能源组合标准,要求发电厂必须向用户提供一定数量的可再生能源的发电量或者是安装一定数量的可再生能源发电设备,例如屋顶太阳能等。

---

[1] "Regional Greenhouse Gas Initiative," http://www.rggi.org.

(5) 能效项目和标准。截至2013年8月，18个州已经设置了强制的能源效率标准，要求相关设施每年减少一定数量或者一定比率的能源消耗，这些设施大多是利用公益基金来投资。同期19个州以及华盛顿特区已经设置了一些相关的公益基金，消费者通过投资这些公益基金进行能源效率和可再生能源项目的投资。很多州和地方政府以身作则，在它们自己的办公楼或者相关建筑中通过设置各个项目来减少能源使用和碳排放。

(6) 公私合营项目。能源利用合作伙伴计划（Energy Utility Partnership Program，EUPP）是由美国能源协会创建的一个非营利性的协会，致力于提高对能源问题的理解和认识。EUPP基于自愿伙伴关系将能源公用事业、能源系统的运营商、能源市场等结合起来，并由美国国际开发署辅助，与其他能源服务供应商和同行业领域合作。这有助于各个能源服务供应商在日常规划、运作和管理公用事务方面分享经验。①

(7) 地方政府的气候外交活动值得重视。美国地方政府直接参与气候外交的空间有限，而联邦政府无论是在气候外交还是国内气候变化应对政策方面都持消极态度，更多的地方政府采取了更具野心但却不触及宪法有关联邦与地方政府分权规定的措施，即根据自身管辖区域的具体情况，直接采纳《京都议定书》的部分甚至大多数指标，从而间接参与到全球层次的气候外交中。②

三 特点分析

第一点，地方在应对气候变化方面表现各异，总体来看积极和消极并存。与以上描述的各州积极行动应对气候变化同时存在的是，有些州对气候变化的应对举措不甚积极甚至采取抵制态度，例如截至2014年底，全美50个州和华盛顿特区中，参加相关应对气候变化项目的州有40

---

① "California Air Resources Board (ARB) ," http://www.state.gov/documents/organization/219038.pdf.
② 潘亚玲：《美国气候外交中的地方参与》，《美国研究》2015年第5期，第74~90页。

多个，只有7个州没有参与以上相关气候变化政策与行动项目中的任何一个。它们分别是密西西比州、阿拉巴马州、爱荷华州、北达卡塔州、内布拉斯加州、田纳西州和印第安纳州。值得关注的是，这7个州具有共同特点，即在1992~2008年的大选中均是共和党获胜的州，党派政治对气候政策的影响在此得以凸显。还有一些州在一些具体问题上表现出反对态度，例如2010年3月，美国18个州的州长联名写信给国会要求停止环境保护署对温室气体排放的监管规定，称这些规定将增加成本最终损害美国经济的竞争力。① 针对奥巴马提出的"清洁电厂计划"——同时也是奥巴马政府气候政策与行动的关键内容——24个州联合起诉该计划涉嫌违法违宪。② 此外，以2014年美国新能源政策在各州的发展情况为例：纽约在电力市场转型方面进行大刀阔斧改革，并提高屋顶太阳能价格以积极推动新能源的开发利用；南卡在净计量电价政策（NEM）和分布式能源方面都有进步；佐治亚在新能源的开发和利用方面也取得进步。与此同时，俄亥俄州冻结其清洁能源发展计划并将NEM告上法庭；威斯康星州降低屋顶太阳能价格并且对新能源公司收取高额费用；佛罗里达州降低了新能源的发展目标，还在2015年底停止对太阳能的退税计划；堪萨斯州也打算未来终止可再生能源的组合目标。③

第二点，美国各地在应对气候变化方面的做法具有很大的灵活性和自主性。就美国各州而言，截至2014年底，美国有38个州编制了温室气体排放清单，38个州制订了气候适应计划；从时间上来看，大多数是在2008前后开始公布，其中最早的是西弗吉尼亚州从2003年就已公布，最晚的是俄亥俄州到2011年才公布；就减排的基准年而言，有的州将基准年设置成1990年，而有的州则定为2000年；就目标年而言，有的州以2020年为目标年，

---

① 《美国18个州的州长要求国会叫停环境保护署温室气体排放规定》，2010年3月11日，http://www.cngse.com/news/1/_93.html。
② 《24州联合起诉奥巴马违法违宪 清洁能源计划何去何从》，网易财经，2015年10月27日，http://money.163.com/15/1027/10/B6U5B3MO00253B0H.html。
③ Julia Pyper, "Clean Energy Policy Wins and Losses of 2014," http://www.greentechmedia.com/articles/read/clean-energy-policy-wins-and-loses-of-2014。

而有的州则以 2025 年、2030 年为目标年；就设定的政策内容和行动计划而言，有的州提出了长达 200 页的详细政策与行动内容，而有的州则十分简单粗糙；就周期评估而言，并非所有的州注重周期评估，目前加州是仅有的要求每 5 年进行一次评估的州。①

就评估方法而言，不同的州和地方采用不同的方法和模型。有的用投入产出比的分析方法，例如加利福尼亚、新英格兰、奥尔良、宾夕法尼亚、西南联盟地区；有的用旧有的经济模型法，例如加利福尼亚、马萨诸塞、明尼苏达、华盛顿。纽约州采取了一个名为能源效率的项目，通过模型计算出 1999~2006 年此项目对劳动力市场产生的影响：创造了 2024 个人与商业服务部门的工作岗位、1323 个批发和零售部门的工作岗位、876 个建筑部门的工作岗位，与此同时导致 336 个电力行业的工作岗位丧失。同时，此项目在 1999~2017 年对经济的影响为，创造了 4100 个以上的工作岗位，每年净增加劳动力收入 1.82 亿美元，每年净增加产出 2.44 亿美元，每年增加净附加值 1.04 亿美元。②

第三点，环境保护局发挥重要作用。EPA 在指导各州气候行动方面发挥了不可替代的作用，对应对气候变化的各个步骤发挥了重要影响。例如 EPA 有十个地区办公室，每一个办公室负责所管辖范围内几个州的项目执行情况（见图 1）。③

第四点，地方政府重视经济因素在气候政策制定中的作用。美国环保局在对地方应对气候变化的经济效应方面做评估和研究，既有针对各州的情况介绍，也有针对不同项目的情况介绍。④ 美国环保局曾对 22 个地方清洁能

---

① "Climate Change Action Plans/State and Local Climate and Energy Program," United States Environmental Protection Agency, http://www.epa.gov/statelocalclimate/local/local-examoples/action-plans.html#all.
② "Quantifying Economic Benefits," United States Environmental Protection Agency, http://www.epa.gov/statelocalclimate/state/activities/quantifying-econ.html.
③ "United States Environmental Protection Agency," http:www.epa.gov.
④ "State Activities," United States Environmental Protection Agency, http://www.epa.gov/statelocalclimate/state/activities/index.html.

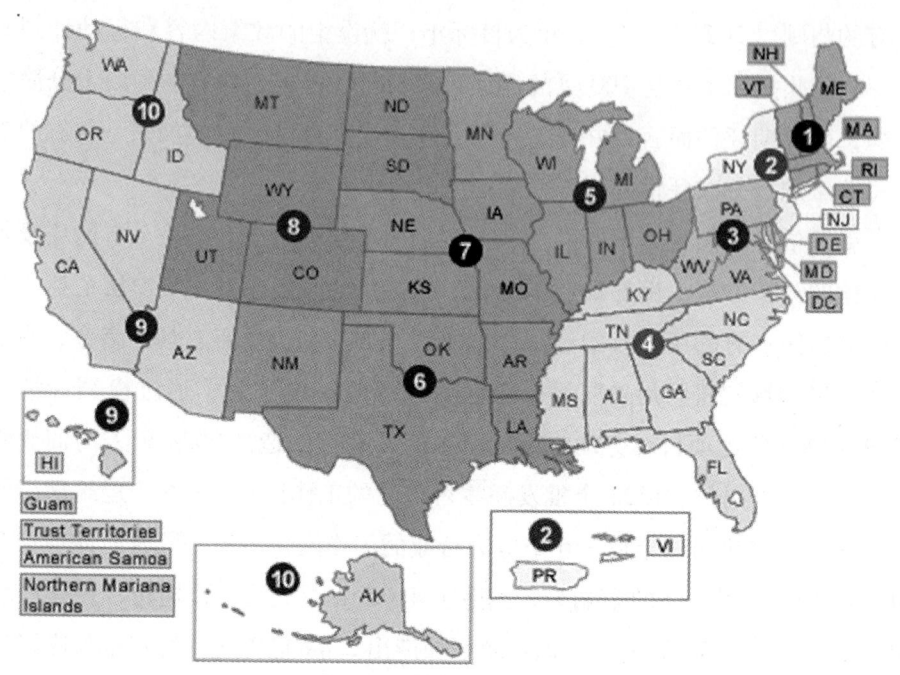

图1 美国环保局下属的十个地方管理分支机构

源项目做了经济收益分析。例如2005年发布的《佐治亚州能源效率潜力的最终评估报告》，分析了三种情景（最小程度、中等程度以及激进程度）下的能效收益情况，认为在能源利用方面2010年减少电力生产1207～4749千瓦时，地区电力批发成本2015年下降0.5%～3.9%，在2015年的峰值需求上减少1.7%～6.1%。在温室气体减排方面，在2010年基准上，二氧化碳排放减少0.6%～2.4%，二氧化硫排放减少0.2%～1.3%，氧化硫排放减少0.3%～1.9%。对就业方面的影响，每百万净收益可产生1.6～2.8个工作岗位，到2015年将产生1500～4200个工作岗位，人力收入到2015年将增加4800万到1.57亿美元。①

---

① "Summary of Benefits Analyses and Findings in 22 Clean Energy Studies," http：//www.epa.gov/statelocalclimate/documents/pdf/Benefits_Analyses.pdf.

四 对地方行动的评价

第一,各地方在应对气候变化问题上动力和阻力并存,对应了在实际行动中消极州和积极州的共存。其动力主要体现在:(1)通过积极应对气候变化可以避免更多的损失损害的发生,例如由于极端天气引发的经济损失和人员伤亡,由于空气污染导致的健康损失。有研究称空气污染导致的与健康相关的影响在加州的 San Joaquin Valley 一个地方就造成每年 30 亿美元的经济损失,整个国家也面临相似的成本问题。[①](2)积极应对气候变化的收益明显。通过提高能效和节约能源使用将会为当地商业部门和居民节省成本,有利于促进当地经济发展;减排的很多举措不仅长期有利于减缓气候变暖,而且近期对改善空气质量尤其是不符合联邦空气法要求的地方产生激励作用;得益于市场机制尤其是清洁发展机制的实行,地方在减排的同时可以获得巨大的经济效益。(3)有些地区应对气候变化更为积极,这主要是因为:受气候变化或极端天气影响更大的地方更加倾向于采取积极应对的政策;只有当应对气候变化的政策在推动和实施过程中不会对当地经济造成直接的重大威胁时,这种政策才有可能被制定和贯彻执行下去;应对气候变化需要地方政府提供强大的资金和政策支持,因此地方财政富裕的政府更容易开展应对气候变化的行动和措施。[②]

与此同时,很多地方也面临巨大的阻力。这主要体现在:共和党主政的地方在应对气候变化方面一般面临的压力会更大,表现更为消极;广大的化石能源利益集团的存在也对其所在地产生影响,从而阻碍相关气候政策和行动的展开与实施;温室气体排放大户也避免参与到应对气候变化的行动中。

---

① Jane Hall, Victor Brajer, Frederick W. Lurmann, "The Health and Related Economic Benefits of Attaining Healthful Air in the San Joaquin Valley," *California State University Fullerton: Institute for Economic and Environmental Studies*, March, 2006.

② Zahran, S., Grover, H., Brody, S. D., et al., "Risk, Stress, and Capacity: Explaining Metropolitan Commitment to Climate Protection," *Urban Affairs Review*, Vol. 43, No. 4 (March 2008), pp. 447–474.

如，2011年得克萨斯州向联邦上诉法院提出申请，要求驳回奥巴马政府对该州控制温室气体排放的要求，认为联邦政府已经越权并干涉了该州的立法权。①

第二，各级地方政府在应对气候变化方面成就和不足并存。全国范围内的地方政府已经采纳了正式的气候保护计划并且达到了温室气体减排目标。到2005年，城市和郡县所报道的气候保护倡议已经削减温室气体多达230万吨/年（相当于180万户家庭的排放、210亿加仑的汽油）。这些倡议也已经具有持续的协同效应，例如每年减少了当地的空气污染，节约了多达5.35亿美元能源和燃料成本。②

总体而言，正如有研究指出的那样：在联邦政府无所作为或者说少有作为的情况下，州和地方政府积极参与，推动清洁能源发展和相关应对气候变化的政策实施，这为在全美更大范围内开展气候行动奠定了基础。更重要的是，在联邦层面的政策游移不定的时候，州和地方政府的积极努力为联邦政府持续关注气候变化、推动低碳经济发展，在一定程度上起到了引领作用。③

与此同时，应对气候变化的工作尚未在全国范围内普遍展开，很多州并没有应对气候变化的方案，减排目标地方差异较大，措施考虑不够周全，现有措施的落实情况也存在不少问题，联邦政府分配的资源较少，还存在很多资金方面的限制。④ 这是因为：（1）即便是城市做最大的努力也仅仅局限在有限的范围内，不能达到经济发展所需要的规模，减排的力度也缺乏雄心。（2）地方有关气候变化方面的行动所具有的权威性不足，很多规则和立法的权限还是要依赖州和联邦政府。（3）地方政府由于面临财政压力等困境

---

① 《德克萨斯州再次反对美国环保局要求该州控制碳排放》，中国环保网，2011年1月11日，http：//www.chinaenvironment.com/view/viewnews.aspx？k=20110111152224281。
② ICLEIU.S. "Cities for Climate Protection Progress Report," 2005.
③ Devashree Saha, "Sub‐National Climate Change Actions Prevail Over National Politics," November 5, 2014, http：//www.brookings.edu/blogs/planetpolicy/posts/2014/11/05‐climate‐change‐national‐politics‐saha.
④ Stephen M. Wheeler, "State and Municipal Climate Change Plans: The First Generation," *Journal of the American Planning Association*, Vol. 74, No. 4 (2008), pp. 481–496.

往往处于不利地位。对很多城市和郡县来说，它们用来应对气候变化的资源非常稀缺。此外，不同的气候政策落实往往会带来一些矛盾和冲突，对不同地区的商业运营带来挑战。

第三，联邦和地方的互动关系方面，二者相互影响，在不同的地区有不同的表现。在现行的联邦与地方的权力格局中，若想推动某项有关气候方面的行动顺利开展，比较好的模式是联邦积极主导推动，下层认真配合，或者是自下而上的积极互动，即州和各地走在前列，联邦适度参与并给予广泛支持。例如，奥巴马政府也重视地方政府在应对气候变化方面的作用和影响，并通过各种举措鼓励支持积极行动的州，并通过发挥联邦的影响作用以及本人的游说努力来敦促相对消极的州能向前进。2013年11月，奥巴马政府组建特别小组，旨在推动美国各州政府和地方政府积极参与全球气候变化行动。① 这一点在行动较为积极的州体现得比较明显，呈现一种良性互动。

与此同时，也广泛存在相反的情景。联邦的推动伴随着州和地方的反对，或者是地方的努力得不到州或者联邦的认可等。最明显的莫过于各州对奥巴马政府提出的"清洁电厂计划"的抵制导致目前该计划被迫中止，使得目前奥巴马政府期间的气候政策与行动的最终效果大打折扣。此外，奥巴马宣布减排新规则之后，美国最大的温室气体排放州德克萨斯州需要完成的减排任务在减排总量中占比超过1/4。该州州长里克·佩里在一份声明中称：新规则将只能进一步遏制本已经缓慢的经济增长，加重美国家庭的能源成本。路易斯安州相关领导则誓言反对新规则。②

五 启示

首先，从研究的角度看，加强对美国地方气候应对的研究，将有助于我们更好地理解美国联邦气候政策与行动以及气候外交。全球气候治理是国际

---

① "President Obama's State, Local, and Tribal Leaders Task Force on Climate Preparedness," November 1, 2013, http://www.Whitehouse.gov/blog/2013/11/01/.
② 盛媛：《美国减排新规：各州"几家欢喜几家愁"》，《第一财经日报》2014年6月4日。

社会共同就人类面临的气候威胁采取的集体行动，旨在确保人类社会获得安全可持续发展。美国作为全球最主要的温室气体排放国，无论是从历史累计还是现实排放来看，无论是从总量还是从人均而言，都名列前茅，是国际气候治理不可或缺的重要参与者，因此加强对美国气候政策与行动的理解尤为重要。而在"一切政治都是地方政治"的美国，离开了对州以及各级地方的认识和理解，将很难对美国气候政策与行动做出客观真实的判断。

其次，从中美比较研究来看，研究美国地方在气候问题上的应对，将有助于我们更好地理解中美在应对气候问题上的差异。两国在国体和政体方面的巨大差异，导致了中美双方中央和地方的关系格局大不相同，美国各州和地方拥有的权力之大是不可想象的，而美国联邦政府在很多事关"国计民生"的重大议题上所表现出的无可奈何甚至无所作为，某种程度上也是我们所不能接受的。在这样迥然相异的背景下，考察美国各州和地方在气候问题上的应对，若想拿中国国内的实际发展作为比照，则需要格外谨慎。

最后，在实际操作中，双方要针对具体议题具体分析，因地制宜，取长补短。美国很多地方性的努力都是开始于各行为主体的自觉自愿，发展到一定阶段就会获得更高一级政府的关注从而发挥更大的影响力，这在尊重和保障地方自治方面值得称道，但是也面临诸多挑战。芝加哥气候交易所的失败就说明仅通过自愿交易难以实现既定的减排目标，也无法保障气候安全，正如耶鲁大学著名经济学家诺德豪斯教授所言：对于依靠愿望、信任、富有责任感的公众、环境道德和内疚感来实现主要减排目标是不现实的。① 我国在节能减排方面经常出台一些自上而下的举措，例如采取强硬手段关停大量涉污企业，的确在短期内取得了立竿见影的效果，然而如何应对由此引发的社会、经济问题以及保证管理举措的科学性和可持续性，也是一大现实挑战。电力行业作为排放的重点，往往是各种气候政策的焦点，美国对此采取了很多的做法来限制电力行业的减排。然而，需谨记在心的是美国电力企业绝大

---

① 温岩、刘长松、罗勇：《美国碳排放权交易体系评析》，《气候变化研究进展》2013年第2期，第144~149页。

多数为私企，电价跟随市场波动，若加入排放交易体系则电价会同步上涨。而我国的绝大多数发电企业为国企，价格多由行政机构主导，因此可以想象，假如电力行业进入碳交易体系，将会引发一系列不同于美国市场的连锁反应，再考虑到我国东西南北之间的巨大发展差异，贫富群体对物价上涨的不同承受力，这对我国经济社会的平稳发展都将是一大考验。因此，在吸收和借鉴美国经验的同时，也需要有所甄别，格外谨慎。

· 双源性非传统安全研究 ·

B.9 加强对极端宗教势力的"去极端化"治理[*]

谢贵平[**]

摘　要： 近年来，受国际极端宗教势力的影响，新疆境内的极端宗教势力勾结国际极端宗教势力，利用现代信息技术手段，对新疆的教育、宗教和文化领域进行广泛深入的思想渗透破坏，鼓吹"伊吉拉特"圣战，毒害了越来越多的新疆伊斯兰民众，一些人偷渡出境参加"圣战"，并伺机回流境内制造暴恐活动，给边疆地区民族团结和国家安全造成严重威胁。在新形势下，中国政府只有采取内政与外交的复合应对，才能加强对极端宗教势力的"去极端化"治理。

关键词： 极端宗教势力　去极端化　治理

---

[*] 该文为国家社科重大招标项目"中国非传统安全威胁识别、评估与应对研究"（项目编号：12&ZD099）；国家社科重大招标项目"民族宗教与国家治理问题研究"（项目编号：15ZDB123）；国家社科重点项目"新疆南疆城乡基层社会治理机制研究"（项目编号：14AZD054）；国家社科一般项目"新疆重大突发社会安全事件应急管理体系研究"（项目编号：12BZZ019）；新疆人文社科重点研究基地非传统安全与边疆民族发展研究院重大招标项目"《边疆安全学》理论体系建构研究"（项目编号：090115A02）、一般项目"政府应对敌对势力'新媒体政治动员'安全威胁的对策研究"（项目编号：090115C03）；塔里木大学校长基金一般项目"话语安全与涉疆事件媒体报道研究"（项目编号：TDSKYB1609）的阶段性成果。

[**] 谢贵平，管理学博士，教授，硕士生导师，新疆维吾尔自治区人文社科重点研究基地、塔里木大学非传统安全与边疆民族发展研究院常务副院长，主要从事边疆非传统安全研究。

加强对极端宗教势力的"去极端化"治理

长期以来,受国际极端宗教主义的影响,新疆境内的极端宗教势力为了实现他们分裂新疆的目的,与国际极端宗教势力相互勾结,打着"维护宗教""保护民族"的幌子,对新疆的教育、宗教和文化等领域进行渗透破坏,大肆散播宗教极端思想,企图通过绑架维吾尔族、绑架伊斯兰教与党和政府对抗。新疆包括内地一些地区所发生与破获的一系列暴恐案件都与极端宗教思想"圣战殉教进天堂"的滋生蔓延和影响密切相关,严重威胁到新疆的民族团结与安全稳定。经过国际恐怖主义势力十余年"迁徙圣战"极端思想的蛊惑和教唆,新疆境内的极端分子纷纷通过新疆、广西、云南、广东乃至东北等边疆地区偷渡出境,参加境外"东突"组织乃至投奔国际恐怖势力"伊斯兰国"(IS)参加所谓的"圣战",一些不明真相的伊斯兰群众思想受到蛊惑后,走上"伊吉拉特"①之路,对中国边疆安全造成严重威胁。因此,采取内政与外交的复合应对,大力推进对新疆极端宗教势力的"去极端化"治理,已是刻不容缓。

一 新疆极端宗教势力的历史渊源

2015年,国际社会发生了多起由极端宗教势力尤其是"伊斯兰国"制造的暴力恐怖案件。由于历史和现实的原因以及受国际大环境影响,新疆境内的"三股势力"与国际"三股势力"相勾结,对伊斯兰教教义

---

① 伊吉拉特为阿拉伯语,意为"迁徙",它源于伊斯兰教历史上的一次重大事件。公元7世纪初,穆罕默德在麦加创立和传播伊斯兰教,宣扬平等、慈爱等理念,受到下层民众的拥护。但是,穆罕默德所传的教义触犯了麦加贵族的利益,他们采取各种手段迫害伊斯兰信徒,直至搜捕追杀穆罕默德本人。在危难时刻,穆罕默德被迫率领伊斯兰信徒,由麦加迁徙到相距400公里的麦地那,继续传教事业,并创建了统一的伊斯兰社团"乌玛",确立了在当地的统治地位,最后又胜利返回麦加,相继统一了阿拉伯半岛各部落。穆罕默德的这次迁徙活动被称为"伊吉拉特",标志着伊斯兰教的传播开始了新的历史时期。由此可见,"伊吉拉特"既不是教义的规定,更不是充斥着暴力。然而后世的伊斯兰极端主义者篡改宗教教义、捏造"宗教迫害",将"伊吉拉特"("迁徙")和"圣战"进行捆绑,做出歪曲和极端化解释,在近现代已经完全变异为宗教极端思想,成为当前暴力恐怖主义的精神支柱和思想根源,并催生出恐怖主义向全球蔓延。

进行歪曲解读，捏造"宗教迫害"，煽惑一些新疆伊斯兰群众出逃境外，参加境外的"东突"组织或国际恐怖组织的"圣战"，经过实战训练后再潜回到中国国内实施暴恐活动。当前新疆极端宗教势力的违法犯罪活动是"双泛主义"（泛突厥主义、泛伊斯兰主义）思潮在新疆演变发展的历史产物。

19世纪中后期，中亚、西亚地区操突厥语民族和伊斯兰世界为了抵御西方国家尤其是沙俄和英国的殖民侵略，谋求自身发展，兴起了一股"双泛主义"的思潮及其实践运动，对于这些地区一些国家的民族和独立运动曾起到一些积极作用。但是，当"双泛主义"思想20世纪初传入奥斯曼土耳其后，一些封建宗教上层则加以利用和改造，使其成为一种偏激的民族沙文主义和宗教狂热的社会思潮。一些国家内部的分裂势力则以此为号召，打着宗教旗号，强调宗教认同，反对"异教徒"，号召"圣战"，最终使其成为近代民族分裂主义思想的重要依据。列宁曾一针见血地指出："泛伊斯兰主义是企图利用反欧美帝国主义的解放运动来巩固其可汗、地主、毛拉等地位的一种反动思潮。"[1]

清末民初，一些到中亚、西亚学习宗教知识、朝觐与经商的新疆籍知识分子、宗教人士、商人等，接受了此期滥觞于中亚、西亚的"双泛主义"思想并将之传入新疆，在民国期间逐渐发展形成新疆的民族分裂势力，其代表人物主要有穆罕默德·伊敏、麦斯武德·沙比尔与沙比提大毛拉等。他们利用新疆少数民族民众对当时政治反动、社会腐败、经济贫穷的不满和改变现状的强烈愿望，把当时中亚、西亚等一些被压迫民族反对欧洲殖民者、争取国家独立的思想嫁接演绎到中国新疆，利用新疆伊斯兰群众浓厚的民族宗教情感，把当时新疆汉族军阀如杨增新、金树仁、盛世才包括后来的国民党视为殖民统治者。他们为了实现把新疆从中国独立出去的目标，号召少数民族民众推翻所谓的"汉族殖民统治，实现民族独立"。此后，"泛伊斯兰主义"被新疆的极端势力所利用，发展演变为今天的极端宗教主义，并包含

---

[1] 列宁：《列宁选集（第四卷）》，人民出版社，1972，第275页。

有"泛突厥主义"内容。长期以来,这种极端宗教势力又与民族分裂势力及暴力恐怖势力融为一体,成为困扰新疆经济发展、社会稳定和国家安全的重大隐患。

早在20世纪80年代,国际伊斯兰原教旨极端组织和宗教极端势力如"世界伊斯兰联盟"中的"伊扎布特"①和"台比力克"②等就曾多次进入新疆进行煽惑宣传并发展组织和成员。20世纪90年代以来,国际社会"三股势力"不断泛滥,为国内外极端宗教势力对新疆的渗透破坏提供了有利的国际环境。后来,这些国际极端宗教组织逐渐在新疆生根发芽并逐步实现本土化。近年来,新疆内外的极端宗教势力又极力鼓吹煽惑伊斯兰民众走"伊吉拉特""圣战"之路。

二 极端宗教势力极端思想渗透内容与特征

(一)渗透内容

1. 鼓吹伊斯兰教至上

主张用伊斯兰法取代国家法律,宣扬"推翻现行的异教徒政府",鼓吹"我们除了真主之外,不服从任何人","只信仰安拉,也只能服从安拉,我们要走安拉指引的路","我们应当将一切希望寄托于真主,拒绝为汉人政

---

① 伊扎布特,又称"伊斯兰解放党"或"伊斯兰拯救党",1953年最早成立于中东耶路撒冷,20世纪80年代逐步演变成一个以"推翻各国世俗政权、建立全球伊斯兰神权国家"为主要目标的宗教极端组织,其宗旨是通过发动"和平圣战"将伊斯兰教义推向世界,建立单一的、以伊斯兰教法统治的"哈里发"国家。20世纪90年代以来,在苏联解体后经中亚国家传入新疆境内,并开始与"东突"势力合流。1999年6月,"伊扎布特"在乌鲁木齐市成立新疆总部,向各地辐射发展,已成为影响新疆社会政治稳定的一大毒瘤。

② 台比力克,原为巴基斯坦组织一宣传机构的名称,后传入新疆,为"东突"分裂势力所利用,意为宣讲经文,主要是通过隐蔽的方式对《古兰经》进行歪曲宣讲和传教,是一种非法宗教活动。在这项活动中,讲经人经常走乡串户,不请自来,进入教民家中,坐下即开讲,讲完就走,不通姓名,不问地址,行为诡秘,往往在所谓的讲经活动中传播分裂思想,煽惑"圣战",成为极端宗教思想散播的一个重要途径。

府做一切工作"等。

２. 极端排斥"异教徒"

把信仰安拉以外的一切事物都视为"穆西热克"（多神崇拜者）、"异教徒"和"叛教者"。把人类社会进行极端区分，认为除了"穆斯林"就是"异教徒"，进行"迁徙圣战"的目的就是要"消灭异教徒"。公开散布"谁把政府法规当作'圣经'执行，谁就是异教徒"；"给政府工作的人死后会进地狱，真正的穆斯林不与共产党来往"，"对没有宗教（信仰）者和异教徒要残酷无情，穆斯林之间则要相亲相爱"，"妇女不蒙面不是真正的穆斯林"等。

３. 宣扬"阿拉木"①论

宗教极端势力宣扬，不是建立在《古兰经》和"圣训"基础上的国家政权是非法的，都是"阿拉木"，都应该被推翻；他们以《古兰经》和"圣训"作为衡量一切是非对错的标准；散布"凡是政府颁发的证件如营业执照、结婚证、户口本等，都是无效的"；"共产党修建的安居房是阿拉木"、"给汉族人打工、领取政府工资是阿拉木"、"抽烟喝酒的人死后将下地狱"等。

４. 对多义性宗教词语概念进行极端化解释

对伊斯兰教历史上形成的一些词语和概念如"圣战""吉哈德"等所象征的宗教意义和价值取向做出极端化解释，其目的一是诱导正常的宗教信仰走向极端化，强化穆斯林民众的偏执和激进思想；二是打着宗教的幌子从事暴力犯罪活动，并把从事暴恐犯罪的"圣战"者美化为"民族英雄"，把他们的杀人犯罪说成是对"恶魔"的惩罚，"就是死了也可以进天堂"，以此造成人们思想认知上的混乱。

５. 鼓吹"圣战"

宣扬"圣战"是穆斯林应尽的"宗教义务"，"一个人一生至少要经过一次'圣战'、杀死一名异教徒或民族败类可以殉教进天堂，否则他就没有尽到宗教义务，他的死也就毫无意义"，"只要能杀死异教徒或民族败类，

---

① "阿拉木"，阿拉伯语意义为"违背伊斯兰教法的"、"严厉禁止的"。

一切手段都是'合乎伊斯兰教法'的,都是尽宗教的义务";没有对异教徒进行"圣战"过的人就不是真正的穆斯林,"不杀异教徒的人不是真正的穆斯林"。他们极力煽惑穆斯林离开故土参加"迁徙式圣战",用恐怖活动向不信仰真主的社会开战。

6. 建立神权政治

极端宗教势力鼓吹,建立伊斯兰教神权是"真主"的唯一理想。"伊斯兰真主党"等极端组织公开宣扬:"我们的目的就是继续进行宗教领袖穆罕默德领导的伊斯兰斗争,建立政教合一的伊斯兰神权。"极端伊斯兰势力曲解"伊吉拉特"的本来含义,煽动蛊惑穆斯林立即行动起来进行"圣战",其目的是为了建立一个所谓的伊斯兰教法统治的国家。

(二)渗透特征

1. 欺骗性

极端宗教势力以宗教名义进行自我包装,打着"捍卫和复兴伊斯兰教"的旗号,夸大伊斯兰教的危机意识,宣扬以极端手段达到净化信仰、纯净宗教、排除异己等目的。一些暴恐视频歪曲讲解《古兰经》,美化"圣战",鼓吹"天堂论"。为了骗取更多的宗教极端分子出逃国外,他们取材于一些暴力和战争类影视作品,通过网络搜集素材并进行剪辑伪造暴恐视频;有的暴恐视频则是极端宗教组织自己导演的,视频里面的"占领"和"解放"了某个地点等所谓"战果"都是虚假的。视频里暴恐组织武装队伍强大,有坦克大炮,有宏大的训练场面,甚至犹如"战争"大片。他们还鼓吹"国外风景好,容易赚大钱,就像天堂一样",其目的就是骗取更多的新疆穆斯林加入极端宗教组织。

2. 毒害性

极端宗教势力除了利用传统的传单、书籍与音像制品进行渗透破坏之外,还利用网络、微信群、QQ群、手机卡等现代信息技术手段进行网络政治动员,渗透破坏的手段不断更新升级,这使得当前新疆的极端宗教思想由思想化向思潮化、社会化、政治化与国际化演进发展,尤其是近年来他们利用新媒体通过网络化或电子化"圣战"进行思想渗透，很多年轻人利用手机通过上网就能接触到大量的宗教极端思想。2014年乌鲁木齐的"5·22"暴恐事件，就是极端宗教组织团伙成员在观看"东伊运"制作的"伊吉拉特"暴恐视频后实施的。

3. 政治性

极端宗教势力极力宣扬不承认现政府及法律，要"打倒异教徒"政府，建立伊斯兰教法统治的哈里发国家，推翻世俗政权，图谋把新疆分裂出去，把矛头直接指向中国共产党和人民政府，鼓动教民起来推翻人民政府，建立政教合一的政权，破坏国家统一，危害国家安全，具有明显的政治目的，即强烈的反政府倾向和赤裸裸的政治分裂野心。

4. 暴力性

极端宗教势力鼓吹"不服从安拉、反对伊斯兰教的，都是异教徒"。他们希望建立一个伊斯兰联盟，要把伊斯兰教渗透到全世界所有国家，谁反对就对谁"圣战"。为了达到分裂目的不惜采取一切手段，他们非法制造、运输与买卖爆炸物，主张滥杀无辜，采取爆炸、放火、暗杀、暴乱等暴恐手段，残害各族民众，制造民族对立，推翻政府，分裂祖国，强调以暴力恐怖手段达到其政治目的；宣扬在暴恐活动中"升天"是无比荣耀的，也将会在"天堂"里得到表彰，这种所谓的"殉教"精神，是极端宗教势力疯狂制造耸人听闻的各种暴恐事件的重要内在驱动因素。

5. "洗脑"性

极端宗教势力通过向教民灌输伊斯兰极端思想，如"伊斯兰解放党"在其章程中明确规定，加入该组织必须"以真主的名义宣誓做一名伊斯兰的卫士和忠诚者"，"以'言行'接受'伊斯兰解放党'的思想观念和理论"，"信任解放党的正确管理，当其决定与自己的观点相异时也要执行"，"为实现'伊斯兰解放党'理想甘愿献出自己的一切"，几乎所有的恐怖组织成员都经历过暴恐音视频的洗脑。通过这些极端思想灌输等"洗脑"活动，加强对教民的控制。

6. 难治性

首先，宗教极端势力进行境内外、区内外、跨地区与县市联动，渗透破坏活动由公开转向隐蔽、集中转向分散、固定转向流动、本地转向外地，采取上门教经和电话预约教经甚至直接在电话里宣传极端宗教思想。其次，多数思想受到毒害者在服刑和劳教期间仍然思想极端、立场顽固、抗拒改造。最后，宗教矛盾与政治矛盾相互交织、宗教矛盾与民族矛盾相互交织、宗教的人民内部矛盾与敌我矛盾相互交织，所有这些都加大了对极端宗教思想渗透破坏的治理难度。

三 极端宗教活动的表现形式及危害

多年来，境内外极端宗教势力传统手段与现代技术相结合，大肆对新疆进行极端思想的渗透破坏，其渗透对象从青少年到妇女、老人甚至儿童，从中小学生到大学生，从普通群众到一般干部，从商人到知识分子，从社会闲杂人员到政府官员，可谓是无孔不入，严重威胁到新疆的安全稳定。

（一）极端宗教活动的表现形式

在穿着仪表上，以宗教名义蛊惑、强迫、煽动、威胁他人，强行要求穆斯林男人要留大胡须，妇女要蒙面穿罩袍，以此作为区分所谓穆斯林与"异教徒"的标志，创设浓厚的宗教氛围，并称此为宗教义务；在公共场所举行宗教活动，威胁、指责与辱骂世俗化、现代化的维吾尔族民众"不是真正的穆斯林"。对不戴头巾、穿牛仔裤、说普通话等的维吾尔族妇女或女孩，当街唾骂或警告、恐吓，对着装时尚化的维吾尔族人士多以各种方式进行威胁甚至殴打。

在生活方式上，恶意发挥、扩大和扭曲宗教教义中具有排他性的内容，把不信仰伊斯兰教的人都当作"异教徒"，并对他们进行嘲讽、戏弄、恐吓与孤立，通过采取攻击性、排他性或歧视性的言行，限制歌舞、压制人性、禁止生活娱乐、禁锢人们向往自由美好的愿望，胡乱区分清真与不清真，禁止吸烟喝酒，婚礼不让唱歌跳舞、葬礼不让哭；年轻人不吃父母做的饭菜；利用仪容、服饰、标志、标识等渲染宗教狂热，传递极端思想，以此绑架世俗化的信教民众，激化民族矛盾和离间民族关系。

在行为举止上，诱导人们走向偏激、激进、极端，与社会相背离、与文明相对立、与现代文化相冲突；鼓吹拒领政府证件，对未经依法登记的婚姻举行宗教仪式，念"尼卡"就可结婚，念三个"塔拉克"就可离婚；强制他人穿着宗教极端服饰、佩戴极端宗教标志、标识；干扰义务教育、计划生育、婚姻法……在基层与党和政府争夺民众，对抗政府；最后向恐怖主义发展转化；拿着斧头等凶器攻击武警民警、攻击党政机关，甚至杀害汉族民众、爱国宗教人士乃至驻村干部；采用暴恐、杀人等极端手段来制造社会恐慌。

（二）极端宗教势力活动的危害

1. 严重影响少数民族地区的生产生活

在极端宗教思想的毒害下，以煽动宗教狂热氛围、柔性对抗政府为主要特征的妇女穿罩袍、男人蓄胡须现象，禁而不止，屡禁不绝。破坏了一些维吾尔族民众正常的生产生活秩序，正常的宗教信仰活动也受到冲击，败坏了伊斯兰教声誉，阻碍了维吾尔族的发展和进步。

一些穆斯林民众生活在偏远农牧区，生产生活条件并不好，一旦他们受极端宗教思想煽惑毒害而走上"伊吉拉特"之路，背井离乡参加所谓的"圣战"，他们就需要变卖家产，筹集资金。有的甚至变卖土地、房产等生产生活资料，举家偷渡出境，辗转多个国家和地区。近年来偷渡"蛇头"收取的出境费用也是一路飙升，平均每人费用高达几万元，很多人沦为"蛇头"的赚钱赢利工具。由于边疆省份加强了对边境地区偷渡的防范和管控力度，这些人偷渡成功率也很低，即使一些人能够偷渡出境，但经过多番折腾后，耗尽所带资金，极易陷入极度贫困之中，甚至流离失所，乃至家破人亡。大多数被抓获后遣回原籍，一无所有，无家可归。

2. 严重威胁到一些穆斯林的生命财产安全

境内外一些跨国犯罪集团和黑恶势力还利用"伊吉拉特"活动对一些上当受骗的穆斯林骗钱骗色。据公安机关透露,大多数"伊吉拉特"犯罪团伙都与境外跨国偷渡团伙有勾连,他们都要求偷渡的穆斯林事先向他们汇寄钱款。境外跨国犯罪团伙则将陆续偷渡出境的穆斯林安置在境外一些国家的据点,并对这些偷渡人员进行明码标价,让"基地"组织、"IS"等国际恐怖组织挑选购买。"1名身体强壮、可以直接参战的男子要价2000美元至3000美元,1名学生的价格在5000美元至20000美元,其余的老弱病残及妇女会被送入当地的难民营。大多数出境的女性则充当恐怖组织成员的'造人机器'和'性奴'。"① 据了解,"2014年以来,已有多批非法出境抵达土耳其的新疆籍维吾尔族妇女被派往叙利亚,以解决在当地活动的"东突"组织成员的配偶问题,这些妇女备受歧视,被要求蒙面穿黑袍,必须在丈夫的陪同下才能出门,而一旦丈夫战死,她们的生活便陷入绝境"②。

一些新疆籍穆斯林受极端宗教思想洗脑后,出逃境外加入"IS"组织,有的充当"人体炸弹"去执行自杀式袭击任务;有的在暴恐基地接受军事训练后,被派往车臣、叙利亚等国直接参战,随时面临死亡危险。"2012年底投身'伊斯兰国'的'东突营'在2014年连遭重创,在伊拉克和叙利亚边境已损失80%以上的武装人员,更有意志崩溃、试图逃离者被'IS'督战人员斩首或击毙。"③ 最终,通过"伊吉拉特"参加"圣战"的新疆籍极端分子多成为国际恐怖主义势力的牺牲品或炮灰。

3. 严重威胁到新疆的安全稳定

极端宗教势力对《古兰经》的一些教义中带有模糊性释义词语断章取义、妄加利用,以诱导穆斯林的宗教狂热和极端宗教思想,利用文化差异人

---

① 《认清"伊吉拉特"的本质及其危害》,网易新闻,2015年7月10日,http://news.163.com/15/0710/09/AU5DR3GQ00014AED.html。

② 《认清"伊吉拉特"的本质及其危害》,http://news.163.com/15/0710/09/AU5DR3GQ00014AED.html。

③ 《认清"伊吉拉特"的本质及其危害》,http://news.163.com/15/0710/09/AU5DR3GQ00014AED.html。

为地强化民族差别、民族界限、民族隔阂与民族排斥等狭隘民族意识；否认新疆各族人民千百年来团结和睦、共同奋斗、共同发展，以及共同反侵略、反分裂与共建美好新疆的历史和现实；大肆宣扬狭隘的民族主义思想，煽惑"圣战"，并借从事"伊吉拉特"之名，或是以"阿拉木""宗教叛徒""异教徒"等为旗号，寻衅滋事，辱骂与殴打他人，挑拨民族关系，煽动民族仇恨，破坏民族团结。一些人宣扬、传播宗教极端思想，组织、串联、拉拢或结伙偷越国（边）境从事"伊吉拉特""圣战"，一旦受阻，则就地实行"圣战"。极端宗教势力利用"80后"、"90后"年轻人社会阅历浅、易冲动、辨别是非能力差等特点，给他们虚构迁徙到国外参加"圣战"的种种好处。一些受到"伊吉拉特"极端思想毒害的年轻人偷渡出境后，命运悲惨，不仅害人害己，也伤害了父母和家人，同时对社会安全稳定也产生极大威胁。宗教极端思想的渗透毒害，毒害了越来越多的维吾尔族民众，一些不谙世事、涉世未深的青少年成为国际恐怖势力"圣战殉教进天堂"的牺牲品，成为新疆暴恐与分裂破坏活动的催化剂。一些人仍企图通过各种途径偷渡出境参加"圣战"，一些人直接制造暴恐活动或进行分裂破坏活动，严重威胁到社会稳定与国家安全。

四 "去极端化"治理的主要途径

（一）提高各族干部群众对宗教极端思想的认知与识别能力

极易受到煽惑毒害的穆斯林群众一般都文化水平低、对事物的认知辨别能力差，对伊斯兰教认知不够，且不懂法。所以，提高广大穆斯林干部群众对宗教极端思想的认知与识别能力是当务之急。首先，要帮助各族干部群众正确区分正常宗教活动与非法宗教活动、非法宗教活动中超出法规的非正常宗教活动与打着宗教旗号进行分裂破坏活动的宗教活动，以及非法宗教活动与极端宗教活动。其次，要帮助各族干部群众正确认识伊斯兰极端主义与伊斯兰原教旨主义、民间伊斯兰复兴运动、"泛伊斯兰主义"的区别，深入揭批极端宗教势力所宣扬的种种分裂谬论，教育帮助广大信教群众充分认清极端宗教势力渗透破坏的目的和本质。最后，要帮助各族干部群众正确区分民族风俗习惯与正常宗教活动、非法宗教活动及极端宗教活动的界限。

（二）提高宗教管理的法治化水平

全面贯彻党的宗教信仰自由政策，坚持独立自主自办、政教分离原则，权利与义务相统一原则；在满足信教民众宗教信仰需求的同时，规范伊斯兰经文教育，教民必须遵守国家宪法、法律法规，任何宗教活动也必须在国家政策所允许的范围内进行。依法加强宗教事务管理，保护合法宗教活动，任何教民必须遵守宪法法律；宗教团体、宗教场所、宗教活动必须受法律法规约束；政教分离，依法治国；法律面前人人平等，任何宗教不得凌驾于法律之上，不允许有法外之地、法外之人、法外之教。严禁任何人利用宗教干预教民世俗化生活，宗教活动不得妨碍生活秩序、工作秩序和社会秩序。

（三）共铸反渗透反分裂统一战线

一是要维护爱国宗教人士在信教群众中的威望，有计划地培养年轻的爱国宗教职业者。二是要组织爱国宗教人士以"解经"、讲"卧尔兹"、巡回演讲等方式，充分宣扬伊斯兰教教义中的善德、善言与善行。三是要进一步加大对爱国宗教人士和信教群众的宣传和教育力度，教育他们拥护共产党的领导，拥护社会主义制度，热爱祖国，遵守国家的法律与法规。四是立足于引导，团结广大信教群众，推进宗教的现代化和世俗化进程，探究宗教与社会主义社会相适应的新思路与新途径。

（四）建立健全抵御极端宗教渗透破坏的管理与协调机制

坚持"保护合法、制止非法、抵御渗透、打击犯罪"的原则。一是要加强党委政府的领导，建立健全抵御渗透工作责任制，改进改善宗教管理工作方式。二是要加强统战、民宗干部队伍建设，使宗教讲授权牢牢掌握在爱国宗教人士手中，避免别有用心的"野阿訇"抢占讲经台。三是要加强党委领导与统战、民族、宗教等职能部门的协同合作管理机制。四是要进一步强化对宗教活动、宗教场所和宗教人士的规范化、法制化管理，把宗教极端思想从正常宗教中剥离出来，严禁教职人员接纳未成年人参加宗教活动，严禁任何人诱骗、怂恿、胁迫学生参加宗教活动。五是要切实加强对新闻、出版、网络媒体的管理，挤压极端宗教势力的网络政治动员空间，警惕和反对任何利用宗教分裂国家、破坏民族团结的言论和行动。六是政府管理部门要在全社会加强民族宗教政策法规教育。

（五）对不同类型的极端宗教分子要进行分类治理

约占受极端思想毒害总人数的5%的极端分子，他们一般都利用社会矛盾对普通民众煽风点火，在幕后进行操纵，一些地方已经形成家族势力和宗教黑恶势力，扮演"宗教警察"角色，有的甚至成立"地下宗教法庭"，威胁、恐吓其他信教民众，宣扬宗教极端思想、教唆煽动别人参加宗教极端活动和"圣战"，组织领导暴恐团伙，幕后策划；假借宗教名义和利用宗教活动干涉普通民众正常的生产生活，干涉正常的文化、艺术与体育活动，干涉少数民族葬礼、婚礼等生活习俗，严重违法、构成犯罪、有现实危害甚至准备实施暴恐活动；引诱新疆青少年穆斯林到境外学经，在新疆开展"阿语培训"，策动零散朝觐，传播"泛伊斯兰主义"和伊斯兰极端原教旨主义，煽动宗教狂热，秘密发展成员，建立组织，进行渗透破坏活动，对这些人要揭露其险恶用心，并依法予以严厉打击。

约占受极端思想毒害总人数的15%~20%的支持者和追随者，他们思想受到毒害，有分裂思想与言论，有轻微违法犯罪，根据依法惩治与教育引导相结合原则，对他们要做好帮扶教育与挽救转化工作。对在押人员包括监狱中的服刑人员和易发生暴恐案件的重点乡村群众通过正确讲解教义、辩经等方式，穿插典型案例，动之以情、晓之以理，通过亲情会见、心理咨询、一对一帮扶等方式，消解他们的抵触情绪，并进行法律教育，加强公民意识和国家意识的宣传，进行去极端化教育，增强他们首先是公民其次才是教民的意识。

约占受极端思想毒害总人数的 75%～80% 的盲从者,他们大多具有朴素的宗教情感,多为"三盲"(文盲、法盲与教盲)人员,被宗教极端势力所裹挟,一些人虽有极端宗教思想但并未实施违法犯罪,对这些人要进行细致入微的教育疏导,教育他们懂得怎么做才是一个好的穆斯林,怎么做才是一个遵纪守法的好公民;教育他们现世只有孝敬父母,诚实劳动,为社会多做贡献,来世才能上"天堂"。

此外,要利用广播电视、新闻、音像视频、宣传画、讲座、海报等各种形式,以通俗易懂的书面语言和口头语言,在学校、宗教与文化等领域,对极端宗教思想进行全面深刻揭露,不给极端宗教势力渗透与挑拨离间的空间和机会;加强公民反渗透与反分裂的预警预防与应急管理技能的教育与培训,提高群防群治预警能力。

(六)加强基层组织与基层政权建设

长期以来,基层政权建设相对薄弱,基层组织吸引力和影响力不足,是基层社会极端宗教思想蔓延、暴恐活动频发的重要原因。新疆安全稳定的支撑力量在基层,基层兴则新疆兴,基层稳则新疆稳。新时期,要大力加强党的基层组织、群众团体组织、民兵组织以及各类自治组织建设,突出农村基层党组织的领导核心地位,充分发挥少数民族党员干部、爱国宗教人士在农村基层政权与基层组织中的引领带头作用,不断增强基层政权与基层组织的凝聚力和战斗力,提高基层政权与基层组织在抵御极端宗教势力渗透破坏中的重要作用。改变过去老百姓不敢检举、基层组织不敢发声,一些干部怕得罪教职人员和教民、怕自己与家人被孤立乃至遭打击报复,以及一些干部出于宗教认同和狭隘族别意识而对极端宗教"不敢管、不愿管与不会管"的历史和现状。大力提拔和任用政治敏锐、立场坚定、对党忠诚、善于引导、敢于担当、综合素质高,在维护安全稳定以及反分裂、反渗透斗争中认识清醒、态度明朗、行动坚定,严守党的纪律的少数民族党员干部,对阳奉阴违、"两面性"严重者则要坚决查处,依法惩办,夯实基层"去极端化"基础。

（七）改善民生，赢取民心

一是大力发展经济，提高少数民族就业率，提高广大农牧民的生活水平，改善民生。二是大力发展义务教育、双语教育、职业技术教育，提高劳动者"双语"水平和就业技能，增强少数民族民众市场竞争力，解决看病难与就业难问题。三是在关闭地下经文班点、打击非法和极端宗教活动的同时，满足信众正常的宗教活动的需求。四是加强教育，抵御渗透；尊重传统，包容多元；严惩腐败，维护公正；依法治理，凸显平等；建构认同，共塑价值，增强少数民族物质利益诉求的"生存感"、文化心理诉求的"归属感"、美好社会记忆的"历史感"，以及主观上没有恐惧的"安全感"，赢取民心，削弱极端宗教势力的群众基础，团结一切可以团结的力量，实现政府、社会和公民的合力共治，将极端宗教势力从人民中剥离出来，使极端宗教势力陷于"人民战争"与孤掌难鸣之中。

（八）以现代文化为引领，引导宗教与社会主义社会相适应

一是引导穆斯林民众远离极端、拒绝愚昧、反对迷信、崇尚科学、追求真理，坚持以先进文化为引领，传播现代科技文化知识。二是选派一些宗教人士到内地发达地区参观现代工业、农业、教育等现代文明，开阔他们的眼界和视野，为推进伊斯兰教的中国化奠定认知与认同基础。三是加强培训，提高宗教人士的综合素质，定期或不定期邀请伊斯兰经学院的专家学者给宗教人士讲授宗教知识与国家民族宗教政策。四是引导教育宗教人士要以与时俱进的理念，开放、开明与包容的心态，对伊斯兰教教义、教规及其思想进行适应时代和社会发展要求的阐释，积极引导宗教与社会主义社会相适应。五是政府要通过伊斯兰教协会来加强对宗教的柔性与间接管理，政府以引导为主，提高爱国宗教人士的待遇，充分发挥他们的主体地位和作用，选聘一些在宗教界学识比较高、有威望的人兼任县统战部、民宗局主要领导，让他们亮剑发声，教育引导，因地制宜，灵活管理，适度适当地对有需求的成年信教群众讲授基本宗教常识和礼仪，允许家长给孩子讲一些宗教礼仪，允许

宗教学识水平较高的爱国宗教人士跨区讲经，允许年久失修的清真寺经过批准重新维修。六是为村民提供办婚礼、葬礼的场所，统一安排爱国宗教人士念"尼卡"（维吾尔族举行婚礼庆典的早晨在女方家所举行的一种宗教仪式）、主持"乃孜尔"（邀请宗教人士念经的追悼会）。七是创作一批通俗易懂、寓教于乐的优秀文艺影视作品，改变当前一些维吾尔族民众对土耳其、沙特阿拉伯文化的认同度高而对中华文化认同度相对较低的现状，弘扬少数民族优秀传统文化，增强维吾尔族对中华文化的认同。八是教育少数民族民众抵制宗教极端思想，引导他们正确认识、化解发生在不同民族间的矛盾和问题，培养他们的法治精神和中华民族共同体意识。九是加强体育场、乡村文化大礼堂、爱国主义教育基地、国防安全教育基地、民族团结示范基地等乡村公共服务基础设施建设，以村委会组织、在村社区开展以民族团结为主题的各种文体活动，弱化宗教极端思想。

（九）加强国际反恐合作，共同打击极端势力和跨国恐怖犯罪

国际上伊斯兰世界世俗化、现代化进程受阻，使得极端原教旨主义极为泛滥与猖獗。近年来，受极端宗教思想尤其是"圣战"思想的蛊惑和毒害，一些伊斯兰国家甚至一些欧美国家均有极端分子奔赴"伊斯兰国"参加"圣战"。他们经过实战训练后，一些人回流国内实施暴恐犯罪，严重影响到所在国家的安全稳定。根据欧盟刑警组织2015年6月公布的数据，前往伊拉克和叙利亚参加"圣战"的人数已经超过3000人，其中来自荷兰、比利时、德国、英国、法国的人数占相当大的比例。而根据2015年2月美国情报估计，已经有来自90个国家大约2万名外国人加入了"圣战"组织，其中估计有3400人来自西方国家。[①] 由此可见，宗教极端势力已经严重威胁到国际社会的安全与稳定，成为国际社会的公害。因此，加强国际合作，加大反恐力度，共同打击极端势力和跨国恐怖犯罪，维护国家安全和国际秩

---

① 《暴恐分子出境之后，你知道他们的生活有多悲惨吗?》，观察者网，2015年11月28日，http://www.guancha.cn/gczhengjing/2015_11_28_342896.shtml。

序应成为国际社会的共识和必然选择。

在中亚和其他与新疆邻近国家，境外极端宗教势力利用边境相邻、共同宗教和跨国民族作掩护，与新疆境内的极端宗教势力相互勾结，增加了与之斗争的难度。党和政府应采取积极灵活的外交政策，争取与相邻相关国家合作，协力共治，共同打击极端宗教势力，切断新疆极端宗教势力的境外源头，压缩新疆极端势力的国际生存空间。同时要积极加强新疆同周边国家和地区的经济文化友好交流，为防范境外非法宗教与极端宗教向新疆的渗透破坏营造一个良好的周边环境。

B.10 "人的安全"视角下移民安全综述

章雅荻*

摘　要： 2015年，移民安全问题日益突出，覆盖从个人、群体、国家、国际到全球的各个层次，为各个治理主体都带来了新的挑战。本文以欧洲难民危机与也门撤侨行动为代表的双源性移民安全问题与多源/元性移民安全问题为例，对2015年国际、国内社会中典型的移民安全问题进行梳理，并在"人的安全"视角下重新解读移民问题。在此基础上，对欧洲难民危机所面临的双重困境与解决前景提出新的看法，对我国海外公民的安全保护也提出相关的建议。最后，本文还对2016年国际与国内层面上的移民安全形势进行了预测。

关键词： 难民危机　撤侨行动　人的安全　移民安全

前　言

综观2015年，在全球范围内不乏值得关注与深思的移民安全事件：2015年伊始大量来自中东、北非的难民涌入欧洲；3月23日，果敢战事严重影响了云南边境地区的安全与稳定，大量难民逃入中国境内；3月29日，多个国家对也门进行军事行动，我国启动撤侨准备工作并参与撤离外国公民的国际人道主义救援行动；4月18日，南非德班市与约翰内斯堡市开始大

---

* 章雅荻，浙江大学公共管理学院非传统安全管理博士生。

规模的排外骚乱;4月19日,一艘从利比亚首都的黎波里出发,载有950多名叙利亚人、厄立特里亚人和索马里人的船只,在意大利以南约200公里的利比亚海域倾覆沉没;4月25日,尼泊尔发生8.1级地震,中国飞机第一个抵达尼泊尔接回中国游客;7月4日,数以百万计的土耳其示威者在伊斯坦布尔老城发起针对中国的抗议;7月9日,中国警方成功从泰国遣返回国多批来自新疆准备前往土耳其的偷渡人员及组织者;7月11日,83名中国人因公司拖欠其工资而被困在乌兰巴托;7月22日,缅甸北部中国伐木工一案进行终审宣判,153名中国伐木工被判终身监禁,7月30日,缅甸总统签署大赦令,将其赦免;8月6日,意大利巴勒莫,一艘装载约700名非法移民的船只在利比亚附近的地中海海域沉没,数百人溺亡;8月28日,德国总理默克尔为应对非法移民潮宣布欧盟将召开紧急峰会;9月9日,欧盟委员会主席容克在State of the Union发表了《是时候诚实面对,团结起来了》一文,呼吁欧盟再次接受12万难民;9月14日,欧盟内政部长召开紧急会议商讨难民议题;10月25日,欧盟为应对"难民危机"在比利时首都布鲁塞尔召开小型峰会;11月27日,在马里恐怖袭击中三名中国铁建的中国高管遇难……这些安全事件都显示移民安全形势不容乐观。移民问题随着与恐怖主义的相互交织,逐渐由低阶政治转变为高阶政治。

一 "人的安全"视角下的国际移民

移民现象古已有之,最早可以追溯到东非大裂谷时期。但其成为一个国际问题是从威斯特法利亚条约确立各国主权、设立通关障碍、发行护照开始的。在全球化时代下移民问题更凸显其始发性、跨国性、表现多样性、治理综合性等非传统安全的特点。① 始发性体现在难民、无国籍者、非法移民、寻求庇护者等现象在某种程度上根源于传统安全问题,如军事战争、种族冲突、政治暴乱等;跨国性体现在全球化时代下,任何一个国家都可能是移民

---

① 余潇枫主编《非传统安全概论(第二版)》,北京大学出版社,2015,第48~49页。

输出国、移民输入国与移民中转国。综合性体现在移民问题常跨越政治、经济、贫困、公共卫生、环境、生态、人权等多个领域。

从20世纪90年代开始，西方学者（Myron Weiner, Gil Loescher, Jef Husymans, Barry Buzan, Samuel Huntington）就不断地将移民问题与国家安全相联系，认为移民问题与战乱、经济衰退、治安混乱、社会分裂、认同危机等息息相关，同时，也有许多学者（Jef Huysmans, Didier Bigo, Georgions Karyotis）致力于将安全化理论用于移民问题的分析以探讨移民问题何以通过安全化成为一个安全问题。在"9·11"事件之后，移民问题更是与恐怖主义相联系，各国谈移民色变，纷纷制定严格的移民法规，加强边境巡逻，试图减少移民数量。

但是，近年来移民问题所覆盖的领域不断扩展，所涉及的国家不断增多，这一事实明确地告诉我们，以国家安全为中心的传统安全模式已使个体国家不再能够有效回应环境、饥荒、难民潮等一系列新型安全问题。深度全球化使世界上每一个国家都可能成为移民的输出国、移民的中转国以及移民的输入国。个体国家很难以领土为界限划清责任。移民问题也逐渐成为跨领域的综合问题，它与环境、生态、传统政治、军事战争等都息息相关。我们很难在单一领域下讨论与解决移民问题。因此，我们有必要转变传统的以"国家安全"为中心的安全思维方式。

"人的安全"这一概念最早由共同安全论坛（Common Security Forum）提出，[①] 后来由全球治理委员会、人的安全委员会、世界银行尤其是联合国进行拓展。1994年的联合国发展报告的人类发展报告提出基于免于恐惧的自由与免于匮乏的自由的"人的安全"概念，并将其划分为七个方面：经济、食品、健康、环境、个人、集体以及政治。人的安全理念有四个方面：第一，强调个体作为安全的最终指涉对象；第二，个体观念中平等权利的扩展；第三，对个体安全威胁概念的扩展；第四，历史上对暴力的关注逐渐加

---

① Sarah Edsen, *Human Security: An Extended and Annotated International Bibliography*, Cambridge: King's College, 2001.

入了经济、健康和环境的威胁等一些新的概念。①

传统的以"国家安全"为中心的安全思维强调的是站在国家角度审视移民问题,以"国家安全"为基本考量对移民问题进行治理。在当移民有利于国家之时,国家政策鼓励大量移民,希望移民所带来的劳动力、知识技术等为社会注入新鲜血液;但当移民不利于国家之时,国家政策则会大量缩减移民数量,甚至将一些社会矛盾都指向移民问题,移民成为牺牲品。而以"人的安全"为中心的安全思维则以移民的个体安全为出发点,强调的是移民的深层次原因以及移民权利的维护。"人的安全"角度与非传统安全的指涉对象为个体这一基本特征相符,注重的是采用更加综合、全面、多方位的治理方式,而非简单地增加或缩减移民数量。因此,以"人的安全"视野来研究国际移民会带来更多有效的解决办法。传统的安全思维是如果想要和平,那么先做好战争的准备;而"人的安全"模式则强调,如果想要和平,那么做好和平的准备。②

国际社会无疑采用"人的安全"的视角以积极保护移民的个体权利,各相关的国际组织纷纷制定相关的国际公约以确定移民地位并保护其合法权利。如,联合国目前有9部核心的人权公约都可适用于移民群体;在劳工移民领域,国际劳工组织有最为重要的保护劳工移民的97号、143号公约以及联合国1990年出台的《保护劳工移民及其家庭成员的公约》;在难民领域,1948年的《世界人权宣言》第14条也明确规定了任何人都有在别国寻求与享受庇护的权利;关于难民保护最重要的公约有1951年的《关于难民地位的公约》以及1967年的《关于难民地位的议定书》;在打击人口贩卖与走私方面,联合国于2004年出台《关于打击陆、海、空偷运移民的议定书》;《关于打击人口贩运的议定书》于2003年生效,截至2008年已有119

---

① 奈尔·麦克法兰、云丰空:《人的安全与联合国:一部批判史》,浙江大学出版社,2010,第116页。
② Francesca Vietti, Todd Scribner, "Human Insecurity: Understanding International Migration from a Human Security Perspective," *Journal on Migration & Human Security*, 2013, Vol. 1, No. 1, pp. 17–31.

个缔约国;《关于偷运移民的议定书》于2004年生效,截至2008年已有111个缔约国;2010年出台《联合国打击贩运人口的全球行动计划》。国际社会上关于移民问题的讨论、协商对话平台与相关的国际组织也层出不穷:"国际移民和发展问题"高级别对话会议、移民与发展全球论坛、伯尔尼倡议、国际移民全球委员会、全球迁徙小组、国际移民组织、国际劳工组织、联合国难民署等。国际社会不仅将移民问题与贫穷、发展、经济、环境、人权、卫生等问题相联系,还致力于为各治理主体提供全球性的协商、对话平台与有效的治理机制。

以人作为安全的最终指涉对象来研究国际移民,一方面,不仅对以"国家安全"为中心的传统视角进行补充,更能深层次地挖掘移民的原因,并综合其他相关领域,利用国际对话平台与国际组织,甚至全球公民社会的力量,整合各个国家、各个区域组织共同致力于移民问题的全球治理。另一方面,采用"人的安全"视角,更能够确保移民各项权利的维护。"人的安全"将发展、人权和安全融为一体,将国家这一单向度的安全观拓展为个人—群体—社会—国家四维甚至多维的安全观。

下面,本文分别以2015年的欧洲"难民危机"与"也门撤侨行动"为例,在"人的安全"视角下深入探析多源/元性移民安全问题与多源性移民安全问题。

二 2015年欧洲"难民危机"

从2015年年初开始到目前,大约有50万为躲避战火的难民进入欧洲。此次危机的难民大致可分为两类:一是来自阿富汗、伊拉克或叙利亚的战争难民;二是阿拉伯之春后,一些国家陷入无政府状态而流出的难民。此次难民危机成为第二次世界大战以来欧洲面临的最大一次难民潮。在此,我们有必要对难民的历史以及国际难民制度的演变做一个简单的回顾。

(一)国际难民制度的演变

尽管人们被迫离开他们的祖国及家乡这一现象古已有之,但是第一次在现代国家制度下真正意义上的难民应该是在15～16世纪法国宗教革命中受迫害的胡格诺派，当时约有20万胡格诺教徒（相当于五分之一的胡格诺教徒或百分之一的法国人口）逃离法国前往荷兰、瑞士、英格兰、德国、丹麦及美国。① 法国大革命时期，许多受到迫害的法国贵族逃离到奥地利与普鲁士。②

早在1648年的威斯特法利亚体系中，就确立了难民这一概念，并认为边境可以为难民开放，但必须保持领土之间的独立。然而当时并没有任何专门的组织与政策处理难民问题。19世纪欧洲不断发生的战争与革命都带来数量不等的难民，难民流入欧洲各国，国家不得不采取一定的措施区分移民与难民，同时也要管理好边境。最终，难民问题成为一个国际关系问题。大家都意识到必须要为难民建立和制定一系列的制度与政策。难民制度本身是基于对那些穿越国境企图逃命的人们的一种开放自由的态度。③

国际联盟的诞生代表着第一个国际难民制度的成立，1917年的俄国革命以及纳粹对于犹太人的迫害等都导致大量难民的产生。1921年8月国际联盟设立了"国联处理欧洲俄国难民问题高级专员"一职，并选举挪威人弗里德托夫·南森担任该职。这是一个处理难民的临时机构，主要依赖于非政府组织的支持。国际联盟难民高级委员会给难民们发放了可以让他们自由通行的南森护照。难民问题第一次被纳入国际问题之中。

第二次世界大战的到来为国际难民制度揭开了新的篇章。"二战"导致3000万人流离失所。1946年12月15日，联合国大会通过了国际难民组织章程，作为联合国一个非永久性的特别机构，国际难民组织从1947年7月

---

① Barnett Laura, "Global Governance and the evolution of the international refugee regime," *Working Paper Issued by the Evaluation and Policy Analysis Unit*, Feb. 2002, p. 2.
② Barnett Laura, "Global Governance and the evolution of the international refugee regime," *Working Paper Issued by the Evaluation and Policy Analysis Unit*, Feb. 2002, p. 2.
③ Barnett Laura, "Global Governance and the evolution of the international refugee regime," *Working Paper Issued by the Evaluation and Policy Analysis Unit*, Feb. 2002, p. 3.

1日起正式运作。① 该组织将那些在纳粹、法西斯及相似的集权体制下受到种族、宗教、政治等迫害的人都称为难民，这其中也包括东欧的持政治异见的人以及德国与奥地利的犹太人。但这样的定义仍以欧洲为中心。1950年开始，国际社会意识到"二战"所带来的难民问题不再是一个短期的问题，因此有必要成立一个新的机构来处理相关事宜。1951年成立了联合国难民高级委员会（UNHCR），UNHCR致力于为难民提供国际保护，并为解决此问题寻求一种长效的政府、非政府组织与国际组织相合作的路径。同年7月联合国通过《关于难民地位的公约》，规范了难民的地位以及一系列的权利与责任。该公约的第一条就阐述了第一个关于难民的一般定义："因有正当理由畏惧由于种族、宗教、国籍、属于某一社会团体或具有某种政治见解的原因留在其本国之外，并且由于此项畏惧而不能或不愿受该国保护的人；或者不具有国籍并由上述事情留在他以前经常居住国家以外而现在不能或由于上述畏惧不愿返回该国的人。"② 该公约规定了难民的基本权利，订立了难民待遇的最低标准及难民申请的程序，确定了"不推回原则"。③

由于战后亚非拉国家的独立以及国际形势的变化，公约里的时间与地域都失去了效用。因此，1967年联合国大会又通过了《关于难民地位的议定书》。至此，支撑当今国际难民制度的三大支柱：公约、议定书与UNHCR已全部完成。

随着难民问题的不断扩大，其他区域组织也开始关注难民问题，并意识到联合国对难民的定义有局限性。非洲统一组织（Organization of African Unity）以及美洲国家组织（Organization of American States）逐步形成其各自的难民政策。1969年的《非洲统一组织难民公约》对难民定义进行重新

---

① 周聿峨、郭秋梅：《20世纪上半叶国际性难民组织与难民保护考察》，《南洋问题研究》2011年第2期，第66页。
② Helene Lambert ed., *International Refugee Law*, London: Ashgate Publishing, 2010, p. 3.
③ Barnett Laura, "Global Governance and the Evolution of the International Refugee Regime," *Working Paper Issued by the Evaluation and Policy Analysis Unit*, Feb. 2002, p. 8.

规定;① 1984年，美洲国家组织签订了《卡塔赫纳（Cartegena）宣言》，宣言也对难民进行了重新定义：认为难民包括逃离战争冲突的民众，并将难民产生的原因包括在内。②

冷战结束之后，国家之间的边境流动日益频繁，难民申请也日益增加。冷战后，UNHCR最重要的一个转变就是从国际难民保护制度转向关注与安全，进行预先的人道主义行动及救助。③ UNHCR已经变为一个积极的、预防性的、基于人权的机构。④ 第二个转变是帮助除难民以外的无国籍者等。第三个转变是转向"人的安全"。安理会认为难民问题对国际和平与国际安全是一个重大的威胁。

从17世纪以来，国际难民制度经历了400多年的演化，逐渐成为一个操作性强的国际化的制度。UNHCR必须认识到在深度全球化与复杂的国际安全形势下，难民问题具有新的特色，当今的难民问题不仅由传统的战争、内乱所引起，还由环境、恐怖主义、饥荒等非传统安全因素所引起。难民问题的新特点为各个治理主体都带来了前所未有的挑战。传统的以国家为中心的制度已经不再适用，应该融合"人的安全"视角以积极回应难民问题。UNHCR不仅应加强国家与国际组织之间的合作，还应强调区域组织以及国际社会的努力。

（二）难民危机为欧盟带来的双重困境

此次难民危机为欧盟带来理论与实践两大困境：第一是理论上的困境。

---

① Every person who, owing to external aggression, occupation, foreign domination or events seriously disturbing public order in either part or the whole of his country of origin or nationality, is compelled to leave his place of habitual residence in order to seek refuge in another place outside his country of origin or nationality.
② Persons who have fled their country because their lives, safety or freedom have been threatened by generalized violence, foreign aggression, internal conflicts, massive violation of human rights or other circumstances which have seriously disturbed the public order.
③ Barnett Laura, "Global Governance and the Evolution of the International Refugee Regime," *Working Paper Issued by the Evaluation and Policy Analysis Unit*, Feb. 2002, p. 13.
④ Jeff Crisp, "Mind the Gap! UNHCR, Humanitarian Assistance and the Development Process," *New Issues in Refugee Research*, Working Paper No. 43, May 2001, p. 7.

难民问题应该是一个人道主义问题，还是安全问题？普里杨卡·乌帕德亚雅（Priyankar Upadhyaya）认为如果以国家利益为参照物，选择安全化的路径，跨境移民是对接纳国的重大威胁；而以个体生命为参照物，按照去安全化的路径，跨境移民只是一个人们追求更美好生活的问题；她认为去安全化是解决这一问题比较理想的方案。① 罗伯特·杰克逊认为："提出难民问题，我们需要一些道德概念，如人权，他们是跨国界的，是与主权国家和全体公民的自由紧密相连的。"② Gil Loescher 在其书 Beyond Charity: International Cooperation and the Global Refugee Crisis 中认为国际难民不是一个人道主义问题，而是一个政治问题，需要政治解决办法。

难民是一个安全问题：一方面，大多数难民的产生主要根源于传统安全问题，如军事战争、国内政治动乱、宗教等；另一方面，大规模、不受控的难民潮本身也会为接受国带来自经济、社会、认同等方面的威胁。尤其当难民问题与恐怖主义联系在一起的时候，情况就更为复杂。以此次难民危机为例，尽管我国媒体使用"欧洲难民潮""难民危机"等词，但英文媒体仍使用"移民危机"，他们对"难民"这一说法比较谨慎，因为有些难民的身份较为复杂，有些属于经济移民甚至是恐怖分子。匈牙利总统认为这些人90%都是经济移民，英国首相也表示在当前的移民潮中经济移民和难民是混杂的。英国媒体报道，有4000余名IS组织成员扮成难民潜入欧洲。而在2015年11月13日发生的巴黎恐怖袭击案中，有两名枪手被确认是从希腊进入欧洲的难民，ISIS也承认有部分恐怖分子以难民的身份混入欧洲。

但难民问题更是一个人道主义的问题：绝大部分的难民本身也是恐怖主义、战乱、饥荒的直接受害者。一味地站在国家利益制高点上，采取"堵、赶、推"的政策是不能够彻底解决难民问题的。应该了解难民问题的深层

---

① 普里杨卡·乌帕德亚雅：《从"去安全化"的视角研究孟加拉移民问题》，载梅利·卡拉贝若-安东尼、阿尔夫·埃莫斯、阿米塔夫·阿查亚：《安全化困境：亚洲的视角》，段青译，浙江人民出版社，2010，第97页。

② Jeff Crisp, "Mind the Gap! UNHCR, Humanitarian Assistance and the Development Process," *New Issues in Refugee Research*, Working Paper No. 43, May 2001, p. 59.

次原因，以"人的安全"为基本原则，积极解决战乱、饥荒、环境恶劣等根本问题，有效维护难民权利，才能够从根本上缓解难民问题。《世界人权宣言》第十三条与第十四条明确规定："人人有权离开任何国家，包括其本国在内，并有权返回他的国家；人人有权在其他国家寻求和享受庇护以避免迫害。"① 在难民问题上，我们不应该仅仅以"国家安全"为中心，更应该融合"人的安全"角度，才能更有效地解决危机。国际社会关于难民的公约、议定书、组织机构、协商对话平台、国际合作等都是基于"人的安全"的视角，基于难民自身的基本权利而制定与开展的。若以国家安全、国家利益为由而拒绝接受难民，这种做法是不合乎道德的，从长远来看，也不利于保护国家安全、杜绝恐怖主义。

第二是实践上的困境。首先在经济上，深陷欧债危机的欧盟还没从经济的泥沼中恢复，又要迎接一大批的难民。难民安置是一个浩大的工程，包括食品发放、难民营的搭建、难民的就业与受教育等一系列的问题。在最初两年，欧盟每年至少要为难民提供人均 1.5 万欧元帮助他们解决住房、医疗、教育等问题，如果将教育培训和其他需要也计算在内，每位难民每年至少需要 5000 欧元，总计每年要花费 200 亿欧元。② 而此次接受难民的大国意大利、希腊、匈牙利，原本就深陷经济危机，对于这些国家来说这更是一个沉重的负担。其次在法律法规层面上，传统的欧盟难民制度已经无法应对此次规模庞大、来势凶猛、情势复杂的难民潮，欧盟必须要在共同的难民政策的制定上拿出新的举措。欧盟移民管理制度始于《都柏林公约》，该公约为庇护申请进行了司法规定。1992 年，《马斯特里赫条约》对《罗马条约》进行了修订，第一次对避难、签证和迁移政策进行解释，将移民政策制度化。欧盟关于难民与政治避难的申请流程与政策主要源于《都柏林公约》，该公约规定难民最先抵达的那个成员国必须首先担负起接纳及登记难民的责任。

---

① Gary G. Troeller, "Refugees in Contemporary International Relations: Reconciling State and Individual Sovereignty," *New Issues in Refugee Research*, Working paper No. 85, March, 2003, p. 5.
② 乔治·索罗斯：《安置难民要花掉欧洲多少钱?》，新浪网，2015 年 9 月 28 日，http://finance.sina.com.cn/zl/international/20150928/112223367746.shtml。

但由于此次难民潮人数众多，若按照《都柏林公约》来执行则会使边境国家承受不成比例的负担，因此该公约暂停执行。目前欧盟的难民申请体系由28个独立的制度组合而成，成本高、效率低，在申请发放的过程中各国标准不一，导致结果也不同，无法有效运行。欧盟应该尽快建立一个统一的难民庇护申请制度与移民局，以及组建统一的欧盟边防队。[①] 再次在技术层面上，如前所述，此次难民危机中难民的成分复杂，经济移民与恐怖分子也混入其中，如何在边境、难民申请、申请核实等过程中将难民与恐怖分子区分开来？各国如何在边境巡逻等方面进行切实合作？这也是欧盟各国面临的现实问题。

（三）难民治理的前景

从全球范围来看，此次难民危机并非欧盟一个区域所面临的安全问题，同时也牵扯到北非、中东等一些难民的来源国，以及土耳其等难民的中转国，甚至还涉及对北非、中东进行联合军事行动的美国、澳大利亚等国家。既然难民问题已不再是欧洲的问题，而是一个全球性难题，那么就需要一个全球方案来解决。各国共同承担责任，分担任务，协商对策，一起积极面对。第一，帮助叙利亚、伊拉克等国家尽快脱离战争与恐怖主义，遏制住难民与恐怖主义的源流；2011年以来，欧盟已动用了39亿欧元投入人道主义、发展援助等帮助叙利亚、黎巴嫩、约旦、土耳其等国家。[②] 2015年8月，欧盟向叙利亚境内的难民再提供6400万欧元的援助，向在黎巴嫩的叙利亚难民提供1700万欧元的援助。[③] 同时，土耳其也希望与欧盟合作，严厉打击贩卖人口的犯罪活动。第二，积极制定欧盟共同的难民政策、统一的难民标准，这也将大大推进欧盟一体化的进程。目前，欧盟在难民共同

---

① 乔治·索罗斯：《安置难民要花掉欧洲多少钱？》，新浪网，2015年9月28日，http://finance.sina.com.cn/zl/international/20150928/112223367746.shtml。
② 方华：《难民保护与欧洲治理中东难民潮的困境》，《西亚非洲》2015年第6期。
③ 刘顺：《欧盟决定增加对在黎巴嫩的叙利亚难民援助》，新华网，2015年8月8日，http://news.xinhuanet.com/world/2015-08/08/c_1116185993.htm。

分摊方面取得了初步的成效，但同时也必须要制定严格的难民申请的审核标准，提高鉴别恐怖主义与一般难民的技术能力。第三，在加快接受难民的同时，也要做好难民的安置工作以及后期的融入工作。此次的难民主要以穆斯林移民为主，而近年来欧洲的移民多元化政策并不成功，2010年10月的一份调查报告显示，1/3的德国人希望定居德国的外国人回国，有些受访者认为外来移民对德国传统文化带来了巨大的威胁。[①] 2010年10月，默克尔不得不承认，德国构建多元文化社会的努力已经失败；2011年2月，法国、英国、荷兰也相继宣布本国多元文化主义失败。[②] 2011年7月，挪威的一名年轻人布雷维克因仇视多元文化，试图用自己的行动"拯救堕落中的欧洲"，制造了枪击与爆炸事件，共造成93人死亡。第四，加强难民治理的国际合作，应多利用国际组织、国际论坛与区域间合作的力量共同解决难民危机。各方面推进难民问题的全球治理，以最终达到善治的目标。

在应对难民危机的同时，我们应该转变对移民/难民的看法。经合组织秘书长安赫尔·古里亚认为："移民远非负担，而是真正的财富。"[③] 欧盟目前面临的劳动力短缺与老龄化等社会问题，或许都可以通过移民/难民加以解决。移民/难民也为欧盟社会注入了新鲜的血液。此次难民危机促使欧盟制定更加统一的难民政策，也为欧盟一体化带来了新的契机，同时，也能够加快移民问题全球治理的步伐，为以后全球性问题的全球治理起到示范作用。要解决难民问题，必须在"人的安全"的新视野下，积极完善国际难民制度，加强国家间的沟通与合作，强调促进社会融合，最终实现即尊重保护难民的个体权利又不损害国家利益的终极目标。

[①] 陈天林：《欧洲移民社会冲突中的多元文化主义困境》，《社会主义研究》2012年第1期，第135页。

[②] 陈天林：《欧洲移民社会冲突中的多元文化主义困境》，《社会主义研究》2012年第1期，第135页。

[③] 韩冰、朱燕：《经合组织：难民并非负担而是财富》，新华网，2015年9月27日，http://news.xinhuanet.com/world/2015-09/27/c_128271841.htm。

三 也门撤侨行动

就国内而言，2015年的多源/元性移民安全问题（即需要采用军事力量介入的移民安全问题，主要有海外撤侨行动）[①] 较为显著：2015年3月29日，也门局势紧张，中国海军护卫舰停靠也门港口亚丁，撤离中国公民；2015年4月25日，尼泊尔发生8.1级地震，中国使馆迅速做出反应，组织专机将中国公民撤离尼泊尔；2015年7月，83名中国劳工遭遇工资拖欠而被困乌兰巴托，中国大使馆多方沟通和协调，尽快安排工人回国；2015年7月，153名中国伐木工人在缅甸因盗伐、走私木材等罪名被判终身监禁，7月30日，中国伐木工人获得总统吴登盛的赦免；2015年11月20日，在马里首都巴马科丽笙酒店发生恐怖袭击事件，其中三名中铁建的高管丧生。2015年多源/元性移民安全问题涉及自然灾害、人为事故、恐怖袭击等多方面的偶然与必然的因素。随着越来越多的国人外出旅游、国家"走出去"战略和"一带一路"战略的深入推进、国际安全形势的日益复杂，多源/元性移民安全问题日益凸显，这也为我国的领事保护工作带来前所未有的挑战。

多源/元性移民安全涉及国家利益。在各国有关国家战略、国家利益或海外利益的表述中，公民包括海外公民的安全总是处于最重要的位置。波兰政府明确把保护海外波兰人的安全和提供必要帮助纳入国家战略目标之中；[②] 法国国防部把全体公民包括海外公民的安全列为需要保护的最重要的国家利益之一，各国的外交部也都将保护海外公民的安全作为最重要的任务之一。

[①] 多源/元性移民安全问题指需要采用军事力量介入的移民安全问题，如海外撤侨、护侨行动。详见章雅荻《中国移民安全问题综述》，载余潇枫等主编《中国非传统安全研究报告（2014~2015）》，社会科学文献出版社，2015。

[②] Tasks and Responsibilities of the Foreign Affairs Minister, from the Website of Ministry of Foreign Affairs of the Republic of Poland.

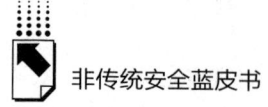

（一）"人的安全"与"保护的责任"之下的多源/元性移民安全

多源/元性移民安全更涉及最基本的"人的安全"议题。非传统安全问题的本质就是将人作为基本的参考点，而不是排他的只关注领土或政治安全。"人的安全"其本质是人们免于暴力和非暴力威胁的安全，包括人的生存、福利和身份认同。当"一国的国民受到损害时，就意味着该国本身受到了损失"。[1] 从古希腊的城邦到17、18世纪的社会契约论，国家一直是国民基本安全的提供者。主权不仅仅是一种权力，更是一种保护其公民基本人权的义务与责任。通过对主权概念的重新理解，把主权与国家对公民的责任紧密联系在一起，将国家主权的重点由国家主权权力转向了国家主权责任方面，国家既是一个权力主体又是一个责任主体。[2] "保护的责任"是一个综合的概念，是一个预防责任、反应责任和重建责任的政体。[3] 国际人权保护观念的加强与政府保护公民职责的强化都对领事保护提出了较高的要求。

多源/元性移民安全问题的本质是在海外的中国公民免于受到暴力与非暴力的威胁，维护海外中国公民的权利，保证其基本的尊严。在海外中国公民碰到任何威胁的时候，都有权向中国的使领馆求助，并有权获得帮助。这不仅是公民的基本权利之一，更是一国政府的基本责任。

2014年内地居民出境人数首次突破1亿人次大关，达到1.07亿人次。已有2万多家中资企业分布在世界上200个国家和地区，因此，海外中国公民与企业的安全问题日益凸显。领事保护则是保障海外公民与企业安全的核心。新形势下，我国开始日益重视海外公民的安全保护问题，从2005年3月吉尔吉斯斯坦国内政局突变起至2015年8月尼泊尔地震止，我国近十年来一共经历了15次撤侨行动。撤侨行动是指一国政府通过外交手段，在发

---

[1] 戴瑞君：《国际人权条约的国内适用研究：全球视野》，社会科学文献出版社，2012，第29页。
[2] 张爱宁：《国际人权法的晚近发展及未来趋势》，《当代法学》2008年第6期，第61页。
[3] 黎海波：《海外中国公民领事保护问题研究（1978～2011）——基于国际法人本化的视角》，暨南大学出版社，2012，第90页。

生境外紧急事件，且根据形势研判事件的发展趋势将会对居住在境外的本国公民的生命和财产安全造成极大伤害时，及时将本国侨民撤回本国政府管辖的行政区域的外交行为。① 撤侨行动反映了我国外交从单纯的"为国"向"为民"的转变。"正是由于明确了个人对于国家和社会的基础地位，正是由于证明了个人优于国家，更优于社会以及个人比国家和社会更为实在这一理念，法治所特别关注将其置于首要任务的就是对个人权利充分而全面的有效保障。"②

（二）也门撤侨行动

自2015年3月26日开始，沙特阿拉伯、埃及、约旦、苏丹等国决定在也门发动打击胡塞武装的军事行动，也门局势突变紧张。3月29日下午，首批122名中国劳工在也门的亚丁湾登上护卫舰撤离；第二批449名中国公民于次日撤离。③ 4月2日，我国军舰还帮助巴基斯坦、新加坡、意大利、英国、加拿大、爱尔兰、波兰等10个国家在也门的225名侨民自也门撤离。也门撤侨的规模、难度与速度不仅展现了我国的实力，也表现了我国负责任的大国形象，在国际上赢得了声誉。这是中国军舰首次实施撤离外国公民的国际人道主义救援行动。

海外撤侨行动往往属于紧急事件，常常涉及多个部门：外交部及其驻外使领馆、公安部、国侨办、商务部、交通部以及事发国有关部门等，海外突发事件背景复杂，涉及利益主体较多。尽管我国已经有十余次的海外撤侨经验，但是建立一个高效协调的多方联动机制在海外突发事件的应急救援中仍然至关重要。我国的海外应急管理应该提高风险防范意识，增强预防和预警能力；完善预警信息发布渠道，提高信息传播效率；增强应急响应能力，提

---

① 戴瑞君：《国际人权条约的国内适用研究：全球视野》，社会科学文献出版社，2012，第29页。
② 姚建宗：《法治的生态环境》，山东人民出版社，2003，第171页。
③ 《美国大赞解放军也门撤侨：这个国家太强大》，搜狐新闻，2015年4月27日，http://mt.sohu.com/20150427/n411955361.shtml。

高应急处置速度；健全应急救援国际合作与协同联动机制，强化多元参与。①

（三）我国多源/元性移民安全维护的建议

尽管多次撤侨事件都充分展现了我国的实力与形象，但是也暴露出我国领事保护的缺失。首先，相关机构繁多但缺少专门的海外应急机构。外交部领事司是保护我国海外公民的专门部门，2004年，外交部设立了"涉外安全事务司"；同年11月成立了以外交部为主导的"境外中国公民和机构安全保护工作部际联席会议"，这一部门横跨外交部、商务部、教育部、国家旅游局、公安部、运输部等26个涉外部级机构和军方部门；还增设了"应急办公室"。2006年，外交部在领事司内又增设一个领事保护处。2007年，为更好地保护我国海外公民的安全，外交部将领事保护处升级为"中国领事保护中心"。② 1979年，美国就成立了海外危机应对机构。1992年，美国进行了改革，形成了较为完善的危机管理体系。危机管理研究表明，没有应变计划的危机，比有应变计划的危机，其持续时间要长2.5倍。领事保护的应急机制也从政府的危机管理中吸取了许多经验。

其次，相关法律、法规的缺失。尽管外交部于2010年已经完成了《中华人民共和国领事工作条例》的征求意见，但至今仍然没有出台。国务院、外交部以及商务部都有相关法律法规保护海外中国人，但缺乏统一性、规范性、强制性，碎片化严重，效率低下。适用于海外劳工移民安全保护的国内法律主要有：1952年《中共中央关于海外侨民工作的指示》、1954年《关于领事工作任务的初步规定》、③ 1982年通过的《中华人民共和国宪法》第50条规定："中华人民共和国保护国外华侨的正当的权利和权益。"1980年

---

① 卢文刚、黄小珍：《中国海外突发事件撤侨应急管理——以"5·13"越南打砸中资企业事件为例》，《东南亚研究》2014年第5期，第9页。
② 黄屏：《领事司是外交部第一大业务司为国家发展服务》，人民网，2010年11月23日，http://politics.people.com.cn/GB/1027/13292090.html。
③ 陶莎莎：《海外中国公民安全保护问题研究》，中共中央党校2011年博士学位论文，第62页。

《中华人民共和国国籍法》、1983年《中华人民共和国领事条例（试行）》、1990年《中华人民共和国领事特权和豁免条例》。这些相关的法律法规年代久远，内容不够具体、详细，操作性也不够强。美国军队平均两年参与一次撤侨行动，并已通过条令和政府文件的形式将其细化，称之为"非战斗人员撤离行动"（NEO）。[①] 根据美国相关条令的规定，撤侨行动的发起人和组织者应该是撤侨发生国家的大使馆，现场总指挥应该是美国驻地国的大使。大使决定使用NEO后向国务卿向总统或国防部长申请，获得批准的同时国防部和地区司令部指定配合的美国军队及其最高指挥官。但是，任何撤侨行动都必须是非常谨慎的，在所有外交努力无法挽回事态且还有恶化趋势的情况下才能起动NEO程序。

再次，相关的领事人员大大不足。我国所有驻外使领馆负责领事侨务工作的一共有600多人，领事干部严重缺编。按照2014年出境1.07亿人次来计算，中国平均每1个领事官员要服务约20万人，而美国1个领事官员仅服务0.5万人，日本1个领事官员服务1.2万人。[②] 人员的严重不足也势必带来工作不够深入、细致等问题。

最后，领事服务机构不够人性化。领事保护预警机制就是通过各种渠道，及时向民众发布涉及海外安全的预警信息以防范或减少危机的出现，并加强对出国公民与在海外营业的企业的教育与培训，以提高海外公民与企业的危机应对能力。[③] 尽管我国外交部网站与商务部的网站上都设有安全风险的提醒，外交部在2000年也首次发布了《中国境外领事保护和服务指南》宣传手册，并在2003、2007、2008、2010、2011年五次对其进行修订。但是，这些预警信息与服务信息针对性不强，内容简单、泛化。以美国为例，美国国务院拥有全世界绝大部分国家的详细资料，包括历史、文化背景、该

---

① 朱江明：《美国为何不在也门撤侨》，《南方人物周刊》2016年第6期。
② 《我国领事保护人员严重匮乏相关法律亟待出台》，中国广播网，2012年1月4日，http://www.cnr.cn/djxw/201201/t20120104_509011528_1.shtml。
③ 夏莉萍：《美英领事保护预警机制的特点及对我国的启示》，《外交评论：外交学院学报》2006年第1期，第73页。

国家最新的政治局势。针对那些安全形势比较严峻的国家，还会提供专门的"领事信息单"。美国的海外安全顾问委员会出版的小册子里详细列举了海外企业及人员在面临危急时刻应该做什么，考虑了各种可能遇到的情况，给予本国人员以最大的指导。美国大使馆与当地侨民团体组织有着比较密切的联系，如果起动撤侨可以通过侨民中的关系网迅速通知。英国外交部每年发布《领事服务报告》。印度的海外安全保护主要由外交部统一负责，并于2000年成立了海外印度人高级委员会，负责海外印度人事务，该委员会直属于外交部。

除此之外，我国还应该多利用国际合作、多边论坛、国际法规、国际组织、双边/多边条约对海外中国人进行全方位、多方面的保护。认真保障海外公民的安全，体现我国外交为民的理念。我国多源/元性移民安全问题应以"人的安全"为核心思想，以保护海外中国人的安全为终极目标。多源/元性移民安全的维护是一项系统性的工程，并不是一个一蹴而就的过程，需要长期的制度建设，不断完善，在发展中学习，在学习中发展，以使我国领事保护的能力与海外安全风险的实际需求相匹配。

四 2016年移民安全形势预测

在国际社会方面，欧洲的难民问题将会持续存在，而且与恐怖主义相互交织，使其变得日益复杂，也从低阶政治问题转为高阶政治问题。难民的安置、再就业以及融入等问题值得持续关注。欧盟的移民/难民管理政策也应随着形势的变化而进行不断调整与整合。在面临如此危机时，若以"人的安全"为指导原则，那么此次难民危机将是欧洲各国展示其人道主义精神的良机，更是欧洲一体化、移民问题全球治理不断深化的契机。

在国内社会方面，目前ISIS对中国人质的残忍杀害、海外劳工所遭受到的不公平待遇、海外游客的安全问题等都将是我国领事部门面临的巨大难题。不仅如此，在新的一年里，我国仍将面临精英流失、国内非法移民有效管理等多方面的、来自移民领域的安全挑战。当然，我们也应该看到移民问题积极的一面：领事保护为我国"走出去"战略与"一带一路"战略的实施与推进打下了坚实的基础；移民问题为我国积极融入世界体系，积极参与全球治理提供了一条全新的路径。在此大背景下，我们应该重视移民安全问题，积极推进目前移民问题的全球治理，整合主权国家、区域组织、国际组织、国际社会、全球公民社会等多个治理主体，以命运共同体的精神共同解决移民安全问题。

五　结语

在可预见的未来，随着人口日益频繁的流动，与移民相关的安全问题在深度全球化的时代背景下将会日益突出，同时，移民所带来的安全问题也将日益多元化。国际社会、区域组织以及各国政府都应高度重视移民安全问题，积极思考如何应对各类移民安全问题（内源性移民安全问题、外源性移民安全问题、双源性移民安全问题以及多源/元性移民安全问题），以提高自身的移民管理能力，最终达到以"人的安全"为核心理念的移民融入与移民保护的终极目标。

·内源性非传统安全研究·

B.11 "质量时代"口岸进出口产品质量安全：挑战与规制[*]

廖丹子 叶东辉 钱显明[**]

摘　要： 德、美、日等发达经济体已掀起"工业4.0""工业互联网""制造业复兴"浪潮，质量安全战略成为新一轮国家间竞争的新高地，中国"质量强国"战略也在全面实施和不断完善之中。在大开放、大通关的全面改革新时期，进出口产品质量安全成为我国"质量强国"战略中极为重要的部分，而在新的生产和产品样式、商业和产业模式不断涌现的背景下，口岸进出口产品质量安全监管面临诸多新问题、新挑战。要尽快完善口岸进出口产品质量安全规制过程体系，健全与此规制过程紧密相关的法律法规，提升执法公信力和执法效能，创新执法模式。

关键词： 质量强国　工业4.0　质量安全　规制过程

---

[*] 该文为国家社科基金青年项目"中国国门非传统安全威胁识别与跨域治理研究"（项目编号：15CZZ043）与浙江大学非传统安全与和平发展研究中心、浙江财经大学、宁波出入境检验检疫局合作项目"总体国家安全观下中国质量安全战略研究"的阶段性成果。

[**] 廖丹子，管理学博士，浙江财经大学财政与公共管理学院副教授，浙江大学非传统安全与和平发展研究中心兼职研究员，主要研究方向为非传统安全治理。叶东辉，宁波出入境检验检疫局调研员。钱显明，宁波出入境检验检疫局通关处处长。

2015年，我国货物贸易总值达24.59万亿元人民币，继续居全球之首，出口市场份额也提高至13%，而同时总值较2014年下降7%。① 伴随世界经济低增长和外需持续低迷，我国外贸经济下行压力仍将十分巨大。与此同时，我国进口产品检出不合格量居高不下，出口产品质量长期占据美、欧、日通报召回问题产品数量的首位，我国因出口产品质量问题而被恶意诋毁国家形象的现象日渐增多，遭致的综合损失倍增。贸易便利化和质量安全把关成为进出口贸易监管的"两个基本点"。当前，德、美、日等发达国家引领的制造业复兴和质量强国博弈日益紧张。为进一步提升我国产品在国际市场中的形象与竞争力，积极应对全球新一轮工业化和质量竞争，党的十八大以来中央提出要把推动发展的立足点转到提高质量和效益上来，要适应并引领经济新常态，全面施行《质量发展纲要（2011~2020）》、"质量强国"战略、《中国制造2025》及相应行动计划。在此背景下，如何提升口岸对进出口产品质量安全的监管与服务能力，构成了当前我国质量安全战略必要的理论和现实议题。本文的"口岸质量安全"意指"口岸进出口产品质量安全"。

一 全球工业升级浪潮凸显质量安全的重要作用

（一）质量安全竞争是新一轮国家竞争的新高地

质量安全是指一国或一个区域不因质量问题而遭受发展困境并具备可持续提升质量能力的状态，其基本矛盾是人民群众不断增长的质量安全需求与质量安全保障能力相对不足之间的矛盾。各个领域、各个区域的质量安全状况、结构及其总和，不仅直接决定了满足消费者需求的量与质，还成为一个关系国计民生的公共安全问题，关乎经济社会的利益与发展，关乎国家外交

---

① 中国政府网：《海关总署新闻发言人介绍2015年全年进出口情况》，2016年1月13日，http://www.gov.cn/xinwen/2016-01/13/content_5032553.htm。

与安全,关乎国家文明与国家形象。① 获得更高的质量安全水平,不仅是社会大众的朴素与必然追求,也是一个国家提升发展内涵和民众福祉、提高国家竞争力的动力和手段之一。世界著名的朱兰博士曾说:"质量将成为和平占有市场最有效的武器。""将要过去的 20 世纪是生产率的世纪,将要到来的 21 世纪是质量的世纪。"

产品质量安全是国家经济提升的重要基石。综观"二战"以来世界主要大国综合实力博弈的历史,科技、工业、产权、教育、创新等都是关键,但产品质量提升是贯串其经济崛起的共有因素。当前全球主要经济体已掀起一股以制造业升级为核心的工业化浪潮,产品质量安全竞争是这一竞争浪潮的核心内容,并将成为影响未来世界经济格局的主导因素。

"德国制造"近代以来所呈现的精准、精确、精密已闻名于世。然而,"德国制造"之初也经历了一段不光彩的历史:19 世纪初始,德国大举"盗版"英国产品,后因产品质量低劣而被迫贴上"德国制造"并被视为是假冒伪劣的代名词,德国经济一度低迷。德国随后痛定思痛,决心全面提升自身产品质量:1887 年设立 8 月 23 日为德国"耻辱日"②,以此激励德国政府和民众注重产品质量;大力开展质量职业教育;全面推进品牌建设;在国际竞争压力下始终将质量提升作为国家的一项基本战略,如西班牙、英国等欧洲国家都从工业化转向金融、房地产,而把制造业转包给德国的时候,德国始终抓牢制造业质量。再如 20 世纪 80 年代,德日货币大幅升值而出口压力剧增,与日本紧盯汇率不同,德国紧逼企业对产品质量不断精益求精,最终实现其产品"从'厚颜无耻'到'光荣之源'"③。2011 年德国政府公布了

---

① 我国质量提升战略中对产品、工程、服务的质量重要性的定位逐步提升,从"经济发展"到"兴国之道、强国之策"。如《质量振兴纲要 1996~2010》认为:"质量问题是经济发展中的一个战略问题……成为影响国民经济和对外贸易发展的重要因素之一。"《质量发展纲要(2010~2020)》则认为:"质量发展是兴国之道、强国之策……反映一个国家的综合实力……是国家文明程度的体现……质量问题是经济社会发展的战略问题,关系可持续发展,关系人民群众切身利益,关系国家形象。"

② 1887 年 8 月 23 日,英国出台《商标法案》,规定所有从德国进口的产品都要注明"德国制造",用以将劣质的德国货与优质的英国产品区分开来。该日被德国设定为"耻辱日"。

③ 《"德国制造"由劣到强》,《环球时报》2012 年 9 月 3 日。

旨在实现工业领域新一代技术创新与研发的《高技术战略 2020》，开启了第四次工业革命即工业 4.0（INDUSTRIE4.0），2013 年又推出了《保障德国制造业的未来——关于实施工业 4.0 战略的建议》，全面推行基于信息物理系统（CPS）、实现人—机—产品实时联通、智能感知的智能制造模式。至此，以自动化、数字化、个性化、参与化为核心特征的德国"智能制造"正牵引着新一轮全球质量安全竞争巨轮的航向。正是因为德国从国家战略、企业管理到公民意识，都牢牢抓住质量这一"轴心"，德国在当前国际标准、计量、合格评定领域中都享有了不容置疑的话语权。①

1920 年日本第二产业产值超过第一产业，开启了工业化阶段，但很长一段时期"东洋货"都被视为劣质产品。为提升国家形象、增强经济发展质量，日本掀起全面的"质量救国"热潮，如大规模开展全员质量培训，实施全面质量管理（TQM）、首创质量管理小组（QC）、质量功能展开法（QFD）、5S 现场管理法和丰田生产方式（JIT）等质量管理方法。日本在质量快速提升的推动下，其电子、汽车、家电、机械与化工产品等的品质优势迅速获得全球市场认可。进入 21 世纪，"日本制造"已成为全球产品质量的另一标杆。朱兰博士评论日本经济的腾飞是一场"质量革命"的成功。②

1894 年美国工业生产总值超过英国而跃居世界首位，20 世纪初完成电气化革命和流水线及大规模生产，以机器零部件标准化推动形成"规模生产制"。20 世纪 80 年代日本产品大举进入美国，美国顿时觉察到来自日本产品的强大竞争力，认为"日本将和平占领美国"。1982 年美国全国开展"强化质量意识运动"，1987 年出台《质量振兴法案》，随后还有质量政策和激励制度，短短十多年后的 1993 年，美国国家竞争力重归世界第一。克林顿就认为"《质量振兴法案》在使美国恢复经济活力以及在提升美国国家竞争力和生活质量等方面起到了主要作用"③。2008 年金融危机后，美国将

---

① 目前，德国承担的国家标准化组织（ISO）和国际电工委员会（IEC）秘书处数量达 165 个，居世界第一位，占领了国际标准制定的制高点。
② 黄符建：《日本质量革命成功的社会背景和动力》，《价值工程》1994 年第 3 期。
③ 唐晓芬：《不断提高产品市场竞争力》，《经济日报》2011 年 9 月 19 日，第 14 版。

制造业复兴计划纳入国家战略。进入21世纪，美国继续以政府力量强推工业升级，相继推出"再工业化""制造业复兴""国家制造业创新网络"《重振美国制造业框架》《先进制造伙伴计划》等"工业互联网"（Industrial Internet）战略。国际知名智库伍德罗·威尔逊中心（Woodrow Wilson International Center for Scholars）2012年发布的《全球先进制造业趋势报告》显示，美国研发投资量居全球首位，且在合成生物、先进材料和快速成型制造等先进制造业领域将实现引领性的技术创新。

此外，俄罗斯、韩国、新加坡、欧盟等发达国家和地区都在紧紧抓住互联网泛在化的趋势而推动制造业升级和产品质量提升，借用国家力量强推科技创新和高、精、尖产品的研发，积极打造经济增长与国家竞争的新引擎，并力争成为世界高质量和高标准的制定者、引领者和示范者。在质量竞争的全球浪潮中，中国也正审时度势，以"中国制造2025""质量强国"为纲领，强势推动以互联网、云计算、大数据、智能化为核心的制造业升级，全面提升中国制造业信息化、智能化、自动化、个性化水平，积极稳妥地推进中国制造向中国创造转变、中国速度向中国质量转变、中国产品向中国品牌转变，实现中国制造由大转强，适时地在全球质量竞合链中扮演追随者、赶超者和引领者。可以预料，在相近的战略思维与整体布局下，这一领域酝酿的国际竞争将十分激烈。①

综观之，21世纪的第二个十年伊始已开启一个"质量时代"，基于互联网的以高科技、工业化再造、智能化等为核心的新一轮国家角逐正在世界主要大国和新型经济体之间悄无声息地展开，针对质量、标准、品牌等关键要素及其规则权、话语权的争夺，是质量时代国家之间在经贸、外交、军事、环境、文化等领域开展博弈与竞合的新高地。

（二）口岸质量安全监管具有重要作用

口岸是指人员、货物、商品和交通运输工具直接进出境的港口、机场、

---

① 吕铁、李扬帆：《德国"工业4.0"的战略意义与主要启示》，《中国党政干部论坛》2015年第3期，第36~39页。

车站、码头、跨境通道等①，是国家对外开放和国际交往的门户与关口。口岸的开放与通行状况，直接反映了一国对外开放及其管理水平。在深度全球化和推进质量强国战略的双重背景下，我国口岸质量安全把关的重要性进一步显现。

首先，从口岸的内在属性看，口岸质量安全监管体现并保障了我国国家主权。1978年改革开放以来，口岸作为技术、知识和管理的窗口，在我国外贸链条中是重要的联结点和中转站。口岸质量安全监管部门在保障和体现我国国家主权上发挥了不可替代的作用，如海关、海事、检验检疫等口岸部门都具有涉外执法性，分别依法对进出口产品的不同方面实施监督与管理。以进口产品监管为例，检验检疫部门依据《中华人民共和国进出口商品检验法》《中华人民共和国进出境动植物检疫法》《中华人民共和国国境卫生检疫法》《中华人民共和国食品安全法》与国际公约等相关法律和规定，对进口产品的健康、安全、卫生、环保、反欺诈等方面实施查验检疫，对不合格产品实施退运、销毁等禁止入境处置；海关则依据《中华人民共和国海关法》及进出口（境）物品监管的相关规定，对进境货物、运输工具、行李和邮递物品等进行监管，并开展缉毒缉私、收取关税和货物统计。这既是我国主权的体现，也是主权的保障。当前我国内陆、沿海和沿边一类口岸共有285个，共同编织成了一张由依法执法而形成的口岸主权安全网。

其次，从质量强国战略的内容体系看，口岸质量安全占据了不可或缺的"半边天"。从空间分布看，国内产品质量安全和进出口产品质量安全共同构成了我国产品质量安全的两大部分，尤其在开放型经济格局下，进出口产品质量安全在提升国家形象和影响力、赢取国外市场和外汇、优化国内经济结构、打造质量安全型经济②等方面发挥了愈加重要的带动作用。如针对出口产品质量安全，检验检疫在口岸所实施的针对产品质量、规格、材料、标

---

① 随着"一带一路"、自贸区、长江经济带等战略的推进，对重新定义口岸与新设口岸的要求也变得紧迫，如关于现有口岸中"直接进出境"的规定就不能满足全面对外开放中要素流跨国流动的巨大需求，而沿边和内陆口岸的新设立也是现实所需。

② 徐明焕：《论质量安全型经济》，中国质检出版社、中国标准出版社，2013。

准、包装以及国外技术性贸易举措等方面的工作，不仅为出口企业提升质量管理、提高品牌意识、规避贸易风险等提供了必要的信息、技术、证书、制度、公平竞争环境等服务，还通过信用评定、负面清单、风险等级等举措倒逼企业不断提升质量管理、诚信水平和品牌建设。

最后，从总体国家安全体系看，口岸质量安全与总体国家安全的各个方面紧密相连。2014年国家安全委员会首次会议提出了涵盖11个领域的总体国家安全观，而口岸质量安全监管的不同职责与环节是总体国家安全中之不同领域安全的直接或间接维护力量：如防止不合格消费品进入中国市场，保障人民生命与健康安全；通过合理调控进口原油、棉花、矿产品、有色金属等战略性资源类商品，维护企业经济利益并优化我国产业结构，是经济安全和资源安全的有力保障；通过抵制出口产品质量政治化、查验与处置进口产品中的核生化风险而维护政治安全和社会安全；通过重大科技攻关、完善质量基础体系来维护科技安全；通过严格查验有毒有害物质和禁止外来物种入侵而维护生态和环境安全；通过建立进出口产品风险信息数据库并据此展开风险研判而提升信息安全；等等。可以说，口岸是国家安全的屏障①，口岸质量安全是总体国家安全力量体系的重要组成部分，口岸质量安全能力成为反映总体国家安全能力的一个"横截面"。

二 口岸质量安全监管面临的新难题

质量安全与经济增长是一对相互影响、相互统一的矛盾体：一方面，质量与经济正相关，即质量安全水平的持续提升将促进经济的实质增长，经济水平的提升也将推动总体质量安全水平的提升；另一方面，经济总量、结构的发展又将带来更加多样复杂的质量安全风险。当前，我国深度对外开放，新型业态不断涌现，全面改革持续深入，口岸质量安全监管面临新的难题，并整体呈现"赤字"状况。

---

① 《通过口岸走向世界》，《人民日报海外版》2014年11月29日，第5版。

（一）开放新形势形成新压力

随着"一带一路"、高端自贸区（亚太、中欧、中韩）战略的不断推进，我国涵盖经贸、金融、政治、文化、环境、教育等宽广领域的深度、全面开放格局已然形成。在这一进程中，我国制造业面临发达国家和其他发展中国家"双向挤压"的严峻挑战：一方面，在国际金融危机的冲击下，美、德、日、欧盟等发达国家和地区重新回归实体经济，加速"再工业化"和"制造业回归"，大大加大了处于国际分工链条中低端、主要由外需驱动的中国制造业经济的发展和竞争压力。此外，美国主导建立跨太平洋战略合作伙伴关系（TPP），在标准、环保、健康、价格等方面建立新的国际规则，对我国外向经济形成实质性挑战；另一方面，我国低附加值产品出口的价格优势不断弱化，劳动力成本低、资源能源消耗多和环境代价大而享有的比较优势正逐步丧失，再加上外需疲软、经济下行、人民币汇率升值、大宗商品价格下滑等因素影响，我国经济发展的传统模式面临全面转型的巨大压力，外贸增长的挑战十分巨大，而印度、越南、印尼等发展中国家正以更低的劳动力成本优势、更优越的资源和政策优势承接劳动密集型产业的转移，传统低端市场由中国占据的局面也正日益丧失。

这一"双向挤压"也在不同方面加大了我国口岸质量安全的服务和风险防控压力。一方面是口岸质量安全的常态服务能力亟须提升。2015 年，我国货物贸易总值达 24.59 万亿元人民币，继续居全球之首，然而总值较 2014 年下降 7%。①巨无霸的进出口量和外贸下行压力持续走高，口岸质量安全监管和服务压力相应加重：首先，与巨无霸进出口贸易量相匹配的口岸质量安全把关的常态工作加重，且难度加大，这主要包括进出口贸易的宏观监测与调控，进出口企业资质审核与信用评定，出口企业产品质量与安全的

---

① 《海关总署新闻发言人介绍 2015 年全年进出口情况》，中国政府网，2015 年 1 月 13 日，http://www.gov.cn/xinwen/2016-01/13/content_5032553.htm。

技术指导，国际技术性贸易壁垒的研判及预防，重点产品的安全性能评定和安全风险评估，日常查验和检疫等。其次，口岸质量安全风险防控压力加剧。从出口看：整体而言，中国制造与发达国家产品相比，品质低、创意少、标准乱①，再加上国外技术性贸易壁垒②、产品质量问题政治化③等因素，我国出口产品质量安全问题长期占据美欧日通报召回问题产品数量的首位，如占欧盟通报召回的比例，2006~2012分别为48%、52%、57%、60%、58%、54%、58%，占美国消费品安全委员会（CPSC）通报召回的比例，2008~2013分别约为54%、52%、51%、61%、52%、70%④。2014年我国遭退运的出口工业品值达24亿美元，而近六成源自质量问题。⑤另外我国输非商品口碑也较差，其中假冒伪劣商品也较为普遍。从进口看，进口产品检出不合格率也令人忧虑：如2014年度与2015年度目录外进口商品抽查不合格率分别高达35.2%与37.3%，与消费者健康与生命安全密切相关商品不合格率达35.4%和37.8%⑥，也即近四成质量不合格。可见，我国进出口产品因技术、质量、政治、经济等因素而遭受的质量安全风险令人担忧，而作为进出口产品质量安全把关重要一环的口岸部门，也相应面临更加艰巨的质量安全风险防控压力。

---

① 冯雷、王炳坤：《中国品牌为何海外叫不响》，《国际先驱导报》2015年10月23~29日，第23页。
② 技术性贸易措施的影响日益广泛。据统计，2013年共有73个世界贸易组织（WTO）成员提交了2138件技术贸易措施通报。被称为"史上最严格玩具指令"的《欧盟玩具指令》，受限有毒有害物质则多达千余种。日本实施的"肯定列表"制度，规定每种食品、农产品涉及的残留限量标准平均为200项。许多国家变相建立贸易技术壁垒，如认证检测壁垒以及各种"绿色壁垒""动物福利壁垒""劳动壁垒"等等。宁波检验检疫局联合高校开展的《技术性贸易措施GDP折损率研究》表明：仅宁波一地，2013年技术性贸易措施GDP折损值为124.95亿元，技术性贸易措施GDP折损率为1.75%。
③ 欧盟、日本、美国等频繁炮制"劣质商品中国造"的标签和言论。
④ 国家质检总局办公厅：《探索之路：中国特色质检工作理论体系研究报告》，中国质检出版社，2014，第238~239页。
⑤ 《夯实质量技术基础 助力外贸优化升级》，《中国国门时报》2015年11月16日，第1版。
⑥ 根据质检总局2014年和2015年公布的相关数据整理。《质检总局：2014年度目录外进口商品不合格率35.2%》，中新网，2015年3月27日，http://www.chinanews.com/cj/2015/03-27/7163499.shtml。

（二）业态新样式带来新问题

新一代信息技术与传统行业深度融合，不断催生新的生产和产品样式、商业模式和经济增长点，但同时也给口岸质量安全监管带来了新难题。首先，增加了口岸质量安全风险。当前，跨境电商、海淘等新业态发展迅速，据测算，未来几年我国出口电商规模增速将达20%~25%，2017年跨境电商交易额或将占进出口贸易总额的20%，超6.6万亿元。[①]这些新业态具有多批次小批量、电子化难跟踪、直接性零散性等异于传统贸易方式的新特征，在材料、包装、标准、规格等方面大大增加了质量安全风险，且这些风险难识别、易伪装。其次，增加了关联性风险。如这些新产品、新业态同时成为有害生物入侵的新载体。据统计，2013年和2014年全国口岸分别截获有害生物4716种/61.02万次、4778种/59.6万次，同比分别增长8.89%/5.32%、5.2%/24.1%，2015年截获批次同比增长竟达300%[②]，伴随新产品和新业态而进入我国的有害物种稳中有升。再次，挑战了传统的口岸质量安全监管模式。与新技术、新产品以及新的商业模式不相适应的是，口岸质量安全监管的现有模式出现乏力：进出口（入出境）法检制度及相应规定尚未调整到位；政府与市场企业主体、社会第三方检测主体的职能重点和权责边界还未能切实回应当前检管分离的改革要求；海关、检验检疫、海事等相关部门在统一信息平台、"并联执法"等方面的跨界合作还存在明显的体制阻碍；以健康、安全、卫生、环保、反欺诈项目等重点内容为主导的风险、信用和安全监管机制仍未健全；等等。传统模式下的口岸质量安全模式亟须向智能化、联动化、协同化的方向迈进。

[①]《国务院力促消费金融和跨境电商》，新华网，2015年6月11日，http://news.xinhuanet.com/info/2015-06/11/c_134316734.htm。

[②] 根据质检总局在中国质量新闻网发布的数据整理。

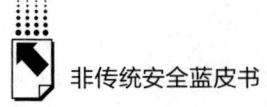

（三）全面深化改革提出新要求

主要有三项中央改革对口岸质量安全监管提出了直接要求：一是质量强国战略对口岸质量安全把关提出新内容。党的十八大明确提出要把推动发展的立足点转到提高质量和效益上来，国务院推出《质量发展纲要（2011~2020）》、"质量强国"战略、《中国制造2025》及相应行动计划，这基本定位了我国从数量优势转为质量牵引的经济新模式。在这一模式定位下，口岸就担负了进出口产品质量监管模式创新、质量查验技术和手段更新、质量安全风险评估能力提升等新任务。二是国家安全体制机制改革对口岸国门安全把关提出新任务。党的十八届三中全会后，总体国家安全观、国家安全法治、国家安全战略、国家安全体制等的改革与部署，都对口岸国门安全把关的领域与重点提出了新任务。三是贸易便利化目标为口岸质量安全监管提出新难题。为全面对接"一带一路"、自贸区等开放发展战略，国务院大力实施出口贸易便利化举措，国务院《关于改进口岸工作支持外贸发展的若干意见》（（国发〔2015〕16号）、《落实"三互"推进大通关建设改革方案》（国发〔2014〕68号）等要求创新口岸建设规划及管理体制，提高口岸基于贸易便利化的监管和服务能力。因此，贸易便利化和质量安全把关是新时期口岸工作的两个"基本点"，如何平衡与兼顾这两个"基本点"，对口岸质量安全把关提出了新的挑战，即一方面要提升进出口贸易的服务和监管水平，帮助企业完善质量体系和提高出口产品竞争力，另一方面还要为进出口产品质量和国门安全把关，将有毒有害物质、有害生物、疫病疫情、走私贩毒、劣质商品、偷渡及其他质量安全风险挡在国门之外。

三 安全规制：口岸质量安全路径新探

（一）产品质量安全规制的原理分析

"规制"（regulation）一词是舶来品，最早由日本学者使用，我国学者引介时直接采用其汉字"规制"。① 政府部门一般用"监管",经济学领域用"管制",而法学、政治学、行政学领域多用"规制",台湾学者则多用"规管",意指通过法律法规的执行而进行管控、督促和规范。学术界对规制已有诸多不同理解,一般认为,规制就是政府部门基于公共或部门利益而对市场主体实施干预行为,主体是政府行政机关或社会公共机构,一般简称为"政府",客体是经济主体(主要是企业),依据和手段则是规制主体设立并实施的法律法规、规则规范和制度。

产品质量安全规制是社会性规制的重要方面,意指对生产、流通、经营、交易、消费等过程中的产品质量安全问题及其负面影响实施监督与管理。政府对产品质量安全实行规制有两方面依据:一是必要性,即经济活动中存有大量导致产品质量不安全的意图、行为与现实机制,需要公共部门进行规制,这主要是竞争缺乏(如电、煤、油等自然垄断性行业)、过度竞争(批发与零售领域)、负外部性(如企业排污、工厂噪声等)、搭便车(公共产品供给与维护动力不足)、信息不对称(如买卖双方在产品质量、价格、信息等方面)等;同时,对进出口产品质量安全进行规制,还是国家主权和国家安全维护的需要;二是可能性,即政府及不同部门拥有对上述产品质量不安全因素进行建章立制并强制规范和处置的法定职责与权力。产品质量安全规制的实施主体是具有法定性安全规制职能的部门(主要是政府及其部门,还包括经政府授权的非公共部门),如中央有质检、工商、商务、食药、卫生、海关、统计、公安等部门,地方有市场监督管理部门②,还包括依法享有规制权的准公共机构(如检验检测认证机构),这些部门在各自职责范围内,依法进行产品质量安全的规划、标准、战略的建设和实施,对产

---

① 日本著名产业经济学家植草益著的《微观规制经济学》由我国著名经济学家朱邵文翻译,书名中"规制"的汉字被直接作为中文版的书名。参见〔日〕植草益《微观规制经济学》,朱绍文等译,中国发展出版社,1992。

② 当前我国多个地方政府探索建立"市场管理"部门,将分别隶属于质检总局、食药总局、工商总局的质监、食药、工商,以及安监等部门合并,组建综合管理部门,但名称不一,如深圳和天津等市冠名为"市场和质量监督管理委员会",上海市浦东新区、杭州市等冠名为"市场监督管理局"。

品质量安全信息进行统计与分析,对产品质量安全风险进行预测和研判,对产品质量安全事件进行立规、调查与处置等。在产品质量安全规制活动中,受规制对象包括一切市场参与主体,既包括企业、工人和消费者,还包括作为市场活动主体的政府部门,后者是对"规制的规制",即"行政性规制"①。

(二)口岸质量安全规制的实施路径

要建立动态调整的口岸质量安全规制过程体系。一般认为,政府规制包括规制立法、规制执法、规制修法、规制松除四个过程。②本文将立法和修法看作一个过程的两个方面,因此口岸质量安全规制就包括了立法修法、执法、松除三个过程(见图1)。

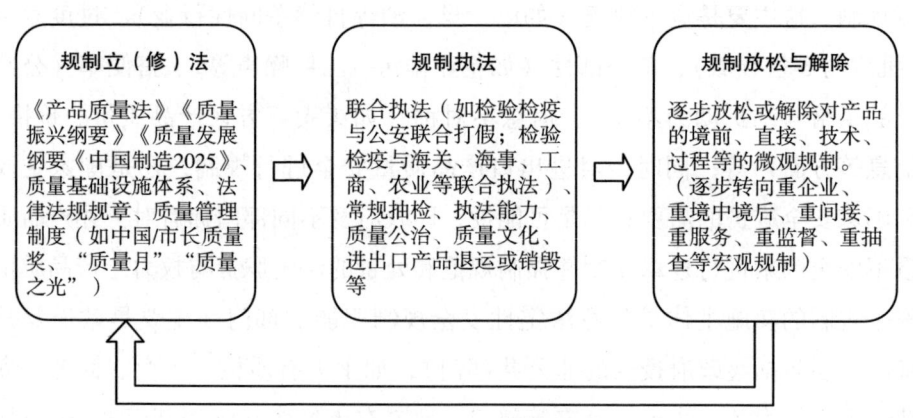

图1 口岸质量安全规制过程

1. 规制立法和修法

规制立法与修法,主要是通过法的订立和修改,以明确规制的整体目标与关键内容、规制主体及其法律地位、相应职责及具体运行。截至2016年

---

① 关于行政性规制的内涵和类型,参见江必新《行政规制的基本理论》,《法学》2012年第12期。
② 王俊豪:《政府管制经济学导论》,商务印书馆,2013,第40~49页。

1月，质检系统（我国质量安全管理的主责单位）已形成了9部法律、13部行政法规、192部部门规章和298部地方性法规。依法行政是依法治国的重要内容之一，要逐步完善符合质量强国发展要求和国际贸易便利与安全的口岸质量安全规制的法律法规体系。首先作为立法与修法的思想指导，要建立安全与发展动态平衡的口岸质量安全规制理念。《落实"三互"推进大通关建设改革方案》（国发〔2014〕68号）提出口岸管理要"坚持安全便利并重"。贸易便利与国门安全是进出口产品监管的两大基本职责，这两大职责的各自深化与彼此关联，推动了进出口监管部门的改革实践。但在我国出口面临"双重挤压"的背景下，通关速度和贸易便利在很大程度上主导了口岸相关部门的工作，国门安全风险及其防控压力加大。因此，要将外贸发展和国门安全平衡兼顾作为立法修法的思想指导，既要贯彻实施国务院"质量强国"的要求，也要加大外贸扶持以帮助突破"双重挤压"的困局；既不能在力促贸易便利化的工作中轻视国门安全把关，也不能因国门风险防控而阻碍外贸与通关的正当发展。其次，进一步完善质量基础设施体系（NIQ）。标准、计量、认证认可和检验检测共同构成了质量基础设施体系，各自在经济发展和国际竞争中扮演着十分重要的角色。根据德国标准化研究院（DIN）分析，德国国民生产总值（GNP）增长的1/3是由标准贡献的，德、法、英标准化对本国经济增长的贡献率分别达到27%、23%和12%，美国超过80%的全球贸易受标准化的影响，每年金额超过13万亿美元；经济交往中超过80%的贸易必须经过计量才能实现，工业发达国家的计量活动对其国民生产总值的贡献率达4%~6%。①当前我国NIQ的法律法规标准低、覆盖面窄、国际话语权不足、与现实形势和国际标准"双脱节"。针对这些不足，一是要客观、全面地辨识与评估NIQ的不足，针对与WTO/TBT/SPS等国际组织协议的不衔接、不相符，应积极发挥质检和相关部门的主导作用，大力推动科技攻关和科技创新；二是针对标准、认证市场被国际

---

① 《提升质量效益 建设质量强国》，中国质量新闻网，2014年7月31日，http://www.chinatt315.org.cn/news/2014-7/31/29823.aspx。

知名机构（如 TUV、SGS、ITS、BV）"霸占"的局面，质检等部门应积极发挥外事主动权，围绕 NIQ 的基础内容在国际商讨与拟定中主动介入，争取话语权。再次，特别重要的是，针对（跨境）电商、船舶经济、政府采购等新型业态以及关系生命、健康、卫生、环保等关键领域中的产品质量安全问题，要加大专门法律法规的制定、修订与完善；针对国外技术贸易壁垒，要加强国家应对战略的顶层设计，并在企业和产品基础数据的搜集与分析、专项研究与成果转化等关键方面做出专门的立法立规。

2. 规制执法

有法必依是依法行政和法治中国建设的又一重要环节。规制执法是具有规制权的主体依法对规制对象实施监督、规范及相应处置的过程。严格执法是发挥法律效用的关键环节，也是规制过程中的核心部分。要逐步建立严格、创新的口岸质量安全执法体系。

一是严格执法，提升执法公信力。当前，公众和企业对口岸质量安全规制部门的执法存有一些误解，如认为检验检疫执法是"可有可无""碍手碍脚""自娱自乐""自惠自利"[①]。要消除误解，提升口岸质量安全执法公信力，首先就要进一步增强执法主体的质量安全意识和服务意识，推进执法的科学化、公开化、规范化与标准化，做好相关法律的解释与宣教，提高执法水平；其次要在口岸质量安全的目标牵引下，以质量安全促进和服务贸易便利，树立贸易便利与质量安全并重、质量安全是贸易便利之前提的执法理念；再次要健全对执法不正行为（如扭曲执法、变相执法、选择性执法、钓鱼执法等）的监督与处置机制，提升执法形象。要借助政府"放管治"的职能调整举措，加强对企业质量自我声明和质量违规行为、第三方合格评定等的市场规制，倒逼企业增强主体责任意识和建立质量责任体系。

二是创新执法机制和手段，提升执法效能。当前，在国务院《关于改进口岸工作支持外贸发展的若干意见》（国发〔2015〕16 号）的推动下，

---

① 蔡文彪：《提升执法公信力　塑造质检好形象》，《中国国门时报》2015 年 11 月 30 日，第 3 版。

相关部门正大力实施口岸通关与服务建设、全国口岸规划等内容，内陆、沿海和沿边口岸之间的信息互享、监管互认、执法互助的新型口岸管理网络的改革正在持续推进。党的十八届四中全会提出"有条件的领域可以推行跨部门综合执法"，《国务院关于加快实施自由贸易区战略的若干意见》（国发〔2015〕69号）中指出要"推进规制合作"。口岸相关部门要健全口岸质量安全联合执法机制。首先，以建设"智慧口岸""单一窗口"为契机，海关、检验检疫、公安、边检、边防、海事、税务、市场监管等部门要进一步通过信息互换、监管互认、执法互助新机制来推动质量安全互保，以信息共建互换为基础进一步创新"大通关""三个一"实践等；① 针对自贸区、跨境电商、特殊监管区域等领域，相关部门要进一步创新属地管理、源头管理、过程管理、风险管理等管理方式，推进海关和检验检疫等部门在技术贸易壁垒、行业监管和通关流程等方面的合作规制。其次，要充分利用大数据、云计算、互联网等技术支撑，联合建立可对不同区域、产品属性、产业结构、企业信用等进行智能管理的口岸质量安全风险数据库和风险链管理模式。最后，针对出口产品质量安全问题的政治化、召回、退运、销毁等关涉国家重大利益的事件，以及进口产品可能带来的核生化风险及生命健康、生态环境、公共卫生等方面的危害，国家质检、外交、商务、海关、公安等部门应共建联防联控机制，灵活运用执法打假、集中整治、缺陷产品召回等手段，严守质量安全这一最重要底线。

三是营造"质量共治"氛围，形成"质量共治"格局。质量保障与质量发展不仅是政府的基本职责，也是企业的生命和社会责任，还是社会公众的首要需求与共有义务，且政府、市场和社会三方主体在质量安全促进中各有自身优势和功能空间。作为口岸质量安全规制主体的政府，应在全社会不断培育"人人重视质量、人人创造质量、人人享受质量"的质量安

---

① 2014年11月，WTO历经19年终于通过了历史上第一项全球贸易改革协定，其主旨是通过引入新的海关查验和入境流程标准，简化贸易流程，促进贸易便利化。近年来，我国检验检疫、海关等机构大力推动"大通关"的贸易便利化改革，直至2015年5月1日，我国外贸实现通关一体化全覆盖、企业自主选择办理申报、纳税和查验放行手续的便捷通关模式。

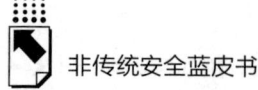

全文化,创新宣教手段提升社会大众对质量安全的自觉、自为,逐步形成政府为主导、企业为主责、部门监管、社会自律、消费者自觉参与的质量共治格局。

3. 规制松除

规制松除,即规制放松或解除,就是随着被规制对象及其问题对象的变化,政府实施规制的必要性逐渐降低,由市场机制或社会机制来自主规范的领域逐步增多,政府主体实施规制的重点和方式要进行调整,或在一些领域干脆解除政府规制的法律法规及相应行为。随着我国经济开放程度日益提高,我国进出口企业在全球市场中的主体性、主导性角色也将逐渐加重,企业产品质量、企业诚信与整体竞争力也将进一步提高,出口产品检验的"后目录表时代"将逐渐转向"零目录表时代"。在此背景下,口岸质量安全规制的放松或解除也将进一步增多,本质是规制边界与重点的适时调整:首先在格局上,要与政府"放管治"职能转变基调保持一致,在可由市场独立、社会自主完成的领域与方面,如企业技术创新、质量竞争与品牌建设、企业主体责任、合格评定、申报审批等,应放松甚至解除政府相关规制;在市场失灵、社会失范的领域,如质量违法、环境污染、风险研判、企业信用评定的质量安全风险防控等,要强化政府规制;在需要政府、市场、社会共同参与的领域,如质量文化与教育、质量基础设施、质量共治等方面,要发挥政府的引导作用,鼓励市场和社会力量积极参与。其次在微观过程上,口岸质量安全规制部门应更多地转向宏观管理和基础服务。具体而言,除要在关系公众生命健康、公共卫生、生态环境等关键性领域加强规制措施外,要顺应和依托市场竞争和社会机制的逐步成熟,在检管分离的改革实践中,逐步放松检,逐步加强管,即现有的重企业产品、重境前、重直接、重监管、重检测、重全面等微观规制要逐步放松甚至解除,而转向重企业、重境中境后、重间接、重服务、重监督、重抽查等宏观规制,要更多为产品进出口所需要的战略、政策、技术、法治、数据等提供保障。

口岸质量安全规制的立法、调整、执法和松除构成了一个既完整又动态调整的体系，其中，立法及其调整是规制实施的基础和前提，也是规制活动体现法治化程度的重要依据，执法和松除分别是规制活动得以发挥作用和规制自我调整的体现。口岸质量安全规制的效度既依赖于各个环节的各自效度，即立法及其调整的科学与民主、执法的严格与专业、消除的到位和与时俱进，还依赖于所有环节的相互配合和相互推动。

B.12
中国出口产品质量安全监管体系建构

——基于"场域安全"的视角

孟子然 叶东辉 蒋小周*

摘　要： 改革开放以来,我国出口贸易发展迅速,"中国制造"遍布全球,然而近年来我国出口产品质量提升不快,影响了出口贸易的转型升级和结构优化。同时,出口产品质量安全问题越来越多地与其他非传统安全威胁相联系,呈现"涉灾性""涉外性"等特征。本文以推动解决出口贸易发展过程中出现的"促发展"与"保安全"之间的矛盾为背景,基于当前我国出口产品质量安全监管现状,运用"场域安全"理论探索性地提出了集"前伸"、"后延"、"中转"、"外联"、"应急"与"反恐"于一体的出口产品质量安全监管体系建构思路。

关键词： 出口产品质量　安全　监管　场域安全

引　言

改革开放以来,我国经济保持高速增长,目前经济总量已居世界第二

---

* 孟子然,浙江大学公共管理学院非传统安全管理专业硕士生。叶东辉,宁波出入境检验检疫局调研员。蒋小周,宁波出入境检验检疫局风险处科员。

位，货物进出口总额位居世界第一，"中国制造"遍布全球市场，这其中中国产品良好质量的基础支撑功不可没。据统计，我国产品质量监督抽查合格率从1996年的75.0%上升到2015年的91.1%①，制造业质量竞争力指数从1999年的75.95提高到2015年的83.34②。但是，我国质量发展的基础还很薄弱，质量水平的提高仍然滞后于经济发展，标准化水平和可靠性不高。目前，我国制造业已经面临激烈的国际竞争挑战，每年制造业质量直接损失超过2000亿元，间接损失超过1万亿元③，浪费了大量资源，并对环境造成了严重影响。同时，随着全球化时代的人流、物流、信息流的增加，安全的"外溢效应"也日趋明显。出口产品质量安全开始与许多领域的安全相互交织，安全边界已经扩展到了政治、经济、资源、民族、宗族、文化、网络、环境等多重疆域。因此，出口产品质量安全监管有必要树立"场域安全"④的理念，运用"场域思维"对质量安全进行深度解读，打破碎片化、区域化、单一性的安全监管，用"复合的、非线性的、整体的、技术与价值混合"的"场域安全"理念⑤来指导和设计安全监管体系，推进从理念思路到体制机制的全面转变，构建具有时代特征和竞争力的出口产品质量安全战略。

---

① 《2014年产品质量国家监督抽查合格率首超90%》，新华网，2015年2月10日，http://news.xinhuanet.com/fortune/2015-02/10/c_1114325829.htm。《质检总局关于公布2015年国家监督抽查产品质量状况的公告》，中国质量网，2016年2月20日，http://www.chinatt315.org.cn/cpcc/2016-2/20/16571.aspx。
② 《2013年全国制造业质量竞争力指数发布》，中国质量新闻网，2014年10月9日，http://www.cqn.com.cn/news/zgzljsjd/957543.html。《改善质量供给 提振消费信心》，中国质量报网，2016年3月11日，http://epaper.cqn.com.cn/html/2016-03/11/content_59523.htm?div=-1。
③ 《工程院：中国制造业每年质量损失超万亿元》，中国行业研究网，2014年3月24日，http://www.chinairn.com/news/20140324/100150873.html。
④ "场域安全"的概念由浙江大学余潇枫教授在2014年时提出。参见余潇枫《非传统安全治理能力建设的一种新思路——"检验检疫"的复合型安全职能分析》，《人民论坛·学术前沿》2014年第9期。
⑤ 余潇枫：《非传统安全治理能力建设的一种新思路——"检验检疫"的复合型安全职能分析》，《人民论坛·学术前沿》2014年第9期。

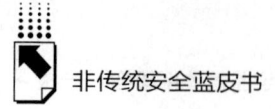

一 "出口产品质量安全"的理论阐述

(一)"出口产品质量安全"的内涵

一般意义上讲,"质量"一词的含义有广义和狭义两种。广义的质量包括:经济发展质量、社会发展质量、科教文卫发展质量、国防外交发展质量、生活质量以及工作质量等;狭义的质量包括4种:产品质量、工程质量、服务质量和环境质量。① 产品质量和工程质量、服务质量、环境质量一样,是广义质量中的有机组成部分,能给"质量和效益"带来附加"效益"。② 本研究定义的"出口产品质量安全"兼具广义和狭义的质量安全内涵,并非单指狭义的因产品缺陷而导致的危及消费者人身、财产安全的产品伤害现象,而是包含出境产品因质量安全问题而引发的一系列安全威胁。在总体国家安全观视角下,出口产品质量不仅具有"技术性"的特征,还具有"涉灾性""涉外性"的特征。"出口产品质量安全"的概念是在"大质量观"和"大安全观"的概念下建立的,有其安全性质和范围的特殊性,它具有多方面、多层面、多类型的特点,与经济安全、信息安全、社会安全、生态安全、公共卫生安全等一系列安全威胁相联系。

(二)"出口产品质量安全"的重要性

目前,深度全球化催发形成了"大贸易""大通关""大口岸""大物流"的格局,种种非传统安全威胁也开始对世界产生重要影响③,许多质量不合格的产品都可以是对人的安全产生威胁的不定时炸弹。质量战争是围绕

---

① 李刚:《论产品质量在"以质量和效益为中心"的基础地位和作用》,2013年10月18日,http://www.cqn.com.cn/news/zgzlb/disan/784231.html。
② 李刚:《论产品质量在"以质量和效益为中心"的基础地位和作用》,2013年10月18日,http://www.cqn.com.cn/news/zgzlb/disan/784231.html。
③ 余潇枫、赵振拴、廖丹子:《从"国门安全"到"场域安全"——出入境检验检疫的非传统安全分析》,中国社会科学出版社,2015,第21页。

产品质量展开的没有硝烟的经济战争，从市场竞争特点看，"过去主要是数量扩张和价格竞争，现在正逐步转向质量型、差异化为主的竞争"①。提高质量，已经成为新常态下经济发展的内生动力和主攻方向。公共卫生安全、食品安全、质量安全、生物安全、资源安全等非传统安全问题都可能转化为经济安全问题②，国家质量安全维护能力已经成为国家非传统安全维护能力的重要组成部分。

（三）提出"出口产品质量安全战略"的必要性

质量是发展的内生动力。从宏观经济发展看，讲求质量的发展，追求的是有效益、可持续的协调发展，能形成发展的内生推力，促进经济社会的发展进步。③ 2010 年中国超过德国成为世界上出口规模最大的国家，2013 年中国对外贸易总体规模超过美国跃居全球首位。然而，中国在对外贸易方面取得骄人成绩的同时，仍要清醒地认识到中国的出口产品以能源资源、日用消费品等产品为主，科技含量不高，附加值低④，这意味着随着技术贸易壁垒数量的不断增加和国内劳动力价格的上升，中国对外贸易的出口扩张是不可持续的，依赖出口导向战略的中国发展模式正面临重大挑战。2015 年 4 月 9 日国务院发布《关于印发〈2015 年全国打击侵犯知识产权和制售假冒伪劣商品工作要点〉的通知》，首次提出开展中国制造海外形象维护"清风"行动，为期三年。⑤ 没有质量的数量毫无意义，唯有以质量为基础的数量才构成有价值的数量。提出"出口产品质量安全战略"的目的，就是以

---

① 《中央经济工作会议在京举行》，新华网，2014 年 12 月 11 日，http://news.xinhuanet.com/fortune/2014-12/11/c_1113611795.htm。
② 余潇枫、赵振拴、廖丹子：《从"国门安全"到"场域安全"——出入境检验检疫的非传统安全分析》，中国社会科学出版社，2015，第 48 页。
③ 《抓质量 保安全 促发展》，《贵州日报》2011 年 9 月 8 日，http://gzrb.gog.cn/system/2011/09/08/011193643.shtml。
④ 《出口竞争新优势的质量基础与质检职能要求》，中国质量新闻网，2013 年 11 月 1 日，http://www.cqn.com.cn/news/zgzlb/disan/791749.html。
⑤ 《国务院办公厅印发〈2015 年全国打击侵犯知识产权和制售假冒伪劣商品工作要点〉》，新华网，2015 年 4 月 9 日，http://news.xinhuanet.com/2015-04/09/c_1114914188.htm。

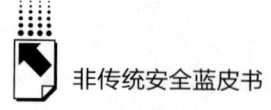

质取胜，改变我国在国际产业分工中的地位，同时更好地维护我国的经济安全和国家安全。

二 近年来中国出口产品质量安全状况

随着工业化进程的加快，我国已经成为世界公认的制造业大国[1]。在500多种主要的工业品当中，中国有220多种产品产量居全球第一位[2]（2014年工业制成品占出口总额的95.2%[3]）。改革开放以来，对外贸易发展迅速，我国在2010年成为世界第一出口大国，2013年成为全球第一贸易大国，目前第一货物贸易大国地位巩固，是120多个国家的第一大贸易伙伴[4]。尤其是手机、家电、电动汽车等产品，在国际市场都占有较大份额。例如，2015年华为智能手机全球市场份额为8.1%，仅次于三星和苹果[5]。海尔大型家用电器2015年品牌零售量占全球市场的9.8%，位居全球第一，这是自2009年以来海尔第7次蝉联全球第一[6]。据报道，在2012年的"全球出口市场占有率第一产品数量"的世界排名上，中国以1485种产品数位居第一，德国位列第二，为703种。无可否认，我国已经是一个制造业大国、贸易大国，但要实现由制造业大国、贸易大国到制造业强国、贸易强国的转变，还需要努力提升出口产品质量安全总体水平，提高出口产品技术含量、质量档次和品牌附加值。

---

[1] 《我国已经成为世界公认制造业大国》，中国行业研究网，2014年7月8日，http://www.chinairn.com/news/20140708/193108578.shtml。
[2] 《工信部部长：中国220多种工业品产量居全球第一位》，新华网，2013年3月25日，http://news.xinhuanet.com/fortune/2013-03/25/c_115145563.htm。
[3] 《2014年中国外贸增速2.3%高于全球平均水平》，凤凰网，2015年1月21日，http://finance.ifeng.com/a/20150121/13447197_0.shtml。
[4] 《商务部长：中国是个贸易大国 但并不是贸易强国》，中国新闻网，2014年3月7日，http://www.chinanews.com/gn/2014/03-07/5922134.shtml。
[5] 《华为智能手机全球销量第三 排名仅次于三星和苹果》，深圳新闻网，2016年2月3日，http://www.sznews.com/news/content/2016-02/03/content_12798349.htm。
[6] 《欧睿国际：海尔连续7年蝉联全球第一》，央广网，2016年1月18日，http://xj.cnr.cn/2014xjfw/2014hy/20160118/t20160118_521163378.shtml。

（一）产品质量总体向好

近十年来，中国的产品质量整体呈上升趋势，质量损失率逐步下降，但是产品质量层次不高，一等品率有所降低（见图1）；产品类型仍处于产业链的中低端，附加值低。

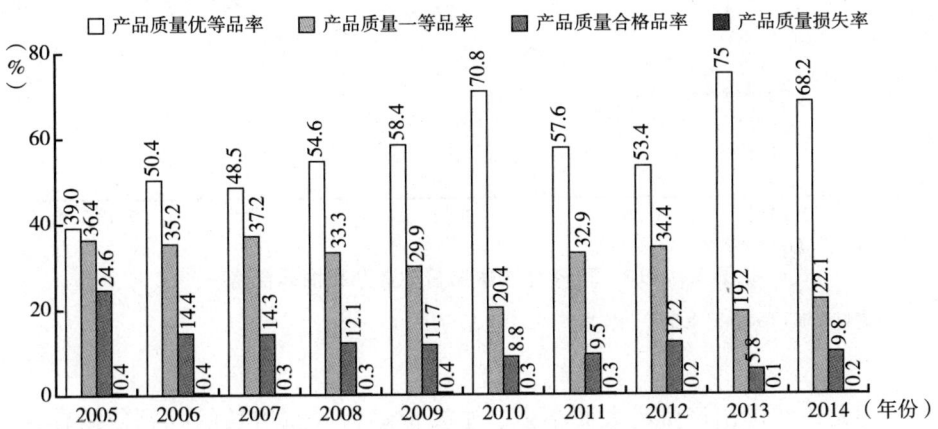

图1　2005～2014年全国产品质量合格率情况

资料来源：本数据由75个重点工业城市抽样数据汇总而成，数据来源于国家统计局网站。

质检总局2014年国家监督抽查产品质量状况的公告显示，2014年产品抽查合格率为92.3%。[①] 从近5年（2010～2014年）的抽查情况看，产品抽查合格率分别为87.6%、87.5%、89.8%、88.9%和92.3%（见图2），整体呈现波动上升态势，2014年比2013年提高了3.4个百分点，国家监督抽查合格率首次突破90%。[②] 从实施市场准入管理的产品抽查情况看，实施工业产品生产许可证管理的产品抽查合格率为92.0%，实施强制性认证管

---

① 《2014年产品质量国家监督抽查合格率首超过90%》，新华网，2015年2月10日，http://news.xinhuanet.com/fortune/2015-02/10/c_1114325829.htm。
② 《质检总局关于公布2014年国家监督抽查产品质量状况的公告》，国家质量监督检验检疫总局门户网站，2015年2月23日，http://www.aqsiq.gov.cn/xxgk_13386/jlgg_12538/ccgg/2014/201502/t20150213_432793.htm。

理的产品抽查合格率为91.3%,生产许可证产品和强制性认证产品抽查合格率均稳步上升。①

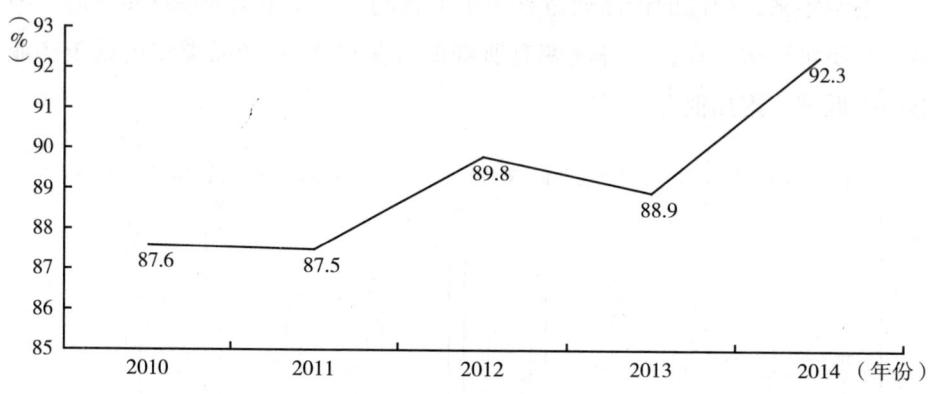

图2 2010~2014年国家监督抽查产品抽样合格率

资料来源:本数据来源于国家质检总局网站。

但是,我国出口贸易大而不强、主要依赖粗放型增长的问题依然存在,出口商品遭国外退运、通报召回事件时有发生,广大企业乃至整个国家承受着较大的经济及荣誉损失。这其中,产品本身存在的质量问题是"硬伤",企业或多或少存在制造工艺、装配质量、检测技术等方面的不足,我国逾2/3的出口退运商品是因为产品涉及设计、安全、卫生、环保等质量问题,再者我国出口制造商品普遍存在单价低、品种多、批次多等实际情况,欧盟、美国等较发达市场通报的市场不合格产品中"中国制造"占比相对较高(约2/3)。此外,世界知名品牌前500名内仅有4个中国品牌,中国品牌的尴尬也从侧面印证了"中国质量"还有很大的提升空间。有研究指出,2000~2004年我国出口产品质量的年均增长率约为3%,2005~2011年的

---

① 《质检总局关于公布2014年国家监督抽查产品质量状况的公告》,国家质量监督检验检疫总局门户网站,2015年2月23日,http://www.aqsiq.gov.cn/xxgk_13386/jlgg_12538/ccgg/2014/201502/t20150213_432793.htm。

年均增长率约为0.7%①,质量提升增速放缓。除前述原因外,还存在以下原因,一方面,2007年全球金融危机以来,欧美国家消费者财富减少,国外市场对高质量产品的需求下滑。另一方面,我国劳动力优势越发不明显,加之人民币升值,导致出口订单量下降。同时,伴随中国产品出口市场变小,企业进行产品研发的动力不足。这些因素都妨碍了国内企业出口产品质量的提升,造成了我国出口产品质量提升速度下降的现象。

"2008~2015年全国出口退货情况""2009~2014年全国出口工业品因质量原因退货占比情况"如图3、图4所示。

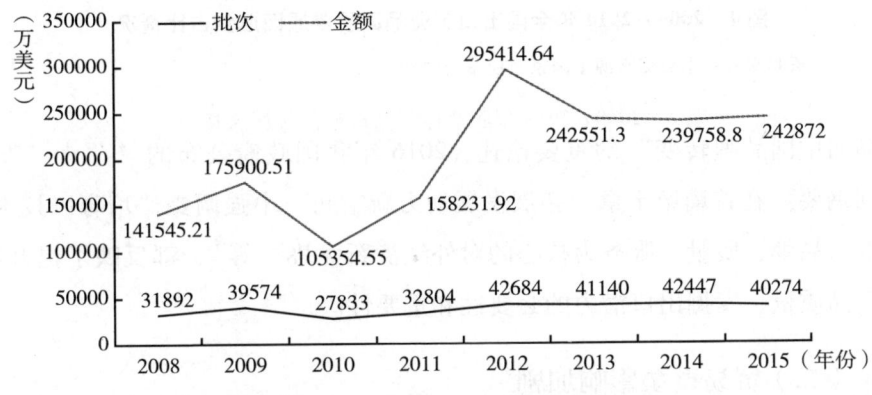

图3　2008~2015年全国出口退货情况

资料来源:本数据来源于国家质检总局网站。

2015年,我国出口货物贸易达到14.14万亿元,同比下降1.8%,与欧盟、日本的双边贸易分别下降7.2%和9.9%②。2015年,国际经济总体复苏乏力,全球贸易进入深度调整期,对外贸易发展进入新常态,只有提升产品质量才能在越发激烈的国际竞争中立于不败之地。2015年,习近平总书记提出"推动中国制造向中国创造转变、中国速度向中国质量转变、中国

---

① 杨汝岱:《如何"升级"中国出口产品质量》,2015年11月16日,http://finance.sina.com.cn/roll/20151116/213123780494.shtml。
② 《海关总署:2015年我国进出口总值24.59万亿同比降7%》,新华网,2016年1月13日,http://news.xinhuanet.com/finance/2016-01/13/c_128623894.htm。

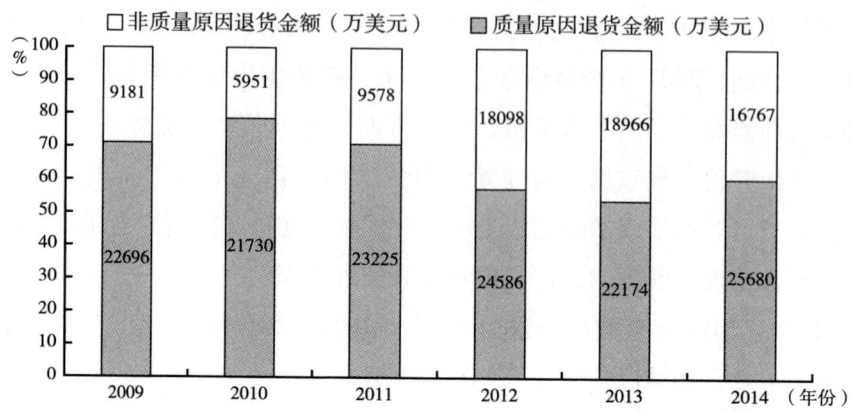

图 4　2009～2014 年全国出口工业品因质量原因退货占比情况

资料来源：本数据来源于国家质检总局网站。

产品向中国品牌转变"的重要论述。2016 年我国政府公布的《"十三五"规划纲要》在首篇第十章"拓展发展动力新空间"中强调要"培育以技术、标准、品牌、质量、服务为核心的对外经济新优势"等①，都反映了提升出口产品质量、发掘出口潜力的必要性和重要性。

（二）贸易壁垒影响加剧

放眼全球，成熟或比较成熟的市场，其竞争已经从主要依赖价格优势转变为主要依赖质量优势。调查显示，2008 年以来，国外技术性贸易措施已经连续 7 年成为国内企业产品出口仅次于汇率的第二大障碍，呈现数量增多、要求苛刻、形式隐蔽的特点，覆盖领域不断扩展，影响产业不断延伸。许多国家建立技术性贸易壁垒体系，如认证检测壁垒以及各种"绿色壁垒""动物福利壁垒""劳动壁垒"等。美国主导的跨太平洋战略经济伙伴关系协议（TPP）、美国—欧盟主导的跨大西洋贸易与投资伙伴协议（TTIP）、全球主要发达国家主导的服务贸易协定（TISA）正在重构全球贸易新秩序，

---

① 《中共中央关于制定国民经济和社会发展第十三个五年规划的建议》，新华网，2015 年 11 月 3 日，http://www.sh.xinhuanet.com/2015-11/03/c_134779743.htm。

其中涉及技术性贸易壁垒（TBT）、卫生与动植物卫生措施（SPS）等内容正是大国角力的重要"武器"。①

我国已经是世界上受技术性贸易措施影响较大的国家，每年大约有24%的出口企业受到影响，由此导致的直接损失达600多亿美元。②据质检部门调查，2014年我国有36.1%的出口企业受到国外技术性贸易措施不同程度的影响③；全年出口贸易直接损失755.2亿美元，占同期出口额的3.2%，企业因此而新增的成本达222.2亿美元，合计损失近千亿美元。④宁波出入境检验检疫局联合高校开展的《技术性贸易措施GDP折损率研究》表明：仅宁波一地，2014年国外技术性贸易措施GDP折损值为86.77亿元，折损率为1.14%。近期达成协定的TPP已经从传统的、单一的、狭义的贸易协定拓展为现代的、广义的、综合的贸易协定，不仅要受到贸易机制的制约，而且还要受到法律法规、社会团体、生态环境、商业模式和公众谈判等制约，反映了美国正以整体式、多层次地推行其"自由贸易"的新模式。现实表明，未来的出口贸易不仅仅取决于出口产品的数量，更取决于出口产品的竞争力，有效突破技术性贸易壁垒已经成为我国对外贸易发展的重头戏。

（三）安全外溢效应凸显

随着全球化时代的人流、物流、信息流的增加，质量安全问题的"外溢效应"也日趋明显。出口产品质量安全开始与许多领域的安全相互交织，

---

① 贸易保护而导致的贸易摩擦与冲突往往是引发非传统"贸易战"的重要原因。21世纪初以来，欧美与中国的纺织品贸易争端以及对多种商品的"反倾销"，美国在汇率问题上对中国的施压等都是"非传统贸易战"的不同表现。具体参见王立《"合规性"贸易壁垒将成美国新保护伞》，中国质量新闻网，2013年5月8日，http://www.cqn.com.cn/news/zggmsb/diliu/708191.html。

② 《夯实质量技术基础助力外贸优化升级——专访国家质检总局局长支树平》，中国质量新闻网，2015年11月16日，http://www.cqn.com.cn/news/zggmsb/diyi/1095437.html。

③ 《2014年36.1%出口企业受到国外技术性贸易措施影响》，中国质量新闻网，2015年6月29日，http://www.cqn.com.cn/news/cjpd/1054200.html。

④ 《2014年36.1%出口企业受到国外技术性贸易措施影响》，中国质量新闻网，2015年6月29日，http://www.cqn.com.cn/news/cjpd/1054200.html。

安全边界已经扩展到了政治、经济、资源、民族、宗族、文化、网络、环境等多重疆域。如果我国出口产品存在严重质量安全问题，不仅造成退货、赔偿等直接经济损失，还会影响"中国制造"的声誉和竞争力，失去国际市场，进而影响产业结构，威胁我国经济安全，并损害中国形象，甚至可能会让西方国家抓住"辫子"将贸易问题政治化，威胁到我国的政治安全。近年来，外媒不时诋毁"中国制造"、抹黑"中国品牌"①，这不仅是国际贸易中的经济利益博弈，也有质量问题泛政治化的倾向。中国产品的质量安全问题一旦上升为政治话语，将会对贸易国安全议题的形成及决策制定产生影响。

国际安全问题国内化与国内安全问题国际化已经成为当今时代安全问题的一大特征。② 一方面，出口产品质量安全将直接影响我国的经贸利益与经济结构、标准制定的话语权、政府形象和外交自信，政府应该给予高度重视。另一方面，安全是制度伦理的底线，政府在决策发展战略时也应有一定程度的自觉。因此，政府作为公共安全的保障者，在未来的发展中必须拓展出口产品安全维护的总体思路，制定与时俱进的出口产品质量安全战略，切实保障国家的整体利益和民众的切身利益。

三 中国出口产品质量安全监管现状

（一）检验检疫宏观监管模式急需重构

自1664年起，出口产品官方检验在法国起源并逐步推广世界，发达国家普遍经历了由政府主导逐渐走向市场调控的过程，政府质量监管部门逐步由微观管理向宏观管理转变，由管企业向管行业转变，由注重出口向注重进

---

① 近年来，外媒频繁给中国商品加贴"劣质标签"，丑化"中国制造"，用诸如"64%的劣质商品来自中国"这样的标题。具体参见《德媒：欧盟加强"问题商品"监管称64%劣质商品来自中国》，新华网，2014年3月28日，http://news.xinhuanet.com/world/2014 - 03/28/c_126328014.htm。
② 余潇枫：《非传统安全治理能力建设的一种新思路——"检验检疫"的复合型安全职能分析》，《人民论坛·学术前沿》2014年第9期。

口转变，由内外有别向内外一致转变，由质量管理向质量发展转变。随着社会诚信度的提升和产品质量水平的提高，出口产品官方检验到一定阶段后往往被取消。当前，世界各国对进出口贸易一般采取"严进宽出"的政策，仅有巴西等极少数国家设有官方检验机构，一般不对出口产品实施严格的强制性官方检验制度，而由独立的第三方检验机构来完成出口产品检验工作。

我国出口产品检验检疫工作为提升我国出口产品质量、维护出口产品声誉、促进对外贸易健康发展做出了巨大贡献。但伴随国内外经济、安全形势的深刻变革，市场经济体制基本建立并逐步完善，经济社会发展呈现新常态，原先的"保姆式"出口产品质量监管模式对我国经济发展的正面作用逐渐减弱，甚至阻碍我国出口贸易进一步发展。2013年7月24日，国务院出台了一系列稳增长、调结构、促改革的举措，其中包括暂免出口法检收费、大幅削减出口法检商品种类等内容，并于2013年和2014年两次分别减少1420个和222个出口法定HS编码。出口法定检验目录近90%的大幅调减，给我国检验检疫系统原有的出口产品质量监管体系带来极大的冲击。以宁波出入境检验检疫局为例，两次出口法定检验目录调整后，据测算出口检验检疫金额和批次分别减少86.5%和75.7%。出口法定检验目录大幅削减直接导致检验检疫部门出境检验业务量锐减（见表1），在尚未找到完全替代法定检验目录的合适抓手的情况下，因法律依据不足、部门协调不畅等原因，目录外监督抽查、技术性贸易壁垒调查、出口产品质量安全评价调查等工作开展较为困难，除少量的监督抽查、退货调查和出口产品示范区建设外，出口法定检验目录外商品的检验监管实际处于半停滞状态，出口产品质量安全宏观监管模式构建工作迟滞。

表1 2013年9月至2014年2月我国出入境业务量变化情况（按货值降幅）

直属局	批次（万批）	同比增长（%）	货值（万美元）	同比增长（%）
西藏局	0.011	-98.35	519.46	-96.25
山西局	0.534	-70.45	28146.41	-91.7
北京局	1.789	-79.46	74649.87	-88.52
河南局	2.739	-77.7	195321.1	-86.06

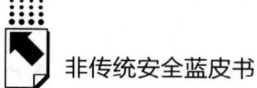

续表

直属局	批次(万批)	同比增长(%)	货值(万美元)	同比增长(%)
珠海局	19.758	-51.19	113643.8	-83.76
青海局	0.016	-85.92	2038.8	-80.04
天津局	6.165	-72.73	233859.6	-77.83
江苏局	23.457	-82.22	953837.9	-75.55
深圳局	72.195	-51.52	913398.6	-74.71
上海局	22.142	-71.97	460973.5	-72.58
福建局	11.684	-74.35	382359.5	-70.45
厦门局	11.337	-70.04	239906.4	-67.67
浙江局	44.675	-62.79	916080.2	-67.65
广东局	159.761	-57.44	2333117	-67.46
四川局	1.020	-79.18	72471.91	-66.16

资料来源：2013年8月15日起法检目录调整；数据来源于国家质检总局。

（二）质量安全监管的重要性尚未形成共识

无论是政府、企业还是个人，质量安全意识都比较薄弱。自改革开放以来，一切围绕经济建设这一中心，经济发展被置于优先于安全的地位，虽然近年来安全的重要性逐步受到更多重视，但安全置于发展的前提和基础作用尚未被深刻认识，给出口产品质量安全监管工作的有效开展造成了障碍。外贸出口量成倍增长，传统微观监管模式成本高且效率低下，国务院要求检验检疫缩短出口通关流程；地方考核更为强调出口贸易发展的增量提速，出于经济发展及政绩的考虑，地方政府往往忽视出口产品可能潜在的巨大安全问题，向检验检疫机构施压[1]；检验检疫微观监管职能与市场、社会功能不匹配，对外贸易时间和经济成本增加，一些企业对检验检疫工作不认可；一些个人对出口产品检验检疫工作不理解，认为质量安全监管"可有可无"，阻碍了出口贸易，不利于我国对外贸易的发展。然而，伴随全球化的发展，许

---

[1] 《正确认识出入境检验检疫在国家安全与发展战略中的地位和作用》，人民网，2014年7月22日，http://politics.people.com.cn/n/2014/0722/c70731-25319113-2.html；《谈谈跨境电子商务时代的检验检疫》，中国电子商务研究中心网，2014年9月7日，http://b2b.toocle.com/detail--6196370.html。

多领域与环节安全风险不断增加,安全威胁呈现愈加多样化、复杂化、交织化的特征,以总体国家安全为目标的国家安全体系建设对检验检疫如何进一步深化相关体制机制改革提出了新要求,安全职能定位需要重新理顺与强化。如果全社会的质量安全意识不提高,继续认为检验检疫质量安全监管"碍手碍脚",我国将难以适应日益激烈的国际贸易竞争。目前,技术性贸易措施形式不断多样化,一些国家已经开始以我国产品可能造成生态安全威胁、公共卫生危机、信息安全为由进行贸易保护。运用全球战略思维,提升出口产品质量安全监管水平,普及质量安全意识已经是当务之急。

(三)跨部门跨行业合作监管机制亟待健全

当前,我国的质量安全监管实行的是"统一领导,分级、分部门管理"的产品质量监管制度。① 国家质量监督检验检疫总局主管全国产品质量监督工作,国家工商行政管理总局、农业部、食品药品监督管理总局、海关总署等有关部门在各自职责范围内负责产品质量监督工作。检验检疫部门是出口产品质量监管的主管部门②,是履行安全维护职能的主体③,但出口贸易的开放性、多边性导致安全威胁有外溢的风险,检验检疫部门在履行职能的过程中必然需要与其他部门相互沟通协调。而目前,检验检疫部门与其他部门之间,甚至是检验检疫系统内部各直属局之间,因为不同的利益追求和缺乏

---

① 参见《产品质量法》,我国《产品质量法》第8条第1、2款分别规定:"国务院产品质量监督管理部门主管全国产品质量监督工作。国务院有关部门在各自的职责范围内负责产品质量监督工作。""县级以上的地方产品质量监督部门主管本行政区域内的产品质量监督工作。县级以上地方人民政府有关部门在各自的职权范围内负责产品质量监督工作。"

② 《中华人民共和国进出口商品检验法》规定:"各地的进出口商品检验机构(以下简称商检机构)管理所辖地区的进出口商品检验工作。"《中华人民共和国进出口商品检验法实施条例》第八条规定:"出入境检验检疫机构根据便利对外贸易的需要,对进出口企业实施分类管理,并按照根据国际通行的合格评定程序确定的检验监管方式,对进出口商品实施检验。"

③ 检验检疫部门是依法行使国家职权、体现国家主权的特定部门,其职能是"依照国家法律、行政法规和国际惯例等要求,对出入境的货物、交通运输工具、人员进行检验检疫、认证以及签发官方检验检疫证明等监督管理"。参见国家质量监督检验检疫总局法规司编《出入境检验检疫法律基础教材》,中国纺织出版社,2008,第314页。

良好的沟通协作机制，还无法实现真正意义上的联合执法和资源整合。①

出口产品质量安全涉及的监管部门众多，仅仅依靠检验检疫部门的力量不足以有效保障安全；同时，即便实现政府内部的部门整合，仍然无法达到最高层次的质量监管。真正实现出口产品质量安全监管质量有效提升需要引入"整体性治理"的理念，通过整合政府公共服务的内容，而不是简单的部门整合，来实现公共服务的无缝隙供给。② 实践证明，通过简单的部门间整合，整合后形成的大部门内部仍然存在严重的沟通协调问题，甚至面临责任归属困境。③ 因此，要从政府服务性出发进行政府改革，始终将实现公共服务的有效供给与社会治理的高效运行作为改革目的，而不是将实现政府大部制作为改革目的。中共十八大提出构建"党的领导、政府负责、社会协同、公众参与、法治保障"五位一体的社会治理新格局④，正说明了政府与社会合作进行社会共治的必要性。

"十二五"期间，质检总局与31个省级政府、15个部级单位（中国科学院⑤、工信部⑥、海关⑦、国家发展改革委⑧、食品药品监督总局⑨、贸促会⑩等）签订合作备忘录，质量宏观管理、质量安全监管、口岸疫病疫情防

---

① 《假冒证单案对检验检疫执法协作机制建设的启示》，中国质量新闻网，2013年2月19日，http://www.cqn.com.cn/news/zgjyjy/675483.html。
② 史云贵、周荃：《整体性治理：梳理、反思与趋势》，《天津行政学院学报》2014年第5期。
③ 史云贵、周荃：《整体性治理：梳理、反思与趋势》，《天津行政学院学报》2014年第5期。
④ 《公众参与：社会管理的重要基石》，人民网，2013年3月20日，http://theory.people.com.cn/n/2013/0320/c107503-20845868.html。
⑤ 《"中国科学院国家质检总局科技战略合作协议"签署》，中央人民政府网站，2011年7月11日，http://www.gov.cn/gzdt/2011-07/11/content_1903530.htm。
⑥ 《国家质检总局与工业和信息化部署署合作协议》，国家质量监督检验检疫总局门户网站，2012年10月25日，http://www.aqsiq.gov.cn/zjsp/hydb/201210/t20121025_320890.htm。
⑦ 《质检总局与海关总署签署合作备忘录》，新华网，2014年7月18日，http://news.xinhuanet.com/fortune/2014-07/18/c_1111693081.htm。
⑧ 《质检总局与发展改革委签署战略合作协议》，中国质量新闻网，2015年12月29日，http://www.cqn.com.cn/news/zgzlb/diyi/1110521.html。
⑨ 《质检总局与食品药品监管总局签署合作备忘录》，凤凰网，2015年12月31日，http://finance.ifeng.com/a/20151231/14144471_0.shtml。
⑩ 《质检总局和中国贸促会签署合作备忘录》，中国质量新闻网，2015年11月30日，http://www.cqn.com.cn/news/zggmsb/diyi/1100569.html。

控和队伍管理等机制不断完善，牵头4个部际联席会议制度，"质量月"联合主办部门增加近3倍①，开展质量强（兴）省覆盖率超过96%，质量安全工作合作形式多样，基础扎实，大质量工作机制基本形成。针对出口质量安全监管问题，质检总局可以在已有的合作基础上与其他政府部门深化相关合作，形成多主体、多层次、跨领域的部门联动监管体系。同时，不断为社会力量参与出口产品质量安全监管营造良好的社会环境，加强与出口企业、科研院所、社会组织及个人的合作，共商如何改进出口产品质量监管，制定相关政策并合力付诸实施。面对日益多样化的安全威胁，建立健全跨部门跨行业的合作监管机制，是有效保障出口产品质量安全的必由之路。

四 "场域安全"：中国出口产品质量安全维护的探索性新思路

全球化正在进一步深入，出现了"大贸易""大通关""大口岸""大物流"的新形势，出口产品质量安全监管远远超越了口岸查验环节的"国门"，而是进入了一个更广时空范围与活动领域的"场域"。维护中国出口产品质量安全，可以尝试运用"场域安全"理论构建出口产品质量安全战略，以实现质量安全水平的全面提升，并减少质量安全威胁所引发的其他安全风险。

（一）"场域安全"的内涵与特征

余潇枫教授在2014年提出了"场域安全"理论，他认为安全也是一种"场有"的状态，也就是说，关联着多行为体的安全不仅是一事一物的没有危险或威胁的持存状态，而且是与事物相关联的没有危险或威胁"关系"的持存状态。场域安全指与安全相关联的、具有特定活动性质的、没有危险或威胁的关系状态，它强调的安全不是一种单一的、线性的、局部的、纯技

---

① 《胡立彪：在更高的起点上推进质检事业改革发展》，中国质量新闻网，2016年1月15日，http://www.cqn.com.cn/news/zgzlb/diyi/1116263.html。

术的安全,而是复合的、非线性的、整体的、技术与价值混合的安全。"场域安全"更强调反映在安全问题上的社会活动的复杂关系,更凸显多重"时空关系"与多种"活动性质"在安全问题上的叠加、复合与交织。①

出口产品质量所关涉的安全问题也是一个特殊的"场域安全"问题,"国家安全""人的安全""社会安全"相叠加、相交织,"政治安全""经济安全""环境安全""公共卫生安全"相复合、相影响。场域安全理论的"前伸""后延""中转""外联""应急""反恐"② 六方面,每一方面既是其他方面的前提,也是其他方面的必要基础和条件,形成了出口产品质量安全维护实践中相互联结、彼此互动的整体链条,共同构成了总体国家安全维护的必要环节,是构建出口产品质量安全的基础。因此,可以运用"场域安全"来考察出口产品的质量安全问题,把安全看作一种具有"整体性""交织性""强弱性""动态性"的"效应",用以指导出口产品质量安全战略的构建。

(二)场域安全视角下的出口产品质量安全威胁

出口产品质量不仅具有"技术性"的特征,同时还具有"涉灾性""涉外性"的特征。出口产品质量安全是对外贸易发展的保证,失去了质量安全这个基础,我国将长期处于国际分工和产业链的中低端。一旦出口产品质量存在严重的质量安全隐患,更会降低我国产品在国外消费者中的信誉,为同类产品的出口造成严重障碍③,影响我国对外新兴市场的开发,对外贸易可能因此受到重创,进而对整个国民经济造成巨大影响。不应忽视质量安全引发的言论威胁,大众汽车用软件在尾气检测中造假的"尾气门"事件击

---

① 余潇枫:《非传统安全治理能力建设的一种新思路——"检验检疫"的复合型安全职能分析》,《人民论坛·学术前沿》2014 年第 9 期。
② 余潇枫:《非传统安全治理能力建设的一种新思路——"检验检疫"的复合型安全职能分析》,《人民论坛·学术前沿》2014 年第 9 期。
③ 在 2007 年,美国美泰公司曾在短短一个月内三次在全球召回近 2100 万件中国生产的问题玩具,一度引发了我国玩具业出口危机。除了儿童玩具,许多质量不合格的商品都可以是对人的安全产生威胁的"不定时炸弹"。具体参见《由"美泰玩具事件"引发的思考》,中国质量新闻网,2008 年 3 月 24 日,http://www.cqn.com.cn/news/zgjyjy/197771.html。

倒的不仅仅是大众汽车，美国的目标是德国以及欧洲①，当前事件从产品质量、环保丑闻已触及国民经济层面演化为经济战，严重程度尚无法估量。2010年，美国也曾用丰田"刹车门"事件收复了国内汽车市场，我们必须高度警惕类似"尾气门""刹车门"这样的经济"安全杀手"对我国的产业安全造成威胁。

此外，伴随全球化的进程，出口产品质量安全问题对人类经济社会的影响日益普遍深刻。如果出口产品存在质量安全问题，可能引发全球性的公共卫生危机（如口蹄疫、疯牛病、禽流感、埃博拉病毒等人畜共患的传染病疫情）②、生态危机（如白蚁、长蠹会引发病虫害，对农林业安全造成严重危害；尼日利亚草、德国大型活体蟑螂等入侵性强，繁殖快，会降低生态系统多样性）、信息危机（如一些外国机构存在通过检测认证获取商业科技信息，甚至国家信息的情况）③等诸多领域的安全问题。目前，一些国家已经以此为由实施贸易保护，阻挠我国产品出口。例如，美国以苹果上可能携带800多种有害生物，可能威胁美国生态安全为由一直禁止我国苹果进入美国市场，谈判历经了17年④。2012年，美

---

① 汽车业是德国的支柱产业，约占德国出口总额的1/10，就业人数超过77.5万人，约为德国就业总人口的2%。科隆德国经济研究所所长Michael Hüther认为，即使"尾气门"被证明是个别事件，德国工业作为"技术领导者"的形象仍将受损。大众"尾气门"绝非鸡毛蒜皮的小事，已经触及德国经济的核心。具体参见《德国汽车业星途变"囧途"》，新华网，2015年9月30日，http://news.xinhuanet.com/finance/2015-09/30/c_128282727.htm。
② 近年来检验检疫妥善处置了"非典"、甲型H1N1流感、登革热、脊髓灰质炎、疟疾、新型冠状病毒、猩红热、毛利塔利亚裂谷热、基孔肯雅热、人感染H7N9禽流感、艾滋病等各类传染病疫情，先后推进245个口岸通过世界卫生组织口岸核心能力建设达标验收。参见余潇枫、赵振拴、廖丹子《从"国门安全"到"场域安全"——出入境检验检疫的非传统安全分析》，中国社会科学出版社，2015，第218页。
③ 外资机构在我国国内检测市场占有率高，甚至通过变相强制我国出口企业接受检验、检测和认证，并存在通过检测认证获取商业科技信息的情况。
④ 长期以来，美国一直禁止我国苹果进入美国市场。据悉，美国曾提出苹果上可能携带800多种有害生物，国家质检总局就美方提出的有害生物一一进行科学分析，并提出我方反驳意见，迫使美方将关注的有害生物名单压缩至21种。同时，国家质检总局通过安置实蝇监测点共15000处，每年监测次数22.5万次，为美方最终认可我国北纬33℃以上地区属实蝇非适生区、取消果实低温冷处理的苛刻要求提供了大量翔实数据和重要参考依据。参见《历经17年谈判中国苹果获准进入美国市场》，人民网，2015年6月3日，http://finance.people.com.cn/stock/n/2015/0603/c67815-27096141.html。

国发布调查报告称华为和中兴的通信设备如果应用于关键基础设施将会危害美国国家安全利益，建议美国企业不要购买，对华为、中兴的国际形象产生极大负面影响，加拿大等国家也表示出于安全考虑禁止华为参与建设政府通信网络。另外，在特定条件下，出口产品质量安全还可能复合地与"隐形战争"或"恐怖主义"相交织，成为"非常规战争"（如能源战、生化战、信息战等）的新形式。①

（三）场域安全视角的中国出口产品质量安全监管体制建构思路

1. 贯彻总体国家安全观

深化总体国家安全观理念，将"安全"提升到与"发展"同等重要甚至更加优先的地位，从安全的角度来重新看待发展的模式、方式、状态与评价体系，以此反观质量安全监管体制的设计、运行与改革，最终实现出口产品质量安全提升的目的。出口产品质量安全是经济安全的重要组成部分，与国计民生联系紧密，世界主要贸易大国和国际组织普遍给予高度重视。② 进入21世纪后，出口产品质量安全问题将更加紧密地与全球化带来的人流、

---

① 利用贸易途径进行恐怖活动正成为恐怖分子的惯用手段，如2010年也门飞往美国货机上惊现"快递炸弹"，箱子中一个惠普打印机的硒鼓经人巧妙改装，似乎与一台移动电话相连，这一装置上有电线、电路板和白色粉末，硒鼓内原本应为黑色粉末，最终检测显示，包裹中包含强力爆炸物太恩（PENT）。甚至敌意方可能利用贸易途径发动生物战、信息战，如海湾战争前夕，伊拉克军方曾为防空系统进口了一批电脑，美国军方得知这一情报后，就派人秘密将载有"病毒"的软件封装到主机用的芯片中，然后将此电脑通过法国商界倒手卖给了伊拉克。到海湾战争空袭前，美国军方以无线电遥控的方式，将隐藏在主机芯片中的"电子定时炸弹"——"病毒"激活。瞬间"病毒"迅速蔓延，致使伊拉克的预警、指挥、通信和火控等系统都陷入瘫痪。参见《安全和便利——中国对外贸易的价值目标》，新华网，2015年1月27日，http://news.xinhuanet.com/politics/2015-01/27/c_127427194.htm。

② 美国海关与边境保护局通过制订一系列计划保障出口贸易安全，欧盟通过统一管理边境实现出口贸易安全的目的，世界卫生组织和世界海关组织分别出台《国际卫生条例（2005）》、《全球贸易安全与便利标准框架》以调整贸易安全重心。"9·11"恐怖袭击事件以后，美国更加强调以"贸易安全优于贸易便利"为指导思想建立口岸一体化管理模式。1996年，俄罗斯出台《俄联邦国家经济安全战略》，报告突出了国家安全的"整体性"和"综合性"，将保障经济安全视为"重中之重"。参见《安全和便利——中国对外贸易的价值目标》，新华网，2015年1月27日，http://news.xinhuanet.com/politics/2015-01/27/c_127427194.htm。

物流、信息流相互作用，可能引发一系列的危机或灾害，如果造成公共卫生事件、生态环境安全灾害等重大事件，损失将无法估量。因此，要认识到"和平不等于安全""发展不等于安全"的现实，深化总体国家安全观理念，贯彻国安委第一次会议提到的"发展是安全的基础，安全是发展的条件"方针，以实现各领域、各要素、各层面的统筹治理。① 第一，在时空范畴上，要从以口岸为边界的"小安全"过渡到以"场域"为视界的"大安全"；第二，在安全治理内涵上，要从出口产品质量安全外延到与经济安全、政治安全、文化安全、社会安全等密切相关的综合安全；第三，在安全治理模式上，从重微观检测、批批检验转变为宏观管理、风险管理和全过程监管；第四，在安全治理体制上，从立足于质检部门的单一治理转化为立足于跨部门联动的多元主体共同治理。

2. 制定《质量安全纲要》

党和国家历来高度重视质量工作，特别是国务院颁布实施《质量振兴纲要（1996~2010）》、《质量发展纲要（2011~2020）》和《中国制造2025》以来，全民质量安全意识不断提高，质量发展的社会环境开始改善，我国主要产业整体素质和企业质量管理水平有了较大提高，出口产品质量明显提升。但是，我国质量发展的基础还很薄弱，质量水平的提高仍然滞后于经济发展，片面追求发展速度和数量，忽视发展质量和效益的现象依然存在。同时，国家安全委员会的成立标志着我国对国家安全的重视提到了前所未有的高度，总体国家安全观、新的《国家安全法》、《国家安全战略纲要》等显示出了极为广阔、丰富的内涵，新形势下各项涉安工作对质量安全有了更高的要求。从当前我国经济发展的阶段性特征出发，适应新常态，在战术上要高度重视和防范各种风险，早做谋划，未雨绸缪②，制定《质量安全纲要》是应对出口产品质量安全威胁的先手棋。因此，可以全面梳理和深度

---

① 《安全和便利——中国对外贸易的价值目标》，新华网，2015年1月27日，http://news.xinhuanet.com/politics/2015-01/27/c_127427194_2.htm。
② 《习近平：经济发展战术上要防范各种风险》，新华网，2014年5月11日，http://news.qq.com/a/20140511/002503.htm。

整合对出口产品质量安全维护的相关职能,并将其纳入保障出口产品质量安全各项规划中,制定并出台《质量安全纲要》,以确保安全和便利相统一的对外贸易总体价值目标的实现。①

3. 建立质量安全监管委员会

从我国当前的情况看,出口产品质量安全监管由某一监管机构专门统一监管并非最佳策略,在监管契约不完整时,将监管权力在几个机构中分散比集中于一个监管机构中更好。②然而"分散"体制也会造成资源的重复和浪费,不能"集中资源办大事"③。因此,出口产品质量安全监管应该由国务院牵头,质检总局主导,在质检总局现有框架内单设一个专门的协调机构统领质量安全联合管控的相关事宜,构建一个多主体、多层次、跨领域的,集"前伸"、"后延"、"中转"、"外联"、"应急"与"反恐"于一体的联动监管体系。

(1) 性质。委员会是统领出口质量安全提升工作的协调部门,既负责全国质量安全提升的整体规划、资源整合,又承担重大出口产品质量安全事件的议事协调、组织指挥。委员会不是行政捏合的"超级机构",而是在不消除现有组织边界的前提下跨越组织边界,超越各组织在功能、利益与认同上的差异,实现联合响应行动。如联席会议、协调会议、联合演训、共同协商、联络员制度等,实现委员会各组成单位间的制度化合作、常态化共享与高效化联动,实现安全管理到治理,被动应急到主动预防。

(2) 领导与管理。由国务院领导,质检总局负责指挥,形成"一张管理网络、一套运行机制、一个指挥系统、一个服务平台、一支综合力量"的出口质量安全管理新格局,整合各部门的监管力量。通过力量整合,条块联动,实现相关部门多头执法管理向质量安全监管委员会以"块"为主综

---

① 《安全和便利——中国对外贸易的价值目标》,新华网,2015 年 1 月 27 日,http://news.xinhuanet.com/politics/2015 - 01/27/c_ 127427194_ 2. htm。
② 刘亚平:《中国食品监管体制:改革与挑战》,《华中师范大学学报》(人文社会科学版)2009 年第 4 期。
③ 刘亚平:《走向监管国家——以食品安全为例》,中央编译出版社,2011,第 55 页。

合管理的转变，避免监管重复、无序所造成的资源浪费。

（3）部门组成与内部设置。质量安全监管委员会要形成高层决策集中高效、第三方机构介入恰当合理、社会参与广泛有序、国际合作良性有益的组织设计与运行模式。委员会由出口质量安全监管相关部门（工商、海关、边检、海事、农业、林业、卫生、畜牧、渔业、环保、外交、商务等）、武警部队、第三方机构和社会组织组成，内设统一的决策部、指挥部和专家组。由相关部门主要领导亲自担任第一负责人，参与部门领导具体抓落实，确保委员会工作权威化、常态化。要严格按照有关法律法规要求分清执法、管理和服务的界限，明确按事件责任归属，使行政执法力量和社会协管力量明确自身的职责任务，防止造成职责混淆、执行不力和推诿扯皮。

4. 构建新型监管路径

质量安全监督委员会需要运用"场有思维"，将质量安全维护职能上升到"场域安全"的高度与广度来认识，深化与其他政府相关部门的合作，以及与相关企业和社会组织的协作。

（1）前伸。前伸，指对对外贸易链条中的源头进行有效监管，实现重点管控出口产品可追溯源头。一是要完善"合格假定[①]"模式，货物在完成"一次申报"后，共享信息平台上检验检疫除对极少数布控对象、禁止出口商品外，一律自动放行。通过改变模式落实企业主体责任，让企业深刻认识到有效的安全保障是有利于企业良性健康发展的，促使企业自主履行保证质量安全、提升质量水平的责任。二是要建立完整的溯源管理制度，强化事前把关，对于高风险产品重点把关，使企业自觉严控原料来源、生产过程和出厂后的支付信息、物流信息。质检总局可以在 2015 年与其他 37 个部门签署的《失信企业协同监管和联合惩戒合作备忘录》的基础上，联合相关部门，针对重点企业制定专门的安全保障情况评级体系，在信息共

[①] 合格假定指将生产合格产品的责任赋予生产者，只要产品出厂，就推定合格，不论是监督抽查还是执法监督，一旦发现产品质量不合格，就依法追究生产者或者经营者的法律责任。参见程维勇《全面深化改革背景下基于合格假定的出口商品检验监管体系创新研究》，苏州大学 2014 年硕士学位论文。

享的基础上给予规范经营的企业"一篮子"的优惠政策,违规操作的严格执行惩罚措施。

(2)后延。后延指对出口产品出口至他国消费者进行过程监控和事后追溯,把出口产品质量安全维护的场域拓展到境外,而不是局限在国境线上。一是完善产品投诉机制,海外消费者可以通过扫描商品条码反馈产品使用情况,并对问题产品进行投诉,以便质检部门和相关企业及时了解产品情况并采取应急措施。在出口产品安全的把关上,不做政府层面的强制检验要求,而是要求企业优化防伪溯源管理制度,明确企业主体责任,按照进口国标准进行生产并做好产品流向记录工作。二是加强重点企业的风险管控工作,对国外官方通报的召回、退运等反映的出口产品质量问题进行追溯调查,分析原因,定期通报,提出风险警示。对于多次出现安全质量问题、造成严重不良影响的企业实施严格的检验监管措施,包括约谈企业、责令企业采取措施等,同时对该企业进行布控,对后续出口产品严加监管,直至限制出口。

(3)中转。中转指的是发挥第三方检测机构和相关社会组织的作用,尝试借助它们的力量扩大出口质量安全维护的广度,加大深度。一是要加强对第三方检测机构的引导。① 目前,我国的第三方检测机构多数还处于起步阶段,但发展迅速,质检相关部门应该加强管理,一方面努力增强第三方检测机构的品牌意识和社会责任感,确保检测结果的公正性和可靠性,另一方面针对优秀的第三方检测机构给予一定的扶助,以期这部分力量能有效承担部分企业资质认证工作,这样既能确保"合格评定"质量,又能节约公共资源。为保证第三方的客观公正,定期对第三方检验检测报告、认证结果等"合格评定"做符合性验证,对存在违规违法行为的检测机构予以严厉处罚,建立退出机制。二是开展与相关社会组织的合作,尤其是专业性的协

---

① 欧美第三方机构占据检验检测认证机构的主体,政府实验室做一般性检测业务,主要承担检验检测方法研发等职责,为政府制定政策法规、实施日常监管提供技术支持,并进行重大风险防控和应急事件处置。参见余潇枫、赵振拴、廖丹子《从"国门安全"到"场域安全"——出入境检验检疫的非传统安全分析》,中国社会科学出版社,2015,第218页。

作。相关监管部门可以与各类商会、各地科协、环保组织、文化团体等开展系列活动，一方面有利于扩大宣传，提升相关行业人员的安全意识，另一方面有利于深化交流，为进一步开展具体合作打下基础。例如，可以尝试提升社会公共机构的研究水平和应对能力，引导企业发挥市场主体应对功能，尽快对不合理的规则做出反应，及时有效应对。

(4) 外联。外联指联合出口产品质量安全的相关监管部门及相关企业的力量，协作应对各类安全威胁。一是要深化与国内相关监管部门的合作，在现有合作基础上进一步打破部门壁垒，推动建立实现信息互换、监管互认、执法互助的联动平台。例如，可以通过和商务部的合作，建立快速应对反应机制，加强对技术性贸易措施信息的收集、解读和研判，争取应对前置，及早发布预警信息；可以与贸促会合作共同推进原产地签证改革，便利证书申领，强化事后监管，进一步提高出口企业和行业协会运用优惠政策的能力水平，推动外贸向优质优价、优进优出转变。二是要加强与地方政府的合作，积极推动地方政府提升对质量工作的重视程度，充分发挥地方政府质量指标考核政策导向作用，推动出口产品质量水平整体提升。例如，可以扩大直属检验检疫局与地方政府现有技术性贸易措施服务平台的合作试点，大力拓展公共服务功能，提高企业个性化服务程度，提升服务水平。三是要加强与国外政府部门、行业协会的联络与合作，一方面，加大对外交涉力度，努力降低贸易摩擦对我国出口贸易的影响，同时完善质检双边磋商机制，指导企业利用技术性贸易措施，引导我国产业转型升级[1]，例如可以加强驻外使馆经济职能，外交部门也需要配备熟悉特定国家检验检疫标准的人才，更好地处理经贸交往中迅速出现的安全问题；另一方面，积极与世界主要贸易大国开展技术合作，如"欧盟非食品类消费品快速预警系统——中国系统"（RAPEX - CHINA 系统）已成为国际产品质量合作领域的典范，目前我国正

---

[1] 《质检总局关于加大帮扶企业力度促进外贸稳定增长的意见》，国家质量监督检验检疫总局门户网站，2014 年 5 月 28 日，http://www.aqsiq.gov.cn/zjxw/zjxw/zjftpxw/201405/t20140528_413776.htm。

在与欧盟建立一个国际"无缝监管"的闭环系统。①

（5）应急和反恐。应急是针对对外贸易中可能出现的贸易摩擦、经济安全威胁及其他"非常规灾害"，反恐主要针对应对未来可能出现的"非常规战争"。要强化质量安全监管委员会的组织协调功能，建立部门间的联动协调应急机制，强化专业队伍建设以应对各类紧急事件，甚至恐怖主义袭击。一是要完善技术性贸易措施应对机制，对于一些国家借侵权、假冒名义限制我国产品出口、实施贸易保护的行为建立相应的反制措施②，力争在实施中把握主动权，迫使对方被动受制，化被动为主动，化应对为反击，为我国外贸的顺利发展保驾护航。二是要厘清出口产品质量安全可能涉及的安全威胁类型、来源和危害，依据风险等级分级管理，根据不同级别制定相应的日常监测、预警机制，包括口岸监测、专项检疫、培训演练、预警响应、应急处置、善后处理等内容。三是质检的相关地方机构日常要做好资源整合工作，加强与武警部队、公安、地方应急办、海关、海事等相关部门的沟通与合作，制定应急反恐预案，混合编队建成专业化的应急处置队伍并定期进行实景演练。

5. 提升质量安全监管能力

制度具有稳定性、长期性，提升出口质量安全维护能力关键在于创建"好机制"。当前形势下，质量安全监管委员会可以致力于以下九大工作：

（1）共享信息资源。首先，要推进"单一窗口"建设，整合海关、海事、工商、公安、边检、安监、环保等部门的信息数据，建立集通信、计算机、地理信息系统、视频监控、数据库与信息处理等多技术为一体的信息化指挥系统。例如，质检总局应该加快与国家发展改革委共建"全国电子商

---

① 董超：《G2G，检验监管事业可持续发展之路》，《中国检验检疫》2013年第1期，第11页。
② 技术性贸易壁垒反制措施，是指在国外制定和实施的有关技术性贸易壁垒对中国出口产品可能或已经产生影响的情况下，针对有关国家和地区进口中国产品，中国政府部门制定和实施的技术性贸易壁垒措施，以技术措施为手段，以主动反制为特征，将受到的影响或损失降到最低程度。参见《技术性贸易壁垒反制措施应成为检验监管的新型抓手》，四川出入境检验检疫局网站，http://www.scciq.gov.cn/bgsllyt/18415.htm。

务产品质量大数据应用中心",依法归集全国电子商务产品质量及其相关企业数据并开展大数据分析应用工作,有效推进与相关部门和机构、企业等实现数据共享和项目合作。① 其次,通过常态化的信息排查工作,摸清底数,对潜在的出口质量安全问题,按照应急管理"早发现、早报告、早研判、早处置、早解决"的"五早"原则进行先期处置②,实现常态化管理与应急管理的有机结合。

(2) 完善法律法规。一是提升法律法规的完整性,针对外贸领域出现的新情况新问题,及时修改旧法、填补空白,比如加强对宏观质量管理、整合内检外检资源、管理体制机制方面的法律支持;填补生物产业与生物安全、跨境电商等新兴监管领域的法律空白;提升地理标志保护、实验室管理方面的法律的效力层级;等等。二是针对出口产品质量安全违法违规行为处罚太轻、不够严厉的问题,要抓紧修改《刑法》《产品质量法》《消费者权益保护法》等,加大处罚力度,使法律法规对违法犯罪分子有足够的威慑力。三是提升法律法规的可操作性,针对上位法和下位法出现矛盾的现象,及时修订,并且根据新形势,制定出周密的下位法。要努力通过法治建设,规范出口企业的生产销售行为,利用制度使企业养成工匠习惯,逐步使其自然地升华为"匠人精神"。

(3) 加强科技实力。一是要加强技术机构的改革建设,要考虑出口产品结构、高新技术发展、地区产业特色、重点品牌扶持等需求,对技术机构的建设做出统一规划,建立层次分明、特色突出、有效覆盖的检验检测体系。二是要进一步提升现有高水平国家质检中心和国家检测重点实验室的检测水平,不断攻克难题,为社会提供更好的公共检测技术服务平台,重点加强对出口产品质量安全风险信息监测、信息分析、质量安全性验证风险预警等方面的研究,建立完善的出口产品质量全风险监控体系。三是鼓励第三方

---

① 《国家发改委与国家质检总局签署大数据分析应用战略合作协议》,改革网,2015 年 12 月 29 日,http://www.cfgw.net.cn/2015-12/29/content_18292415.htm。
② 《上海闵行区的社会管理"大联动"》,上海民政局网站,2011 年 11 月 22 日,http://www.shmzj.gov.cn/gb/shmzj/node4/node13/node1488/u1ai29593.html。

检测机构做大做强做优,让优秀的第三方检测机构争取国家工信部、卫计委、农委等中央财政项目资金支持,与高等院校实验室开展合作,并定期进行行业交流。

(4)创新监管模式。近年来,跨境电子商务出口蓬勃发展,给检验检疫工作带来全新挑战。邮寄、快递出口产品的危害风险隐蔽性强、批次多、流转速度快,存在许多质量安全隐患。检验检疫部门一是要利用大数据信息,联合相关机构定期对跨境电商出口退运、投诉、召回等信息进行分析,将监管重点放在风险较高、需要加强监管的产品上,实施动态化的负面清单管理,负面清单内的商品都不得以跨境电子商务形式出境。二是要建立全程检验检疫模式,建设国际邮包集中查验场地检验检疫用房及相关配套设施,对物流信息全监控,对现场查验全覆盖,进行闭环管理,全面提升跨境电子商务出口质量安全水平。

(5)建设专业化队伍。质量安全监管委员会应该整合复合型管理人才、科技领军人才和信息化人才资源,组成具备较高专业素养和决策管理能力的专家组,以便高效指导发展规划和日常管理工作。地方上,由商务、环保、质检、卫生、海关、海事、高校、科研院所、武警、公安、消防、交通等相关部门组成专业队伍,联合第三方机构、社会组织、高校、研究院所等,开展安全意识讲座、专业知识培训交流会、应急抢险实战演练等活动,培养专业管理队伍和应急救援力量。

(6)提升质量安全话语权。首先,要高度关注"劣质商品中国造"背后的"言语—行为"安全,重视话语权旁落甚至失控带来的出口前端"堰塞"。我国企业长期以来缺乏国际标准引导思维,大多扮演国际标准的接受者和跟随者,要提高我国检验检测和认证认可在国际上的影响力和话语权,充分发挥检验检测、认证认可的权威作用和导向作用。相关部门应该积极帮助企业及时掌握最新国际标准动态,把握行业风向标,为制定和执行国际标准争取更多主动权。其次,通过驻外宣传机构、外交途径等综合手段在主要出口国定期发布中国产品质量安全实际情况,加强话语控制权建设,使国外消费者正确认识"中国制造",增强其对中国产品的信心。同时,努力创造机会使更多高质量的中国品牌"走出去",为正面宣传"中国制造"形成良好舆论氛围,夯实向"中国创造"转变的形象基础。对于因客户设计问题而造成的通报案例,应及时向发起国管理部门反映,避免我国出口企业承担本应由进口商承担的差错责任,有效维护我国出口产品的质量安全声誉。

(7) 强化质量诚信建设。首先,大力推进企业诚信体系建设,建立"黑名单"制度,采用灵活多样的形式定期在各类纸媒、电视媒体和网络媒体上公示,利用倒逼机制加强其改进质量的主动性,使其牢固树立质量意识,真正担负起质量主体责任。其次,加快研制质量信用的基础标准、技术标准、服务标准和管理标准,建立统一的身份识别标准、质量信用数据标准、质量信用评价标准,形成比较完善的质量信用标准体系。[①] 最后,以电子商务为突破口先行试点,构建"互联网+"环境下的质量信用征信体系,研究电子商务实名制认证和追溯体系,对企业实施质量信用分级分类管理,尝试构建以信用为核心的新型质量监管机制,时机成熟时将质量信用体系逐步推广到所有产品的质量监管体系中。

(8) 培育民众的"匠人精神"。质量文化应该积极开展"匠人精神"培育工作。"匠人精神"指对工作、事业精益求精的态度,是把所从事的工作或一件事情、一门手艺当作信仰的追求。[②] 培育"匠人精神"有助于加强我国公民对质量的重视程度,提升对产品品质的追求。相关部门可以联合社会力量,通过具体的产品生产管理和质量检验检测实践活动,通过企业的利益导向机制,引导企业职工树立正确的质量观念,追求精良产品和服务。同时,教育部门应该在中小学生的日常教学过程中培养其坚定踏实、追求完美的精神,在高校教育中加入培养良好的职业锻炼和职业伦理的课程。国家还可以设立专项基金,组织民众去德国、日本、瑞士等地的工厂参观学习,使追求尽善尽美的精神深入每一个公民心中。

(9) 积极参与国际标准研究制定。国际标准代表着世界平均的进步水

[①] 施京京:《质检系统全面推进质量诚信体系建设》,《中国质量技术监督》2012年第5期。
[②] 《"匠人精神"是一种信仰》,环球网,2016年3月10日,http://opinion.huanqiu.com/plrd/2016-03/8682975.html。

平，能体现出世界制造业发展的趋势与方向。相关部门应该鼓励大企业在制定国际标准过程中积极参与、把握主动权，加快行业技术创新，推动行业继续发展；通过标准化来实现高层次高质量的监管，规范我国企业质量发展的不和谐、不科学。近几年，瑞士每年制定1000项左右国家标准，其中90%以上是直接采用国际标准或欧洲标准，适合自己国情的国家标准并不多①，正是拥有这种引领世界标准潮流、主导行业发展的执着，瑞士品牌才长期享有盛誉，这种精神值得我国政府和企业学习借鉴。

---

① 李海洋：《瑞士制定国家标准的启示》，《冶金标准化与质量》2001年第3期。

附　录

Appendix

浙江大学"转基因食品商业化：利大于弊，还是弊大于利？"跨学科辩论赛实录与评论

沈立荣[*]

摘　要： 近年来社会公众对转基因技术的关注度越来越高，转基因食品商业化在社会上引起了广泛而激烈的讨论。作为食品安全领域的热点问题，我们组织了浙江大学全校性《非传统安全》核心通识课和公共管理学院《非传统安全管理》专业选修课的修课学生，在杭州市科学技术协会举行了两组面向杭州市民的辩论赛，辩题是"转基因食品商业化：利大于弊，还是弊大于利？"。比赛由开篇立论、论证辩驳、自由辩论、总结陈词四个环节组成，通过正反双方的辩论、专家评议以

---

[*] 沈立荣，浙江大学生物系统工程与食品科学学院食品科学专业教授、博士生导师。同时感谢浙江大学非传统安全与和平发展研究中心主任余潇枫教授以及助教王梦婷、王倩、张泰琦、张伟鹏、潘临灵、孟子然的组织与参与。

及与公众的互动，达到了不同观点与主张的平等对话和信息交流，使公众对转基因的认知和争论趋于理性，达到了传播科普的效果。

关键词： 大学生 转基因食品 商业化

引言：辩论赛的缘起

人类创造了自然界从未有过的生物——"转基因生物"，并发展出转基因食品。近年来，社会公众对转基因技术的关注度越来越高，有人叫好，有人抵制，更多人在担忧。其所引发的争论已超出科学范畴，从一个单纯的科学研究，演变成饱受质疑和争议的社会性话题，关涉政治、经济、社会、伦理、法律、文化等一系列领域，使我国发展转基因技术遭遇很大的阻力，转基因食品商业化受到越来越多的质疑，并成为近年来全国"两会"热度最高的话题之一。

"转基因食品商业化"是目前食品安全领域的热点议题，也是跨学科安全研究的重要问题。为了开展不同观点与主张的平等对话和信息交流，促进学生及公众对转基因技术及其关涉的非传统安全问题的了解，推动非传统安全研究的跨学科交流，浙江大学生物系统工程与食品科学学院沈立荣教授和非传统安全与和平发展研究中心主任余潇枫教授联袂组织了2015年秋季"转基因食品商业化"的跨学科大学生辩论活动。辩论活动得到了杭州市科学技术协会的极大支持。9月30日，"转基因食品商业化：利大于弊，还是弊大于利？"辩论活动在余潇枫教授主讲的非传统安全核心通识班（142人）和非传统安全管理文科班（102人）课堂上拉开序幕。首先由沈立荣教授为同学们做了两场专题宣讲，组织了课堂模拟赛和现场测评。随后，经过报名，组织了由24名选手组成的6支代表队，包括3支正方队、3支反方队，辩手分别来自浙江大学理、工、人文、社科的众多学科，多名辩手来自竺可桢学院混合班和求是科学班。在主讲老师余潇枫教授的指导下,课程助教王梦婷、王倩、张泰琦、张伟鹏、潘临灵、孟子然等按照国际大学生辩论规则筹备、组织、策划,对选手进行了专门训练,于10月21日晚在浙江大学国际会议中心举行了精彩的选拔赛。200多位浙大师生参加了活动,现场选拔产生了参加本次决赛的4支代表队,包括2支正方队、2支反方队。

11月1日下午,由杭州市科学技术协会主办,浙江大学生物系统工程与食品科学学院、浙江大学非传统安全与和平发展研究中心、杭州市科技工作者服务中心、西湖区科协、杭州市食品营养学会联合承办,浙江山清水秀农业开发有限公司、杭州市下城区科协、杭州市老科技工作者协会联合协办的大学生辩论赛——"转基因食品商业化:利大于弊,还是弊大于利?"——的最后一场巅峰对决,在杭州市科技交流馆精彩亮相,会场里200多位来自杭州市老科技工作者协会、下城区科协和各社区、相关企事业单位的听众,以及浙江大学师生济济一堂,会场座无虚席,连走廊也加了座位。下午2时,在沈立荣教授的现场指导下,由王梦婷助教协调,潘临灵助教主持,张伟鹏、张泰琦、孟子然助教配合,决赛如期正式开始。整个比赛由开篇立论、论证辩驳、自由辩论、总结陈词四个环节组成(见表1)。

表1 竞赛规则

环节	具体说明	时间
第一环节 开篇立论	正方任意辩手进行立论发言。 反方任意辩手进行立论发言。	2分钟 2分钟
第二环节 论证辩驳	正方3位还未发言辩手中一位进行论证辩驳。 反方3位还未发言辩手中一位进行论证辩驳。	2分钟 2分钟
第三环节 自由辩论	正方先发言。 正反方各4分钟。	8分钟
第四环节 总结陈词	反方任意辩手进行总结陈词。 正方任意辩手进行总结陈词。	2分钟 2分钟

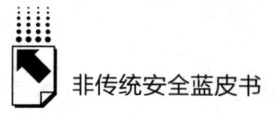
非传统安全蓝皮书

一 正反方辩论观点

本次辩论赛进行了两场辩论,参赛的两组选手"有备而来"、"广征博引";正反方的辩论观点针锋相对,辩论场面十分热烈。

正方选手充分陈述了转基因食品的技术背景,认为转基因作物具有抗病虫、抗逆性,转基因技术能够提高食品的营养价值,减少其农药污染,其商业化有助于解决粮食短缺和环境污染问题等,能提高经济和社会效益。正方引用了国际经济合作与发展组织、世界卫生组织、联合国粮农组织等国际组织发布的,我国转基因专家评审委员会公布的转基因食品风险评估报告,指出"目前上市的所有转基因食品都经过严格和长期的检测检验,都是安全的"。而我国对转基因食品商业化具有严格的监管体系,再加上中国人均耕地面积仅为世界平均水平的40%,粮食、资源短缺问题突出,发展转基因技术对解决粮食问题意义重大。因此,正方认为转基因食品商业化利大于弊。

而反方认为,全球粮食问题不是数量短缺,而主要是分布不合理,增产可以用传统育种技术来解决。转基因食品存在导入外源基因可能带来的人体过敏安全问题、基因漂移带来的生态风险等难以预知的各种风险,进而会带来生态破坏、公众恐慌等问题,甚至会影响社会安全、政治安全等。此外,转基因技术大多被商业资本所控制,逐利行为会导致种子被少数国际大公司垄断,传统农业萎缩,种植成本大幅度提高,导致农民破产和贫困化。再加上目前我国监管体制尚不完善,政府的监管能力饱受质疑。因此,反方认为转基因食品商业化弊大于利。

正反双方唇枪舌剑,精彩连连,使会场成为选手们角逐学识、口才、逻辑思维等综合能力的赛场。辩手们一针见血的问题,灵活机智的救场,雨点般的反问,赢得了听众的热烈喝彩与评委的一致认可,现场掌声雷动、欢呼声不断。多家媒体记者在现场进行了采访。

参加决赛的16位辩手是分别来自人文科学、社会科学试验班、理科试验班、工科试验班、混合班、药学、材料科学与工程的二年级(14级)学生，因绝大多数学生属于低年级，此前他们对转基因生物和食品知识的了解有限，为准备这次辩论，他们查阅了大量文献资料，尽管大家专业知识欠缺，但能够在短短一个月内搜集大量文献，掌握关键信息，并运用其所学的知识流畅地表达自己的观点，与专家和公众进行面对面的沟通，已非常不易。

下面是这16位辩手在辩论现场陈述的主要观点：

（一）第一组辩论

1. 正方：《非传统安全》通识课C班

（1）一辩：赵璧【人文科学试验班14级】

转基因作物由于导入了外源基因，具有优良的抗逆性状。抗虫性对生态保护具有重要意义。农药的泛滥使得水资源，土地资源遭到严重污染，转基因食品的商业化可以减少农药使用，从而避免污染，保护环境。同时，中国面临耕地面积萎缩，农作物播种不足等日益严重的发展问题。转基因作物由于具有良好的抗逆性，其种植成本低，经济收益高，同时能够利用原本无法种植的耕地。它是回应当前危机的最适当答卷，此时人类并无其他更加成熟更加安全的替代品。值得注意的是，当今世界在转基因方面最权威的机构一致认可，没有任何证据表明转基因食品对人体有害。在当前严苛的法律保障和管理章程保障下，转基因食品的商业化理应推行。

（2）二辩：付俊豪【理科试验班14级】

在我看来，转基因食品的商业化利大于弊是毋庸置疑的。目前，对于转基因食品的商业化最大的问题便是民众的恐慌，是民众对于转基因食品的不信任。其实这种不信任归根结底来源于对转基因食品的不了解。我相信转基因食品在客观上是不存在问题的，毕竟转基因食品是有着严格的审核制度，而且经过了无数科学家的试验，都未找到转基因食品有害的证据。如果在这种情况下依然觉得转基因食品不安全，未免有点小题大做了。

（3）三辩：黄丽媛【人文科学试验班（传媒）14级】

我的观点是利大于弊。首先是安全问题，作为一项已经诞生四十年的技术,转基因已经渐趋成熟,而且在生产实践中得到了验证和完善,而其潜在危险尚未得到有力论证,目前转基因食品的安全性应当是足以作为商业化的物质基础的。其次是商业化,转基因食品进入流通领域,一方面可以依靠其抗逆性提高产量和质量来帮助解决中国乃至世界的粮食危机,另一方面其优良性状带来劳动生产率的提高和巨大的经济效益,无疑也可以带来农业的转型升级和新的革命。新事物必然不能一蹴而就,具体问题也应具体分析,但就总体而言,我认为,转基因食品的商业化是利大于弊的。

(4)四辩:安入东【工科试验班(信息)14级】

我认为转基因食品利大于弊。首先,转基因食品本身有许多优点,比如营养物质丰富、口味更佳等,能够满足人们对食品质量的更高需求。其次,转基因食品的商业化还可以鼓励科学家在我国转基因技术方面的研究,促进我国转基因技术领域的突破。我认为转基因食品的商业化在一定程度上可以加深人们对转基因食品的认识,人们对转基因食品接触多了,自然会通过各种途径去更深入、更客观地看待转基因食品。现在的很多人抵制转基因食品,谈"转"色变,其实是舆论误导等种种原因导致了人们对转基因食品的恐惧。

2. 反方:《非传统安全》通识课 B 班

(1)一辩:李怡【工科试验班(信息)14级】

转基因食品并非那么安全。大面积种植转基因作物会对生态环境产生负面影响。我们人为地改变了某种生物的进化进程,破坏了生态平衡和基因样本的丰富性。另外,在尚未确定转基因食品长期食用不会对人类产生不良影响的情况下,对于安全性的不确定会使公众内心产生恐惧和不信任。转基因食品商业化并没有如期带来巨大的经济效益,市场条件还不成熟,民众接受度不高,监管成本、产业链的建设成本等都会增加负担。

(2)二辩:段欣辰【混合班14级】

转基因食品的安全问题很大程度上在于基因改变之后的不确定性。当不确定性伴随可能的恶果,就形成了如今公众对转基因食品主观恐惧的根源。基因的表达不确定性在于以下几点:单个基因插序后的基因连锁表达不明,基因外流影响生态环境的途径和解决方法不明，虽然在今后的科学发展中可能会解决上述问题，但是就目前阶段来看，推行转基因食品商业化无疑是具有风险的。与此同时，现阶段的转基因食品并不能带来理想中的巨大经济利益。综合来看，转基因食品的商业化暂时是弊大于利的。

（3）三辩：刘雯【混合班14级】

转基因食品商业化弊大于利，理由包括：第一，商业化目的不满足。经济利益被孟山都等垄断，拉大贫富差距；绿色和平组织表明，全球总需求平衡，粮食问题多为分配问题。第二，生物技术不等于转基因技术。转基因技术专项于抗性而非单产，这种单一特性上市后会影响农业系统性，不能解决传统农业人多地少的问题；农药等问题可以通过其他技术来解决，如物理荧光。第三，国家经济建设成本。利益多由大公司所得，而公众认知建设等均由政府出资；政府资金多来自纳税人，而大部分纳税人对转基因食品的认可度并不高，这是与民众意志相违背的。第四，几十年的发展效益并不明显。第一个转基因食品上市以来，收益并不明显，反而问题诸多，因此对未来的不确定性不能乐观考虑。

（4）四辩：马鑫宇【人文科学试验班14级】

首先，转基因食品的安全性值得我们去思考，安全与否是其是否适合商业化的前提基础，相关数据表明转基因食品对人体、生态环境等都存在不良影响，其"客观上"仍存在威胁，相应地，我们"主观上"仍存在恐惧，因此，转基因食品的安全性还值得进一步确认。其次，我国的市场体系不成熟，市场监管不到位，一旦将转基因食品商业化，进入市场，其不良影响将通过市场进一步放大，危害到人类的利益，这些后果都是我们无法预期和控制的。综上，我方不反对转基因食品在实验室中继续研发，但认为其商业化弊大于利。

（二）第二组辩论

1. 正方：《非传统安全》通识课D班

（1）一辩：曾安平【材料科学与工程14级】

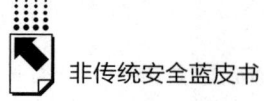

转基因食品商品化可以带来巨大的经济效益。利用转基因技术，可以培养出具有抗虫草、抗病毒害等特性的转基因食品，这样不仅降低了生产成本，而且增加了食品的产量，在很大程度上缓解了我国乃至世界存在的粮食危机。成本上，转基因食品优势巨大，援引中国饲料产业信息网的数据，从南美洲进口的转基因大豆，算上了运费等成本，和国产非转基因大豆相比，收购价还低了25%，成本优势可想而知。

（2）二辩：刘庭瑶【工科试验班（材料与化工）14 级】

根据有关统计数据，到 2050 年，基于现存的耕地面积，使用有限的肥料、水和农药，我们需要喂饱 95 亿人口。再加上全球气候问题日趋严峻，我们不可避免地需要求助于新技术（包括但不限于转基因）。绿色革命之父诺曼·博洛格说过："世界上的技术，已有的或者在研发库中已高度开发了的，能够可持续地养活一百亿人。今天更具针对性的问题是，是否允许农民和农场主使用这些新技术？"在已经能严格保障其安全性的条件下，转基因作物已经成为提高产量，改良性状和避免环境污染的最佳途径，我们没有理由阻止其商业化，考虑到人口对环境的压力，我们也没有别的什么选择了。

（3）三辩：余慧【药学类 14 级】

转基因食品商业化的好处主要有三个方面：第一，降低了生产成本，增加了食品的产量，提高了农民的收入。第二，转基因作物的种植，减少农药等使用，可以大大减少农业对环境的影响。第三，正是因为产量的增加，以及其抗逆性，可以在恶劣环境下种植，在一定程度上缓解了我国乃至世界的粮食短缺问题。而其劣处，可能带来的生态问题可以通过政府审查，监管等多种手段最大限度上避免，所以我方认为转基因食品商业化利大于弊。

（4）四辩：才赫【工科试验班（材料与化工）14 级】

转基因这种新兴技术自出现以来，一直争议不断。此次的辩题明为讨论转基因食品商业化的利弊，实则是探讨当一种新兴的技术在投入生产实践使用时，我们应该采取什么样的态度对待，当推行一种新技术遭到民众恐惧带来的巨大阻力时，我们应该做些什么。其实这种情况非常正常，任何一项新技术在未被人们熟知时推行，必然会遭到思想上的排斥，甚至连科学本身都曾遭到质疑和恐惧。对于转基因，我们的态度不是要大家把它神化，盲目地崇拜，转基因食品本身存在的潜在风险确实不能忽视。但是今天我们还是要谨慎小心地去推广转基因食品的普及，这是因为，技术上的难题往往到最后都可以被克服，而民众心中的恐惧是最难消除的。推行转基因食品进一步的目的就在于让民众更深入地去接触转基因，有了基本的了解后，民众所采取的态度才是客观的。

今天倡导转基因食品再推广一步的目的就是打好思想基础，这个基础打好，之后的工作都将顺理成章。

2. 反方：《非传统安全管理》班

（1）一辩：曹心钰【社会科学试验班14级】

民以食为天，食品安全事关人民生命安全。转基因食品作为一种新生事物，我们在技术上应予以大力支持，但是在推进商业化的过程中要有所慎重。真正的转基因食品商业化必然是在技术可靠，市场成熟，监管完善，人民认知度提高的前提下进行的，转基因食品兴起时间较短，各方面体制还不健全，自身安全性还有待进一步检验。因此，我们应该加强对转基因食品的有关科普，进一步完善监管体制，做到权责明确，加强科研投入，确保食品安全。

（2）二辩：李娜【社会科学试验班14级】

我认为转基因食品商业化弊大于利。虽然转基因食品暂时并没有在人体上表现出危害，但是并不意味着未来不会对人类造成不良影响。毕竟，转基因食品对人类的危害可能要经过几代人才能在人体表现出来，我们不能用未来人类的安全作为赌注。在安全状况尚不明朗的情况下，贸然将转基因食品商业化是对广大人民群众不负责任的行为；另外现在民众对于转基因食品尚不够了解，大范围的商品化，会引起民众的恐慌、抵制情绪，民众不信任，主观上有恐惧，这样不利于社会稳定。

（3）三辩：赖锌婷【社会科学试验班14级】

发达国家及先进的研发机构有着强大的实力，在技术与资本上都具有无可比拟的优势；而发展中国家及小型机构不仅处于竞争下游，而且受转基因技术与知识产权垄断的限制，无法得到良好的发展。基因是全世界的共同的遗产，它们不是任何人或组织的私有财产，不应该对其授予专利。同时，基因专利的相关垄断产业也必然会拉大发达国家与发展中国家间的贫富差距，发达国家通过控制转基因技术的知识产权在发展中国家取得可观的利益，并使得发展中国家的技术与经济均要依靠发达国家，得不到更好的发展与应有的平等权益。

（4）四辩：李超懿【社会科学试验班14级】

在转基因食品商业化这一问题上，我方观点为其弊大于利。众所周知，转基因技术是将不同来源的DNA分子进行重组，打破了天然物种生殖隔离的屏障，将具有某种特性的基因分离和克隆，再转接到另外的生物细胞内。这是一项在1993年才逐渐走入人们的视野的新技术，根据泽特克教授的小鼠实验，转基因很有可能在三四代后降低食用主体的繁殖数量，所以转基因食品在客观上确实有可能对人们造成安全的威胁。另外，目前大部分消费者都还对转基因食品抱有怀疑，人们主观上的恐惧也会加重转基因食品商业化的弊端。所以，我方认为转基因食品商业化弊大于利。

二　辩论结果及意义

（一）辩论结果

杭州市科学技术协会科普部余勇平部长、科技工作者服务中心陈仲达主任，浙大生物系统工程与食品科学学院陈素珊副书记、应铁进教授、沈立荣教授，浙大公共管理学院非传统安全与和平发展研究中心主任余潇枫教授、行政管理研究所所长陈丽君教授，浙大生命科学研究院王立铭教授，温州嘉友分子育种研究院张永平院长等领导和专家教授先后担任选拔赛和决赛评委。陈丽君教授还为本次活动设计了问卷，在比赛前后进行了现场问卷调查。

根据现场评分结果,《非传统安全管理》班的曹心钰、李娜、赖锌婷、李超懿同学组成的第二组反方获得第一名,《非传统安全》通识课 D 班的曾安平、刘庭瑶、余慧、才赫同学组成的第二组正方获得第二名,《非传统安全》通识课 B 班李怡、段欣辰、刘雯、马鑫宇组成的第一组反方获得第三名,由《非传统安全》通识课 C 班赵璧、黄丽嫒、付俊豪、安入东组成的第一组正方获得第四名。赵璧、段欣辰、刘庭瑶、才赫被评为优秀选手。

评委和专家们纷纷就转基因食品安全争议与科学素养的培养教育,辩论与科普的创新意义进行了点评,回答了听众的提问。杭州市科学技术协会余勇平部长对选手们精彩的辩论给予高度评价,对通过辩论进行多方观点平等沟通的科普创新探索给予充分肯定。专家们指出,总体上正方辩手的观点基本上反映了转基因技术和转基因食品的学术观点和科学知识,很好地体现了科学性和逻辑思维特点。但对有一定深度的专业知识,如对反方提出的"如何理解实质等同性评价原则",第一组正方因理解不深,成为反方攻击的缺口,导致辩论被动。因此,辩论中对专业知识的学习要有一定的深度和广度。反方辩手的观点主要依据媒体报道,且能够充分利用情感色彩的煽动性,赢得同情,较好地把握了辩论技巧。这说明科普教育中不能忽视技巧和传播方式的重要性。此外,双方的辩论重点,过多地集中在转基因食品的安全性方面,而不是商业化的利弊,都有偏离辩题的倾向,值得改进。

(二)辩论意义

这次辩论体现出两大意义,一是消除误解和争议需要开展不同观点与主张的平等对话。

近年来,转基因作物的安全性及相关问题在中国乃至世界都引起了强烈的关注和争论。转基因技术的发展、转基因粮食的安全性及推广的可行性、转基因监管政策的制定、转基因伦理问题等方面的争论使得转基因作物和转基因食品在中国成为一个复杂而影响广泛的问题,争论异常激烈,而且两极分化越来越明显。中国科协副主席陈章良在 2015 年 3 月博鳌亚洲论坛接受记者采访时指出:"根据统计,大概超过70%的国人对转基因持怀疑态度,安不安全?能不能吃?吃了以后会怎么样?"那么其潜在原因是什么?

我们不妨看看2014年《国家科学评论》(National Science Review,NSR)组织的一次关于转基因作物讨论会上专家们的观点。会上,中国国家农业转基因生物安全委员会委员、复旦大学生命科学学院生态与进化生物学系主任卢宝荣教授根据调查提出:"在过去5年,公众的态度由基本中立转向了否定。大多数人们并不了解转基因技术是什么,但却反对其商品化。作为科学家,我们并没有很好地将转基因技术及其重要性传播给公众。"① 科学史理论家,科学传播研究学者,清华大学科技与社会研究所刘兵教授认为:"有关转基因作物的争论的一个主要问题是,中国仍然使用着一种过时的科学传播方式,即科学家们把他们的科学发现告诉公众,公众再被动地理解和接受。这种方法存在很大问题,且效果极差。较好的方法是在专家和诸多利益相关者之间展开一场包括不同观点与主张的平等对话。对专家的严重不信任也导致了这种针对转基因技术的激烈争论。科学家们一直在说转基因作物是安全的,但并没有说服公众。有些人怀疑那些专家是否是利益集团的一部分,将会从转基因作物商品化过程中获得经济利益。"② 讨论会组织者,NSR副主编、美国科学院院士、中国科学院外籍院士、现任中国科学院神经科学研究所所长、美国加州大学伯克利分校Paul Licht杰出生物学讲座教授蒲慕明提出:"我们的确需要在诸多利益相关者之间展开更多的平等对话,而不仅仅是由科学家单方面传达给公众。中国的媒体缺乏这种理性的探讨,对转基因技术的报道都很片面,不是"挺转"就是"反转",这在一定程度上助长了两极分化。"③

浙江大学作为国内高校中学科门类最齐全的一所高校,充分发挥多学科专家和人才的优势,通过开展社会、政治、法律、伦理、经济、心理、文化

---

① 《转基因作物在中国》,《科技导报》,http://www.fxyqpx.org/kjdb/20142702.htm。
② 《转基因作物在中国》,《科技导报》,http://www.fxyqpx.org/kjdb/20142702.htm。
③ 《转基因作物在中国》,《科技导报》,http://www.fxyqpx.org/kjdb/20142702.htm。

等多学科研讨,提出科学的应对策略和建议;组织多学科参与的辩论,进行不同观点的平等对话,显然有着深化科学认识与消除公众误解的积极意义。

辩论的意义之二是通过辩论有利于让参与者提高科学素养,并能向公众传达理性的舆论导向。

我国转基因技术遭受的争议受到了党和国家领导的高度重视。习近平在2013年中央农村工作会议上的讲话指出:"转基因是一项新技术,也是一个新产业,具有广阔发展前景。作为一个新生事物,社会对转基因技术有争论、有疑虑,这是正常的。对这个问题,我强调两点:一是要确保安全,二是要自主创新。也就是说,在研究上要大胆,在推广上要慎重。转基因农作物产业化、商业化推广,要严格按照国家制定的技术规程规范进行,稳扎稳打,确保不出闪失,涉及安全的因素都要考虑到。要大胆研究创新,占领转基因技术制高点,不能把转基因农产品市场都让外国大公司占领了。"[①]

2015年8月25日,农业部答复全国政协的提案中明确指出:国际组织、发达国家和我国开展了大量转基因生物安全方面的科学研究,认为批准上市的转基因食品与传统食品同样安全。[②] 2015年10月8日,在全国政协主席俞正声主持的第39次双周协商座谈会上,20余位来自全国各地相关领域的全国政协委员、权威专家学者,与科技部、农业部、国家食品药品监督管理总局的负责人坐在一起,从不同层面、不同视角,以理性客观的态度,就"转基因农产品的机遇和风险"热点问题坦诚交流,围绕"转基因农产品的机遇与风险"建言献策。专家委员们提出:"片面认知就会造成困惑和恐慌的蔓延,这种片面的认知不仅存在于有关部门,还存在于一些媒体和公众。""要规范企业、科研院所等对转基因农产品的宣传,在宣传和与公众的对话中,既要发挥科学家的权威性,前后保持一致,又要

[①]《习近平回忆文革期间饥饿经历:曾吃生猪肉》,观察者网,2014年9月27日 http://www.guancha.cn/politics/2014_09_27_271447.shtml。

[②]《农业部答复政协提案:批准上市的转基因食品安全》,新华网,2015年8月28日,http://news.xinhuanet.com/politics/2015-08/28/c_128175997.htm。

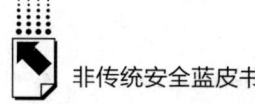

避免武断,坚持实事求是的客观宣传。国家有关部门、科研单位和科学家在广泛进行转基因技术科普工作时,要讲究方式方法,让公众听得懂、可接受。甚至可以开放部分实验室,扩大公众的知情权和参与度。""要多部门协调,建立科普宣传和风险交流的长效机制。""要加大转基因技术成果应用和国际前沿信息的报道,让老百姓熟悉转基因技术的前景和利弊。"①

在这次与浙江大学《非传统安全》课程相结合的学生辩论中,组织者沈立荣教授和余潇枫教授将大学生课堂教学与杭州市科学技术协会这一公众科普平台有机结合,通过学术讲座、深度辩论、专家点评、发放科普宣传资料、微信推送、媒体报道,运用大学课堂传播科学思想,运用社会化平台深化非传统安全知识学习,进而为提高公众科学素养与科普创新做出了探索。

---

① 《全国政协召开双周协商座谈会围绕"转基因农产品的机遇与风险"建言献策俞正声主持》,央视网,2015年10月9日,http://news.cntv.cn/2015/10/09/VIDE1444389175496784.shtml。

社会科学文献出版社　皮书系列

❖ 皮书起源 ❖

"皮书"起源于十七、十八世纪的英国，主要指官方或社会组织正式发表的重要文件或报告，多以"白皮书"命名。在中国，"皮书"这一概念被社会广泛接受，并被成功运作、发展成为一种全新的出版形态，则源于中国社会科学院社会科学文献出版社。

❖ 皮书定义 ❖

皮书是对中国与世界发展状况和热点问题进行年度监测，以专业的角度、专家的视野和实证研究方法，针对某一领域或区域现状与发展态势展开分析和预测，具备原创性、实证性、专业性、连续性、前沿性、时效性等特点的公开出版物，由一系列权威研究报告组成。

❖ 皮书作者 ❖

皮书系列的作者以中国社会科学院、著名高校、地方社会科学院的研究人员为主，多为国内一流研究机构的权威专家学者，他们的看法和观点代表了学界对中国与世界的现实和未来最高水平的解读与分析。

❖ 皮书荣誉 ❖

皮书系列已成为社会科学文献出版社的著名图书品牌和中国社会科学院的知名学术品牌。2011年，皮书系列正式列入"十二五"国家重点出版规划项目；2012~2015年，重点皮书列入中国社会科学院承担的国家哲学社会科学创新工程项目；2016年，46种院外皮书使用"中国社会科学院创新工程学术出版项目"标识。

中国皮书网

www.pishu.cn

发布皮书研创资讯，传播皮书精彩内容
引领皮书出版潮流，打造皮书服务平台

栏目设置：

- □ 资讯：皮书动态、皮书观点、皮书数据、
  皮书报道、皮书发布、电子期刊
- □ 标准：皮书评价、皮书研究、皮书规范
- □ 服务：最新皮书、皮书书目、重点推荐、在线购书
- □ 链接：皮书数据库、皮书博客、皮书微博、在线书城
- □ 搜索：资讯、图书、研究动态、皮书专家、研创团队

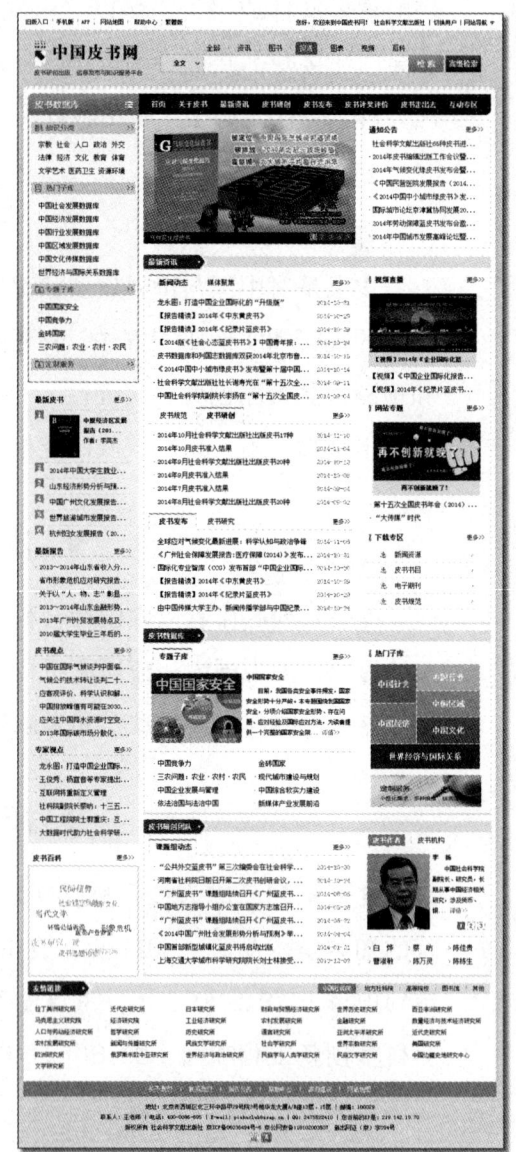

中国皮书网依托皮书系列"权威、前沿、原创"的优质内容资源，通过文字、图片、音频、视频等多种元素，在皮书研创者、使用者之间搭建了一个成果展示、资源共享的互动平台。

自2005年12月正式上线以来，中国皮书网的IP访问量、PV浏览量与日俱增，受到海内外研究者、公务人员、商务人士以及专业读者的广泛关注。

2008年、2011年中国皮书网均在全国新闻出版业网站荣誉评选中获得"最具商业价值网站"称号；2012年，获得"出版业网站百强"称号。

2014年，中国皮书网与皮书数据库实现资源共享，端口合一，将提供更丰富的内容，更全面的服务。

法律声明

"皮书系列"(含蓝皮书、绿皮书、黄皮书)之品牌由社会科学文献出版社最早使用并持续至今,现已被中国图书市场所熟知。"皮书系列"的 LOGO( )与"经济蓝皮书""社会蓝皮书"均已在中华人民共和国国家工商行政管理总局商标局登记注册。"皮书系列"图书的注册商标专用权及封面设计、版式设计的著作权均为社会科学文献出版社所有。未经社会科学文献出版社书面授权许可,任何使用与"皮书系列"图书注册商标、封面设计、版式设计相同或者近似的文字、图形或其组合的行为均系侵权行为。

经作者授权,本书的专有出版权及信息网络传播权为社会科学文献出版社享有。未经社会科学文献出版社书面授权许可,任何就本书内容的复制、发行或以数字形式进行网络传播的行为均系侵权行为。

社会科学文献出版社将通过法律途径追究上述侵权行为的法律责任,维护自身合法权益。

欢迎社会各界人士对侵犯社会科学文献出版社上述权利的侵权行为进行举报。电话:010-59367121,电子邮箱:fawubu@ssap.cn。

社会科学文献出版社

权威报告·热点资讯·特色资源

皮书数据库
ANNUAL REPORT(YEARBOOK) DATABASE

当代中国与世界发展高端智库平台

皮书俱乐部会员服务指南

1. 谁能成为皮书俱乐部成员？
- 皮书作者自动成为俱乐部会员
- 购买了皮书产品（纸质书/电子书）的个人用户

2. 会员可以享受的增值服务
- 免费获赠皮书数据库100元充值卡
- 加入皮书俱乐部，免费获赠该纸质图书的电子书
- 免费定期获赠皮书电子期刊
- 优先参与各类皮书学术活动
- 优先享受皮书产品的最新优惠

3. 如何享受增值服务？

（1）免费获赠100元皮书数据库体验卡

第1步 刮开附赠充值的涂层（右下）；
第2步 登录皮书数据库网站（www.pishu.com.cn），注册账号；
第3步 登录并进入"会员中心"—"在线充值"—"充值卡充值"，充值成功后即可使用。

（2）加入皮书俱乐部，凭数据库体验卡获赠该书的电子书

第1步 登录社会科学文献出版社官网（www.ssap.com.cn），注册账号；
第2步 登录并进入"会员中心"—"皮书俱乐部"，提交加入皮书俱乐部申请；
第3步 审核通过后，再次进入皮书俱乐部，填写页面所需图书、体验卡信息即可自动兑换相应电子书。

4. 声明

解释权归社会科学文献出版社所有

皮书俱乐部会员可享受社会科学文献出版社其他相关免费增值服务，有任何疑问，均可与我们联系。

图书销售热线：010-59367070/7028
图书服务QQ：800045692
图书服务邮箱：duzhe@ssap.cn

数据库服务热线：400-008-6695
数据库服务邮箱：database@ssap.cn
兑换电子书服务热线：010-59367204

欢迎登录社会科学文献出版社官网
（www.ssap.com.cn）
和中国皮书网（www.pishu.cn）
了解更多信息

社会科学文献出版社 皮书系列
SOCIAL SCIENCES ACADEMIC PRESS (CHINA)

卡号：708149623964
密码：

子库介绍
Sub-Database Introduction

中国经济发展数据库

涵盖宏观经济、农业经济、工业经济、产业经济、财政金融、交通旅游、商业贸易、劳动经济、企业经济、房地产经济、城市经济、区域经济等领域，为用户实时了解经济运行态势、把握经济发展规律、洞察经济形势、做出经济决策提供参考和依据。

中国社会发展数据库

全面整合国内外有关中国社会发展的统计数据、深度分析报告、专家解读和热点资讯构建而成的专业学术数据库。涉及宗教、社会、人口、政治、外交、法律、文化、教育、体育、文学艺术、医药卫生、资源环境等多个领域。

中国行业发展数据库

以中国国民经济行业分类为依据，跟踪分析国民经济各行业市场运行状况和政策导向，提供行业发展最前沿的资讯，为用户投资、从业及各种经济决策提供理论基础和实践指导。内容涵盖农业，能源与矿产业，交通运输业，制造业，金融业，房地产业，租赁和商务服务业，科学研究，环境和公共设施管理，居民服务业，教育，卫生和社会保障，文化、体育和娱乐业等 100 余个行业。

中国区域发展数据库

以特定区域内的经济、社会、文化、法治、资源环境等领域的现状与发展情况进行分析和预测。涵盖中部、西部、东北、西北等地区，长三角、珠三角、黄三角、京津冀、环渤海、合肥经济圈、长株潭城市群、关中—天水经济区、海峡经济区等区域经济体和城市圈，北京、上海、浙江、河南、陕西等 34 个省份。

中国文化传媒数据库

包括文化事业、文化产业、宗教、群众文化、图书馆事业、博物馆事业、档案事业、语言文字、文学、历史地理、新闻传播、广播电视、出版事业、艺术、电影、娱乐等多个子库。

世界经济与国际政治数据库

以皮书系列中涉及世界经济与国际政治的研究成果为基础，全面整合国内外有关世界经济与国际政治的统计数据、深度分析报告、专家解读和热点资讯构建而成的专业学术数据库。包括世界经济、世界政治、世界文化、国际社会、国际关系、国际组织、区域发展、国别发展等多个子库。

权威·前沿·原创

社会科学文献出版社

皮书系列

2016年

盘点年度资讯　预测时代前程

社长致辞

我们是图书出版者，更是人文社会科学内容资源供应商；

我们背靠中国社会科学院，面向中国与世界人文社会科学界，坚持为人文社会科学的繁荣与发展服务；

我们精心打造权威信息资源整合平台，坚持为中国经济与社会的繁荣与发展提供决策咨询服务；

我们以读者定位自身，立志让爱书人读到好书，让求知者获得知识；

我们精心编辑、设计每一本好书以形成品牌张力，以优秀的品牌形象服务读者，开拓市场；

我们始终坚持"创社科经典，出传世文献"的经营理念，坚持"权威、前沿、原创"的产品特色；

我们"以人为本"，提倡阳光下创业，员工与企业共享发展之成果；

我们立足于现实，认真对待我们的优势、劣势，我们更着眼于未来，以不断的学习与创新适应不断变化的世界，以不断的努力提升自己的实力；

我们愿与社会各界友好合作，共享人文社会科学发展之成果，共同推动中国学术出版乃至内容产业的繁荣与发展。

社会科学文献出版社社长
中国社会学会秘书长

2016 年 1 月

社会科学文献出版社
SOCIAL SCIENCES ACADEMIC PRESS (CHINA)

社会科学文献出版社成立于1985年，是直属于中国社会科学院的人文社会科学专业学术出版机构。

成立以来，特别是1998年实施第二次创业以来，依托于中国社会科学院丰厚的学术出版和专家学者两大资源，坚持"创社科经典，出传世文献"的出版理念和"权威、前沿、原创"的产品定位，社科文献立足内涵式发展道路，从战略层面推动学术出版五大能力建设，逐步走上了智库产品与专业学术成果系列化、规模化、数字化、国际化、市场化发展的经营道路。

先后策划出版了著名的图书品牌和学术品牌"皮书"系列、"列国志"、"社科文献精品译库"、"全球化译丛"、"全面深化改革研究书系"、"近世中国"、"甲骨文"、"中国史话"等一大批既有学术影响又有市场价值的系列图书，形成了较强的学术出版能力和资源整合能力。2015年社科文献出版社发稿5.5亿字，出版图书约2000种，承印发行中国社科院院属期刊74种，在多项指标上都实现了较大幅度的增长。

凭借着雄厚的出版资源整合能力，社科文献出版社长期以来一直致力于从内容资源和数字平台两个方面实现传统出版的再造，并先后推出了皮书数据库、列国志数据库、"一带一路"数据库、中国田野调查数据库、台湾大陆同乡会数据库等一系列数字产品。数字出版已经初步形成了产品设计、内容开发、编辑标引、产品运营、技术支持、营销推广等全流程体系。

在国内原创著作、国外名家经典著作大量出版，数字出版突飞猛进的同时，社科文献出版社从构建国际话语体系的角度推动学术出版国际化。先后与斯普林格、博睿、牛津、剑桥等十余家国际出版机构合作面向海外推出了"皮书系列""改革开放30年研究书系""中国梦与中国发展道路研究丛书""全面深化改革研究书系"等一系列在世界范围内引起强烈反响的作品；并持续致力于中国学术出版走出去，组织学者和编辑参加国际书展，筹办国际性学术研讨会，向世界展示中国学者的学术水平和研究成果。

此外，社科文献出版社充分利用网络媒体平台，积极与中央和地方各类媒体合作，并联合大型书店、学术书店、机场书店、网络书店、图书馆，逐步构建起了强大的学术图书内容传播平台。学术图书的媒体曝光率居全国之首，图书馆藏率居于全国出版机构前十位。

上述诸多成绩的取得，有赖于一支以年轻的博士、硕士为主体，一批从中国社科院刚退出科研一线的各学科专家为支撑的300多位高素质的编辑、出版和营销队伍，为我们实现学术立社，以学术品位、学术价值来实现经济效益和社会效益这样一个目标的共同努力。

作为已经开启第三次创业梦想的人文社会科学学术出版机构，我们将以改革发展为动力，以学术资源建设为中心，以构建智慧型出版社为主线，以"整合、专业、分类、协同、持续"为各项工作指导原则，全力推进出版社数字化转型，坚定不移地走专业化、数字化、国际化发展道路，全面提升出版社核心竞争力，为实现"社科文献梦"奠定坚实基础。

经 济 类

经济类皮书涵盖宏观经济、城市经济、大区域经济，提供权威、前沿的分析与预测

经济蓝皮书

2016年中国经济形势分析与预测

李 扬 / 主编　　2015年12月出版　　定价:79.00元

◆ 本书为总理基金项目，由著名经济学家李扬领衔，联合中国社会科学院等数十家科研机构、国家部委和高等院校的专家共同撰写，系统分析了2015年的中国经济形势并预测2016年我国经济运行情况。

世界经济黄皮书

2016年世界经济形势分析与预测

王洛林　张宇燕 / 主编　　2015年12月出版　　定价:79.00元

◆ 本书由中国社会科学院世界经济与政治研究所的研究团队撰写，2015年世界经济增长继续放缓，增长格局也继续分化，发达经济体与新兴经济体之间的增长差距进一步收窄。2016年世界经济增长形势不容乐观。

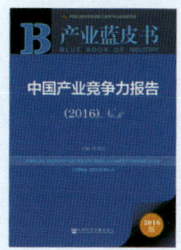

产业蓝皮书

中国产业竞争力报告（2016）NO.6

张其仔 / 主编　　2016年12月出版　　定价:98.00元

◆ 本书由中国社会科学院工业经济研究所研究团队在深入实际、调查研究的基础上完成。通过运用丰富的数据资料和最新的测评指标，从学术性、系统性、预测性上分析了2015年中国产业竞争力，并对未来发展趋势进行了预测。

皮书系列 重点推荐

经济类

G20国家创新竞争力黄皮书

二十国集团（G20）国家创新竞争力发展报告（2016）

李建平 李闽榕 赵新力/主编　2016年11月出版　估价:138.00元

◆ 本报告在充分借鉴国内外研究者的相关研究成果的基础上，紧密跟踪技术经济学、竞争力经济学、计量经济学等学科的最新研究动态，深入分析G20国家创新竞争力的发展水平、变化特征、内在动因及未来趋势，同时构建了G20国家创新竞争力指标体系及数学模型。

国际城市蓝皮书

国际城市发展报告（2016）

屠启宇/主编　2016年2月出版　定价:79.00元

◆ 本书作者以上海社会科学院从事国际城市研究的学者团队为核心，汇集同济大学、华东师范大学、复旦大学、上海交通大学、南京大学、浙江大学相关城市研究专业学者。立足动态跟踪介绍国际城市发展实践中，最新出现的重大战略、重大理念、重大项目、重大报告和最佳案例。

金融蓝皮书

中国金融发展报告（2016）

李扬 王国刚/主编　2015年12月出版　定价:79.00元

◆ 本书由中国社会科学院金融研究所组织编写，概括和分析了2015年中国金融发展和运行中的各方面情况，研讨和评论了2015年发生的主要金融事件。本书由业内专家和青年精英联合编著，有利于读者了解掌握2015年中国的金融状况，把握2016年中国金融的走势。

农村绿皮书

中国农村经济形势分析与预测（2015~2016）

中国社会科学院农村发展研究所　国家统计局农村社会经济调查司/著
2016年4月出版　估价:69.00元

◆ 本书描述了2015年中国农业农村经济发展的一些主要指标和变化，以及对2016年中国农业农村经济形势的一些展望和预测。

经济类 | 皮书系列 重点推荐

西部蓝皮书

中国西部发展报告（2016）

姚慧琴 徐璋勇 / 主编　　2016 年 7 月出版　　估价：89.00 元

◆ 本书由西北大学中国西部经济发展研究中心主编，汇集了源自西部本土以及国内研究西部问题的权威专家的第一手资料，对国家实施西部大开发战略进行年度动态跟踪，并对 2016 年西部经济、社会发展态势进行预测和展望。

民营经济蓝皮书

中国民营经济发展报告 NO.12（2015～2016）

王钦敏 / 主编　　2016 年 4 月出版　　估价：75.00 元

◆ 改革开放以来，民营经济从无到有、从小到大，是最具活力的增长极。本书是中国工商联课题组的研究成果，对 2015 年度中国民营经济的发展现状、趋势进行了详细的论述，并提出了合理的建议。是广大民营企业进行政策咨询、科学决策和理论创新的重要参考资料，也是理论工作者进行理论研究的重要参考资料。

经济蓝皮书夏季号

中国经济增长报告（2015～2016）

李 扬 / 主编　　2016 年 8 月出版　　估价：69.00 元

◆ 中国经济增长报告主要探讨 2015~2016 年中国经济增长问题，以专业视角解读中国经济增长，力求将其打造成一个研究中国经济增长、服务宏微观各级决策的周期性、权威性读物。

中三角蓝皮书

长江中游城市群发展报告（2016）

秦尊文 / 主编　　2016 年 10 月出版　　估价：69.00 元

◆ 本书是湘鄂赣皖四省专家学者共同研究的成果，从不同角度、不同方位记录和研究长江中游城市群一体化，提出对策措施，以期为将"中三角"打造成为继珠三角、长三角、京津冀之后中国经济增长第四极奉献学术界的聪明才智。

皮书系列 重点推荐　社会政法类

社会政法类

社会政法类皮书聚焦社会发展领域的热点、难点问题，提供权威、原创的资讯与视点

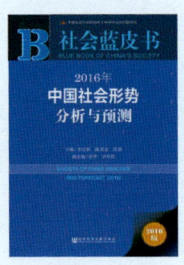

社会蓝皮书
2016年中国社会形势分析与预测
李培林　陈光金　张翼/主编　　2015年12月出版　　定价:79.00元

◆ 本书由中国社会科学院社会学研究所组织研究机构专家、高校学者和政府研究人员撰写，聚焦当下社会热点，对2015年中国社会发展的各个方面内容进行了权威解读，同时对2016年社会形势发展趋势进行了预测。

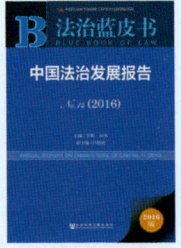

法治蓝皮书
中国法治发展报告 NO.14（2016）
李　林　田　禾/主编　　2016年3月出版　　定价:118.00元

◆ 本年度法治蓝皮书回顾总结了2015年度中国法治发展取得的成就和存在的不足，并对2016年中国法治发展形势进行了预测和展望。

反腐倡廉蓝皮书
中国反腐倡廉建设报告 NO.6
李秋芳　张英伟/主编　　2017年1月出版　　估价:79.00元

◆ 本书抓住了若干社会热点和焦点问题，全面反映了新时期新阶段中国反腐倡廉面对的严峻局面，以及中国共产党反腐倡廉建设的新实践新成果。根据实地调研、问卷调查和舆情分析，梳理了当下社会普遍关注的与反腐败密切相关的热点问题。

社会政法类　皮书系列 重点推荐

生态城市绿皮书
中国生态城市建设发展报告（2016）
刘举科　孙伟平　胡文臻 / 主编　2016 年 6 月出版　估价 :98.00 元

◆　报告以绿色发展、循环经济、低碳生活、民生宜居为理念，以更新民众观念、提供决策咨询、指导工程实践、引领绿色发展为宗旨，试图探索一条具有中国特色的城市生态文明建设新路。

公共服务蓝皮书
中国城市基本公共服务力评价（2016）
钟　君　吴正杲 / 主编　2016 年 12 月出版　估价 :79.00 元

◆　中国社会科学院经济与社会建设研究室与华图政信调查组成联合课题组，从 2010 年开始对基本公共服务力进行研究，研创了基本公共服务力评价指标体系，为政府考核公共服务与社会管理工作提供了理论工具。

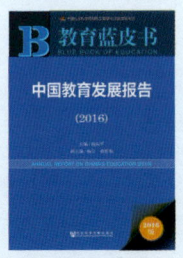

教育蓝皮书
中国教育发展报告（2016）
杨东平 / 主编　2016 年 4 月出版　定价 :79.00 元

◆　本书由国内的中青年教育专家合作研究撰写。深度剖析 2015 年中国教育的热点话题，并对当下中国教育中出现的问题提出对策建议。

生态文明绿皮书
中国省域生态文明建设评价报告（ECI 2016）
严耕 / 主编　2016 年 12 月出版　估价 :85.00 元

◆　本书基于国家最新发布的权威数据，对我国的生态文明建设状况进行科学评价，并开展相应的深度分析，结合中央的政策方针和各省的具体情况，为生态文明建设推进，提出针对性的政策建议。

皮书系列
重点推荐　行业报告类

行业报告类

行业报告类皮书立足重点行业、新兴行业领域，提供及时、前瞻的数据与信息

房地产蓝皮书
中国房地产发展报告 NO.13（2016）
魏后凯 李景国 / 主编　　2016年5月出版　　估价：79.00元

◆ 蓝皮书秉承客观公正、科学中立的宗旨和原则，追踪2015年我国房地产市场最新资讯，深度分析，剖析因果，谋划对策，并对2016年房地产发展趋势进行了展望。

旅游绿皮书
2015~2016年中国旅游发展分析与预测
宋　瑞 / 主编　　2016年4月出版　　定价：89.00元

◆ 本书中国社会科学院旅游研究中心组织相关专家编写的年度研究报告，对2015年旅游行业的热点问题进行了全面的综述并提出专业性建议，并对2016年中国旅游的发展趋势进行展望。

互联网金融蓝皮书
中国互联网金融发展报告（2016）
李东荣 / 主编　　2016年8月出版　　估价：79.00元

◆ 近年来，许多基于互联网的金融服务模式应运而生并对传统金融业产生了深刻的影响和巨大的冲击，"互联网金融"成为社会各界关注的焦点。本书探析了2015年互联网金融的特点和2016年互联网金融的发展方向和亮点。

行业报告类 | 皮书系列 重点推荐

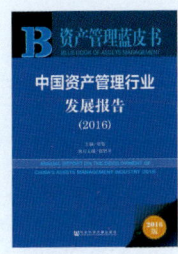

资产管理蓝皮书
中国资产管理行业发展报告（2016）

智信资产管理研究院 / 编著　　2016 年 6 月出版　　估价 :89.00 元

◆ 中国资产管理行业刚刚兴起，未来将中国金融市场最有看点的行业，也会成为快速发展壮大的行业。本书主要分析了 2015 年度资产管理行业的发展情况，同时对资产管理行业的未来发展做出科学的预测。

老龄蓝皮书
中国老龄产业发展报告（2016）

吴玉韶　党俊武 / 编著
2016 年 9 月出版　估价 :79.00 元

◆ 本书着眼于对中国老龄产业的发展给予系统介绍，深入解析，并对未来发展趋势进行预测和展望，力求从不同视角、不同层面全面剖析中国老龄产业发展的现状、取得的成绩、存在的问题以及重点、难点等。

金融蓝皮书
中国金融中心发展报告（2016）

王　力　黄育华 / 编著　　2017 年 11 月出版　　估价 :75.00 元

◆ 本报告将提升中国金融中心城市的金融竞争力作为研究主线，全面、系统、连续地反映和研究中国金融中心城市发展和改革的最新进展，展示金融中心理论研究的最新成果。

流通蓝皮书
中国商业发展报告（2016）

荆林波 / 编著　2016 年 5 月出版　　估价 :89.00 元

◆ 本书是中国社会科学院财经院与利丰研究中心合作的成果，从关注中国宏观经济出发，突出了中国流通业的宏观背景，详细分析了批发业、零售业、物流业、餐饮产业与电子商务等产业发展状况。

皮书系列
重点推荐

国别与地区类

国别与地区类

国别与地区类皮书关注全球重点国家与地区，
提供全面、独特的解读与研究

美国蓝皮书
美国研究报告（2016）

黄 平 郑秉文/主编　2016年7月出版　估价:89.00元

◆ 本书是由中国社会科学院美国所主持完成的研究成果，它回顾了美国2015年的经济、政治形势与外交战略，对2016年以来美国内政外交发生的重大事件以及重要政策进行了较为全面的回顾和梳理。

拉美黄皮书
拉丁美洲和加勒比发展报告（2015~2016）

吴白乙/主编　2016年5月出版　估价:89.00元

◆ 本书对2015年拉丁美洲和加勒比地区诸国的政治、经济、社会、外交等方面的发展情况做了系统介绍，对该地区相关国家的热点及焦点问题进行了总结和分析，并在此基础上对该地区各国2016年的发展前景做出预测。

日本经济蓝皮书
日本经济与中日经贸关系研究报告（2016）

王洛林 张季风/编著　2016年5月出版　估价:79.00元

◆ 本书系统、详细地介绍了2015年日本经济以及中日经贸关系发展情况，在进行了大量数据分析的基础上，对2016年日本经济以及中日经贸关系的大致发展趋势进行了分析与预测。

国别与地区类 皮书系列重点推荐

俄罗斯黄皮书

俄罗斯发展报告（2016）

李永全 / 编著　2016 年 7 月出版　估价：79.00 元

◆ 本书系统介绍了 2015 年俄罗斯经济政治情况，并对 2015 年该地区发生的焦点、热点问题进行了分析与回顾；在此基础上，对该地区 2016 年的发展前景进行了预测。

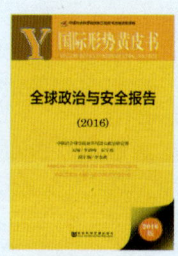

国际形势黄皮书

全球政治与安全报告（2016）

李慎明　张宇燕 / 主编　2015 年 12 月出版　定价：69.00 元

◆ 本书旨在对本年度全球政治及安全形势的总体情况、热点问题及变化趋势进行回顾与分析，并提出一定的预测及对策建议。作者通过事实梳理、数据分析、政策分析等途径，阐释了本年度国际关系及全球安全形势的基本特点，并在此基础上提出了具有启示意义的前瞻性结论。

德国蓝皮书

德国发展报告（2016）

郑春荣　伍慧萍 / 主编　2016 年 6 月出版　估价：69.00 元

◆ 本报告由同济大学德国研究所组织编撰，由该领域的专家学者对德国的政治、经济、社会文化、外交等方面的形势发展情况，进行全面的阐述与分析。

中东黄皮书

中东发展报告 NO.18（2015～2016）

杨光 / 主编　2016 年 10 月出版　估价：89.00 元

◆ 报告回顾和分析了一年来多以来中东地区政治经济局势的新发展，为跟踪中东地区的市场变化和中东研究学科的研究前沿，提供了全面扎实的信息。

皮书系列
重点推荐

地方发展类

地方发展类

地方发展类皮书关注中国各省份、经济区域，提供科学、多元的预判与资政信息

北京蓝皮书

北京公共服务发展报告（2015~2016）

施昌奎 / 主编　2016年2月出版　定价：79.00元

◆ 本书是由北京市政府职能部门的领导、首都著名高校的教授、知名研究机构的专家共同完成的关于北京市公共服务发展与创新的研究成果。

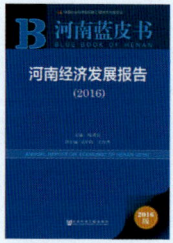

河南蓝皮书

河南经济发展报告（2016）

河南省社会科学院 / 编著　2016年3月出版　定价：79.00元

◆ 本书以国内外经济发展环境和走向为背景，主要分析当前河南经济形势，预测未来发展趋势，全面反映河南经济发展的最新动态、热点和问题，为地方经济发展和领导决策提供参考。

京津冀蓝皮书

京津冀发展报告（2016）

文　魁　祝尔娟 / 编著　2016年4月出版　估价：89.00元

◆ 京津冀协同发展作为重大的国家战略，已进入顶层设计、制度创新和全面推进的新阶段。本书以问题为导向，围绕京津冀发展中的重要领域和重大问题，研究如何推进京津冀协同发展。

文化传媒类

文化传媒类皮书透视文化领域、文化产业，
探索文化大繁荣、大发展的路径

新媒体蓝皮书
中国新媒体发展报告 NO.7（2016）

唐绪军 / 主编　　2016 年 6 月出版　　估价：79.00 元

◆ 本书是由中国社会科学院新闻与传播研究所组织编写的关于新媒体发展的最新年度报告，旨在全面分析中国新媒体的发展现状，解读新媒体的发展趋势，探析新媒体的深刻影响。

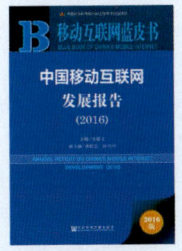

移动互联网蓝皮书
中国移动互联网发展报告（2016）

官建文 / 编著　　2016 年 6 月出版　　估价：79.00 元

◆ 本书着眼于对中国移动互联网 2015 年度的发展情况做深入解析，对未来发展趋势进行预测，力求从不同视角、不同层面全面剖析中国移动互联网发展的现状、年度突破以及热点趋势等。

文化蓝皮书
中国文化产业发展报告（2015~2016）

张晓明　王家新　章建刚 / 主编　　2016 年 2 月出版　　定价：79.00 元

◆ 本书由中国社会科学院文化研究中心编写。从 2012 年开始，中国社会科学院文化研究中心设立了国内首个文化产业的研究类专项资金——"文化产业重大课题研究计划"，开始在全国范围内组织多学科专家学者对我国文化产业发展重大战略问题进行联合攻关研究。本书集中反映了该计划的研究成果。

经济类

G20国家创新竞争力黄皮书
二十国集团（G20）国家创新竞争力发展报告（2016）
著（编）者：李建平 李闽榕 赵新力
2016年11月出版 / 估价：138.00元

产业蓝皮书
中国产业竞争力报告（2016）NO.6
著（编）者：张其仔 2016年12月出版 / 估价：98.00元

城市创新蓝皮书
中国城市创新报告（2016）
著（编）者：周天勇 旷建伟 2016年8月出版 / 估价：69.00元

城市竞争力蓝皮书
中国城市竞争力报告（1973~2015）
著（编）者：李小林 2016年1月出版 / 定价：128.00元

城市蓝皮书
中国城市发展报告NO.9
著（编）者：潘家华 魏后凯 2016年9月出版 / 估价：69.00元

城市群蓝皮书
中国城市群发展指数报告（2016）
著（编）者：刘士林 刘新静 2016年10月出版 / 估价：69.00元

城乡一体化蓝皮书
中国城乡一体化发展报告（2015~2016）
著（编）者：汝信 付崇兰 2016年7月出版 / 估价：85.00元

城镇化蓝皮书
中国新型城镇化健康发展报告（2016）
著（编）者：张占斌 2016年5月出版 / 估价：79.00元

创新蓝皮书
创新型国家建设报告（2015~2016）
著（编）者：詹正茂 2016年11月出版 / 估价：69.00元

低碳发展蓝皮书
中国低碳发展报告（2015~2016）
著（编）者：齐晔 2016年3月出版 / 定价：98.00元

低碳经济蓝皮书
中国低碳经济发展报告（2016）
著（编）者：薛进军 赵忠秀 2016年6月出版 / 估价：85.00元

东北蓝皮书
中国东北地区发展报告（2016）
著（编）者：马克 黄文艺 2016年8月出版 / 估价：79.00元

发展与改革蓝皮书
中国经济发展和体制改革报告NO.7
著（编）者：邹东涛 王再文
2016年1月出版 / 估价：98.00元

工业化蓝皮书
中国工业化进程报告（2016）
著（编）者：黄群慧 吕铁 李晓华 等
2016年11月出版 / 估价：89.00元

管理蓝皮书
中国管理发展报告（2016）
著（编）者：张晓东 2016年9月出版 / 估价：98.00元

国际城市蓝皮书
国际城市发展报告（2016）
著（编）者：屠启宇 2016年2月出版 / 定价：79.00元

国家创新蓝皮书
中国创新发展报告（2016）
著（编）者：陈劲 2016年9月出版 / 估价：69.00元

金融蓝皮书
中国金融发展报告（2016）
著（编）者：李扬 王国刚 2015年12月出版 / 定价：79.00元

京津冀产业蓝皮书
京津冀产业协同发展报告（2016）
著（编）者：中智科博（北京）产业经济发展研究院
2016年6月出版 / 估价：69.00元

京津冀蓝皮书
京津冀发展报告（2016）
著（编）者：文魁 祝尔娟 2016年4月出版 / 估价：89.00元

经济蓝皮书
2016年中国经济形势分析与预测
著（编）者：李扬 2015年12月出版 / 定价：79.00元

经济蓝皮书·春季号
2016年中国经济前景分析
著（编）者：李扬 2016年5月出版 / 估价：79.00元

经济蓝皮书·夏季号
中国经济增长报告（2015~2016）
著（编）者：李扬 2016年8月出版 / 估价：99.00元

经济信息绿皮书
中国与世界经济发展报告（2016）
著（编）者：杜平 2015年12月出版 / 估价：89.00元

就业蓝皮书
2016年中国本科生就业报告
著（编）者：麦可思研究院 2016年6月出版 / 估价：98.00元

就业蓝皮书
2016年中国高职高专生就业报告
著（编）者：麦可思研究院 2016年6月出版 / 估价：98.00元

临空经济蓝皮书
中国临空经济发展报告（2016）
著（编）者：连玉明 2016年11月出版 / 估价：79.00元

民营经济蓝皮书
中国民营经济发展报告NO.12（2015~2016）
著（编）者：王钦敏 2016年5月出版 / 估价：75.00元

农村绿皮书
中国农村经济形势分析与预测（2015~2016）
著（编）者：中国社会科学院农村发展研究所
国家统计局农村社会经济调查司
2016年4月出版 / 估价：69.00元

农业应对气候变化蓝皮书
气候变化对中国农业影响评估报告NO.2
著（编）者：矫梅燕 2016年8月出版 / 估价：98.00元

企业公民蓝皮书
中国企业公民报告 NO.4
著(编)者：邹东涛　2016年5月出版 / 估价：79.00元

气候变化绿皮书
应对气候变化报告（2016）
著(编)者：王伟光　郑国光　2016年11月出版 / 估价：98.00元

区域蓝皮书
中国区域经济发展报告（2015～2016）
著(编)者：梁昊光　2016年5月出版 / 估价：79.00元

全球环境竞争力绿皮书
全球环境竞争力报告（2016）
著(编)者：李建平　李闽榕　王金南
2016年12月出版 / 估价：198.00元

人口与劳动绿皮书
中国人口与劳动问题报告 NO.17
著(编)者：蔡昉　张车伟　2016年11月出版 / 估价：69.00元

商务中心区蓝皮书
中国商务中心区发展报告 NO.2（2015）
著(编)者：魏后凯　单菁菁　2016年1月出版 / 定价：79.00元

世界经济黄皮书
2016年世界经济形势分析与预测
著(编)者：王洛林　张宇燕　2015年12月出版 / 定价：79.00元

世界旅游城市绿皮书
世界旅游城市发展报告（2015）
著(编)者：宋宇　2016年1月出版 / 定价：128.00元

西北蓝皮书
中国西北发展报告（2016）
著(编)者：孙发平　苏海红　鲁顺元
2016年3月出版 / 定价：79.00元

西部蓝皮书
中国西部发展报告（2016）
著(编)者：姚慧琴　徐璋勇　2016年7月出版 / 估价：89.00元

县域发展蓝皮书
中国县域经济增长能力评估报告（2016）
著(编)者：王力　2016年10月出版 / 估价：69.00元

新型城镇化蓝皮书
新型城镇化发展报告（2016）
著(编)者：李伟　宋敏　沈体雁　2016年11月出版 / 估价：98.00元

新兴经济体蓝皮书
金砖国家发展报告（2016）
著(编)者：林跃勤　周文　2016年7月出版 / 估价：79.00元

长三角蓝皮书
2016年全面深化改革中的长三角
著(编)者：张伟斌　2016年10月出版 / 估价：69.00元

中部竞争力蓝皮书
中国中部经济社会竞争力报告（2016）
著(编)者：教育部人文社会科学重点研究基地
　　　　南昌大学中国中部经济社会发展研究中心
2016年10月出版 / 估价：79.00元

中部蓝皮书
中国中部地区发展报告（2016）
著(编)者：宋亚平　2016年12月出版 / 估价：78.00元

中国省域竞争力蓝皮书
中国省域经济综合竞争力发展报告（2014～2015）
著(编)者：李建平　李闽榕　高燕京
2016年2月出版 / 定价：198.00元

中三角蓝皮书
长江中游城市群发展报告（2016）
著(编)者：秦尊文　2016年10月出版 / 估价：69.00元

中小城市绿皮书
中国中小城市发展报告（2016）
著(编)者：中国城市经济学会中小城市经济发展委员会
　　　　中国城镇化促进会中小城市发展委员会
　　　　《中国中小城市发展报告》编纂委员会
　　　　中小城市发展战略研究院
2016年10月出版 / 估价：98.00元

中原蓝皮书
中原经济区发展报告（2016）
著(编)者：李英杰　2016年6月出版 / 估价：88.00元

自贸区蓝皮书
中国自贸区发展报告（2016）
著(编)者：王力　王吉培　2016年10月出版 / 估价：69.00元

社会政法类

北京蓝皮书
中国社区发展报告（2016）
著(编)者：于燕燕　2017年2月出版 / 估价：79.00元

殡葬绿皮书
中国殡葬事业发展报告（2016）
著(编)者：李伯森　2016年5月出版 / 估价：158.00元

城市管理蓝皮书
中国城市管理报告（2016）
著(编)者：谭维克　刘林　2017年2月出版 / 估价：118.00元

城市生活质量蓝皮书
中国城市生活质量报告（2016）
著(编)者：张连城　张平　杨春学　郎丽华
2016年7月出版 / 估价：89.00元

城市政府能力蓝皮书
中国城市政府公共服务能力评估报告（2016）
著(编)者：何艳玲　2016年7月出版 / 估价：69.00元

创新蓝皮书
中国创业环境发展报告（2016）
著(编)者：姚凯　曹祎遐　2016年5月出版 / 估价：69.00元

皮书系列 2016全品种
社会政法类

慈善蓝皮书
中国慈善发展报告（2016）
著（编）者：杨团　2016年6月出版 / 估价：79.00元

地方法治蓝皮书
中国地方法治发展报告 NO.2（2016）
著（编）者：李林　田禾　2016年3月出版 / 定价：108.00元

党建蓝皮书
党的建设研究报告 NO.1（2016）
著（编）者：崔建民　陈东平　2016年1月出版 / 定价：89.00元

法治蓝皮书
中国法治发展报告 NO.14（2016）
著（编）者：李林　田禾　2016年3月出版 / 定价：118.00元

反腐倡廉蓝皮书
中国反腐倡廉建设报告 NO.6
著（编）者：李秋芳　张英伟　2017年1月出版 / 估价：79.00元

非传统安全蓝皮书
中国非传统安全研究报告（2015～2016）
著（编）者：余潇枫　魏志江　2016年5月出版 / 估价：79.00元

妇女发展蓝皮书
中国妇女发展报告 NO.6
著（编）者：王金玲　2016年9月出版 / 估价：148.00元

妇女教育蓝皮书
中国妇女教育发展报告 NO.3
著（编）者：张李玺　2016年10月出版 / 估价：78.00元

妇女绿皮书
中国性别平等与妇女发展报告（2016）
著（编）者：谭琳　2016年12月出版 / 估价：99.00元

公共服务蓝皮书
中国城市基本公共服务力评价（2016）
著（编）者：钟君　吴正杲　2016年12月出版 / 估价：79.00元

公共管理蓝皮书
中国公共管理发展报告（2016）
著（编）者：贡森　李国强　杨维富
2016年4月出版 / 估价：69.00元

公共外交蓝皮书
中国公共外交发展报告（2016）
著（编）者：赵启正　雷蔚真　2016年5月出版 / 估价：89.00元

公民科学素质蓝皮书
中国公民科学素质报告（2015～2016）
著（编）者：李群　陈雄　马宗文　2016年1月出版 / 估价：89.00元

公益蓝皮书
中国公益发展报告（2016）
著（编）者：朱健刚　2016年5月出版 / 估价：78.00元

国际人才蓝皮书
海外华侨华人专业人士报告（2016）
著（编）者：王辉耀　苗绿　2016年8月出版 / 估价：69.00元

国际人才蓝皮书
中国国际移民报告（2016）
著（编）者：王辉耀　2016年5月出版 / 估价：79.00元

国际人才蓝皮书
中国海归发展报告（2016）NO.3
著（编）者：王辉耀　苗绿　2016年10月出版 / 估价：69.00元

国际人才蓝皮书
中国留学发展报告（2016）NO.5
著（编）者：王辉耀　苗绿　2016年10月出版 / 估价：79.00元

国家公园蓝皮书
中国国家公园体制建设报告（2016）
著（编）者：苏杨　张玉钧　石金莲　刘锋　等
2016年10月出版 / 估价：69.00元

海洋社会蓝皮书
中国海洋社会发展报告（2016）
著（编）者：崔凤　宋宁而　2016年7月出版 / 估价：89.00元

行政改革蓝皮书
中国行政体制改革报告（2016）NO.5
著（编）者：魏礼群　2016年4月出版 / 估价：98.00元

华侨华人蓝皮书
华侨华人研究报告（2016）
著（编）者：贾益民　2016年12月出版 / 估价：98.00元

环境竞争力绿皮书
中国省域环境竞争力发展报告（2016）
著（编）者：李建平　李闽榕　王金南
2016年11月出版 / 估价：198.00元

环境绿皮书
中国环境发展报告（2016）
著（编）者：刘鉴强　2016年5月出版 / 估价：79.00元

基金会蓝皮书
中国基金会发展报告（2015~2016）
著（编）者：中国基金会发展报告课题组　2016年4月出版 / 定价：75.00元

基金会绿皮书
中国基金会发展独立研究报告（2016）
著（编）者：基金会中心网　中央民族大学基金会研究中心
2016年6月出版 / 估价：88.00元

基金会透明度蓝皮书
中国基金会透明度发展研究报告（2016）
著（编）者：基金会中心网　清华大学廉政与治理研究中心
2016年9月出版 / 估价：85.00元

教师蓝皮书
中国中小学教师发展报告（2016）
著（编）者：曾晓东　鱼霞　2016年6月出版 / 估价：69.00元

教育蓝皮书
中国教育发展报告（2016）
著（编）者：杨东平　2016年4月出版 / 定价：79.00元

科普蓝皮书
中国科普基础设施发展报告（2015）
著（编）者：郑念　任嵘嵘　2016年4月出版 / 定价：98.00元

社会政法类 — 皮书系列 2016全品种

科学教育蓝皮书
中国科学教育发展报告（2016）
著（编）者：罗晖 王康友　2016年10月出版 / 估价：79.00元

劳动保障蓝皮书
中国劳动保障发展报告（2016）
著（编）者：刘燕斌　2016年8月出版 / 估价：158.00元

老龄蓝皮书
中国老年宜居环境发展报告（2015）
著（编）者：党俊武　周燕珉　2016年1月出版 / 定价：79.00元

连片特困区蓝皮书
中国连片特困区发展报告（2016）
著（编）者：游俊 冷志明 丁建军
2016年5月出版 / 估价：98.00元

民间组织蓝皮书
中国民间组织报告（2016）
著（编）者：黄晓勇　2016年12月出版 / 估价：79.00元

民调蓝皮书
中国民生调查报告（2016）
著（编）者：谢耘耕　2016年5月出版 / 估价：128.00元

民族发展蓝皮书
中国民族发展报告（2016）
著（编）者：郝时远 王延中 王希恩
2016年4月出版 / 估价：98.00元

女性生活蓝皮书
中国女性生活状况报告 NO.10（2016）
著（编）者：韩湘景　2016年4月出版 / 估价：79.00元

汽车社会蓝皮书
中国汽车社会发展报告（2016）
著（编）者：王俊秀　2016年5月出版 / 估价：69.00元

青年蓝皮书
中国青年发展报告（2016）NO.4
著（编）者：廉思 等　2016年4月出版 / 估价：69.00元

青少年蓝皮书
中国未成年人互联网运用报告（2016）
著（编）者：李文革 沈杰 季为民
2016年11月出版 / 估价：89.00元

青少年体育蓝皮书
中国青少年体育发展报告（2016）
著（编）者：郭建军 杨桦　2016年9月出版 / 估价：69.00元

区域人才蓝皮书
中国区域人才竞争力报告 NO.2
著（编）者：桂昭明 王辉耀
2016年6月出版 / 估价：69.00元

群众体育蓝皮书
中国群众体育发展报告（2016）
著（编）者：刘国永 杨桦　2016年10月出版 / 估价：69.00元

群众体育蓝皮书
中国社会体育指导员发展报告（1994~2014）
著（编）者：刘国永 王欢　2016年4月出版 / 定价：78.00元

人才蓝皮书
中国人才发展报告（2016）
著（编）者：潘晨光　2016年9月出版 / 估价：85.00元

人权蓝皮书
中国人权事业发展报告 NO.6（2016）
著（编）者：李君如　2016年9月出版 / 估价：128.00元

社会保障绿皮书
中国社会保障发展报告（2016）NO.8
著（编）者：王延中　2016年4月出版 / 估价：99.00元

社会工作蓝皮书
中国社会工作发展报告（2016）
著（编）者：民政部社会工作研究中心
2016年8月出版 / 估价：79.00元

社会管理蓝皮书
中国社会管理创新报告 NO.4
著（编）者：连玉明　2016年11月出版 / 估价：89.00元

社会蓝皮书
2016年中国社会形势分析与预测
著（编）者：李培林 陈光金 张翼
2015年12月出版 / 定价：79.00元

社会体制蓝皮书
中国社会体制改革报告（2016）NO.4
著（编）者：龚维斌　2016年4月出版 / 估价：79.00元

社会心态蓝皮书
中国社会心态研究报告（2016）
著（编）者：王俊秀 杨宜音　2016年10月出版 / 估价：69.00元

社会责任管理蓝皮书
中国企业公众透明度报告（2015~2016）NO.2
著（编）者：黄速建 熊梦 肖红军　2016年1月出版 / 定价：98.00元

社会组织蓝皮书
中国社会组织评估发展报告（2016）
著（编）者：徐家良 廖鸿　2016年12月出版 / 估价：69.00元

生态城市绿皮书
中国生态城市建设发展报告（2016）
著（编）者：刘举科 孙伟平 胡文臻
2016年9月出版 / 估价：148.00元

生态文明绿皮书
中国省域生态文明建设评价报告（ECI 2016）
著（编）者：严耕　2016年12月出版 / 估价：85.00元

世界社会主义黄皮书
世界社会主义跟踪研究报告（2015～2016）
著（编）者：李慎明　2016年3月出版 / 定价：248.00元

水与发展蓝皮书
中国水风险评估报告（2016）
著（编）者：王浩　2016年9月出版 / 估价：69.00元

体育蓝皮书
长三角地区体育产业发展报告（2016）
著（编）者：张林　2016年4月出版 / 估价：79.00元

皮书系列 2016全品种 — 社会政法类·行业报告类

体育蓝皮书
中国公共体育服务发展报告（2016）
著(编)者：戴健　2016年12月出版 / 估价:79.00元

土地整治蓝皮书
中国土地整治发展研究报告 NO.3
著(编)者：国土资源部土地整治中心
2016年5月出版 / 估价:89.00元

土地政策蓝皮书
中国土地政策发展报告（2016）
著(编)者：高延利　李宪文　2015年12月出版 / 定价:89.00元

危机管理蓝皮书
中国危机管理报告（2016）
著(编)者：文学国　范正青　2016年8月出版 / 估价:89.00元

形象危机应对蓝皮书
形象危机应对研究报告（2016）
著(编)者：唐钧　2016年6月出版 / 估价:149.00元

医改蓝皮书
中国医药卫生体制改革报告（2016）
著(编)者：文学国　房志武　2016年11月出版 / 估价:98.00元

医疗卫生绿皮书
中国医疗卫生发展报告 NO.7（2016）
著(编)者：申宝忠　韩玉珍　2016年4月出版 / 估价:75.00元

政治参与蓝皮书
中国政治参与报告（2016）
著(编)者：房宁　2016年7月出版 / 估价:108.00元

政治发展蓝皮书
中国政治发展报告（2016）
著(编)者：房宁　杨海蛟　2016年5月出版 / 估价:88.00元

智慧社区蓝皮书
中国智慧社区发展报告（2016）
著(编)者：罗昌智　张辉德　2016年7月出版 / 估价:69.00元

中国农村妇女发展蓝皮书
农村流动女性城市生活发展报告（2016）
著(编)者：谢丽华　2016年12月出版 / 估价:79.00元

宗教蓝皮书
中国宗教报告（2016）
著(编)者：邱永辉　2016年5月出版 / 估价:79.00元

行业报告类

保健蓝皮书
中国保健服务产业发展报告 NO.2
著(编)者：中国保健协会　中共中央党校
2016年7月出版 / 估价:198.00元

保健蓝皮书
中国保健食品产业发展报告 NO.2
著(编)者：中国保健协会
　　　　中国社会科学院食品药品产业发展与监管研究中心
2016年7月出版 / 估价:198.00元

保健蓝皮书
中国保健用品产业发展报告 NO.2
著(编)者：中国保健协会
　　　　国务院国有资产监督管理委员会研究中心
2016年5月出版 / 估价:198.00元

保险蓝皮书
中国保险业创新发展报告（2016）
著(编)者：项俊波　2016年12月出版 / 估价:69.00元

保险蓝皮书
中国保险业竞争力报告（2016）
著(编)者：项俊波　2016年12月出版 / 估价:99.00元

采供血蓝皮书
中国采供血管理报告（2016）
著(编)者：朱永明　耿鸿武　2016年8月出版 / 估价:69.00元

彩票蓝皮书
中国彩票发展报告（2016）
著(编)者：益彩基金　2016年4月出版 / 估价:98.00元

餐饮产业蓝皮书
中国餐饮产业发展报告（2016）
著(编)者：邢颖　2016年4月出版 / 估价:69.00元

测绘地理信息蓝皮书
测绘地理信息转型升级研究报告（2016）
著(编)者：库热西·买合苏提　2016年12月出版 / 估价:98.00元

茶业蓝皮书
中国茶产业发展报告（2016）
著(编)者：杨江帆　李闽榕　2016年10月出版 / 估价:78.00元

产权市场蓝皮书
中国产权市场发展报告（2015～2016）
著(编)者：曹和平　2016年5月出版 / 估价:89.00元

产业安全蓝皮书
中国出版传媒产业安全报告（2015~2016）
著(编)者：北京印刷学院文化产业安全研究院
2016年3月出版 / 定价:79.00元

产业安全蓝皮书
中国文化产业安全报告（2016）
著(编)者：北京印刷学院文化产业安全研究院
2016年4月出版 / 估价:89.00元

行业报告类 皮书系列 2016全品种

产业安全蓝皮书
中国新媒体产业安全报告（2016）
著(编)者：北京印刷学院文化产业安全研究院
2016年5月出版 / 估价:69.00元

大数据蓝皮书
网络空间和大数据发展报告（2016）
著(编)者：杜平 2016年5月出版 / 估价:69.00元

电子商务蓝皮书
中国电子商务服务业发展报告NO.3
著(编)者：荆林波 梁春晓 2016年5月出版 / 估价:69.00元

电子政务蓝皮书
中国电子政务发展报告（2016）
著(编)者：洪毅 杜平 2016年11月出版 / 估价:79.00元

杜仲产业绿皮书
中国杜仲橡胶资源与产业发展报告（2016）
著(编)者：杜红岩 胡文臻 俞锐
2016年5月出版 / 估价:85.00元

房地产蓝皮书
中国房地产发展报告NO.13（2016）
著(编)者：魏后凯 李景国 2016年5月出版 / 估价:79.00元

服务外包蓝皮书
中国服务外包产业发展报告（2016）
著(编)者：王晓红 刘德军
2016年6月出版 / 估价:89.00元

服务外包蓝皮书
中国服务外包竞争力报告（2016）
著(编)者：王力 刘春生 黄育华
2016年11月出版 / 估价:85.00元

工业和信息化蓝皮书
世界网络安全发展报告（2016）
著(编)者：洪京一 2016年4月出版 / 估价:69.00元

工业和信息化蓝皮书
世界信息化发展报告（2016）
著(编)者：洪京一 2016年4月出版 / 估价:69.00元

工业和信息化蓝皮书
世界信息技术产业发展报告（2016）
著(编)者：洪京一 2016年4月出版 / 估价:79.00元

工业和信息化蓝皮书
世界制造业发展报告（2016）
著(编)者：洪京一 2016年4月出版 / 估价:69.00元

工业和信息化蓝皮书
移动互联网产业发展报告（2016）
著(编)者：洪京一 2016年4月出版 / 估价:79.00元

工业设计蓝皮书
中国工业设计发展报告（2016）
著(编)者：王晓红 于炜 张立群
2016年9月出版 / 估价:138.00元

黄金市场蓝皮书
中国商业银行黄金业务发展报告（2015~2016）
著(编)者：平安银行 2016年3月出版 / 定价:98.00元

互联网金融蓝皮书
中国互联网金融发展报告（2016）
著(编)者：李东荣 2016年8月出版 / 估价:79.00元

会展蓝皮书
中外会展业动态评估年度报告（2016）
著(编)者：张敏 2016年5月出版 / 估价:78.00元

节能汽车蓝皮书
中国节能汽车产业发展报告（2016）
著(编)者：中国汽车工程研究院股份有限公司
2016年12月出版 / 估价:69.00元

金融监管蓝皮书
中国金融监管报告（2016）
著(编)者：胡滨 2016年4月出版 / 估价:89.00元

金融蓝皮书
中国金融中心发展报告（2016）
著(编)者：王力 黄育华 2017年11月出版 / 估价:75.00元

金融蓝皮书
中国商业银行竞争力报告（2016）
著(编)者：王松奇 2016年5月出版 / 估价:69.00元

经济林产业绿皮书
中国经济林产业发展报告（2016）
著(编)者：李芳东 胡文臻 乌云塔娜 杜红岩
2016年12月出版 / 估价:69.00元

客车蓝皮书
中国客车产业发展报告（2016）
著(编)者：姚蔚 2016年5月出版 / 估价:85.00元

老龄蓝皮书
中国老龄产业发展报告（2016）
著(编)者：吴玉韶 党俊武 2016年9月出版 / 估价:79.00元

流通蓝皮书
中国商业发展报告（2016）
著(编)者：荆林波 2016年5月出版 / 估价:89.00元

旅游安全蓝皮书
中国旅游安全报告（2016）
著(编)者：郑向敏 谢朝武 2016年5月出版 / 估价:128.00元

旅游绿皮书
2015~2016年中国旅游发展分析与预测
著(编)者：宋瑞 2016年4月出版 / 定价:89.00元

煤炭蓝皮书
中国煤炭工业发展报告（2016）
著(编)者：岳福斌 2016年12月出版 / 估价:79.00元

皮书系列 2016全品种
行业报告类

民营企业社会责任蓝皮书
中国民营企业社会责任年度报告（2016）
著(编)者：中华全国工商业联合会
2016年7月出版 / 估价：69.00元

民营医院蓝皮书
中国民营医院发展报告（2016）
著(编)者：庄一强　　2016年10月出版 / 估价：75.00元

能源蓝皮书
中国能源发展报告（2016）
著(编)者：崔民选 王军生 陈义和
2016年8月出版 / 估价：79.00元

农产品流通蓝皮书
中国农产品流通产业发展报告（2016）
著(编)者：贾敬敦 张东科 张玉玺 张鹏毅 周伟
2016年5月出版 / 估价：89.00元

期货蓝皮书
中国期货市场发展报告(2016)
著(编)者：李群 王在荣　　2016年11月出版 / 估价：69.00元

企业公益蓝皮书
中国企业公益研究报告（2016）
著(编)者：钟宏武 汪杰 顾一 黄晓娟 等
2016年12月出版 / 估价：69.00元

企业公众透明度蓝皮书
中国企业公众透明度报告 (2016) NO.2
著(编)者：黄速建 王晓光 肖红军
2016年5月出版 / 估价：98.00元

企业国际化蓝皮书
中国企业国际化报告（2016）
著(编)者：王辉耀　　2016年11月出版 / 估价：98.00元

企业蓝皮书
中国企业绿色发展报告 NO.2（2016）
著(编)者：李红玉 朱光辉　　2016年8月出版 / 估价：79.00元

企业社会责任蓝皮书
中国企业社会责任研究报告（2016）
著(编)者：黄群慧 钟宏武 张蒽 等
2016年11月出版 / 估价：79.00元

企业社会责任能力蓝皮书
中国上市公司社会责任能力成熟度报告（2016）
著(编)者：肖红军 王晓光 李伟阳
2016年11月出版 / 估价：69.00元

汽车安全蓝皮书
中国汽车安全发展报告（2016）
著(编)者：中国汽车技术研究中心
2016年7月出版 / 估价：89.00元

汽车电子商务蓝皮书
中国汽车电子商务发展报告（2016）
著(编)者：中华全国工商业联合会汽车经销商商会
　　　　　北京易观智库网络科技有限公司
2016年5月出版 / 估价：128.00元

汽车工业蓝皮书
中国汽车工业发展年度报告（2016）
著(编)者：中国汽车工业协会 中国汽车技术研究中心
　　　　　丰田汽车（中国）投资有限公司
2016年4月出版 / 估价：128.00元

汽车蓝皮书
中国汽车产业发展报告（2016）
著(编)者：国务院发展研究中心产业经济研究部
　　　　　中国汽车工程学会 大众汽车集团（中国）
2016年8月出版 / 估价：158.00元

清洁能源蓝皮书
国际清洁能源发展报告（2016）
著(编)者：苏树辉 袁国林 李玉斋
2016年11月出版 / 估价：99.00元

人力资源蓝皮书
中国人力资源发展报告（2016）
著(编)者：余兴安　　2016年12月出版 / 估价：79.00元

融资租赁蓝皮书
中国融资租赁业发展报告（2015～2016）
著(编)者：李光荣 王力　　2016年5月出版 / 估价：89.00元

软件和信息服务业蓝皮书
中国软件和信息服务业发展报告（2016）
著(编)者：洪京一　　2016年12月出版 / 估价：198.00元

商会蓝皮书
中国商会发展报告NO.5（2016）
著(编)者：王钦敏　　2016年7月出版 / 估价：89.00元

上市公司蓝皮书
中国上市公司社会责任信息披露报告（2016）
著(编)者：张旺 张杨　　2016年11月出版 / 估价：69.00元

上市公司蓝皮书
中国上市公司质量评价报告（2015～2016）
著(编)者：张跃文 王力　　2016年11月出版 / 估价:118.00元

设计产业蓝皮书
中国设计产业发展报告（2016）
著(编)者：陈冬亮 梁昊光　　2016年5月出版 / 估价：89.00元

食品药品蓝皮书
食品药品安全与监管政策研究报告（2016）
著(编)者：唐民皓　　2016年7月出版 / 估价：69.00元

世界能源蓝皮书
世界能源发展报告（2016）
著(编)者：黄晓勇　　2016年6月出版 / 估价：99.00元

水利风景区蓝皮书
中国水利风景区发展报告（2016）
著(编)者：兰思仁　　2016年8月出版 / 估价：69.00元

私募市场蓝皮书
中国私募股权市场发展报告（2016）
著(编)者：曹和平　　2016年12月出版 / 估价：79.00元

行业报告类

皮书系列 2016全品种

碳市场蓝皮书
中国碳市场报告（2016）
著（编）者：宁金彪　2016年11月出版 / 估价：69.00元

体育蓝皮书
中国体育产业发展报告（2016）
著（编）者：阮伟 钟秉枢　2016年7月出版 / 估价：69.00元

土地市场蓝皮书
中国农村土地市场发展报告（2015~2016）
著（编）者：李光荣　2016年3月出版 / 定价：79.00元

网络空间安全蓝皮书
中国网络空间安全发展报告（2016）
著（编）者：惠志斌 唐涛　2016年4月出版 / 估价：79.00元

物联网蓝皮书
中国物联网发展报告（2016）
著（编）者：黄桂田 龚六堂 张全升
2016年5月出版 / 估价：69.00元

西部工业蓝皮书
中国西部工业发展报告（2016）
著（编）者：方行明 甘犁 刘方健 姜凌 等
2016年9月出版 / 估价：79.00元

西部金融蓝皮书
中国西部金融发展报告（2016）
著（编）者：李忠民　2016年8月出版 / 估价：75.00元

协会商会蓝皮书
中国行业协会商会发展报告（2016）
著（编）者：景朝阳 李勇　2016年4月出版 / 估价：99.00元

新能源汽车蓝皮书
中国新能源汽车产业发展报告（2016）
著（编）者：中国汽车技术研究中心
　　　　日产（中国）投资有限公司 东风汽车有限公司
2016年8月出版 / 估价：89.00元

新三板蓝皮书
中国新三板市场发展报告（2016）
著（编）者：王力　2016年6月出版 / 估价：69.00元

信托市场蓝皮书
中国信托业市场报告（2015～2016）
著（编）者：用益信托工作室
2016年1月出版 / 定价：198.00元

信息安全蓝皮书
中国信息安全发展报告（2016）
著（编）者：张晓东　2016年5月出版 / 估价：69.00元

信息化蓝皮书
中国信息化形势分析与预测（2016）
著（编）者：周宏仁　2016年8月出版 / 估价：98.00元

信用蓝皮书
中国信用发展报告（2016）
著（编）者：章政 田侃　2016年4月出版 / 估价：99.00元

休闲绿皮书
2016年中国休闲发展报告
著（编）者：宋瑞　2016年10月出版 / 估价：79.00元

药品流通蓝皮书
中国药品流通行业发展报告（2016）
著（编）者：佘鲁林 温再兴
2016年8月出版 / 估价：158.00元

医院蓝皮书
中国医院竞争力报告（2016）
著（编）者：庄一强 曾益新　2016年3月出版 / 定价：128.00元

医药蓝皮书
中国中医药产业园战略发展报告（2016）
著（编）者：裴长洪 房书亭 吴滌心
2016年5月出版 / 估价：89.00元

邮轮绿皮书
中国邮轮产业发展报告（2016）
著（编）者：汪泓　2016年10月出版 / 估价：79.00元

智能养老蓝皮书
中国智能养老产业发展报告（2016）
著（编）者：朱勇　2016年10月出版 / 估价：89.00元

中国SUV蓝皮书
中国SUV产业发展报告（2016）
著（编）者：靳军　2016年12月出版 / 估价：69.00元

中国金融行业蓝皮书
中国债券市场发展报告（2016）
著（编）者：谢多　2016年7月出版 / 估价：69.00元

中国上市公司蓝皮书
中国上市公司发展报告（2016）
著（编）者：中国社会科学院上市公司研究中心
2016年9月出版 / 估价：98.00元

中国游戏蓝皮书
中国游戏产业发展报告（2016）
著（编）者：孙立军 刘跃军 牛兴侦
2016年5月出版 / 估价：69.00元

中国总部经济蓝皮书
中国总部经济发展报告（2015～2016）
著（编）者：赵弘　2016年9月出版 / 估价：79.00元

资本市场蓝皮书
中国场外交易市场发展报告（2014~2015）
著（编）者：高峦　2016年3月出版 / 定价：79.00元

资产管理蓝皮书
中国资产管理行业发展报告（2016）
著（编）者：智信资产管理研究院
2016年6月出版 / 估价：89.00元

文化传媒类

传媒竞争力蓝皮书
中国传媒国际竞争力研究报告（2016）
著（编）者：李本乾 刘强
2016年11月出版 / 估价:148.00元

传媒蓝皮书
中国传媒产业发展报告（2016）
著（编）者：崔保国 2016年5月出版 / 估价:98.00元

传媒投资蓝皮书
中国传媒投资发展报告（2016）
著（编）者：张向东 谭云明
2016年6月出版 / 估价:128.00元

动漫蓝皮书
中国动漫产业发展报告（2016）
著（编）者：卢斌 郑玉明 牛兴侦
2016年7月出版 / 估价:79.00元

非物质文化遗产蓝皮书
中国非物质文化遗产发展报告（2016）
著（编）者：陈平 2016年5月出版 / 估价:98.00元

广电蓝皮书
中国广播电影电视发展报告（2016）
著（编）者：国家新闻出版广电总局发展研究中心
2016年7月出版 / 估价:98.00元

广告主蓝皮书
中国广告主营销传播趋势报告 NO.9
著（编）者：黄升民 杜国清 邵华冬 等
2016年10月出版 / 估价:148.00元

国际传播蓝皮书
中国国际传播发展报告（2016）
著（编）者：胡正荣 李继东 姬德强
2016年11月出版 / 估价:89.00元

纪录片蓝皮书
中国纪录片发展报告（2016）
著（编）者：何苏六 2016年10月出版 / 估价:79.00元

科学传播蓝皮书
中国科学传播报告（2016）
著（编）者：詹正茂 2016年7月出版 / 估价:69.00元

两岸创意经济蓝皮书
两岸创意经济研究报告（2016）
著（编）者：罗昌智 董泽平 2016年12月出版 / 估价:98.00元

两岸文化蓝皮书
两岸文化产业合作发展报告（2016）
著（编）者：胡惠林 李保宗 2016年7月出版 / 估价:79.00元

媒介与女性蓝皮书
中国媒介与女性发展报告(2015~2016)
著（编）者：刘利群 2016年8月出版 / 估价:118.00元

媒体融合蓝皮书
中国媒体融合发展报告（2016）
著（编）者：梅宁华 宋建武 2016年7月出版 / 估价:79.00元

全球传媒蓝皮书
全球传媒发展报告（2016）
著（编）者：胡正荣 李继东 唐晓芬
2016年12月出版 / 估价:79.00元

少数民族非遗蓝皮书
中国少数民族非物质文化遗产发展报告（2016）
著（编）者：肖远平（彝） 柴立（满）
2016年6月出版 / 估价:128.00元

视听新媒体蓝皮书
中国视听新媒体发展报告（2016）
著（编）者：国家新闻出版广电总局发展研究中心
2016年7月出版 / 估价:98.00元

文化创新蓝皮书
中国文化创新报告（2016）NO.7
著（编）者：于平 傅才武 2016年7月出版 / 估价:98.00元

文化建设蓝皮书
中国文化发展报告（2016）
著（编）者：江畅 孙伟平 戴茂堂
2016年4月出版 / 估价:108.00元

文化科技蓝皮书
文化科技创新发展报告（2016）
著（编）者：于平 李凤亮 2016年10月出版 / 估价:89.00元

文化蓝皮书
中国公共文化服务发展报告（2016）
著（编）者：刘新成 张永新 张旭 2016年10月出版 / 估价:98.00元

文化蓝皮书
中国公共文化投入增长测评报告（2016）
著（编）者：王亚南 2016年4月出版 / 定价:79.00元

文化蓝皮书
中国少数民族文化发展报告（2016）
著（编）者：武翠英 张晓明 任乌晶
2016年9月出版 / 估价:69.00元

文化蓝皮书
中国文化产业发展报告（2015~2016）
著（编）者：张晓明 王家新 章建刚
2016年2月出版 / 定价:79.00元

文化蓝皮书
中国文化产业供需协调检测报告（2016）
著（编）者：王亚南 2016年5月出版 / 估价:79.00元

文化蓝皮书
中国文化消费需求景气评价报告（2016）
著（编）者：王亚南 2016年5月出版 / 估价:79.00元

文化传媒类·地方发展类

皮书系列 2016全品种

文化品牌蓝皮书
中国文化品牌发展报告（2016）
著(编)者：欧阳友权　2016年4月出版／估价：89.00元

文化遗产蓝皮书
中国文化遗产事业发展报告（2016）
著(编)者：刘世锦　2016年5月出版／估价：89.00元

文学蓝皮书
中国文情报告（2015～2016）
著(编)者：白烨　2016年5月出版／估价：69.00元

新媒体蓝皮书
中国新媒体发展报告NO.7（2016）
著(编)者：唐绪军　2016年7月出版／估价：79.00元

新媒体社会责任蓝皮书
中国新媒体社会责任研究报告（2016）
著(编)者：钟瑛　2016年10月出版／估价：79.00元

移动互联网蓝皮书
中国移动互联网发展报告（2016）
著(编)者：官建文　2016年6月出版／估价：79.00元

舆情蓝皮书
中国社会舆情与危机管理报告（2016）
著(编)者：谢耘耕　2016年8月出版／估价：98.00元

地方发展类

安徽经济蓝皮书
芜湖创新型城市发展报告（2016）
著(编)者：张志宏　2016年4月出版／估价：69.00元

安徽蓝皮书
安徽社会发展报告（2016）
著(编)者：程桦　2016年4月出版／估价：89.00元

安徽社会建设蓝皮书
安徽社会建设分析报告（2015～2016）
著(编)者：黄家海　王开玉　蔡宪
2016年4月出版／估价：89.00元

澳门蓝皮书
澳门经济社会发展报告（2015～2016）
著(编)者：吴志良　郝雨凡　2016年5月出版／估价：79.00元

北京蓝皮书
北京公共服务发展报告（2015～2016）
著(编)者：施昌奎　2016年2月出版／定价：79.00元

北京蓝皮书
北京经济发展报告（2015～2016）
著(编)者：杨松　2016年6月出版／估价：79.00元

北京蓝皮书
北京社会发展报告（2015～2016）
著(编)者：李伟东　2016年7月出版／估价：79.00元

北京蓝皮书
北京社会治理发展报告（2015～2016）
著(编)者：殷星辰　2016年6月出版／估价：79.00元

北京蓝皮书
北京文化发展报告（2015～2016）
著(编)者：李建盛　2016年4月出版／定价：79.00元

北京旅游绿皮书
北京旅游发展报告（2016）
著(编)者：北京旅游学会　2016年7月出版／估价：88.00元

北京人才蓝皮书
北京人才发展报告（2016）
著(编)者：于淼　2016年12月出版／估价：128.00元

北京社会心态蓝皮书
北京社会心态分析报告（2015～2016）
著(编)者：北京社会心理研究所
2016年8月出版／估价：79.00元

北京社会组织管理蓝皮书
北京社会组织发展与管理（2015～2016）
著(编)者：黄江松　2016年4月出版／估价：78.00元

北京体育蓝皮书
北京体育产业发展报告（2016）
著(编)者：钟秉枢　陈杰　杨铁黎
2016年10月出版／估价：79.00元

北京养老产业蓝皮书
北京养老产业发展报告（2016）
著(编)者：周明明　冯喜良　2016年4月出版／估价：69.00元

滨海金融蓝皮书
滨海新区金融发展报告（2016）
著(编)者：王爱俭　张锐钢　2016年9月出版／估价：79.00元

城乡一体化蓝皮书
中国城乡一体化发展报告·北京卷（2015～2016）
著(编)者：张宝秀　黄序　2016年5月出版／估价：79.00元

创意城市蓝皮书
北京文化创意产业发展报告（2016）
著(编)者：张京成　王国华　2016年12月出版／估价：69.00元

创意城市蓝皮书
青岛文化创意产业发展报告（2016）
著(编)者：马达　张丹妮　2016年6月出版／估价：79.00元

创意城市蓝皮书
青岛文化创意产业发展报告（2016）
著(编)者：马达　张丹妮　2016年6月出版／估价：79.00元

皮书系列 2016全品种 — 地方发展类

创意城市蓝皮书
台北文化创意产业发展报告（2016）
著（编）者：陈耀竹 邱琪瑄　2016年11月出版／估价：89.00元

创意城市蓝皮书
无锡文化创意产业发展报告（2016）
著（编）者：谭军 张鸣年　2016年10月出版／估价：79.00元

创意城市蓝皮书
武汉文化创意产业发展报告（2016）
著（编）者：黄永林 陈汉桥　2016年12月出版／估价：89.00元

创意城市蓝皮书
重庆创意产业发展报告（2016）
著（编）者：程宇宁　2016年4月出版／估价：89.00元

地方法治蓝皮书
南宁法治发展报告（2016）
著（编）者：杨维超　2016年12月出版／估价：69.00元

福建妇女发展蓝皮书
福建省妇女发展报告（2016）
著（编）者：刘群英　2016年11月出版／估价：88.00元

福建自由贸易区蓝皮书
中国（福建）自由贸易区实验区发展报告（2015~2016）
著（编）者：黄茂兴　2016年4月出版／定价：108.00元

甘肃蓝皮书
甘肃经济发展分析与预测（2016）
著（编）者：朱智文 罗哲　2016年1月出版／定价：79.00元

甘肃蓝皮书
甘肃社会发展分析与预测（2016）
著（编）者：安文华 包晓霞 谢增虎　2016年1月出版／定价：79.00元

甘肃蓝皮书
甘肃文化发展分析与预测（2016）
著（编）者：安文华 周小华　2016年1月出版／定价：79.00元

甘肃蓝皮书
甘肃县域和农村发展报告（2016）
著（编）者：刘进军 柳民 王建兵
2016年1月出版／定价：79.00元

甘肃蓝皮书
甘肃舆情分析与预测（2016）
著（编）者：陈双梅 张谦元　2016年1月出版／定价：79.00元

甘肃蓝皮书
甘肃商贸流通发展报告（2016）
著（编）者：杨志武 王福生 王晓芳
2016年1月出版／定价：79.00元

广东蓝皮书
广东全面深化改革发展报告（2016）
著（编）者：周林生 涂成林　2016年11月出版／估价：69.00元

广东蓝皮书
广东社会工作发展报告（2016）
著（编）者：罗观翠　2016年6月出版／估价：89.00元

广东蓝皮书
广东省电子商务发展报告（2016）
著（编）者：程晓 邓顺国　2016年7月出版／估价：79.00元

广东社会建设蓝皮书
广东省社会建设发展报告（2016）
著（编）者：广东省社会工作委员会
2016年12月出版／估价：99.00元

广东外经贸蓝皮书
广东对外经济贸易发展研究报告（2015~2016）
著（编）者：陈万灵　2016年5月出版／估价：89.00元

广西北部湾经济区蓝皮书
广西北部湾经济区开放开发报告（2016）
著（编）者：广西北部湾经济区规划建设管理委员会办公室
　　　　　广西社会科学院 广西北部湾发展研究院
2016年10月出版／估价：79.00元

巩义蓝皮书
巩义经济社会发展报告（2016）
著（编）者：丁同民　2016年4月出版／定价：58.00元

广州蓝皮书
2016年中国广州经济形势分析与预测
著（编）者：庾建设 沈奎 谢博能　2016年6月出版／估价：79.00元

广州蓝皮书
2016年中国广州社会形势分析与预测
著（编）者：张强 陈怡霓 杨秦　2016年6月出版／估价：79.00元

广州蓝皮书
广州城市国际化发展报告（2016）
著（编）者：朱名宏　2016年11月出版／估价：69.00元

广州蓝皮书
广州创新型城市发展报告（2016）
著（编）者：尹涛　2016年10月出版／估价：69.00元

广州蓝皮书
广州经济发展报告（2016）
著（编）者：朱名宏　2016年7月出版／估价：69.00元

广州蓝皮书
广州农村发展报告（2016）
著（编）者：朱名宏　2016年8月出版／估价：69.00元

广州蓝皮书
广州汽车产业发展报告（2016）
著（编）者：杨再高 冯兴亚　2016年9月出版／估价：69.00元

广州蓝皮书
广州青年发展报告（2015~2016）
著（编）者：魏国华 张强　2016年7月出版／估价：69.00元

广州蓝皮书
广州商贸业发展报告（2016）
著（编）者：李江涛 肖振宇 荀振英
2016年7月出版／估价：69.00元

广州蓝皮书
广州社会保障发展报告（2016）
著（编）者：蔡国萱　2016年10月出版／估价：65.00元

地方发展类　　皮书系列 2016全品种

广州蓝皮书
广州文化创意产业发展报告（2016）
著（编）者：甘新　　2016年8月出版　／　估价：79.00元

广州蓝皮书
中国广州城市建设与管理发展报告（2016）
著（编）者：董皞　陈小钢　李江涛　2016年7月出版　／　估价：69.00元

广州蓝皮书
中国广州科技和信息化发展报告（2016）
著（编）者：邹采荣　马正勇　冯元　2016年8月出版　／　估价：79.00元

广州蓝皮书
中国广州文化发展报告（2016）
著（编）者：徐俊忠　陆志强　顾涧清　2016年7月出版　／　估价：69.00元

贵阳蓝皮书
贵阳城市创新发展报告·白云篇（2016）
著（编）者：连玉明　　2016年10月出版　／　估价：89.00元

贵阳蓝皮书
贵阳城市创新发展报告·观山湖篇（2016）
著（编）者：连玉明　　2016年10月出版　／　估价：89.00元

贵阳蓝皮书
贵阳城市创新发展报告·花溪篇（2016）
著（编）者：连玉明　　2016年10月出版　／　估价：89.00元

贵阳蓝皮书
贵阳城市创新发展报告·开阳篇（2016）
著（编）者：连玉明　　2016年10月出版　／　估价：89.00元

贵阳蓝皮书
贵阳城市创新发展报告·南明篇（2016）
著（编）者：连玉明　　2016年10月出版　／　估价：89.00元

贵阳蓝皮书
贵阳城市创新发展报告·清镇篇（2016）
著（编）者：连玉明　　2016年10月出版　／　估价：89.00元

贵阳蓝皮书
贵阳城市创新发展报告·乌当篇（2016）
著（编）者：连玉明　　2016年10月出版　／　估价：89.00元

贵阳蓝皮书
贵阳城市创新发展报告·息烽篇（2016）
著（编）者：连玉明　　2016年10月出版　／　估价：89.00元

贵阳蓝皮书
贵阳城市创新发展报告·修文篇（2016）
著（编）者：连玉明　　2016年10月出版　／　估价：89.00元

贵阳蓝皮书
贵阳城市创新发展报告·云岩篇（2016）
著（编）者：连玉明　　2016年10月出版　／　估价：89.00元

贵州房地产蓝皮书
贵州房地产发展报告NO.3（2016）
著（编）者：武廷方　2016年6月出版　／　估价：89.00元

贵州蓝皮书
贵州册亨经济社会发展报告（2016）
著（编）者：黄德林　2016年3月出版　／　定价：79.00元

贵州蓝皮书
贵安新区发展报告（2016）
著（编）者：马长青　吴大华　2016年4月出版　／　估价：69.00元

贵州蓝皮书
贵州法治发展报告（2016）
著（编）者：吴大华　2016年5月出版　／　估价：79.00元

贵州蓝皮书
贵州民航业发展报告（2016）
著（编）者：申振东　吴大华　2016年10月出版　／　估价：69.00元

贵州蓝皮书
贵州民营经济发展报告（2016）
著（编）者：杨静　吴大华　2016年3月出版　／　定价：79.00元

贵州蓝皮书
贵州人才发展报告（2016）
著（编）者：于杰　吴大华　2016年9月出版　／　估价：69.00元

贵州蓝皮书
贵州社会发展报告（2016）
著（编）者：王兴骥　2016年5月出版　／　估价：79.00元

海淀蓝皮书
海淀区文化和科技融合发展报告（2016）
著（编）者：陈名杰　孟景伟　2016年5月出版　／　估价：75.00元

海峡西岸蓝皮书
海峡西岸经济区发展报告（2016）
著（编）者：福建省人民政府发展研究中心
　　　　　　福建省人民政府发展研究中心咨询服务中心
2016年9月出版　／　估价：65.00元

杭州都市圈蓝皮书
杭州都市圈发展报告（2016）
著（编）者：董祖德　沈翔　2016年5月出版　／　估价：89.00元

杭州蓝皮书
杭州妇女发展报告（2016）
著（编）者：魏颖　2016年4月出版　／　估价：79.00元

河北经济蓝皮书
河北省经济发展报告（2016）
著（编）者：马树强　金浩　刘兵　张贵
2016年5月出版　／　估价：89.00元

河北蓝皮书
河北经济社会发展报告（2016）
著（编）者：郭金平　2016年1月出版　／　定价：79.00元

河北食品药品安全蓝皮书
河北食品药品安全研究报告（2016）
著（编）者：丁锦霞　2016年6月出版　／　估价：79.00元

河南经济蓝皮书
2016年河南经济形势分析与预测
著（编）者：胡五岳　2016年2月出版　／　定价：79.00元

河南蓝皮书
2016年河南社会形势分析与预测
著（编）者：刘道兴　牛苏林　2016年4月出版　／　定价79.00元

皮书系列 2016全品种 — 地方发展类

河南蓝皮书
河南城市发展报告（2016）
著(编)者：谷建全 王建国　2016年5月出版 / 估价：79.00元

河南蓝皮书
河南法治发展报告（2016）
著(编)者：丁同民 闫德民　2016年6月出版 / 估价：79.00元

河南蓝皮书
河南工业发展报告（2016）
著(编)者：龚绍东 赵西三　2016年5月出版 / 估价：79.00元

河南蓝皮书
河南金融发展报告（2016）
著(编)者：河南省社会科学院　2016年6月出版 / 估价：69.00元

河南蓝皮书
河南经济发展报告（2016）
著(编)者：张占仓　2016年3月出版 / 定价：79.00元

河南蓝皮书
河南农业农村发展报告（2016）
著(编)者：吴海峰　2016年4月出版 / 估价：69.00元

河南蓝皮书
河南文化发展报告（2016）
著(编)者：卫绍生　2016年3月出版 / 定价：78.00元

河南商务蓝皮书
河南商务发展报告（2016）
著(编)者：焦锦淼 穆荣国　2016年4月出版 / 估价：88.00元

黑龙江产业蓝皮书
黑龙江产业发展报告（2016）
著(编)者：于渤　2016年10月出版 / 估价：79.00元

黑龙江蓝皮书
黑龙江经济发展报告（2016）
著(编)者：朱宇　2016年1月出版 / 定价：79.00元

黑龙江蓝皮书
黑龙江社会发展报告（2016）
著(编)者：谢宝禄　2016年1月出版 / 定价：79.00元

湖南城市蓝皮书
区域城市群整合（主题待定）
著(编)者：童中贤 韩未名　2016年12月出版 / 估价：79.00元

湖南蓝皮书
2016年湖南产业发展报告
著(编)者：梁志峰　2016年5月出版 / 估价：98.00元

湖南蓝皮书
2016年湖南电子政务发展报告
著(编)者：梁志峰　2016年5月出版 / 估价：98.00元

湖南蓝皮书
2016年湖南经济展望
著(编)者：梁志峰　2016年5月出版 / 估价：128.00元

湖南蓝皮书
2016年湖南两型社会与生态文明发展报告
著(编)者：梁志峰　2016年5月出版 / 估价：98.00元

湖南蓝皮书
2016年湖南社会发展报告
著(编)者：梁志峰　2016年5月出版 / 估价：88.00元

湖南蓝皮书
2016年湖南县域经济社会发展报告
著(编)者：梁志峰　2016年5月出版 / 估价：98.00元

湖南蓝皮书
湖南城乡一体化发展报告（2016）
著(编)者：陈文胜 刘祚祥 邝奕轩 等
2016年7月出版 / 估价：89.00元

湖南县域绿皮书
湖南县域发展报告 NO.3
著(编)者：袁准 周小毛　2016年9月出版 / 估价：69.00元

沪港蓝皮书
沪港发展报告（2015～2016）
著(编)者：尤安山　2016年4月出版 / 估价：89.00元

京津冀金融蓝皮书
京津冀金融发展报告（2015）
著(编)者：王爱俭 李向前　2016年3月出版 / 定价：89.00元

吉林蓝皮书
2016年吉林经济社会形势分析与预测
著(编)者：马克　2015年12月出版 / 定价：79.00元

吉林省城市竞争力蓝皮书
吉林省城市竞争力报告（2015）
著(编)者：崔岳春 张磊　2016年3月出版 / 定价：69.00元

济源蓝皮书
济源经济社会发展报告（2016）
著(编)者：喻新安　2016年4月出版 / 估价：69.00元

健康城市蓝皮书
北京健康城市建设研究报告（2016）
著(编)者：王鸿春　2016年4月出版 / 估价：79.00元

江苏法治蓝皮书
江苏法治发展报告 NO.5（2016）
著(编)者：李力 龚廷泰　2016年9月出版 / 估价：98.00元

江西蓝皮书
江西经济社会发展报告（2016）
著(编)者：张勇 姜玮 梁勇　2016年10月出版 / 估价：79.00元

江西文化产业蓝皮书
江西文化产业发展报告（2016）
著(编)者：张圣才 汪春翔　2016年10月出版 / 估价：128.00元

经济特区蓝皮书
中国经济特区发展报告（2016）
著(编)者：陶一桃　2016年12月出版 / 估价：89.00元

地方发展类　皮书系列 2016全品种

辽宁蓝皮书
2016年辽宁经济社会形势分析与预测
著(编)者:曹晓峰 梁启东
2016年1月出版 / 定价:79.00元

拉萨蓝皮书
拉萨法治发展报告(2016)
著(编)者:车明怀　2016年7月出版 / 估价:79.00元

洛阳蓝皮书
洛阳文化发展报告(2016)
著(编)者:刘福兴 陈启明　2016年7月出版 / 估价:79.00元

南京蓝皮书
南京文化发展报告(2016)
著(编)者:徐宁　2016年12月出版 / 估价:79.00元

内蒙古蓝皮书
内蒙古反腐倡廉建设报告 NO.2
著(编)者:张志华 无极　2016年12月出版 / 估价:69.00元

浦东新区蓝皮书
上海浦东经济发展报告(2016)
著(编)者:沈开艳 周奇　2016年1月出版 / 定价:69.00元

青海蓝皮书
2016年青海经济社会形势分析与预测
著(编)者:陈玮　2015年12月出版 / 定价:79.00元

人口与健康蓝皮书
深圳人口与健康发展报告(2016)
著(编)者:陆杰华 罗乐宣 苏杨
2016年11月出版 / 估价:89.00元

山东蓝皮书
山东经济形势分析与预测(2016)
著(编)者:李广杰　2016年11月出版 / 估价:89.00元

山东蓝皮书
山东社会形势分析与预测(2016)
著(编)者:涂可国　2016年6月出版 / 估价:89.00元

山东蓝皮书
山东文化发展报告(2016)
著(编)者:张华 唐洲雁　2016年6月出版 / 估价:98.00元

山西蓝皮书
山西资源型经济转型发展报告(2016)
著(编)者:李志强　2016年5月出版 / 估价:89.00元

陕西蓝皮书
陕西经济发展报告(2016)
著(编)者:任宗哲 白宽犁 裴成荣
2015年12月出版 / 定价:69.00元

陕西蓝皮书
陕西社会发展报告(2016)
著(编)者:任宗哲 白宽犁 牛昉
2015年12月出版 / 定价:69.00元

陕西蓝皮书
陕西文化发展报告(2016)
著(编)者:任宗哲 白宽犁 王长寿
2015年12月出版 / 定价:69.00元

陕西蓝皮书
丝绸之路经济带发展报告(2015~2016)
著(编)者:任宗哲 白宽犁 谷孟宾
2015年12月出版 / 定价:75.00元

上海蓝皮书
上海传媒发展报告(2016)
著(编)者:强荧 焦雨虹　2016年1月出版 / 定价:79.00元

上海蓝皮书
上海法治发展报告(2016)
著(编)者:叶青　2016年5月出版 / 估价:69.00元

上海蓝皮书
上海经济发展报告(2016)
著(编)者:沈开艳　2016年1月出版 / 定价:79.00元

上海蓝皮书
上海社会发展报告(2016)
著(编)者:杨雄 周海旺　2016年1月出版 / 定价:79.00元

上海蓝皮书
上海文化发展报告(2016)
著(编)者:荣跃明　2016年1月出版 / 定价:79.00元

上海蓝皮书
上海文学发展报告(2016)
著(编)者:陈圣来　2016年5月出版 / 估价:69.00元

上海蓝皮书
上海资源环境发展报告(2016)
著(编)者:周冯琦 汤庆合 任文伟
2016年1月出版 / 定价:79.00元

上饶蓝皮书
上饶发展报告(2015~2016)
著(编)者:朱寅健　2016年5月出版 / 估价:128.00元

社会建设蓝皮书
2016年北京社会建设分析报告
著(编)者:宋贵伦 冯虹　2016年7月出版 / 估价:79.00元

深圳蓝皮书
深圳法治发展报告(2016)
著(编)者:张骁儒　2016年5月出版 / 估价:69.00元

深圳蓝皮书
深圳经济发展报告(2016)
著(编)者:张骁儒　2016年6月出版 / 估价:89.00元

深圳蓝皮书
深圳劳动关系发展报告(2016)
著(编)者:汤庭芬　2016年6月出版 / 估价:79.00元

深圳蓝皮书
深圳社会建设与发展报告(2016)
著(编)者:张骁儒 陈东平　2016年6月出版 / 估价:79.00元

皮书系列 2016全品种
地方发展类·国家国别类

深圳蓝皮书
深圳文化发展报告(2016)
著(编)者:张晓儒　2016年5月出版 / 估价:69.00元

四川法治蓝皮书
四川依法治省年度报告 NO.2（2016）
著(编)者:李林　杨天宗　田禾
2016年3月出版 / 定价:108.00元

四川蓝皮书
2016年四川经济形势分析与预测
著(编)者:杨钢　2016年1月出版 / 定价:98.00元

四川蓝皮书
四川城镇化发展报告（2016）
著(编)者:侯水平　陈炜　2016年4月出版 / 定价:75.00元

四川蓝皮书
四川法治发展报告（2016）
著(编)者:郑泰安　2016年5月出版 / 估价:69.00元

四川蓝皮书
四川企业社会责任研究报告（2015~2016）
著(编)者:侯水平　盛毅　2016年4月出版 / 估价:79.00元

四川蓝皮书
四川社会发展报告（2016）
著(编)者:郭晓鸣　2016年4月出版 / 估价:79.00元

四川蓝皮书
四川生态建设报告（2016）
著(编)者:李晟之　2016年4月出版 / 估价:79.00元

四川蓝皮书
四川文化产业发展报告（2016）
著(编)者:向宝云　张立伟　2016年4月出版 / 估价:79.00元

体育蓝皮书
上海体育产业发展报告（2015~2016）
著(编)者:张林　黄海燕　2016年10月出版 / 估价:79.00元

体育蓝皮书
长三角地区体育产业发展报告（2015~2016）
著(编)者:张林　2016年4月出版 / 估价:79.00元

天津金融蓝皮书
天津金融发展报告（2016）
著(编)者:王爱俭　孔德昌　2016年9月出版 / 估价:89.00元

图们江区域合作蓝皮书
图们江区域合作发展报告（2016）
著(编)者:李铁　2016年4月出版 / 估价:98.00元

温州蓝皮书
2016年温州经济社会形势分析与预测
著(编)者:潘忠强　王春光　金浩　2016年4月出版 / 估价:69.00元

扬州蓝皮书
扬州经济社会发展报告（2016）
著(编)者:丁纯　2016年12月出版 / 估价:89.00元

长株潭城市群蓝皮书
长株潭城市群发展报告（2016）
著(编)者:张萍　2016年10月出版 / 估价:69.00元

郑州蓝皮书
2016年郑州文化发展报告
著(编)者:王哲　2016年9月出版 / 估价:65.00元

中医文化蓝皮书
北京中医药文化传播发展报告（2016）
著(编)者:毛嘉陵　2016年5月出版 / 估价:79.00元

珠三角流通蓝皮书
珠三角商圈发展研究报告（2016）
著(编)者:王先庆　林至颖　2016年7月出版 / 估价:98.00元

遵义蓝皮书
遵义发展报告（2016）
著(编)者:曾征　龚永育　2016年12月出版 / 估价:69.00元

国别与地区类

阿拉伯黄皮书
阿拉伯发展报告（2015~2016）
著(编)者:罗林　2016年11月出版 / 估价:79.00元

北部湾蓝皮书
泛北部湾合作发展报告（2016）
著(编)者:吕余生　2016年10月出版 / 估价:69.00元

大湄公河次区域蓝皮书
大湄公河次区域合作发展报告（2016）
著(编)者:刘稚　2016年9月出版 / 估价:79.00元

大洋洲蓝皮书
大洋洲发展报告（2015~2016）
著(编)者:喻常森　2016年10月出版 / 估价:89.00元

德国蓝皮书
德国发展报告（2016）
著(编)者:郑春荣　伍慧萍
2016年5月出版 / 估价:69.00元

东北亚黄皮书
东北亚地区政治与安全（2016）
著(编)者:黄凤志　刘清才　张慧智 等
2016年5月出版 / 估价:69.00元

东盟黄皮书
东盟发展报告（2016）
著(编)者:杨晓强　庄国土　2016年3月出版 / 定价:89.00元

国家国别类

皮书系列重点推荐

东南亚蓝皮书
东南亚地区发展报告（2015~2016）
著(编)者：厦门大学东南亚研究中心　王勤
2016年4月出版 / 估价：79.00元

俄罗斯黄皮书
俄罗斯发展报告（2016）
著(编)者：李永全　2016年7月出版 / 估价：79.00元

非洲黄皮书
非洲发展报告 NO.18（2015~2016）
著(编)者：张宏明　2016年9月出版 / 估价：79.00元

国际形势黄皮书
全球政治与安全报告（2016）
著(编)者：李慎明　张宇燕
2015年12月出版 / 定价：69.00元

韩国蓝皮书
韩国发展报告（2016）
著(编)者：牛林杰　刘宝全
2016年12月出版 / 估价：89.00元

加拿大蓝皮书
加拿大发展报告（2016）
著(编)者：仲伟合　2016年4月出版 / 估价：89.00元

拉美黄皮书
拉丁美洲和加勒比发展报告（2015~2016）
著(编)者：吴白乙　2016年5月出版 / 估价：89.00元

美国蓝皮书
美国研究报告（2016）
著(编)者：郑秉文　黄平
2016年6月出版 / 估价：89.00元

缅甸蓝皮书
缅甸国情报告（2016）
著(编)者：李晨阳　2016年8月出版 / 估价：79.00元

欧洲蓝皮书
欧洲发展报告（2015~2016）
著(编)者：周弘　黄平　江时学
2016年7月出版 / 估价：89.00元

日本经济蓝皮书
日本经济与中日经贸关系研究报告（2016）
著(编)者：王洛林　张季风
2016年5月出版 / 估价：79.00元

日本蓝皮书
日本研究报告（2016）
著(编)者：李薇　2016年5月出版 / 估价：69.00元

上海合作组织黄皮书
上海合作组织发展报告（2016）
著(编)者：李进峰　吴宏伟　李伟
2016年7月出版 / 估价：98.00元

世界创新竞争力黄皮书
世界创新竞争力发展报告（2016）
著(编)者：李闽榕　李建平　赵新力
2016年5月出版 / 估价：148.00元

土耳其蓝皮书
土耳其发展报告（2016）
著(编)者：郭长刚　刘义　2016年7月出版 / 估价：69.00元

亚太蓝皮书
亚太地区发展报告（2016）
著(编)者：李向阳　2016年5月出版 / 估价：69.00元

印度蓝皮书
印度国情报告（2016）
著(编)者：吕昭义　2016年5月出版 / 估价：89.00元

印度洋地区蓝皮书
印度洋地区发展报告（2016）
著(编)者：汪戎　2016年5月出版 / 估价：89.00元

英国蓝皮书
英国发展报告（2015~2016）
著(编)者：王展鹏　2016年10月出版 / 估价：89.00元

越南蓝皮书
越南国情报告（2016）
著(编)者：广西社会科学院　罗梅　李碧华
2016年8月出版 / 估价：69.00元

越南蓝皮书
越南经济发展报告（2016）
著(编)者：黄志勇　2016年10月出版 / 估价：69.00元

以色列蓝皮书
以色列发展报告（2016）
著(编)者：张倩红　2016年9月出版 / 估价：89.00元

中东黄皮书
中东发展报告 NO.18（2015~2016）
著(编)者：杨光　2016年10月出版 / 估价：89.00元

中亚黄皮书
中亚国家发展报告（2016）
著(编)者：孙力　吴宏伟　2016年8月出版 / 估价：89.00元

社会科学文献出版社　皮书系列

❖ 皮书起源 ❖

"皮书"起源于十七、十八世纪的英国，主要指官方或社会组织正式发表的重要文件或报告，多以"白皮书"命名。在中国，"皮书"这一概念被社会广泛接受，并被成功运作、发展成为一种全新的出版形态，则源于中国社会科学院社会科学文献出版社。

❖ 皮书定义 ❖

皮书是对中国与世界发展状况和热点问题进行年度监测，以专业的角度、专家的视野和实证研究方法，针对某一领域或区域现状与发展态势展开分析和预测，具备原创性、实证性、专业性、连续性、前沿性、时效性等特点的公开出版物，由一系列权威研究报告组成。

❖ 皮书作者 ❖

皮书系列的作者以中国社会科学院、著名高校、地方社会科学院的研究人员为主，多为国内一流研究机构的权威专家学者，他们的看法和观点代表了学界对中国与世界的现实和未来最高水平的解读与分析。

❖ 皮书荣誉 ❖

皮书系列已成为社会科学文献出版社的著名图书品牌和中国社会科学院的知名学术品牌。2011年，皮书系列正式列入"十二五"国家重点出版规划项目；2012~2015年，重点皮书列入中国社会科学院承担的国家哲学社会科学创新工程项目；2016年，46种院外皮书使用"中国社会科学院创新工程学术出版项目"标识。

中国皮书网

www.pishu.cn

发布皮书研创资讯，传播皮书精彩内容
引领皮书出版潮流，打造皮书服务平台

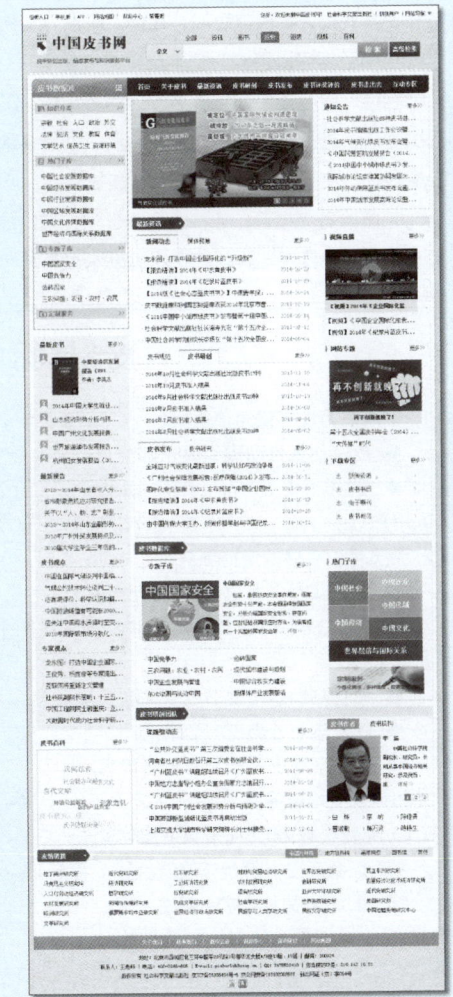

栏目设置：

- □ 资讯：皮书动态、皮书观点、皮书数据、皮书报道、皮书发布、电子期刊
- □ 标准：皮书评价、皮书研究、皮书规范
- □ 服务：最新皮书、皮书书目、重点推荐、在线购书
- □ 链接：皮书数据库、皮书博客、皮书微博、在线书城
- □ 搜索：资讯、图书、研究动态、皮书专家、研创团队

中国皮书网依托皮书系列"权威、前沿、原创"的优质内容资源，通过文字、图片、音频、视频等多种元素，在皮书研创者、使用者之间搭建了一个成果展示、资源共享的互动平台。

自2005年12月正式上线以来，中国皮书网的IP访问量、PV浏览量与日俱增，受到海内外研究者、公务人员、商务人士以及专业读者的广泛关注。

2008年、2011年，中国皮书网均在全国新闻出版业网站荣誉评选中获得"最具商业价值网站"称号；2012年，获得"出版业网站百强"称号。

2014年，中国皮书网与皮书数据库实现资源共享，端口合一，将提供更丰富的内容，更全面的服务。

皮书数据库

首页 数据库检索 学术资源群 我的文献库 皮书主动态 有奖调查 皮书报道 皮书研究 联系我们 读者赠书

权威报告 热点资讯 海量资源

当代中国与世界发展的高端智库平台

皮书数据库 www.pishu.com.cn

皮书数据库是专业的人文社会科学综合学术资源总库,以大型连续性图书——皮书系列为基础,整合国内外相关资讯构建而成。包含六大子库,涵盖两百多个主题,囊括了近十几年间中国与世界经济社会发展报告,覆盖经济、社会、政治、文化、教育、国际问题等多个领域。

皮书数据库以篇章为基本单位,方便用户对皮书内容的阅读需求。用户可进行全文检索,也可对文献题目、内容提要、作者名称、作者单位、关键字等基本信息进行检索,还可对检索到的篇章再做二次筛选,进行在线阅读或下载阅读。智能多维度导航,可使用户根据自己熟知的分类标准进行分类导航筛选,使查找和检索更高效、便捷。

权威的研究报告,独特的调研数据,前沿的热点资讯,皮书数据库已发展成为国内最具影响力的关于中国与世界现实问题研究的成果库和资讯库。

皮书俱乐部会员服务指南

1. 谁能成为皮书俱乐部成员?
● 皮书作者自动成为俱乐部会员
● 购买了皮书产品(纸质书/电子书)的个人用户

2. 会员可以享受的增值服务
● 免费获赠皮书数据库100元充值卡
● 加入皮书俱乐部,免费获赠该纸质图书的电子书
● 免费定期获赠皮书电子期刊
● 优先参与各类皮书学术活动
● 优先享受皮书产品的最新优惠

3. 如何享受增值服务?
(1)免费获赠100元皮书数据库体验卡
第1步 刮开皮书附赠充值的涂层(右下);
第2步 登录皮书数据库网站(www.pishu.com.cn),注册账号;
第3步 登录并进入"会员中心"—"在线充值"—"充值卡充值",充值成功后即可使用。

(2)加入皮书俱乐部,凭数据库体验卡获赠该书的电子书
第1步 登录社会科学文献出版社官网(www.ssap.com.cn),注册账号;
第2步 登录并进入"会员中心"—"皮书俱乐部",提交加入皮书俱乐部申请;
第3步 审核通过后,再次进入皮书俱乐部,填写页面所需图书、体验卡信息即可自动兑换相应电子书。

4. 声明
解释权归社会科学文献出版社所有

皮书俱乐部会员可享受社会科学文献出版社其他相关免费增值服务,有任何疑问,均可与我们联系。
图书销售热线:010-59367070/7028 图书服务QQ:800045692 图书服务邮箱:duzhe@ssap.cn
数据库服务热线:400-008-6395 数据库服务QQ:2475522410 数据库服务邮箱:database@ssap.cn
欢迎登录社会科学文献出版社官网(www.ssap.com.cn)和中国皮书网(www.pishu.com.cn)了解更多信息

皮书大事记
（2015）

☆ 2015年11月9日，社会科学文献出版社2015年皮书编辑出版工作会议召开，会议就皮书装帧设计、生产营销、皮书评价以及质检工作中的常见问题等进行交流和讨论，为2016年出版社的融合发展指明了方向。

☆ 2015年11月，中国社会科学院2015年度纳入创新工程后期资助名单正式公布，《社会蓝皮书：2015年中国社会形势分析与预测》等41种皮书纳入2015年度"中国社会科学院创新工程学术出版资助项目"。

☆ 2015年8月7~8日，由中国社会科学院主办，社会科学文献出版社和湖北大学共同承办的"第十六次全国皮书年会（2015）：皮书创研与中国话语体系建设"在湖北省恩施市召开。中国社会科学院副院长李培林、国家新闻出版广电总局原副总局长、中国出版协会常务副理事长邬书林，湖北省委宣传部副部长喻立平，中国社会科学院科研局局长马援，国家新闻出版广电总局出版管理司副司长许正明，中共恩施州委书记王海涛，社会科学文献出版社社长谢寿光，湖北大学党委书记刘建凡等相关领导出席开幕式。来自中国社会科学院、地方社会科学院及高校、政府研究机构的领导及近200个皮书课题组的380多人出席了会议，会议规模又创新高。会议宣布了2016年授权使用"中国社会科学院创新工程学术出版项目"标识的院外皮书名单，并颁发了第六届优秀皮书奖。

☆ 2015年4月28日，"第三届皮书学术评审委员会第二次会议暨第六届优秀皮书奖评审会"在京召开。中国社会科学院副院长李培林、蔡昉出席会议并讲话，国家新闻出版广电总局原副局长、中国出版协会常务副理事长邬书林也出席本次会议。会议分别由中国社会科学院科研局局长马援和社会科学文献出版社社长谢寿光主持。经分学科评审和大会汇评，最终匿名投票评选出第六届"优秀皮书奖"和"优秀皮书报告奖"书目。此外，该委员会还根据《中国社会科学院皮书管理办法》，审议并投票评选出2015年纳入中国社会科学院创新工程项目的皮书和2016年使用"中国社会科学院创新工程学术出版项目"标识的院外皮书。

☆ 2015年1月30~31日，由社会科学文献出版社皮书研究院组织的2014年版皮书评价复评会议在京召开。皮书学术评审委员会部分委员、相关学科专家、学术期刊编辑、资深媒体人等近50位评委参加本次会议。中国社会科学院科研局局长马援、社会科学文献出版社社长谢寿光出席开幕式并发表讲话，中国社会科学院科研成果处处长薛增朝出席闭幕式并做发言。

皮书数据库

www.pishu.com.cn

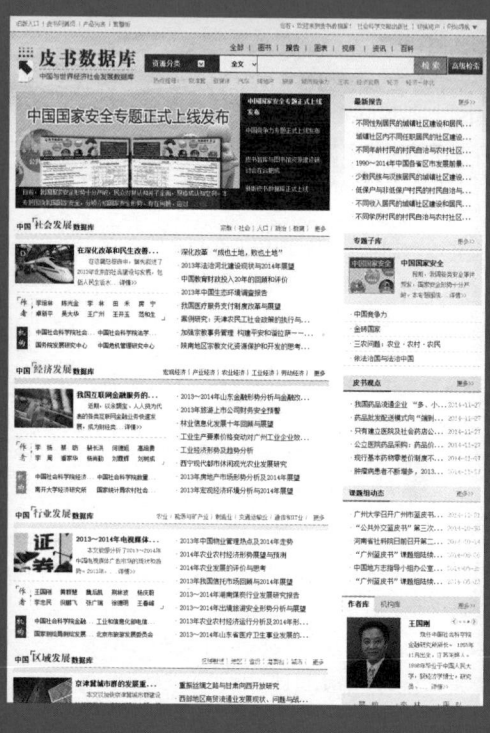

皮书数据库三期

- 皮书数据库（SSDB）是社会科学文献出版社整合现有皮书资源开发的在线数字产品，全面收录"皮书系列"的内容资源，并以此为基础整合大量相关资讯构建而成。

- 皮书数据库现有中国经济发展数据库、中国社会发展数据库、世界经济与国际政治数据库等子库，覆盖经济、社会、文化等多个行业、领域，现有报告30000多篇，总字数超过5亿字，并以每年4000多篇的速度不断更新累积。

- 新版皮书数据库主要围绕存量+增量资源整合、资源编辑标引体系建设、产品架构设置优化、技术平台功能研发等方面开展工作，并将中国皮书网与皮书数据库合二为一联体建设，旨在以"皮书研创出版、信息发布与知识服务平台"为基本功能定位，打造一个全新的皮书品牌综合门户平台，为您提供更优质到位的服务。

更多信息请登录

 中国皮书网
http://www.pishu.cn

中国皮书网
http://www.pishu.cn

皮书微博
http://weibo.com/pishu

中国皮书网的BLOG [编辑]
http://blog.sina.com.cn/pishu

皮书博客
http://blog.sina.com.cn/pishu

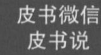

皮书微信
皮书说

请到各地书店皮书专架/专柜购买，也可办理邮购

咨询/邮购电话：010-59367028　59367070　　　邮　　箱：duzhe@ssap.cn
邮购地址：北京市西城区北三环中路甲29号院3号楼华龙大厦13层读者服务中心
邮　　编：100029
银行户名：社会科学文献出版社
开户银行：中国工商银行北京北太平庄支行
账　　号：0200010019200365434
网上书店：010-59367070　　qq：1265056568
网　　址：www.ssap.com.cn　　　　www.pishu.cn